Kommentar

zur

Grundbuchordnung

vom 5. August 1935

unter besonderer Berücksichtigung der in Preußen und Bayern weitergeltenden landesrechtlichen Bestimmungen

Begründet von

Georg Meikel

4. neubearbeitete Auflage

von

Dr. Wilhelm Imhof

Regierungsrat I. Kl. in München

4. Lieferung | Preis: RM. 7.20

1 9 3 8

München und Berlin

J. Schweitzer Verlag (Arthur Sellier)

Erläuterungen zu § 29. Eine andere, nicht unbestrittene Frage ist, wieweit sich die Prüfungspflicht des GBuchbeamten zu erstrecken hat, wenn die Erklärungen in gerichtl. oder notariellen Urkunden enthalten sind.

a) Ist die Erklärung vor dem Prozeßrichter abgegeben worden, so kann sich der GBuchrichter damit begnügen (vgl. BayObLG. 22, 136); denn die ZPO. enthält keine Bestimmung darüber, daß in den gerichtl. Protokollen anzugeben sei, ob der Erklärende dem Richter bekannt ist oder auf welche Weise dieser sich Gewißheit über seine Persönlichkeit verschafft hat; es fehlt daher dem GBuchbeamten jede Möglichkeit einer Nachprüfung.

b) Ist dagegen die Erklärung in einer gerichtlichen oder notariellen Urkunde enthalten, für die die Vorschriften der §§ 168ff. FGG. maßgebend sind, so obliegt die Feststellung der Persönlichkeit dem Beamten oder der Behörde, welche die Urkunde aufnimmt, u. die Prüfungspflicht des GBuchbeamten beschränkt sich lediglich darauf, ob dies geschehen ist. Die Beweiskraft der Urkunde wird nicht dadurch beeinträchtigt, daß die Sollvorschrift des § 176 Abs. 3 FGG. nicht gewahrt ist (KG. in SeuffBl. 74, 145; Güthe-Triebel[6] § 13 A. 16; § 29 A. 133; Schlegelberger FGG. § 176 A. 19; Henle-Schmitt § 29 A. 7). Ist daher z. B. eine Witwe als Beteiligte aufgeführt, so kann das GBA. nicht die Vorlegung der Sterbeurkunde des Mannes verlangen; ebensowenig darf es die Beweismittel nachprüfen, auf Gr. deren der Urkundsbeamte die Identität festgestellt hat, es müßte denn die Unrichtigkeit der Feststellung offenbar sein. Ist dagegen die Feststellung der Identität unterblieben oder kommt der GBuchbeamte auf Gr. bestimmter Tatsachen zu der Annahme, daß der beurkundende Beamte sich getäuscht hat oder irregeführt worden ist u. infolgedessen die Persönlichkeit des Erklärenden objektiv unrichtig festgestellt hat, so ist die Eintr. abzulehnen oder durch Zwischenverfügung der Nachweis der Identität zu verlangen (**a. M.** OLG. 5, 196; Brand-Schnitzler § 130 a. E., die eine nachträgl. Ergänzung der Niederschrift für unzulässig halten). Dieser Nachweis braucht nicht in der Form des § 29 GBO. geführt zu werden (**a. M.** Güthe-Triebel[6] § 29 A. 133; vgl. Meikel in ZBlFG. 7, 457).

II. die **Geschäftsfähigkeit** der Beteiligten (BayObLG. 14, 317). Auch hier ist eine Nach- **4**
prüfung nur insoweit möglich, als der GBuchbeamte persönlich mit den Beteiligten verhandelt (vgl. die Anm. zu § 29). In den sonstigen Fällen muß er sich auf die Urkunde verlassen (vgl. § 32 der DienstO. für Notare v. 5. Juni 1937, DJ. 874). Hat er Anlaß zu Bedenken, so ist der Antrag zurückzuweisen oder durch Zwischenverfügung Nachweis der Geschäftsfähigkeit zu verlangen (OLG. 1, 382; Güthe-Triebel[6] § 13 A. 18; vgl. Meikel in ZBlFG. 7, 457; Josef im Recht 1924, 66). Zu eigenen Ermittlungen ist der GBuchrichter nicht verpflichtet.

Ist der Erklärende nicht geschäftsfähig, so obliegt dem GBuchrichter die Prüfung, ob er gehörig vertreten ist (OLG. 5, 288); er ist jedoch nicht berechtigt, eine vom zuständigen VormundschaftsG. rechtskräftig genehmigte Teilung zwischen dem überlebenden Elternteil u. mehreren minderjährigen Erben darauf nachzuprüfen, ob die Vertretung der sämtl. Minderjährigen durch einen Pfleger genügte oder ob jedem von ihnen ein besonderer Pfleger hätte bestellt werden müssen (Recht 1903, 290 Nr. 1535; Güthe-Triebel[6] S. 1962; vgl. unten A. 28); anders, wenn die Pfleger vor dem GBA. auftreten, z. B. die Auflassung erklären oder entgegennehmen; hier muß der GBuchrichter prüfen, ob ein oder mehrere Pfleger notwendig sind.

III. die **Vertretungsmacht.** Wegen der Zulässigkeit der Vertretung im GBuchverfahren s. § 1 A. 73.

1. Wird eine Erklärung von einem **Bevollmächtigten** abgegeben, so hat der GBuchrichter zu prüfen:

a) ob die Vollmacht zur Abgabe einer EintrBew. oder einer sonstigen zur Eintr. erforderl. **5**
Erklärung in der gehörigen **Form** nachgewiesen ist. Die Vollmacht selbst bedarf in der Regel keiner besonderen Form (§ 167 Abs. 2 BGB.; RG. 108, 126; vgl. aber § 30 GBO. sowie wg. der Auflassungsvollmacht RG. 50, 166; 104, 236; 110, 320; RGRK. § 313 A. 3c, sowie unten

§ 20 A. 56 Fußn., u. wg. der Vollmacht zur Übertragung eines Erbanteils KG. in JFG. 15, 205). Doch muß der Nachweis ihres Bestehens dem GBA. in der Form des § 29 Abs. 1 Satz 1 erbracht werden; Näheres s. bei § 29. Regelmäßig muß daher dem GBA. die Vollmachtsurkunde in Urschrift oder Ausfertigung vorgelegt werden. Eine begl. Abschrift genügt im Hinblick auf § 172 Abs. 2 BGB. nur dann, wenn in der Urkunde oder dem Beglaubigungsvermerk von dem beurkundenden Richter oder Notar bezeugt ist, daß ihm die Urschrift oder die Ausfertigung bei der Beurkundung oder Beglaubigung vorgelegen habe (RG. 104, 358; OLG. 12, 155; 25, 2). Auch in diesem Falle muß aber eine begl. Abschrift der Vollmacht vorgelegt werden; das Zeugnis allein genügt nicht. Die nach dem früheren bayer. Recht zulässige, die Vorlage der Vollmachtsurkunde (u. einer begl. Abschrift derselben) ersetzende Feststellung der Vertretungsmacht durch den Notar in der Urkunde oder dem Beglaubigungsvermerk kennt die RNotarO. nicht; eine solche Feststellung ist daher nach jetzigem Recht kein genügender Nachweis der Vertretungsbefugnis. Ob jemand in eigenem u. in fremdem (oder gleichzeitig in eigenem u. in fremdem) Namen handelt, muß sich aus der Erklärung selbst ergeben; eine diesbezügliche Feststellung im Beglaubigungsvermerk reicht nicht aus (BayObLG. 34, 121).

Da die Vollmacht als solche keiner Form bedarf, genügt es, wenn der Vollmachtgeber in öffentlich beglaubigter Erklärung eine (ihm bekannte) Urkunde genehmigt, in der der Bevollmächtigte behauptet hat, von dem Vollmachtgeber mündlich bevollmächtigt zu sein. Die Genehmigung erstreckt sich hier auch auf die hinsichtlich der angebl. Bevollmächtigung abgegebene Erklärung, so daß in der Form des § 29 erwiesen ist, daß die Vollmacht erteilt wurde. Eines Nachweises der Kenntnisnahme von der Genehmigungserklärung durch den einen oder anderen Vertragsteil wie beim Handeln ohne Vollmacht bedarf es hier nicht, weil der Fall des § 182 BGB. nicht gegeben ist (BayObLG. 19, 163; KGJ. 37, 283). Gleichgültig ist es aus dem genannten Grunde auch, ob der Vollmachtgeber in der Vollmachtsurkunde erklärt, daß er die Vollmacht erteilt habe oder ob er die Vollmacht in der Urkunde selbst erklärt (RG. 104, 361).

Nach § 33 der DienstO. für Notare (DJ. 1937, 874) soll der Notar die Vertretungsmacht der Beteiligten prüfen. Ihm bei der Verhandlung vorgelegte Vollmachten fügt er der von ihm aufgenommenen Urkunde in Urschrift oder begl. Abschrift bei (§ 33 Abs. 3 a. a. O.). Befindet sich die Vollmachtsurkunde oder eine Ausfertigung derselben (nicht eine begl. Abschrift) bei anderen Akten des Amtsgerichts, so genügt auch die Verweisung hierauf (Brand-Schnitzler § 139). Wird dem GBA. ein Prozeßvergleich als Eintragungsgrundlage vorgelegt, so hat er das Bestehen der Prozeßvollmacht nicht mehr nachzuprüfen; es genügt die Aufführung des Prozeßbevollmächtigten als solchen (BayObLG. 22, 136; JFG. 1, 331; Güthe-Triebel[6] § 29 A. 46). In einer letztw. Verfügung kann keine Vollmacht erteilt werden (KG. in DNotV. 1928, 309). Die Form einer im Ausland erteilten Vollmacht richtet sich nach ausländischem Recht (OLG. 44, 152).

6 **b)** ob die Vollmacht nach ihrem **Inhalt** den Bevollmächtigten zu der von ihm namens des Vertretenen vorgenommenen Rechtshandlung ermächtigt. Der Prüfungspflicht wird der GBuchrichter nicht dadurch enthoben, daß der Notar, der die Erklärungen des Vertreters beurkundet oder beglaubigt hat, diesen für genügend ausgewiesen erachtet hat (KGJ. 23, 120).

7 *α)* Der Umfang der Vollmacht ist nötigenfalls durch Auslegung zu ermitteln. Im Zweifel ist die Vollmacht eng auszulegen (RG. 143, 196). Die Vollmacht kann auch bedingt sein (KGJ. 33, 153). Eine Generalvollmacht genügt für alle Grundbuchgeschäfte. S. auch über die Erteilung einer Generalvollmacht durch den gesetzl. Vertreter (Vormund, Vater usw.) unten A. 11, durch den Testamentsvollstrecker die Anm. zu § 35, durch den Vorstand usw. einer Handelsgesellschaft u. durch den Prokuristen die Anm. zu § 32.

Eine Vollmacht, Anträge aller Art an das GBA. zu stellen, ermächtigt auch zur Bewilligung aller Eintragungen (Güthe-Triebel[6] S. 2051). Die Prozeßvollmacht ermächtigt zur Stellung von EintrAnträgen, insbes. im Wege der Zwangsvollstr., nicht aber zur Quittungsleistung u. Löschungsbew. (OLG. 10, 391).

Eine Vollmacht auf den Inhaber oder eine von einem Dritten zu benennende Person ist zulässig, nicht aber eine Blankovollmacht, auch wenn die Ausfüllung nach der Unterschriftsbeglaubigung nachgeholt wird (KGJ. 35, 277; **a. M.** Ricks 377). Zur Weiterübertragung der Vollmacht (Bestellung eines Unterbevollmächtigten) ist der Vertreter im Zweifel nicht berechtigt, gleichviel ob die Vollmacht auf einem Auftrag beruht oder nicht (RGRK. § 166 A. 4; vgl. Staud.-Riezler § 167 A. 29ff.; BayNotV. 1931, 200). Ist die Hauptvollmacht zeitlich begrenzt, so ist der Bevollmächtigte im Zweifel nicht berechtigt, eine zeitlich unbeschränkte Untervollmacht zu erteilen (KGJ. 37, 239).

Ob mehrere Bevollmächtigte nur gemeinschaftlich (Gesamtvollmacht) oder einzeln handeln können, ist Auslegungsfrage, die nach den Umständen des Einzelfalles zu entscheiden ist (Güthe-Triebel[6] S. 2051; RGRK. § 166 A. 4; Staud.-Riezler § 167 A. 18; vgl. RG. 112, 215). Können sie nur gemeinsam handeln, so genügt es, wenn der eine die Erklärung abgibt u. der andere sie nachträglich genehmigt (RG. 112, 215); dies gilt auch für mehrere nur zusammen berechtigte gesetzl. Vertreter (RG. 81, 325; 101, 343). Auch können die sämtl. Gesamtvertreter einem von ihnen Untervollmacht erteilen (RG. 106, 268); dabei ist nicht erforderlich, daß der Bevollmächtigte die Vollmacht selbst mitunterzeichnet (RG. 80, 180; OLG. 27, 375). Über die Auflassungsvollmacht s. Näheres § 20 A. 56 Fußn.

β) Soweit nach **§ 181 BGB.** (unzulässiges Selbstkontrahieren) der Bevollmächtigte 8 zur Vornahme der nach dem materiellen Recht zur Herbeiführung einer Rechtsänderung erforderlichen Rechtshandlungen (insbes. der Einigung) nicht befugt ist, fehlt ihm auch die Berechtigung zur Abgabe der auf die Rechtsänderung abzielenden Erklärungen (insbes. der Eintr.-Bew.) gegenüber dem GBA. (KGJ. 39, 235; 47, 147; **a. M.** Güthe-Triebel[6] S. 2052; wg. der Anwendung des § 181 BGB. auf den gesetzl. Vertreter s. u. A. 11). Im übr. aber findet § 181 BGB. auf einseitige Erklärungen, die dem GBA. gegenüber abgegeben werden, keine Anwendung; deshalb kann z. B. der HypGl. ohne weiteres dem GBA. gegenüber als Vertreter des Eigtr. die Löschung der Hyp. beantragen u. gleichzeitig sie im eigenen Namen bewilligen (OLG. 20, 420; BayObLG. 34, 121; RGRK. § 181 A. 1; Staud.-Riezler § 181 A. 8; Güthe-Triebel a. a. O.; **a. M.** KG. in JFG. 1, 378; 2, 288; eingeschränkt jedoch in JFG. 12, 285, wonach § 181 auf Erklärungen gegenüber dem GBA. wenigstens dann nicht anzuwenden ist, wenn ein Interessenwiderstreit erkennbar fehlt u. die Gefahr einer Schädigung des Vertretenen nicht gegeben ist; vgl. auch RG. 143, 354). Ebenso kann umgekehrt der Eigtr. dem GBA. gegenüber gleichzeitig als Vertreter des HypGl. die Aufgabe einer Hyp. u. im eigenen Namen die Zustimmung hiezu erklären (BayObLG. 34, 121; vgl. auch KG. in HRR. 1937 Nr. 927 = JW. 1937, 1401). Der Grundstückseigtr. kann auch zugleich als Vertreter des HypGl. einen Rangrücktritt bewilligen u. in eigenem Namen der Rangänderung zustimmen (RG. 157, 24). Die Vertretung zweier Beteiligten durch denselben Bevollmächtigten ist zulässig, z. B. die Ermächtigung einer Person zur Erteilung und Entgegennahme der Auflassung (JFG. 4, 328). Auch dann findet § 181 BGB. keine Anwendung, wenn der Vertreter eine einseitige empfangsbedürftige Willenserklärung nicht sich selbst, sondern einem Dritten gegenüber abgibt (RG. 76, 89; RJA. 5, 25). Selbstkontrahieren liegt auch dann nicht vor, wenn der Vorerbe als (gewillkürter oder gesetzl.) Vertreter des Nacherben nicht einer von ihm selbst abgegebenen genehmigungsbedürftigen Erklärung zustimmt, sondern eine Erklärung gleichen Inhalts abgibt, wie er sie selbst im eigenen Namen als Vorerbe abgegeben hat, also z. B. eine Nachlaßhyp. als Vorerbe u. als Vertreter des Nacherben abtritt (RG. in WarnRspr. 1912 Nr. 399; Güthe-Triebel[6] S. 2052). Das gleiche gilt, wenn dieselbe Person in Vertretung des Vorerben u. des Nacherben gegenüber einem von ihr nicht vertretenen Dritten ein Rechtsgeschäft vornimmt (Staud.-Riezler § 181 A. 12). Der Fall des § 181 BGB. ist auch nicht gegeben, wenn der Bevollmächtigte einen Stellvertreter bestellt u. mit diesem (als Vertreter des Vollmachtgebers, nicht als seinem Vertreter) ein Rechtsgeschäft im eigenen Namen abschließt, sofern nicht ein gegen die guten Sitten verstoßender Mißbrauch der Vertretungsmacht vorliegt (RG. 103, 417; 108, 405; OLG. 12, 23; 22, 179; RGRK. § 181 A. 1; bestr.; **a. M.** insbes. Staud.-Riezler § 181 A. 3; § 167 A. 32) oder wenn der Geschäftsführer einer G. m. b. H. im eigenen Namen mit der Gesellschaft, die durch einen Bevollmächtigten vertreten ist, ein Rechtsgeschäft abschließt (OLG. 11, 395; ähnlich BayObLG. 8, 42 bez. des Vorstandsmitglieds einer Genossenschaft). Unzulässiges Selbstkontrahieren liegt aber dann vor, wenn dieselbe Person auf der einen Seite als Einzelvertreter, auf der anderen Seite mit anderen zusammen als Gesamtvertreter tätig wird; dies gilt auch bei auf Gesetz beruhender Vertretungsmacht (RG. 89, 373). Die Erteilung einer Generalvollmacht schließt nicht ohne weiteres die Befreiung von den Beschränkungen des § 181 BGB. in sich (OLG. 8, 30). Diese Befreiung kann auch stillschweigend erfolgen; sie muß dann aus den Umständen zweifellos hervorgehen (RG. 51, 427; 74, 213; 99, 208; OLG. 10, 305). Hat der Vollmachtgeber seinen Vertreter von den Beschränkungen des § 181 BGB. befreit u. ihn auch ermächtigt, Untervollmacht zu erteilen, so kann auch der Unterbevollmächtigte von den Beschränkungen befreit werden; sonst aber kann der Unterbevollmächtigte ohne ausdrückl. Ermächtigung durch den Vollmachtgeber nicht befreit werden.

Ein nach § 181 BGB. unzulässiges Selbstkontrahieren macht das Rechtsgeschäft nicht nichtig, es kann vielmehr nachträglich gem. § 177 BGB. genehmigt werden (RG. 56, 104; 93, 337; 103, 418; 119, 116; bestr.; **a. M.** bez. des gesetzl. Vertreters Staud.-Riezler § 181 A. 17).

9 c) ob die Vertretungsmacht zur Zeit der Vornahme der Rechtshandlung durch den Bevollmächtigten noch bestand, ob also die (fortdauernde) **Wirksamkeit** der Vollmacht feststeht. Zum Nachweis hiefür genügt die Feststellung in einer notariellen Urkunde, daß dem Notar bei Leistung der Unterschrift die Urschrift (oder Ausfertigung) der Vollmacht vorgelegt worden ist (BayObLG. 6, 212; OLG. 5, 196; 21, 7; 25, 2; s. o. A. 5). Die Vorlage eines bloßen Auszugs aus der Vollmachtsurkunde genügt nicht (OLG. 5, 299), ebensowenig die Vorlage einer begl. Abschrift. Nicht genügend ist es, wenn die Vertretungsmacht zwar im Zeitpunkt der Abgabe der rechtsgeschäftl. Erklärung, aber nicht mehr zur Zeit der Unterschriftsbeglaubigung bestand (OLG. 6, 17). Umgekehrt braucht die Vollmacht zur Zeit der Eintr. nicht mehr wirksam zu sein, wenn sie nur im Zeitpunkt der Abgabe der Erklärung bestand (OLG. 25, 2; JFG. 1, 322; 6, 260). Hat der GBuchrichter begründete Zweifel an dem Fortbestand der Bevollmächtigung, so kann er den unmittelbaren Nachweis des Fortbestehens verlangen (BayObLG. 14, 317; OLG. 10, 67), auch wenn der Notar die Vollmacht festgestellt hat (BayObLG. 29, 405). Wegen der Form dieses Nachweises s. § 29 A. 5, 14. Der Umstand, daß die Erteilung der Vollmacht längere Zeit zurückliegt, berechtigt den GBuchrichter nicht immer, den Nachweis ihrer Fortgeltung zu verlangen; es kommt stets auf die Umstände des einzelnen Falles an (KG. in DNotV. 1931, 554; vgl. auch KGJ. 37, 225; 53, 129). Ist die Vollmacht Bestandteil eines Vertrags, so zerstört dessen Nichtigkeit nicht unbedingt die Wirksamkeit der Vollmacht (vgl. RG. 103, 302; 104, 299; 114, 351; JFG. 1, 326).

Ist die Vollmacht über den Tod hinaus, also auch für die Erben, erteilt (vgl. RG. 114, 351), so hat der GBuchrichter nicht nachzuprüfen, ob etwa das zugrundeliegende Rechtsverhältnis durch den Tod erloschen ist (KGJ. 32, 197; 41, 168); eine Vollmacht der Erben kann nicht verlangt werden (RG. 88, 345). Ergibt sich jedoch der Fortbestand der Vollmacht nicht aus der Vollmachtsurkunde selbst, so genügt sie für den GBuchverkehr nur dann, wenn in der Form des § 29 nachgewiesen wird, daß der Vollmacht ein über den Tod fortdauerndes Rechtsverhältnis zugrunde liegt (BayObLG. 14, 317; 16, 97). Hat der Vollmachtgeber die Vollmacht für sich u. für seine Erben ausgestellt, so berechtigt sie auch zur Vertretung der Nacherben vor Eintritt des Nacherbfalles; auch kann, wenn ein Erbe minderjährig ist, die vormundschaftsgerichtl. Genehmigung nicht verlangt werden (RG. 88, 345; 106, 185; KGJ. 36, 166; 41, 168; 50, 157). Auf Gr. einer mit Wirkung über den Tod hinaus erteilten Vollmacht ist der Bevollmächtigte in der Lage, über Nachlaßgrundstücke u. Grundstücksrechte ohne Vorlage eines Erbscheines oder eines öffentl. Testaments wirksam zu verfügen. Durch etwaige

Verfügungsbeschr. eines Erben wird die auf die Vollmacht gegründete Verfügungsbefugnis des Vollmachtträgers nicht berührt; wird daher auf Gr. einer auf die Vollmacht gestützten Verfügung ein Erwerber als Berechtigter im GBuch eingetragen, so ist eine etwa angeordnete Nacherbfolge oder Testamentsvollstreckung nicht mit einzutragen, auch wenn der Erwerber ein Miterbe ist (JFG. 12, 274).

Eine vom Erblasser mit Wirkung über seinen Tod hinaus erteilte widerrufl. Vollmacht kann auch während bestehender Erbengemeinschaft von dem einzelnen Miterben widerrufen werden. Der Widerruf hat zur Folge, daß der Bevollmächtigte über Nachlaßgegenstände nicht mehr mit Wirkung gegenüber dem Widerrufenden verfügen kann (JFG. 15, 334).

Eine über den Tod hinaus wirkende Vollmacht erlischt nicht ohne weiteres durch die Ernennung eines Testamentsvollstreckers (dieser kann sie aber widerrufen: KGJ. 37, 231), wohl aber dadurch, daß der Bevollmächtigte Alleinerbe (JFG. 12, 272) oder alleiniger Vorerbe des Vollmachtgebers wird (GKJ. 43, 157). Im übr. aber kann der über den Tod des Vollmachtgebers hinaus Bevollmächtigte im Namen des Vorerben u. des Nacherben mit einer den Nacherbfall überdauernden Wirksamkeit verfügen (KGJ. 36, 166; 43, 159). Eine vom Vorerben ausgestellte Vollmacht ermächtigt regelmäßig nicht zur Vertretung des Nacherben nach Eintritt des Nacherbfalles; der Vorerbe ist grundsätzlich nicht in der Lage, eine Vollmacht mit Wirkung für den Nacherben zu erteilen (JFG. 5, 308). Die Bevollmächtigung durch das Organ einer juristischen Person ist unabhängig von der jeweiligen Zusammensetzung des Organs (KGJ. 32, 187). Der von einer juristischen Person Bevollmächtigte ist auch nach deren Auflösung zur Vornahme der Abwicklungsgeschäfte, insbes. auch zur Auflassung befugt (KGJ. 31, 306).

Wird die Vollmacht nachträglich vorgelegt, so ist auch zu prüfen, ob sie nicht erst nach Abgabe der Erklärung durch den Vertreter ausgestellt ist; in diesem Falle liegt in ihr eine nachträgl. Genehmigung i. S. des § 185 Abs. 2 BGB. (s. § 19 A. 90; wg. der Auflassung s. § 20 A. 55).

2. Bei **Erklärungen des gesetzlichen Vertreters** ist insbes. zu prüfen: 10

a) ob die Vertretungsmacht in der gehörigen **Form** (§ 29 Abs. 1 Satz 1) nachgewiesen ist. Hiezu dient beim Vormund, Pfleger usw. die (Urschrift der) Bestallung (§§ 1694, 1791, 1792, 1897, 1915 BGB.). Ist das Jugendamt gesetzl. Amtsvormund, so tritt an die Stelle der Bestallung eine Bescheinigung über den Eintritt der Vormundschaft (§ 37 RJugendwohlfahrtG. v. 9. Juli 1922, RGBl. 633). Der Anstalts- u. Vereinsvormund sowie das Jugendamt als bestellter Amtsvormund oder Mit- oder Gegenvormund, Pfleger oder Beistand erhalten eine schriftl. Verfügung des VormundschaftsG. (§§ 41 Abs. 2, 46, 47 RJugWohlfahrtG.). Die Bestallung usw. braucht nicht vorgelegt zu werden, wenn der Notar, der eine Erklärung des Vormunds usw. beurkundet oder beglaubigt, feststellt, daß ihm die Bestallung bei der Beurkundung oder Leistung der Unterschrift vorgelegt wurde. Es muß aber stets die Urschrift der Bestallung vorgelegt worden sein, da es auf deren Besitz ankommt (Güthe-Triebel[6] § 29 A. 139; vgl. § 1893 Abs. 2 BGB.). In der Bestallung des Pflegers u. des Beistands müssen deren Befugnisse stets angegeben sein, da diese in den einzelnen Fällen verschieden sind (OLG. 5, 364).

Der Nachweis der Vertretungsbefugnis sonstiger Vertreter, deren Vertretungsmacht auf dem Gesetz beruht, wird durch die Bestimmungen des § 32 GBO., § 69 BGB., § 26 Abs. 2 GenossenschaftG. erleichtert; s. die Ausführungen zu § 32.

b) ob der gesetzl. Vertreter **innerhalb der Grenzen seiner Vertretungsmacht** gehandelt hat. § 181 BGB. gilt auch für den Inhaber der elterl. Gewalt u. den Vormund, Pfleger usw. (§§ 1630 Abs. 2, 1686, 1795 Abs. 2, 1915 BGB.; RG. 67, 61; OLG. 42, 160; im einzelnen s. o. A. 8). Insoweit nach § 181 BGB. die Vertretungsmacht ausgeschlossen ist, bedarf es der Bestellung eines Pflegers (§ 1909 BGB.; s. u. A. 28). Diese ist nicht erforderlich zur Entgegennahme der Auflassung eines dem Minderjährigen von seinem Vater geschenkten 11

Grundstücks, wenn dieses unbelastet ist; der Minderjährige kann gem. § 107 BGB. die Auflassung selbst entgegennehmen (BayObLG. 9, 523; JFG. 13, 300). § 181 BGB. steht der HypBestellung des Vaters für sein Kind nicht entgegen (OLG. 28, 38). Kein Pfleger braucht ferner bestellt zu werden, wenn an dem Grundstück eines Minderjährigen eine Hyp. mit dem Vorrang vor einer dem gesetzl. Vertreter selbst zustehenden Hyp. oder Grundschuld bestellt werden soll (JFG. 12, 285). — Auf den Testamentsvollstrecker ist § 181 BGB. nicht anwendbar, da er nicht Vertreter der Erben ist (RG. 61, 139; KGJ. 27, 148; 50, 163).

Die Vertretungsbefugnis des gesetzl. Vertreters ist weiter ausgeschlossen[1]) für Angelegenheiten, für die ein Pfleger bestellt ist (§§ 1628, 1686, 1794 BGB.), dann bei Rechtsgeschäften zwischen der Frau des Vormunds (Vaters) oder einem seiner Verwandten in gerader Linie einerseits u. dem Mündel (Kind) anderseits, es sei denn, daß das Rechtsgeschäft ausschließlich in der Erfüllung einer Verbindlichkeit besteht (§§ 1630 Abs. 2, 1795 Abs. 1 Ziff. 1 BGB.). So bedarf es der Bestellung eines Pflegers, wenn die Mutter des Kindes Vorerbin u. das Kind Nacherbe ist u. die Zustimmung zur Veräußerung eines Nachlaßgrundstücks erteilt werden soll (RJA. 4, 194). Soweit der gesetzl. Vertreter gem. §§ 1630 Abs. 2, 1795 Abs. 1 Ziff. 1 BGB. kraft Gesetzes von der Vertretung ausgeschlossen ist, gilt dies bei einseitigen Rechtsgeschäften auch dann, wenn sie durch Erklärung gegenüber dem GBA. vorgenommen werden (BayObLG. 9, 414; JFG. 12, 117; Planck § 1195 A. 1a). Endlich kann der Vater usw. das Kind nicht vertreten bei Rechtsgeschäften, die die Übertragung oder Belastung einer durch Hyp. (oder durch Pfandrecht oder Bürgschaft) gesicherten Forderung des Kindes gegen den Vater oder die Aufhebung oder Minderung dieser Sicherheit zum Gegenstand haben (§§ 1630 Abs. 2, 1795 Abs. 1 Ziff. 2 BGB.). Hierunter fällt sowohl die Ausstellung einer reinen Löschungsbew. als auch die Erteilung einer löschungsfähigen Quittung (RG. 67, 39; KGJ. 24, 172; Güthe-Triebel[6] S. 1793). Die Vorschrift ist auch dann anwendbar, wenn der Vater nicht oder nicht mehr Grundstückseigtr. ist (KGJ. 43, 146); auf Grundschulden ist sie nicht anwendbar (Staud.-Keidel § 1630 A. VI 5c; Planck § 1795 A. 1b; Güthe-Triebel a. a. O.; bestr.; **a. M.** insbes. KG. in JFG. 11, 66; RGRK. § 1795 A. 3; vgl. auch OLG. Braunschweig in JW. 1936, 2973, wonach § 1795 Abs. 1 Ziff. 2 BGB. jedenfalls dann nicht anwendbar ist, wenn die Grundschuld nicht zur Sicherung einer persönl. Forderung des Mündels dient). Wegen der Vertretung des Kindes (Mündels) in diesen Fällen durch einen Pfleger s. § 1909 BGB. Vgl. ferner §§ 1638, 1647, 1676, 1678, 1679, 1680 BGB.

Der Inhaber der elterl. Gewalt, der Vormund, Pfleger usw. können in Vertretung des Kindes (Mündels) Schenkungen grundsätzlich nicht machen (§§ 1641, 1686, 1804, 1915 BGB.); eine hiegegen verstoßende Verfügung ist nichtig; sie kann auch nicht mit Genehmigung des VormundschaftsG. getroffen werden (BayObLG. 15, 575). Eine Schenkung kann auch in der Aufgabe oder Minderung der für eine Forderung des Kindes (Mündels) bestehenden Sicherheit liegen (JFG. 16, 87). Das Verbot der Schenkung trifft auch die vom Vormund einer in allgem. Gütergem. lebenden Ehefrau erteilte Einwilligung in eine Schenkung aus dem Gesamtgut (RG. 91, 41; **a. M.** Staud.-Keidel § 1804 A. 1). Der GBuchrichter hat zu prüfen, ob nicht eine unentgeltl. Verfügung vorliegt. Der Nachweis ist durch Offenlegung des Grundgeschäfts zu führen (OLG. 46, 177). Bei der Prüfung sind allgem. Erfahrungssätze zu berücksichtigen (KGJ. 35, 209). Der Nachweis, daß keine Schenkung vorliegt, bedarf nicht der Form des § 29 (JFG. 16, 87). S. im übr. § 29 A. 14.

Der Vater kann während des Bestehens seines Nutznießungsrechtes das Zinsrecht einer seinem Kinde zustehenden Hyp. abtreten; er bedarf aber nach §§ 1643 Abs. 1, 1822 Ziff. 10 BGB. der vormundschaftsgerichtl. Genehmigung, wenn die Abtretung zur Sicherung eines dem Vater eingeräumten Kredits erfolgt (KG. in DNotV. 1931, 483).

Die Übertragung der sämtl. Rechte u. Pflichten des Vaters (Vormunds usw.) ist unzu-

---

[1]) Widersprechende Rechtsgeschäfte sind nicht nichtig, sondern genehmigungsfähig (RG. 68, 40).

lässig, nicht aber die Erteilung einer Generalvollmacht, solange diese nicht unwiderruflich ist; ob ihre Erteilung angezeigt war, hat der GBuchrichter nicht zu prüfen (SeuffA. 66, 306 Nr. 155; Güthe-Triebel[6] S. 1791, 2065; RGRK. § 1793 A. 2). Erteilung einer Sondervollmacht ist ohne weiteres zulässig (vgl. BayObLG. 14, 213; 18, 55). Der Bevollmächtigte bedarf der vormundschaftsgerichtl. Gen. insoweit, als der Vater (Vormund usw.) selbst ihrer bedarf (OLG. 5, 410; JFG. 1, 313). Eine ohne zeitl. Beschränkung erteilte Vollmacht bleibt auch nach Volljährigkeit des Mündels bestehen, bis das zugrunde liegende Auftragsverhältnis erlischt oder die Vollmacht widerrufen wird (RG. 41, 263; JFG. 1, 313).

c) ob die **Genehmigung des Vormundschaftsgerichts** (Nachlaßgerichts, ferner des Gegenvormunds, Beistands oder Familienrats) erforderlich u. erteilt ist. 12

Ist die Genehmigung zu einem vom Vater oder Vormund vorgenommenen Rechtsgeschäft durch das VormundschaftsG. erteilt, so hat der GBuchrichter nicht zu prüfen, ob es der Bestellung eines Pflegers bedurft hätte (Güthe-Triebel[6] S. 2068). Die vormundschaftsgerichtl. Gen. kann auch im Voraus für den Fall des Zustandekommens eines Rechtsgeschäfts erteilt werden. In der Gen. des schuldrechtl. Grundgeschäfts durch das VormundschaftsG. liegt regelmäßig auch die Gen. des dingl. Erfüllungsgeschäftes (KGJ. 28, 6; JFG. 14, 246) u. umgekehrt (RG. 130, 148). Eine bedingte vormundschaftsgerichtl. Gen. ist an sich zulässig (RG. 85, 421; JFG. 15, 128), für das GBuchverfahren aber nur dann brauchbar, wenn die Bedingung dahin lautet, daß gleichzeitig mit der auf Gr. des genehmigten Rechtsgeschäfts erfolgenden Eintr. eine andere Eintr. (vgl. § 16 Abs. 2 GBO.) erfolgen muß (KGJ. 44, 156; Waldmann in BayNotV. 1931, 135). Ist die Gen. nach dem Gesetz erforderlich, so ist es gleichgültig, ob der Vormund das Geschäft im Namen des Mündels oder ob es das Mündel selbst mit Einwilligung oder Genehmigung des Vormunds vornimmt. Die rechtskräftige Verurteilung des Mündels (Kindes) zur Abgabe einer Willenserklärung (§ 894 ZPO.) macht die vormundschaftsgerichtl. Gen. nicht entbehrlich (Staud.-Keidel §§ 1821, 1822 A. 1b; Stein-Jonas ZPO. § 894 A. II; **a. M.** KGJ. 45, 264; v. Rozycki-v. Hoewel S. 443). Verfügungen im Wege der Zwangsvollstr. bedürfen nicht der vormundschaftsgerichtl. Gen. (Staud.-Keidel a. a. O. A. 5a), ebensowenig Erklärungen eines Testamentsvollstreckers, wenn Minderjährige zu den Erben gehören (vgl. RG. 91, 69), oder eines Bevollmächtigten des Erblassers des Mündels (RG. 88, 345; 106, 185); das gleiche gilt für den Konkursverwalter (Ricks 394).

Die nachträglich erteilte Gen. des VormundschaftsG. wirkt, vorbehaltlich des § 184 Abs. 2 BGB.[1]), auf den Zeitpunkt der Vornahme des Rechtsgeschäftes zurück (OLG. 6, 295).

aa) Ein **Vormund** wird bestellt für einen Minderjährigen, wenn er nicht unter elterl. Gewalt steht oder wenn die Eltern weder in den die Person noch in den das Vermögen betreffenden Angelegenheiten zu seiner Vertretung berechtigt sind oder wenn der Familienstand des Minderjährigen nicht zu ermitteln ist (§ 1773 BGB.; s. auch §§ 1676 bis 1678 BGB.), für einen Volljährigen, wenn er entmündigt (§ 1896 BGB.) oder unter vorläufige Vormundschaft gestellt ist (§§ 1906 ff. BGB.). Es können auch mehrere Vormünder bestellt werden (§ 1797 BGB.). Über befreite Vormundschaft s. §§ 1852 ff., 1903 Abs. 1 Satz 2, 3, 1904 BGB., §§ 33, 46, 47 Abs. 2 RJugWohlfahrtG. v. 9. Juli 1922 (RGBl. 633). 13

α) Der Vormund bedarf der **Genehmigung des Vormundschaftsgerichts** insbes.: 14

1. zur Verfügung[2]) über ein Grundstück oder ein grundstücksgleiches Recht (§ 1821 Abs. 1 Ziff. 1 BGB.), also insbes. zur Auflassung u. zur Belastung eines Grundstücks (grundstücksgleichen Rechts) mit einer Hyp., einem Nießbrauch usw. (BayObLG. 4, 602). Unter die

---

[1]) Haben Miterben über einen Nachlaßgegenstand verfügt u. bedarf einer der Miterben der vormundschaftsgerichtl. Gen., so findet, wenn vor dem Wirksamwerden dieser Gen. der Erbteil eines anderen Miterben gepfändet wird, § 184 Abs. 2 BGB. keine Anwendung (KG. in JW. 1935, 3640 = HRR. 1935 Nr. 1655).

[2]) Zum Begriff der Verfügung i. S. des § 1821 BGB. vgl. Dennler in BayNotZ. 1903, 248. S. auch Vorbem. 66 vor § 13.

Belastung fällt auch die Eintr. einer EigtrGrundschuld (JFG. 9, 262), einer Auflassungsvormerkung oder einer Löschungsvormerkung nach § 1179 BGB. Gleichgültig ist, ob das Grundstück dem Mündel allein gehört oder ob letzteres nur Miteigtr. nach Bruchteilen oder zur gesamten Hand, z. B. Miterbe, ist (BayObLG. 9, 210; OLG. 5, 411; Staud.-Keidel §§ 1821, 1822 A. 2 a α); auch die Übertragung eines Erbanteils gehört hieher, wenn zum Nachlaß Grundstücke gehören (BayObLG. 20, 319), ebenso die Teilung eines Grundstücks unter die bisherigen Eigtr. (BayObLG. 1, 420). Keiner Gen. bedarf es, wenn über Grundstücke einer off. HG. oder einer G.m.b.H. verfügt wird, an denen das Mündel beteiligt ist (RG. 54, 278; 133, 7; 137, 344; RGRK. § 1821 A. 3; Staud.-Keidel A. 2 a α; **a. M.** Güthe-Triebel[6] S. 2069 bez. der off. HG.). Der Erwerb eines Grundstücks fällt nicht unter § 1821 Ziff. 1 BGB., sondern unter Ziff. 4 a. a. O., u. zwar auch dann, wenn eine Kaufpreishyp. oder ein sonstiges dingl. Recht gleichzeitig bestellt wird (RG. 108, 356; BayObLG. 26, 307; Güthe-Triebel[6] S. 2070; **a. M.** BayObLG. 4, 573, 752, 782; RJA. 4, 258; 7, 132; Staud.-Keidel a. a. O. A. 2 a γ); die Übernahme bestehender Hypotheken usw. fällt nicht unter § 1822 Ziff. 10 BGB. (RG. 110, 173; **a. M.** insbes. Staud.-Keidel a. a. O. A. 2 n β; s. auch unten A. 24). Eine Verfügung über ein Grundstück stellt weiter dar die Änderung eines Rechts am Grundstück, die die Haftung erhöht, z. B. die Erhöhung des Zinssatzes einer Hyp., auch die Umwandlung einer Hyp. in eine Grundschuld u. umgekehrt, sowie die Umwandlung einer Hypothekenform in eine andere (RGRK. § 1821 A. 4; Planck § 1821 A. II 1b; **a. M.** Staud.-Keidel a. a. O. A. 2 a γ). Genehmigungsbedürftig ist auch der in einem gerichtl. Vergleich ausgesprochene Verzicht auf Berichtigung des GBuchs hinsichtl. des Eigentums an einem Grundstück (RG. 133, 259).

Keine Verfügung über das Grundstück enthält die Unterwerfung unter die sofortige Zwangsvollstr. (§ 800 ZPO.) bez. einer Hyp. (RJA. 7, 224; RGRK. a. a. O.; Staud.-Keidel §§ 1821, 1822 A. 2a γ; bestr.), die Ausschließung der Kündigungsbefugnis für bestimmte Zeit (OLG. 14, 262; Staud.-Keidel a. a. O.), die Zustimmung zum Rangrücktritt einer Hyp. usw. (RJA. 2, 100), die Verfügung über eine EigtrHyp. oder EigtrGrundschuld (JFG. 9, 262; Staud.-Keidel a. a. O.; Güthe-Triebel[6] S. 2069), der Antrag auf gemeinschaftl. Buchung oder Vereinigung zweier Grundstücke, außer es ist der Fall des § 1131 BGB. gegeben (Planck § 1821 A. II 1b).

Die Erteilung der Einwilligung zu der Verfügung eines Dritten ist selbst Verfügung u. daher genehmigungsbedürftig, z. B. die Erteilung der Gen. nach §§ 1445, 1487 BGB. durch den Vormund eines anteilsberechtigten Abkömmlings oder die Gen. nach §§ 1409, 1395 BGB. zu der Verfügung der Ehefrau durch den Vormund des Mannes; das gleiche gilt für die durch den Vormund des Nacherben erteilte Zustimmung zur Veräußerung eines zur Nacherbschaft gehörigen Grundstücks durch den Vorerben (RJA. 17, 22; OLG. 42, 114; **a. M.** Staud.-Keidel §§ 1821, 1822 A. 2 a γ a. E.; auch RGRK. § 1821 A. 3, soweit es sich nicht um Nacherbenrechte handelt).

15 2. zur Verfügung über ein Recht an einem Grundstück mit Ausnahme der Hyp., Grund- u. Rentenschulden (§ 1821 Abs. 1 Ziff. 1, Abs. 2 BGB.). Keine Verfügung ist die Überlassung der Ausübung eines Nießbrauchs oder einer beschr. persönl. Dienstbarkeit (Staud.-Keidel §§ 1821, 1822 A. 2 a γ; RGRK. § 1821 A. 4). Nicht unter § 1821 Ziff. 1, sondern unter § 1812 BGB. fällt die Verfügung über ein Recht an einem Grundstücksrecht (Pfandrecht, Nießbrauch, KGJ. 40, 163).

16 3. zur Verfügung über eine Forderung, die auf Übertragung des Eigentums an einem Grundstück oder auf Begründung oder Übertragung des Rechts an einem Grundstück (mit Ausnahme der Hyp., Grund- u. Rentenschulden) oder auf Befreiung eines Grundstücks von einem solchen Rechte gerichtet ist (§ 1821 Abs. 1 Ziff. 2, Abs. 2 BGB.). Hierunter fällt nicht die Entgegennahme der Auflassung eines erworbenen Grundstücks (RG. 108, 356; **a. M.** Staud.-Keidel §§ 1821, 1822 A. 2 b). Dagegen gehört hieher jede

Verfügung (Abänderung, Rangrücktritt, Aufhebung usw.) über eine **Vormerkung**, die zur Sicherung eines der bezeichneten Ansprüche dient, z. B. eines persönl. Vorkaufsrechtes (KG. in DNotV. 1930, 109).

4. zu einem Vertrag, der auf den **entgeltlichen Erwerb** eines Grundstücks oder eines Grundstücksrechtes (mit Ausnahme einer Hyp., Grund- u. Rentenschuld) gerichtet ist (§ 1821 Abs. 1 Ziff. 4, Abs. 2 BGB.), also insbes. zu Kauf- u. Tauschverträgen. Da der schuldrechtl. Vertrag vom GBA. nicht zu prüfen ist (s. u. A. 34), unterliegt auch die vormundschaftsgerichtl. Gen. desselben nicht seiner Nachprüfung. Wegen der Übernahme von Hypotheken beim Grundstückserwerb s. o. A. 14. § 1821 Abs. 1 Ziff. 4 BGB. ist nicht anwendbar, wenn eine Schenkung unter Auflage vorliegt; eine Ausnahme gilt nur dann, wenn die Übereignung des Grundstücks nur äußerlich in die Form einer Schenkung unter Auflage gekleidet ist, in Wirklichkeit aber die Auflage eine die Unentgeltlichkeit der Zuwendung ausschließende Gegenleistung für die Grundstücksübertragung bildet (KG. in JW. 1935, 55 = HRR. 1935 Nr. 352). **17**

5. zu einer Verfügung über den **Anteil des Mündels an einer Erbschaft** (§ 1822 Ziff. 1 BGB.). **18**

6. zu einem **Erbteilungsvertrag** (§ 1822 Ziff. 2 BGB.), gleichgültig, ob die Erbengemeinschaft bez. des ganzen Nachlasses oder nur eines Teiles aufgehoben wird (KGJ. 42, 50). Erfolgt die Erbauseinandersetzung durch den Testamentsvollstrecker, so ist die vormundschaftsgerichtl. Gen. nicht erforderlich (Staud. § 2204 A. V). **19**

7. zur **Aufnahme von Geld auf den Kredit des Mündels** (§ 1822 Ziff. 8 BGB.). Hierunter fällt die Abtretung einer EigtrGrundschuld des Mündels unter Umwandlung in eine Darlehenshyp. (OLG. 5, 409). **20**

8. zu einem Rechtsgeschäft, durch das die für eine (bestehenbleibende) Forderung des Mündels bestehende **Sicherheit aufgehoben oder gemindert** wird (§ 1822 Ziff. 13 BGB.), z. B. zum Verzicht auf eine Hyp. (§ 1168 BGB.)[1]), zur Verteilung einer Gesamthyp. gem. § 1132 Abs. 2 BGB. (OLG. 10, 10), zum Rangrücktritt einer Hyp. (BayObLG. 17, 173), nicht dagegen zur Umwandlung einer Sicherungshyp. in eine gewöhnl. Hyp. (OLG. 29, 372). Hieher gehört auch die Zustimmung des Nacherben zur Aufhebung einer zur Nacherbschaft gehörigen Hyp. (Recht 1906, 247 Nr. 477). **21**

9. wenn ein Gegenvormund nicht vorhanden ist u. die Vormundschaft nicht von mehreren Vormündern gemeinschaftlich (§ 1797 Abs. 1 Satz 1 BGB.) geführt wird, zur **Verfügung über eine Forderung** oder über ein anderes Recht, kraft dessen der Mündel eine Leistung verlangen kann (§ 1812 BGB.). Hieher gehört insbes. die Übertragung, Belastung u. Aufhebung (Erteilung der Löschungsbew.) einer Hyp., Grund- u. Rentenschuld, ferner der Rangrücktritt u. die Herabsetzung des Zinsfußes einer Hyp. (OLG. 14, 262). Ob die Bewilligung der Löschung einer EigtrGrundschuld unter § 1812 BGB. fällt, ist zweifelhaft; sie ist jedenfalls dann genehmigungsfrei, wenn keine nachstehenden Rechte eingetragen sind (JFG. 13, 393). Gleichgültig ist, ob das Recht dem Mündel allein oder zusammen mit anderen nach Bruchteilen oder zur gesamten Hand zusteht (OLG. 5, 411). Auch die Zustimmung des bevormundeten Nacherben zu einer entspr. Verfügung des Vorerben gehört hieher (RJA. 7, 268; KGJ. 35, 305), ferner die Zustimmung des Grundstückseigtr. zur Löschung einer Hyp. usw. (Güthe-Triebel[6] S. 2066; **a. M.** Schmitt in BayNotZ. 1905, 37). Der Gen. bedarf auch die Ausstellung einer Quittung, soweit die Annahme der quittierten Leistung genehmi- **22**

---

[1]) Die abstrakte **Löschungsbew.** bedarf also stets der Gen., weil aus ihr nicht zu ersehen ist, ob die Forderung fortbesteht; § 1822 Ziff. 13 BGB. ist nur dann anwendbar, wenn die Forderung selbst unberührt bleibt; wird über die Forderung selbst verfügt, so finden die für eine solche Verfügung maßgebenden Grundsätze, insbes. §§ 1812, 1813, 1821 Abs. 1 Ziff. 1, 2, Abs. 2 BGB. Anwendung (Güthe-Triebel[6] S. 2071; Staud.-Keidel §§ 1821, 1822 A. 2 q β). Dagegen bedarf die **löschungsfähige Quittung** nur der Gen. gem. § 1812 BGB. (s. o. A. 22).

gungsbedürftig ist (KGJ. 44, 280; 50, 220; Güthe-Triebel a. a. O.). Keine Verfügung ist die Umwandlung einer Sicherungshyp. in eine Buchhyp. (OLG. 29, 371).

Ausnahmen s. § 1813 BGB., ferner §§ 33, 47 RJugendWohlfahrtG. v. 9. Juli 1922 (RGBl. 633) mit § 1852 BGB.; s. auch § 1825 BGB. Die Genehmigung zur Quittungsleistung u. Löschungsbew. ist insbes. dann entbehrlich, wenn der Anspruch nicht mehr als 300 RM. beträgt (§ 1813 Abs. 1 Ziff. 2 BGB.).

Ist in den Fällen dieser Ziff. ein Gegenvormund vorhanden, so tritt dessen Genehmigung an die Stelle der Gen. des VormundschaftsG. (§ 1812 Abs. 1 BGB.). Bei befreiter Vormundschaft ist zu den in § 1812 BGB. bezeichneten Rechtsgeschäften weder die Gen. des VormundschaftsG. noch des Gegenvormunds erforderlich (§ 1852 Abs. 2 BGB.).

23 β) Dem GBA. ist in der Form des § 29 nachzuweisen, daß die vormundschaftsgerichtl. Gen. erteilt u. dem Vormund gegenüber erklärt ist, bei nachträglicher Gen. außerdem, daß die Gen. dem andern Teil durch den Vormund mitgeteilt ist (§§ 1828, 1829 BGB.); über die Führung des Nachweises s. § 19 A. 87, 88.

24 **bb)** Der **Inhaber der elterlichen Gewalt** (Vater, Mutter, s. §§ 1626, 1627, 1684, 1685 BGB.) bedarf der vormundschaftsgerichtl. Genehmigung (§§ 1643 Abs. 1, 1686 BGB.) insbes. (vgl. auch das vorstehend bez. des Vormunds Ausgeführte)[1]):

1. zur Verfügung über ein Grundstück oder grundstücksgleiches Recht (§ 1821 Abs. 1 Ziff. 1 BGB.), insbes. also zur Auflassung (OLG. 1, 474) u. zur Belastung. Da § 1821 Ziff. 4 für den Inhaber der elterl. Gewalt nicht gilt, bedarf er zum Erwerb eines Grundstücks für das Kind nicht der vormundschaftsgerichtl. Gen.; dies gilt auch für die Entgegennahme der Auflassung (RG. 108, 356; RJA. 3, 61; 7, 276; 16, 262; RGRK. § 1643 A. 1; **a. M.** Staud.-Keidel § 1643 A. II 2), u. zwar auch dann, wenn für den Kaufpreis Hypothek bestellt (RG. 108, 356; Güthe-Triebel[6] S. 1794; **a. M.** RJA. 7, 131; OLG. 21, 286; Planck § 1643 A. IIIa; Staud.-Keidel § 1643 A. II 1) oder beim Erwerb ein sonstiges dingl. Recht, z. B. ein Nießbrauch oder ein Wohnungsrecht bestellt wird (BayObLG. 26, 307; OLG. 24, 29; **a. M.** OLG. 22, 160 bez. des Nießbrauchs) oder wenn eine bestehende Hyp. oder Grundschuld in Anrechnung auf den Kaufpreis übernommen wird (RG. 110, 173; OLG. 5, 183; Güthe-Triebel[6] S. 1795; **a. M.** BayObLG. 3, 346; OLG. 9, 461; Staud.-Keidel § 1643 A. II 9). Gleichgültig ist hierbei, wenn bez. der Hyp. der Vater das Kind der sofortigen Zwangsvollstr. unterwirft (**a. M.** OLG. 21, 287; s. auch oben A. 14). Keine Verfügung über das Grundstück ist die Verfügung über eine EigtrHyp. oder EigtrGrundschuld; im übr. s. o. A. 14.

25 2. zur Verfügung über ein Recht an einem Grundstück mit Ausnahme von Hyp., Grund- u. Rentenschulden (§ 1821 Abs. 1 Ziff. 2, Abs. 2 BGB.), dagegen nicht zur Verfügung über ein Recht an einem Grundstücksrecht (Pfandrecht, Nießbrauch).

26 3. zur Verfügung über eine Forderung, die auf Übertragung des Eigentums an einem Grundstück oder auf Aufhebung oder Übertragung eines Grundstücksrechtes oder auf Befreiung eines Grundstücks von einem solchen Rechte gerichtet ist, wobei zu den Rechten an einem Grundstück Hyp., Grund- u. Rentenschulden nicht zu rechnen sind (§ 1821 Abs. 1 Ziff. 2, Abs. 2 BGB.), z. B. zur Abtretung des Auflassungsanspruchs. Wegen der Entgegennahme der Auflassung s. o. A. 24. Nicht genehmigungsbedürftig ist der Rangrücktritt einer Hyp. (OLG. 46, 177).

27 4. zur Verfügung über den Anteil des Kindes an einer Erbschaft (§ 1822 Ziff. 1 BGB.).

---

[1]) Nicht erforderlich ist die Gen. des VormundschaftsG. insbes. zu einem Vertrag, der auf den entgeltl. Erwerb eines Grundstücks oder eines Grundstücksrechts gerichtet ist (vgl. § 1821 Ziff. 4 BGB.), sofern nicht auf Gr. einer besonderen Bestimmung die Gewährung des Entgelts genehmigungspflichtig ist (BayObLG. 4, 945); zu einem Erbteilungsvertrag (vgl. § 1822 Ziff. 2 BGB.), außer dieser enthält eine Verfügung über ein Nachlaßgrundstück (RJA. 1, 135; OLG. 5, 402); zu einem Rechtsgeschäft, durch das die für eine Forderung des Kindes bestehende Sicherheit aufgehoben oder gemindert oder die Verpflichtung dazu begründet wird (vgl. § 1822 Ziff. 13 BGB.).

Wegen der dem GBA. zu erbringenden Nachweise gilt das oben A. 23 Gesagte hier entsprechend; s. §§ 1643 Abs. 3, 1686 BGB.

cc) Ein **Pfleger** ist für einen unter elterl. Gewalt oder unter Vormundschaft Stehenden zu bestellen für Angelegenheiten, an deren Besorgung der Gewalthaber oder der Vormund verhindert ist, insbes. für die Verwaltung des Vermögens, bez. dessen der Zuwendende die Verwaltungsbefugnis des Gewalthabers oder des Vormunds ausgeschlossen hat (§ 1909 Abs. 1 BGB.), u. zwar auch dann, wenn der Erblasser zur Verwaltung des Zugewendeten einen Testamentsvollstrecker ernannt hat (KGJ. 38, 69; RJA. 16, 15). 28

Zur Vermögensauseinandersetzung (Nachlaß, Gesamtgut der fortges. Gütergem.) zwischen dem Vater (der Mutter) u. den Kindern (s. §§ 1630 Abs. 2, 1795 Abs. 2 mit § 181 BGB.) muß für jedes Kind ein besonderer Pfleger bestellt werden (RG. 71, 162; 93, 334; OLG. 3, 107; KGJ. 23, 89). Die Bestellung eines Pflegers genügt aber, wenn nur die Auseinandersetzung mit dem Vater (der Mutter) erfolgt, die Erbengemeinschaft zwischen den Kindern aber bestehen bleibt (OLG. 4, 119), sowie wenn die Kinder lediglich ihre Erbanteile an den Vater (die Mutter) übertragen (RG. 93, 334; KGJ. 40, 1; Güthe-Triebel[6] S. 1963). Die Bestellung eines Pflegers ist nicht notwendig für die Entgegennahme der Auflassung eines dem Minderjährigen von seinem gesetzl. Vertreter geschenkten unbelasteten Grundstücks, weil der Minderjährige die Auflassung gem. § 107 BGB. selbst entgegennehmen kann (OLG. 18, 212; JFG. 13, 300; RGRK. § 107 A. 2 u. a.).

Auf die Pflegschaft finden die für die Vormundschaft geltenden Vorschriften entspr. Anwendung (§ 1915 Abs. 1 BGB.). Ein Gegenvormund kann, muß aber nicht bestellt werden (§ 1915 Abs. 2 BGB.). Der Pfleger bedarf in den gleichen Fällen wie der Vormund der Genehmigung des VormundschaftsG. (s. o. A. 14 ff.).

Über weitere Fälle der Pflegschaft s. §§ 1910 bis 1914, ferner § 1960 Abs. 2 BGB. (Nachlaßpflegschaft). Auch im Falle der Nachlaßpflegschaft können ein Gegenvormund oder mehrere Pfleger bestellt werden. Auf die Nachlaßpflegschaft kommen die Grundsätze der Pflegschaft zur Anwendung, insbes. für die Frage, wann die Genehmigung des NachlaßG. (§ 1962 BGB.) erforderlich ist (BayObLG. 6, 515; OLG. 8, 367; RJA. 12, 71). Auch die Nachlaßverwaltung ist eine Nachlaßpflegschaft (§ 1975 BGB.). Der Nachlaßverwalter bedarf also in den gleichen Fällen wie der Vormund (insbes. §§ 1821, 1822 BGB.; s. o. A. 14 ff.) der Genehmigung des NachlaßG. (§ 1962 BGB.; Staud. § 1975 A. IV A c). Über die mit der Nachlaßverwaltung verbundenen Verfügungsbeschränkungen der Erben s. Vorbem. 78 vor § 13.

dd) Ein **Beistand** wird in den Fällen des § 1687 BGB. zur Unterstützung u. Überwachung der Mutter bei Ausübung ihrer elterl. Gewalt bestellt; Voraussetzung ist also, daß die elterl. Gewalt der Mutter zusteht (KGJ. 50, 26). Über die Befugnisse des Beistands s. §§ 1688 ff. BGB. 29

Ist dem Beistand die Vermögensverwaltung nicht übertragen, so bedarf innerhalb seines Wirkungskreises die Mutter seiner Genehmigung zu jedem Rechtsgeschäft, zu dem der Vormund der Genehmigung des VormundschaftsG. oder des Gegenvormunds (s. o. A. 14 ff.) bedarf (§ 1690 Abs. 1 BGB.), außer es bedarf die Mutter schon nach den Vorschriften über die elterl. Gewalt, insbes. § 1643 Abs. 2 BGB., der Gen. des VormundschaftsG., z. B. zur Veräußerung von Grundstücken; hier genügt die Gen. des VormundschaftsG. Dagegen bedarf die Mutter zum Erwerb eines Grundstücks nur der Gen. des Beistands, nicht auch der des VormundschaftsG. (KGJ. 38, 23). Der Beistand selbst bedarf in diesen Fällen zur Erteilung seiner Gen. nicht der vormundschaftsgerichtl. Gen. (Staud.-Keidel § 1690 A. 8).

Ist dem Beistand die Vermögensverwaltung auf Antrag der Mutter[1]) übertragen,

---

[1]) Umfaßt der Wirkungskreis des Beistands die Vermögensverwaltung, ohne daß sie ihm auf Antrag der Mutter übertragen ist, so hat er die Stellung eines Gegenvormunds (OLG. 23, 414).

so hat er die Stellung eines Pflegers (§ 1693 BGB.), vertritt also das Kind unter Ausschließung der Mutter (RG. 96, 48).

Regelmäßig hat der GBuchrichter, wenn die Mutter als Inhaberin der elterl. Gewalt über Kindesvermögen verfügt, ohne weiteres davon auszugehen, daß kein Beistand bestellt ist u. hat keinen besonderen Nachweis hierüber zu verlangen. Dazu ist er nur berechtigt, wenn nach verständiger Beurteilung des Falles ein Grund zu der Annahme besteht, daß ein Beistand bestellt worden ist (RJA. 6, 246; OLG. 12, 340; Güthe-Triebel[6] S. 1752; bestr.).

30 **ee)** Ein **Gegenvormund** kann neben dem Vormund bestellt werden (§ 1792 Abs. 1 BGB.; s. jedoch §§ 33 Abs. 1 Satz 2, 46 RJugWohlfahrtG. v. 9. Juli 1922, RGBl. 633); auch mehrere Gegenvormünder können bestellt werden (Staud.-Keidel § 1792 A. 5). Die Bestellung eines Gegenvormundes ergibt sich aus der Bestallung des Vormunds (§ 1791 Abs. 2 BGB.). Die Vertretung des Mündels steht dem Gegenvormund nicht zu, auch nicht bei Verhinderung des Vormunds (Staud.-Keidel § 1799 A. 2). Über die Fälle, in denen seine Gen. erforderlich ist (insbes. §§ 1812, 1813, 1825 BGB.), s. A. 22. Die Gen. des Gegenvormunds kann nur dem Vormund gegenüber erklärt werden; sie wird dem anderen Vertragsteil gegenüber erst wirksam, wenn sie ihm durch den Vormund mitgeteilt wird. Zu einem einseitigen Rechtsgeschäft muß die Gen. des Gegenvormunds vor seiner Vornahme erteilt sein (§ 1832 mit §§ 1828, 1829, 1831 BGB.). Bez. des Nachweises der Gen. des Gegenvormunds gegenüber dem GBA. gilt das oben A. 23 für die vormundschaftsgerichtl. Gen. Gesagte entsprechend.

31 **ff)** Der **Familienrat** (§§ 1858, 1859 BGB.) tritt, wenn ein solcher eingesetzt ist, an die Stelle des VormundschaftsG., auch bei der Gen. von Rechtsgeschäften des Vormunds (§ 1872 BGB.).

32 **IV.** Wegen der Prüfung der **Erwerbsfähigkeit** (Rechtsfähigkeit) des gewinnenden Teils s. § 19 A. 92 ff.

33 **V.** Wegen des Nachweises der Entrichtung oder Sicherstellung der **Steuern u. Gebühren** s. Vorbem. 212 ff. vor § 13.

34 **C. I.** Das Vorhandensein u. die Wirksamkeit des **schuldrechtlichen Grundgeschäfts** hat der GBuchrichter grundsätzlich nicht zu prüfen. Mängel des schuldrechtl. Vertrags[1]) sind regelmäßig nicht zu beachten (BayObLG. 11, 524; 12, 478; 18, 280; OLG. 8, 303; KGJ. 30, 207; Henle-Schmitt § 18 A. 2; Staud.-Kober § 873 A. 82; Güthe-Triebel[6] Vorbem. 99 vor § 13)[2]). Dieser Grundsatz findet aber seine Grenze an der Pflicht des GBuchrichters, das GBuch mit der wahren Rechtslage in Übereinstimmung zu halten. Er hat Eintr. abzulehnen, die die Unrichtigkeit des GBuchs zweifellos, nicht nur nach seiner Vermutung, zur Folge hätten; denn er darf nicht bewußt, nur gestützt auf die formalen Bestimmungen des GBuchrechts, bei der Herbeiführung einer GBuchunrichtigkeit mitwirken (OLG. 4, 182; KGJ. 39, 246; 41, 207; JFG. 7, 275). Dies trifft z. B. zu bei einer Eintr., die zweifellos wegen Verstoßes gegen die guten Sitten oder gegen ein Verbotsgesetz nichtig wäre (BayObLG. 23, 178; KG. in HRR. 1935 Nr. 1373; Güthe-Triebel[6] Vorbem. 99 vor § 13). Die Ablehnung ist aber nur gerechtfertigt, wenn dauernde Unrichtigkeit die Folge der Eintr. wäre; so kann z. B. bei einer Hyp., die zwar notwendig eine Forderung voraussetzt (§ 1113 BGB.), aber bis zum Entstehen einer solchen EigtrGrundschuld ist (§ 1163 BGB.), nur die Gewißheit, daß eine wirksame Forderung nicht entstehen kann, die Ablehnung ihrer Eintr. rechtfertigen (KGJ. 52,

---

[1]) Die Nichtigkeit oder Unwirksamkeit des Grundgeschäfts berührt grundsätzlich die Rechtswirksamkeit der Einigung u. der EintrBew. nicht (RG. 68, 100; 78, 282; 104, 102; 109, 201; BayObLG. 18, 281; OLG. 45, 193; Güthe-Triebel[6] § 19 A. 27; Staud.-Kober § 873 A. 65ff.; RGRK. § 873 A. 7). Nur bei Wucher (§ 138 Abs. 2 BGB.) ergreift die Nichtigkeit des schuldrechtl. Grundgeschäfts auch das dingl. Erfüllungsgeschäft (RG. 57, 97; 93, 75; 109, 201; RGRK. § 138 A. 2; Staud.-Riezler § 138 A. 37).

[2]) Es darf auch nicht die Eintr. auf Gr. einer Auflassung wegen Rücktritts von dem zugrunde liegenden Kauf- oder Tauschvertrag abgelehnt werden (BayObLG. in SeuffA. 67 Nr. 132).

182)[1]). Ebenso ist bei Eintr. einer Vormerkung neben der EintrBew. nicht auch noch die Entstehung des zu sichernden Anspruchs nachzuweisen; wenn dem GBuchrichter jedoch bekannt ist, daß der Anspruch nicht besteht u. auch in Zukunft nicht entstehen kann, ist der EintrAntrag abzulehnen (RJA. 7, 142). Abzulehnen ist auch die Eintr. einer HypAbtretung, wenn feststeht, daß die Einigung zwischen altem u. neuem Gl. über die Abtretung nicht mehr besteht (OLG. München in DNotZ. 1937, 327). Das Ablehnungsrecht steht dem GBuchrichter weiter nur dann zu, wenn die Nichtigkeit offensichtlich ist. In Fällen, die Zweifel an der Nichtigkeit offen lassen, ist das GBA. zur Feststellung der Nichtigkeit nicht berufen; dies ist Sache des Prozeßgerichts (BayObLG. 23, 178). Der GBuchrichter kann auch, wenn er aus einer ihm vorliegenden Urkunde mit Sicherheit ein arglistiges, gegen Treu u. Glauben verstoßendes u. die Gegenpartei schädigendes Handeln des Antragstellers entnehmen kann, vorerst weitere Aufklärung, insbes. seitens der Gegenpartei verlangen; die bloße Möglichkeit einer Schädigung ist hiezu aber keinesfalls genügend (BayObLG. 23, 167). Wenn nicht besondere Umstände vorliegen, darf also das GBA. eine Eintr. nicht wegen eines vermeintl. Verstoßes gegen Treu u. Glauben oder wegen Arglist ablehnen (KG. in HRR. 1934 Nr. 1095). So steht die (dem GBuchrichter bekannte) Tatsache der Auflassung Eintragungen auf Gr. von Bewilligungen des Veräußerers oder im Wege der Zwangsvollstr. grundsätzlich nicht entgegen (RG. 81, 68; BayObLG. a. a. O.; KG. in HRR. 1935 Nr. 1373). Die Anfechtbarkeit eines Rechtsgeschäfts wegen Gläubigerbenachteiligung gibt dem GBuchrichter nicht das Recht, die Eintr. der anfechtbaren Rechtsänderung abzulehnen (JFG. 15, 196).

In einigen Ausnahmefällen ist jedoch der GBuchrichter zur Prüfung des Grundgeschäfts berechtigt u. verpflichtet. Hierher gehört der Fall, daß die Verfügungsberechtigung des Verfügenden davon abhängt, daß das Grundgeschäft kein unentgeltliches ist, wie beim Testamentsvollstrecker, beim gütergemeinschaftl. Ehegatten, beim Vorerben usw. (RJA. 8, 143; s. o. A. 1 unter b sowie § 29 A. 14). Die Prüfung des Grundgeschäfts ist ferner notwendig, wenn ein Bevollmächtigter für beide Vertragsteile handelt u. zu prüfen ist, ob das Rechtsgeschäft gem. § 181 BGB. in Erfüllung einer Verbindlichkeit vorgenommen wird (ZBlFG. 1, 969; 10, 253; Güthe-Triebel[6] Vorbem. 99 vor § 13) oder wenn eine Vollmacht als Teil des Grundgeschäfts erscheint; hier ist dessen Rechtswirksamkeit zu prüfen, da im Falle seiner Nichtigkeit auch die Vollmacht nach § 139 BGB. nichtig sein kann (KGJ. 41, 163). Die Wirksamkeit des Grundgeschäftes muß endlich geprüft werden, wenn die Erwerbsfähigkeit des gewinnenden Teils von dem Inhalt des Grundgeschäftes abhängt (vgl. § 19 A. 94ff.). Bestehen in diesen Fällen wegen des Grundgeschäftes Bedenken oder Zweifel, so ist durch Zwischenverfügung Klarstellung zu verlangen (JFG. 2, 344).

Keine Ausnahme bildet der Fall des § 2 der VO. v. 11. Mai 1934 (RGBl. I 378), da nach dieser Bestimmung das GBA. nur zu prüfen hat, ob ein formgültiger Veräußerungsvertrag nach § 313 BGB. vorgelegt wird, nicht aber, ob er inhaltlich rechtswirksam ist. Vgl. hierüber § 20 A. 75ff.

II. Soweit zum Rechtserwerb ein dingl. Vertrag (**Einigung**) erforderlich ist, ist auch 35
dieser der Prüfung des GBA. entzogen; dies gilt auch dann, wenn die hierüber aufgenommene Urkunde dem GBA. vorgelegt wird; nur die EintrBewilligung ist zu prüfen (BayObLG. 13, 419, 731). Eine Ausnahme ist durch § 20 vorgeschrieben.

Da der dingl. Vertrag der Prüfung des GBA. nicht unterliegt, hat es auch die Anfechtung der Einigung wegen Irrtums usw. (§§ 119ff. BGB.) u. die sich hieraus ergebende Nichtigkeit (§ 142 BGB.) nicht zu beachten, obwohl die dingl. Rechtsänderung hier mangels wirksamer Einigung trotz der Eintr. nicht zustande kommt (vgl. RG. 70, 356; 80, 320). Der GBuchrichter darf in einem solchen Falle weder den EintrAntrag ablehnen, noch einen Amts-

[1]) In der Bestellung einer nichtigen Hyp. ist nicht die Bestellung einer wirksamen EigtrGrundschuld zu erblicken (RG. 70, 353).

widerspruch nach § 53 eintragen (**a. M.** KGJ. 51, 142), sondern hat die Beteiligten auf den Prozeßweg zu verweisen.

Im übr. hat der GBuchrichter jede Eintr. vorzunehmen, bei der auch nur die Möglichkeit der materiellen Rechtsgültigkeit besteht (BayObLG. 17, 3; 19, 158); er hat z. B. trotz Bestehens einer Löschungsvormerkung nach § 1179 BGB. eine Verfügung des Eigtr. über die EigtrGrundschuld zu vollziehen; denn es besteht die Möglichkeit, daß der Vormerkungsberechtigte dieser Verfügung nachträglich zustimmt; im übr. hat der Vormerkungsberechtigte seine Rechte aus § 883 Abs. 2 BGB. nicht im GBuchverfahren, sondern im ordentl. Prozeßweg geltend zu machen (BayObLG. 17, 3). Soweit dem GBuchrichter jedoch zuverlässig bekannt ist, daß die erforderl. dingl. Einigung nicht oder nicht mehr besteht u. auch nicht nachträglich eintreten wird, hat er den EintrAntrag trotz Vorliegens einer vorschriftsmäßigen EintrBew. abzulehnen (OLG. München in DNotZ. 1937, 326).

36 **III.** In dem bezeichneten Umfang hat der GBuchrichter nicht nur das Recht, sondern auch die **Pflicht zur Prüfung;** wenn beim GBA. ein EintrAntrag gestellt wird, so muß über seine Statthaftigkeit eine Entscheidung getroffen werden; der GBuchrichter darf die Entscheidung nicht deshalb ablehnen, weil sie zweifelhaft ist (OLG. 5, 190). Er hat zweifelhafte Rechtsfragen selbst zu entscheiden u. darf die Parteien damit nicht auf den Prozeßweg verweisen (BayObLG. 16, 93; s. auch § 18 A. 11). Bei der Prüfung darf sich der GBuchrichter an das Regelmäßige des Lebens u. die vom Gesetz aufgestellten Regeln halten, wenn nicht im Einzelfalle besondere Umstände für das Gegenteil sprechen. Eine besondere Nachforschungspflicht des GBuchrichters besteht sonst aber nicht (BayObLG. 23, 53; vgl. auch ebendort 30, 60).

37 **IV.** Der GBuchverkehr erfordert ausdrückliche Willenserklärungen. Stillschweigende Willenserklärungen sind niemals genügend. Der Gebrauch bestimmter Worte, insbes. solcher Ausdrücke, die sich an den Gesetzestext anlehnen, ist aber nicht erforderlich (Güthe-Triebel[6] Vorbem. 101 vor § 13). Auch schließt das Erfordernis der Ausdrücklichkeit nicht die **Auslegung einer Willenserklärung nach § 133 BGB.** aus. Auch dingl. Verträge sind unter Heranziehung der §§ 133, 157 BGB. auszulegen (RG. in JW. 1937, 2187). Ist die Fassung einer Erklärung mangelhaft oder unklar, so darf das GBA. den Antrag nicht ohne weiteres zurückweisen; es muß vielmehr, wenn im Wege der Auslegung der wirkliche Wille des Erklärenden aus der Erklärung selbst sich unzweideutig feststellen läßt, diese Feststellung treffen u. ihr entsprechend den Antrag verbescheiden. Der Antrag ist nur dann abzulehnen oder seine Ergänzung zu verlangen, wenn der Inhalt der Erklärung so widerspruchsvoll ist, daß über den Willen der Parteien keine Klarheit zu gewinnen ist (RG. 52, 416; BayObLG. 19, 19, 239; 30, 60; OLG. 8, 333; KGJ. 21, 281; JFG. 1, 442; Turnau-F. § 19 A. 4; Güthe-Triebel a. a. O.; vgl. auch RG. 54, 382). Auch EintrErsuchen von Behörden sind nicht buchstäblich, sondern nach ihrem wahren Sinn auszulegen, so wenn in einer einstw. Verfügung irrtümlich die Eintr. einer Vorm. statt eines Widerspruchs oder umgekehrt angeordnet ist (vgl. KG. in JW. 1937, 2918). Es ist die Aufgabe des GBuchrichters, eine im allgem. beantragte Eintr. so vorzunehmen, wie u. soweit es die gesetzl. Vorschriften nach Maßgabe der herrschenden Rechtsanschauungen vorschreiben u. erlauben (BayObLG. 23, 73). Allerdings darf der GBuchrichter nicht ohne weiteres statt eines unrichtig bezeichneten Rechts das der Sachlage entsprechende eintragen oder eine selbstverständliche Erklärung unterstellen. Zur Auslegung der Anträge u. ihrer Grundlagen kann auch das Grundgeschäft herangezogen werden (RG. in GruchotsBeitr. 54, 887). Anderseits ist das GBA. nicht verpflichtet, eine Eintr. zu bewirken, wenn das einzutragende Rechtsverhältnis unklar ist (KGJ. 38, 271).

Vgl. auch KG. in DNotZ. 1935, 407: Enthält eine nach einem Vordruck hergestellte Urkunde Widersprüche, so ist zu prüfen, ob diese sich durch Ungenauigkeiten oder Versehen erklären lassen, wie sie bei der Ausfüllung von Vordrucken erfahrungsgemäß vorzukommen pflegen.

Wegen der Auslegung von Eintragungen s. Vorbem. 7 vor § 13.

Es ist auch nicht Aufgabe des GBuchrichters, die Möglichkeit einer Umwandlung (Konversion) i. S. des § 140 BGB. ins Auge zu fassen (BayObLG. 30, 239); auch die aus § 139 BGB. zu treffende Entscheidung, ob das ganze Rechtsgeschäft wegen Nichtigkeit einer einzelnen Vertragsbestimmung nichtig ist, steht nicht dem GBuchrichter zu. Er hat die Eintr. einer Hyp. abzulehnen, wenn die Nichtigkeit einer Bestimmung des HypBestellungsvertrags mit der Möglichkeit der Nichtigkeit der ganzen HypBestellung überhaupt rechnen läßt (Bay.-ObLG. a. a. O.). Etwas anderes gilt dann, wenn der GBuchrichter feststellt, ob ein Teil einer bereits erfolgten Eintr. nichtig ist. Hier hat er zur Entscheidung der Frage, ob er einen Amtswiderspruch eintragen soll, zu prüfen, ob die teilweise Nichtigkeit nach dem Grundsatz des § 139 BGB. die ganze Eintr. nichtig macht (s. Vorbem. 62, 63 vor § 13). Vgl. auch Vorbem. 69 Abs. 2 vor § 13.

V. **Grundlagen der Prüfung** des GBuchrichters sind in erster Linie der Inhalt des 38 GBuchs u. der ihm vorgelegten Urkunden, sodann auch die in dem EintrAntrag in Bezug genommenen beim GBA. offenkundigen Tatsachen u. Rechtsverhältnisse. Die Vermutung des § 891 BGB. gilt auch für den GBuchrichter; er darf von ihr nur abgehen, wenn ihm der wahre Sachverhalt mit Sicherheit bekannt ist (OLG. 10, 88; KGJ. 35, 303; JFG. 16, 145; Güthe-Triebel⁶ § 19 A. 33, 37; s. auch unten § 19 A. 80). Erklärungen eines von der Eintr. Betroffenen, die ihm ungünstig sind, beweisen mangels entgegenstehender Umstände des Einzelfalles die Richtigkeit ihres Inhalts, wenn sie in der Form des § 29 abgegeben sind (KGJ. 36, 251; 40, 294; KG. in HRR. 1933 Nr. 199).

Zu Erhebungen von Amts wegen ist der GBuchrichter nicht berechtigt u. nicht verpflichtet (OLG. 8, 304; 43, 173; JFG. 9, 188; Güthe-Triebel⁶ § 1 A. 41; vgl. auch oben § 1 A. 88; § 13 A. 1). Bestritten ist, ob der GBuchrichter berechtigt ist, seine amtliche Kenntnis von dem Vorliegen von Hindernissen ohne Anregung der Beteiligten von Amts wegen zur Geltung zu bringen oder ob er ausschließlich an die ihm überreichten Urkunden gebunden ist. Aus der Pflicht des GBuchrichters, das GBuch mit der wirkl. Rechtslage möglichst in Übereinstimmung zu halten, insbes. die Entstehung einer GBuchunrichtigkeit zu verhindern[1]), ergibt sich, daß er Urkunden u. Tatsachen, die einer Eintr. im Wege stehen u. die ihm anderweitig amtlich bekannt geworden sind, auch ohne oder gegen den Willen des Antragstellers zu berücksichtigen hat (KGJ. 53, 159; JFG. 1, 322, 379; 2, 320, 430; 3, 306; BayObLG. 31, 309; Güthe-Triebel⁶ § 1 A. 43 ff.; Turnau-F. § 29 A. 5; Henle-Schmitt § 18 A. 2 IV; Staud.-Kober § 873 A. 82; Hesse-Saage-Fischer § 19 A. I; **a. M.** OLG. 9, 450; Böhm § 29 A. 4; Kretzschmar in GruchotsBeitr. 49, 1; Weber a. a. O. 53, 352 u. a.). Daher ist die Eintr. einer HypAbtretung abzulehnen, wenn dem GBA. die Aufhebung der Einigung über die Rechtsänderung zwischen altem u. neuem Gl. durch Mitteilung des letzteren bekannt geworden ist (OLG. München in DNotZ. 1937, 326). Ferner kann der GBuchrichter die Eintr. einer von Miterben erklärten Auflassung ablehnen, wenn er davon Kenntnis hat, daß der Anteil eines Miterben gepfändet ist (OLG. 5, 294). Im übr. s. wegen des Vorgehens des GBuchrichters, wenn er von einer noch nicht eingetragenen Verfügungsbeschränkung Kenntnis hat, Vorbem. 68 ff. vor § 13. Eine an sich gerechtfertigte Eintr. darf aber nicht von der vorherigen Berichtigung einer mit ihr nicht in Zusammenhang stehenden unrichtigen Eintr. abhängig gemacht werden (Güthe-Triebel⁶ § 1 A. 44).

---

[1]) Nur eine Grundbuchunrichtigkeit nach Möglichkeit verhüten darf der GBuchrichter. Er hat aber regelmäßig nicht das Recht u. die Pflicht, von Amts wegen das GBuch mit der wirkl. Rechtslage in Einklang zu bringen, also eine Unrichtigkeit ohne Antrag zu beseitigen (Staud.-Kober § 873 A. 82); auch hiezu bedarf es in der Regel eines EintrAntrags nach § 13 (RG. 88, 91; BayObLG. 12, 605; vgl. auch § 22 A. 2). Der GBuchrichter soll aber bei den Beteiligten auf die Stellung eines Berichtigungsantrags hinwirken, soweit dieser nicht in dem Verfahren nach § 82 GBO. überhaupt erzwungen werden kann.

Stets muß es sich aber um feststehende Tatsachen handeln; bloße Vermutungen u. Zweifel berechtigen nicht zur Ablehnung (OLG. 6, 197). Die Aufgabe des GBuchrichters, das GBuch mit der wahren Rechtslage in Einklang zu halten, findet da ihre Grenze, wo ein bewußtes Mitwirken bei der Herbeiführung einer Unrichtigkeit des GBuchs nicht in Frage kommt (KGJ. 41, 201; BayObLG. 34, 181). Hat ein dingl. Erwerb eines eingetragenen Rechtes außerhalb des GBuchs stattgefunden, so muß der GBuchrichter die Eintr. ablehnen, wenn ihm eine Verfügungsbeschränkung des Veräußerers bekannt geworden ist; denn die für den guten Glauben des Erwerbers sprechende Vermutung des § 892 BGB. gilt im GBuchverkehr nicht (s. o. Fußn. S. 416); die Eintr. darf nur erfolgen, wenn der gute Glaube nachgewiesen ist (Güthe-Triebel[6] § 1 A. 44; **a. M.** OLG. 6, 197; 18, 111).

Wenn auch nach dem Gesagten der GBuchrichter ihm bereits bekannte Tatsachen berücksichtigen darf u. muß, so besteht doch keine Verpflichtung, besondere Nachforschungen anzustellen, ob nicht Eintragungshindernisse bestehen. Lediglich das von der beantragten Eintr. betroffene GBuchblatt selbst (samt den in Bezug genommenen EintrBewilligungen) ist in jedem Falle in allen seinen Teilen Gegenstand der Prüfung auf das Vorhandensein von Eintragungshindernissen (Güthe-Triebel[6] § 1 A. 43, 44).

Bei Erfüllung der Aufgabe, die Entstehung von GBuchrichtigkeiten möglichst zu verhindern, hat der GBuchrichter auch solchen Beweisstoff, der ihm nicht in der Form des § 29 dargeboten wird (z. B. Erklärungen des Antragstellers), zu berücksichtigen (JFG. 9, 186). Soweit jedoch die Tatsachen sich gegen eine gesetzliche Vermutung oder einen gleichwertigen Tatbestand (im Gegensatz zu bloßen Erfahrungssätzen) richten, sind sie nur beachtlich, wenn sie offenkundig oder in der Form des § 29 nachgewiesen sind (Hesse-Saage-Fischer § 19 A. I, 2; vgl. auch KG. in HRR. 1935 Nr. 1373).

39 **VI.** Zur Nachprüfung eines zwischen den Beteiligten ergangenen rechtskräftigen **Urteils** ist der GBuchrichter nicht berechtigt; er hat es seiner Entscheidung zugrunde zu legen, soweit diejenigen Verhältnisse, die Gegenstand der urteilsmäßigen Feststellung sind (z. B. das Eigentum an einem Grundstück), auch die Grundlagen seiner Entscheidung bilden (BayObLG. 19, 303; OLG. 23, 329); vgl. jedoch auch BayObLG. 15, 376: der GBuchrichter hat, auch wenn eine gerichtl. Entscheidung über den Rechtsbestand einer Hyp. vorliegt, selbständig zu prüfen, ob nicht eine inhaltlich unzulässige Eintr. i. S. des § 53 vorliegt. Vgl. auch JFG. 11, 219.

40 **VII.** Soweit **ausländisches Recht** bei Prüfung der Eintragungsgrundlagen nach den Vorschriften des deutschen Rechts (vgl. Art. 7ff. EG. z. BGB.) anzuwenden ist, hat sich der GBuchrichter dessen Kenntnis von Amts wegen, soweit dies möglich ist, zu verschaffen; er darf sich nicht auf die ihm von den Beteiligten vorgelegten Nachweise der ausländischen Rechtssätze beschränken u. darf auch eine Entscheidung nicht deshalb ablehnen, weil keine genügenden derartigen Nachweise erbracht sind (OLG. 8, 222; 18, 211; JFG. 7, 255; KG. in JW. 1932, 2815 = DNotV. 1932, 719; Turnau-F. § 29 A. II 8; Predari § 29 A. 4; **a. M.** Güthe-Triebel[6] § 29 A. 10; vgl. auch Ricks 207, wonach das GBA. zur Feststellung des ausländischen Rechts mittels Zwischenverfügung vom Antragsteller mit Dienstsiegel versehene Auskunft der ausländischen diplomatischen Vertretung [Botschaft usw.] erfordern soll).

D. Behördliche Genehmigungen.

Für den GBuchverkehr kommen insbes. in Frage:

41 **I.** Die **anerbengerichtliche Genehmigung.**

Genehmigungspflichtig ist:

a) die Veräußerung u. die Belastung eines Erbhofes (§ 37 REErbhG.); vgl. Vorbem. 147ff. vor § 13;

b) die Teilung eines bestehenden Erbhofes (§ 27 Abs. 1 EHRV.); vgl. Vorbem. 163 vor § 13.

Näheres über die anerbengerichtl. Genehmigung s. Vorbem. 139ff. vor § 13.

II. Die Genehmigung der Genehmigungsbehörde (Landrat, Bezirksamt, Oberbürgermeister) nach der **Grundstückverkehrsbekanntmachung** (Bek. ü. d. Verkehr mit landwirtschaftl. u. forstwirtschaftl. Grundstücken) v. 26. Jan. 1937 (RGBl. I 35) mit AusfVO. v. 22. April 1937 (RGBl. I 534) u. ErgänzungsVO. v. 29. März 1938 (RGBl. I 361). 42

Genehmigungspflichtig ist bei Grundstücken, die einen gewissen, für die einzelnen Teile des Reichsgebietes verschieden festgesetzten Mindestumfang haben (s. § 1 der Bek., § 2 Abs. 1 AusfVO.):

a) die Auflassung des Grundstücks,

b) die Bestellung eines dingl. Rechts, das zum Genuß der Erzeugnisse des Grundstücks berechtigt, z. B. eines Nießbrauchs. Eine Hyp., Grund- oder Rentenschuld fällt nicht hierunter. Auch die Bestellung einer selbständigen Kohlenabbaugerechtigkeit ist nicht genehmigungspflichtig (RG. in JW. 1936, 2404 = HRR. 1936 Nr. 995; KG. in DNotV. 1926, 579 = Recht 1926 Nr. 2283).

Die Vorschriften der Grundstückverkehrsbekanntmachung beziehen sich auch auf Teile der von der Genehmigungspflicht betroffenen Grundstücke, wenn die Größe des Teilgrundstücks einen gewissen Mindestumfang erreicht (s. § 1, § 2 Abs. 2 AusfVO.).

Näheres s. § 20 A. 95ff.

III. Die Genehmigung des RMin. f. Ernährung u. Landwirtschaft oder des Entschuldungsamtes oder des Kommissars für die Osthilfe (Landstelle) nach der VO. ü. d. **Veräußerung von Entschuldungsbetrieben** v. 6. Jan. 1937 (RGBl. I 5) mit DurchfVO. v. 19. April 1937 (RGBl. I 466) u. 2. DurchfVO. v. 19. Aug. 1937 (RGBl. I 909). 43

Genehmigungspflichtig ist die Veräußerung eines Grundstücks, auf dem im GBuch ein Entschuldungsvermerk (s. Vorbem. 132 vor § 13) oder der Veräußerungssperrvermerk nach Abs. 2, 3 der 2. DurchfVO. eingetragen ist oder das ohne Eintr. eines Entschuldungsvermerks mit einer Hyp. für ein Darlehen der Bank für Deutsche Industrie-Obligationen (Industriebank) oder für ein Darlehen des Reichs aus Betriebssicherungsmitteln belastet ist oder für dessen Eigtr. das Schuldenregelungsverfahren erfolgreich durchgeführt ist, auf dem aber der Entschuldungsvermerk noch nicht eingetragen ist. Genehmigungspflichtig ist auch jedes Rechtsgeschäft, durch das ein der Veräußerung ähnlicher wirtschaftl. Erfolg herbeigeführt werden soll.

Im einzelnen s. § 20 A. 115ff.

IV. Die Genehmigung der unteren Verwaltungsbehörde (Landrat, Bezirksamt, Oberbürgermeister) nach dem **Wohnsiedlungsgesetz** v. 22. Sept. 1933 (RGBl. I 659) mit AusfVO. v. 25. Febr. 1935 (RGBl. I 292). 44

Genehmigungspflichtig ist nach § 4 Abs. 1 des Ges. in Wohnsiedlungsgebieten (§ 1 des Ges.):

a) die Teilung eines Grundstücks; hierüber s. § 2 A. 88ff.;

b) die Auflassung eines Grundstücks oder Grundstücksteils; hierüber s. § 20 A. 106ff.;

c) jede Vereinbarung, durch die einem anderen ein Recht zur Nutzung oder Bebauung eines Grundstücks oder Grundstücksteils eingeräumt wird.

V. Die Genehmigung der Genehmigungsbehörde (Landrat, Bezirksoberamtmann, Oberbürgermeister) nach der 1. DurchfVO. zum Ges ü. d. **Sicherung der Reichsgrenze** u. über Vergeltungsmaßnahmen v. 17. Aug. 1937 (RGBl. I 905). 45

In den in § 11 der VO. aufgeführten Verwaltungsbezirken bedarf der Gen. (§ 2 Abs. 1 der VO.):

a) die Auflassung eines Grundstücks u. die Veräußerung eines Grundstücksanteils; als solcher gilt auch der Anteil an einer Erbschaft, zu der ein Grundstück gehört;

b) die Bestellung eines dingl. Rechts, das zum Genusse von Erzeugnissen eines Grundstücks berechtigt, z. B. eines Nießbrauchs, nicht aber einer Hyp., Grund- oder Rentenschuld;

c) jede Vereinbarung, die den Genuß der Erzeugnisse, die Verwaltung oder die Verpflichtung zur Übereignung eines Grundstücks betrifft.

Die Genehmigungspflicht erstreckt sich auf sämtliche Grundstücke innerhalb des räuml. Anwendungsbereichs der VO. ohne Rücksicht auf ihre Größe u. ihre Nutzungsart.

Im übr. s. § 20 A. 126ff.

46 **VI.** Die bei **Reichsheimstätten** erforderl. behördl. Genehmigungen; hierüber s. Vorbem. 91ff. vor § 13.

47 **VII.** Die Genehmigung der Durchführungsbehörde (in Preußen der Regierungspräsident, in den übrigen Ländern die oberste Landesbehörde) bei der Veräußerung u. Belastung von Eigenheimen **(Rentenstellen für ländl. Arbeiter u. Handwerker)** nach der VO. zur beschleunigten Förderung des Baues von Heuerlings- u. Werkwohnungen sowie von Eigenheimen für ländl. Arbeiter u. Handwerker v. 10. März 1937 (RGBl. I 292) mit 1. DurchfV. v. 7. April 1937 (RGBl. I 444).

Genehmigungspflichtig ist (§ 11 Abs. 1, 3 der VO.):

a) die Belastung des Eigenheimes, gleichgültig, ob mit Hyp., Grund- u. Rentenschulden oder anderen Rechten; als Belastung gilt auch die Veräußerung oder Belastung einer Eigtr.-Grundschuld (§ 1 Abs. 5 der 2. DurchfVO. v. 27. Jan. 1938, RGBl. I 107);

b) die Veräußerung des Eigenheimes,

c) die Teilung des Eigenheimes u. die Abveräußerung von Teilen,

d) die Zwangsvollstr. in das Eigenheim wegen einer persönl. Schuld.

47a **VIIa.** Die Genehmigung nach dem Ges. ü. d. Neugestaltung deutscher Städte v. 4. Okt. 1937 (RGBl. I 1054). Vgl. hiezu VO. ü. d. Neugestaltung der Reichshauptstadt Berlin v. 5. Nov. 1937 (RGBl. I 1162); VO. v. 25. Jan. 1938 (RGBl. I 46); 1. Anordnung v. 4. Nov. 1937 (RMBl. 645; DJ. 1838); 2. Anordnung v. 30. Nov. 1937 (RMBl. 720; DJ. 1944); 3. bis 11. Anordnung, je v. 1. Febr. 1938 (RMBl. 40 ff.).

47b **VIIb.** Die Genehmigung von **Rechtsgeschäften, an denen Juden beteiligt sind.**

Genehmigungspflichtig ist die Veräußerung eines gewerblichen, land- oder forstwirtschaftlichen Betriebs sowie die Bestellung eines Nießbrauchs an einem solchen Betrieb, wenn an dem Rechtsgeschäft ein Jude i. S. des § 5 der 1. VO. z. RBürgerG. v. 14. Nov. 1935 (RGBl. I 1333) als Vertragschließender beteiligt ist. Das gleiche gilt für die Verpflichtung zur Vornahme eines solchen Rechtsgeschäftes (§ 1 Abs. 1 der Anordnung v. 26. April 1938, RGBl. I 415). Durch Mißbrauch von Formen u. Gestaltungsmöglichkeiten des bürgerl. Rechts kann die Genehmigungspflicht nicht umgangen werden (§ 2 a. a. O.). Bedarf das Rechtsgeschäft der anerbengerichtl. oder der fideikommißrechtl. Gen. oder der Gen. nach der Grundstückverkehrsbekanntmachung v. 26. Januar 1937 (s. o. A. 42), so ist eine Gen. nicht erforderlich (§ 3 a. a. O.). Wird das Verpflichtungsgeschäft genehmigt, so gilt die Gen. auch für das diesem Verpflichtungsgeschäft entspr. Erfüllungsgeschäft als erteilt (§ 1 Abs. 2 a. a. O.).

Genehmigungsbehörde ist die höhere Verwaltungsbehörde, d. i. in Preußen u. Bayern der Regierungspräsident, in Berlin der Polizeipräsident (§ 9 Abs. 1 der Anordnung v. 26. April 1938; § 6 Abs. 1 der VO. v. 26. April 1938, RGBl. I 414). Wg. der örtl. Zuständigkeit s. § 9 Abs. 2, 3 der Anordnung v. 26. April 1938.

Das GBA. hat, wenn nach seinem Ermessen begründeter Anlaß zu der Annahme besteht, daß die Voraussetzungen der Genehmigungspflicht gegeben sind, einen Nachweis dafür zu fordern, daß die Gen. nicht erforderlich ist (§ 5 der Anordnung).

Ist im GBuch ohne Gen. eine Rechtsänderung eingetragen, so kann die Genehmigungsbehörde, wenn sie annimmt, daß die Gen. erforderlich ist, das GBA. um die Eintr. eines Widerspruchs ersuchen. Die Vorschrift des § 53 Satz 1 GBO. über die Eintr. eines Amtswiderspruchs bleibt unberührt. Ein auf Ersuchen der Genehmigungsbehörde eingetragener Widerspruch ist zu löschen, wenn die Genehmigungsbehörde darum ersucht oder wenn die Gen. erteilt ist (§ 6 Abs. 1, 2 der Anordnung).

VIII. In Preußen: 48

a) die Genehmigung des Oberpräsidenten (Landeskulturabteilung) zur Abveräußerung von Teilen einer **Ansiedlungs- oder Zukaufsstelle** sowie zur Teilung eines zu einer solchen Stelle gehörigen Grundstücks (§ 35 preuß. AG. z. RSiedlG. v. 15. Dez. 1919, GS. 1920, 31). Genehmigungsfrei ist die Veräußerung einer Ansiedlungs- oder Zukaufsstelle im Ganzen. Im übr. ist es gleichgültig, ob die Abveräußerung auf einem Rechtsgeschäft unter Lebenden oder einer Verfügung von Todes wegen beruht. Auch eine Teilung im Wege der Erbauseinandersetzung ist genehmigungspflichtig. Vgl. auch oben Vorbem. 112 vor § 13;

b) die Genehmigung des Vorstehers des Kulturamtes zur Veräußerung eines zu einem **Rentengut** gehörigen Grundstücks (§ 23 Abs. 4 preuß. LandesrentenbankGes. v. 29. Dez. 1927 i. d. Fass. v. 1. Aug. 1931, GS. 154). Vgl. auch bez. der älteren Rentengüter § 4 des Ges. v. 7. Juli 1891 (GS. 279) u. bez. der Anerbengüter §§ 7, 8 des Ges. v. 8. Juni 1896 (GS. 124).

IX. In Bayern die Genehmigung der Bezirksverwaltungsbehörde nach dem **Almgesetz** 49
v. 28. April 1932 (GVBl. 237). Der Gen. bedarf (Art. 1 Abs. 1 AlmG.):

a) die Auflassung eines Almgrundstücks;

b) die Bestellung, Veräußerung oder sonstige Überlassung eines dingl. Rechts zur Nutzung eines Almgrundstücks sowie die Veräußerung oder sonstige Überlassung eines anderen Almrechtes;

c) Rechtsgeschäfte der unter a u. b bezeichneten Art in Ansehung von Anteilen an Almgrundstücken u. Almrechten;

d) die rechtsgeschäftl. Begründung, Änderung oder Aufhebung von Gemeinschaftsverhältnissen an Almgrundstücken u. Almrechten.

Die Gen. ist nicht erforderlich bei Rechtsgeschäften zwischen Ehegatten oder Personen, die untereinander in gerader Linie verwandt oder verschwägert oder in der Seitenlinie bis zum zweiten Grade verwandt sind, wenn die Vertragschließenden die Landwirtschaft im Hauptberuf ausüben oder früher ausgeübt haben (Art. 1 Abs. 2 AlmG.). Die Vorschriften des Art. 1 AlmG. finden ferner keine Anwendung auf Rechtsgeschäfte, die der Bayer. Staat in Bezug auf eigene oder fremde Almgrundstücke u. Almrechte vornimmt (Art. 21 a. a. O.).

X. Die devisenrechtliche Genehmigung. 50

1. Rechtsquellen: a) Ges ü. d. Devisenbewirtschaftung v. 4. Febr. 1935 (RGBl. I 106) i. d. Fass. der VO. v. 23. Febr. 1935 (RGBl. I 278) u. des Ges. v. 1. Dez. 1936 (RGBl. I 1000); weiterhin geändert durch Ges. v. 9. April 1938 (RGBl. I 376);

b) DurchfVO. v. 4. Febr. 1935 (RGBl. I 114) i. d. Fass. der VO. v. 23. Febr. 1935 (RGBl. I 278), weiterhin geändert durch die 2. u. 6. DurchfVO.;

c) 2. DurchfVO. v. 24. Juli 1935 (RGBl. I 1046), geändert durch die 6. DurchfVO., das Ges. v. 1. Dez. 1936 (RGBl. I 1000) u. die 9. DurchfVO.;

d) 3. DurchfVO. v. 1. Dez. 1935 (RGBl. I 1408), geändert durch die 4. DurchfVO.;

e) 4. DurchfVO. v. 23. Dez. 1935 (RGBl. I 1543);

f) 5. DurchfVO. v. 25. Mai 1936 (RGBl. I 467);

g) 6. DurchfVO. v. 28. Okt. 1936 (RGBl. I 930), geändert durch das Ges. v. 1. Dez. 1936 (RGBl. I 1000);

h) 7. DurchfVO. v. 19. Nov. 1936 (RGBl. I 946);

i) 8. DurchfVO. v. 17. Febr. 1937 (RGBl. I 242);

k) 9. DurchfVO. v. 20. Febr. 1937 (RGBl. I 255);

l) 10. DurchfVO. v. 16. Sept. 1937 (RGBl. I 1018 mit Berichtigung 1130);

m) VO. zur Devisenbewirtschaftung (Richtlinien für die Devisenbewirtschaftung) v. 19. Dez. 1936 (RGBl. I 1021; Druckfehlerberichtigung RGBl. 1936 I 1144; 1937 I 30).

Vgl. ferner Berghold in JW. 1935, 1514; 1938, 277; v. Edlinger in JW. 1935, 661, in DNotZ. 1934, 741; 1935, 523; 1936, 770; 1937, 15, 792 u. in DGWR. 1936, 553; 1937, 137, 156.

Für den GBuchverkehr sind von den Bestimmungen des DevG. insbes. von Bedeutung § 9 (Verbot der Verfügung über Forderungen in ausländischer Währung), § 11 Abs. 2 (Verbot der Verfügung über Reichsmark- oder Goldmarkforderungen zugunsten eines Ausländers), § 14 (Verbot der Kreditgewährung u. Sicherheitsbestellung gegenüber einem Ausländer), § 15 (Verfügungsverbot für Altforderungen; diesen stehen die in §§ 16 bis 20 aufgeführten Forderungen gleich), § 18 (Verfügungsverbot für Sperrforderungen kraft Vorbehalts u. für Sperrgrundstücke), ferner die §§ 4 bis 7, 9 der 10. DurchfVO. (vgl. A. 51).

51 **2. Die genehmigungspflichtigen Rechtsgeschäfte.**

Bis zum Inkrafttreten der 10. DurchfVO. z. DevG. (24. Sept. 1937) unterlagen nur vereinzelte Verfügungen über Grundstücke u. Grundstücksrechte der devisenrechtl. Genehmigungspflicht. Nunmehr bedürfen grundsätzlich alle Verfügungen zugunsten eines Ausländers u. alle Verfügungen eines Ausländers über inländische Grundstücke u. Grundstücksrechte der Gen. der Devisenstelle. Dadurch ist für den GBuchrichter die Prüfung der Frage der devisenrechtl. Genehmigungsbedürftigkeit erleichtert worden. Da aber die §§ 4 bis 8 der 10. DurchfVO. die bisher für Verfügungen über Grundstücke u. Rechte an Grundstücken schon bestehenden devisenrechtl. Beschränkungen unberührt lassen, gelten auch die zu den bisherigen Verfügungsbeschränkungen im Gesetz u. in den Richtlinien zugelassenen Ausnahmen fort (vgl. Berghold in JW. 1938, 277). Diese Ausnahmebestimmungen muß auch der GBuchrichter beachten.

52 **a) Verfügungen über Grundstücke.**

Bis zum Erlaß der 10. DurchfVO. war die Verfügung über ein Grundstück, insbes. dessen Veräußerung, soweit es sich nicht um ein Sperrgrundstück (s. u. A. 58) handelte, nicht genehmigungspflichtig. Nunmehr gilt folgendes:

α) Jede Verfügung über ein einem Ausländer gehöriges Grundstück unterliegt der Genehmigungspflicht, gleichgültig, ob die Verfügung zugunsten eines Inländers oder eines Ausländers erfolgt. Die Genehmigungspflicht beruht auf § 5 der 10. DurchfVO., soweit die Gen. nicht schon nach § 14 Abs. 2 DevG. (Bestellung einer Sicherheit zugunsten eines Ausländers) oder § 18 Abs. 2 DevG. (Sperrgrundstück) erforderlich ist. Auch die Bestellung einer EigtrGrundschuld ist genehmigungspflichtig. Im übr. s. ü. d. Begriff der Verfügung A. 61. Die Eintr. einer Zwangshyp. ist in jedem Fall genehmigungspflichtig. Zur Eintr. einer Arresthyp. an dem Grundstück eines Ausländers zugunsten eines anderen Ausländers ist, soweit es sich nicht um ein Sperrgrundstück handelt (s. u. A. 58), keine Gen. erforderlich (Ziff. II 33 der Richtlinien; vgl. Berghold in JW. 1938, 282). Diese Ausnahme ist durch § 5 der 10. DurchfVO. nicht berührt worden. Dagegen kann zugunsten eines Inländers eine Arresthyp. nur mit Gen. eingetragen werden.

53 β) Genehmigungspflichtig ist ferner jede Verfügung (s. u. A. 61) über ein einem Inländer gehöriges Grundstück, wenn die Verfügung zugunsten eines Ausländers erfolgt. Die Genehmigungspflicht beruht auf § 6 der 10. DurchfVO., soweit sie nicht schon durch § 14 Abs. 2 DevG. (Bestellung einer Sicherheit zugunsten eines Ausländers) vorgeschrieben ist. Die Genehmigungspflicht nach der letztgenannten Bestimmung besteht auch dann, wenn eine Hyp. usw. durch einen inländischen Grundstückseigtr. nicht für seine eigene Schuld, sondern für die persönl. Schuld eines Ausländers bestellt wird (Ziff. II 31 Buchst. c der Richtlinien). Dagegen ist genehmigungsfrei die Bestellung einer Hyp. oder Grundschuld zur Sicherung eines von einem Ausländer gleichzeitig im Inlande in ausländischer Währung oder freier Reichsmark gegebenen Kredits (Ziff. II 32 Buchst. a der Richtlinien; vgl. hiezu

v. Edlinger in DNotZ. 1935, 544). Die Gen. für die Eintr. einer Hyp. ist aber immer erforderlich, wenn sie zur Sicherung einer Restkaufpreisforderung, eines aus Sperrguthaben gewährten Darlehens (Umlagerungskredit) oder eines Warenkredits dienen soll. Wg. der Umlagerungskredite insbes. s. Berghold in JW. 1935, 1516. Vgl. auch KG. in JW. 1935, 1716.

Auch die Eintr. der Ersatzhyp. nach § 4 GBBerG. (s. Vorbem. 186ff. vor § 13) fällt unter die Genehmigungspflicht (v. Edlinger in DNotZ. 1935, 549; bestr.). Der Genehmigungspflicht unterliegt nicht die Begründung einer Hyp. im landwirtschaftl. Schuldenregelungsverfahren gem. § 15 SchRegG., Art. 8 AblösungsVO. v. 27. Febr. 1937 (RGBl. I 266) zugunsten eines Ausländers, weil diese Hyp. kraft Gesetzes entsteht; § 14 Abs. 2 DevG. ist hier nicht anwendbar (RdErlaß der Reichsstelle für DevBewirtschaftung v. 24. Mai 1937, RSteuerBl. 632). Diese Ausnahmevorschrift gilt auch gegenüber § 6 der 10. DurchfVO.

Die Bestellung einer Hyp., Grund- oder Rentenschuld oder einer sonstigen Sicherheit an dem Grundstück eines Inländers zugunsten eines anderen Inländers ist genehmigungspflichtig, wenn dadurch die persönl. Schuld eines Ausländers sichergestellt wird (§ 14 Abs. 2 DevG.; Ziff. II 31 Buchst. c der Richtlinien).

Genehmigungspflichtig ist auch die Eintr. einer Zwangshypothek wegen einer einem Ausländer zustehenden Forderung (vgl. §§ 7, 41 DevG.; KG. in JW. 1936, 1464 = DNotZ. 1936, 712). Wegen der Zwangsversteigerung u. Zwangsverwaltung s. § 41 DevG.; § 8 der 10. DurchfVO.; Ziff. II 17 u. II 49 der Richtlinien. Eine Arresthyp. kann zugunsten eines ausländischen Gl. an dem Grundstück eines Inländers ohne Gen. eingetragen werden (Ziff. III 6 Buchst. c der Richtlinien). Diese Genehmigungsfreiheit besteht auch unter der Geltung des § 6 der 10. DurchfVO. weiter (Berghold in JW. 1938, 280; vgl. auch KG. in JW. 1936, 1464).

Ist die Veräußerung des Grundstücks selbst nicht genehmigungspflichtig, so ist die Auflassung rechtswirksam, auch wenn die im Kaufvertrag vorgesehene Schuld- oder Erfüllungsübernahme einer devisenrechtl. Gen. bedarf u. diese noch nicht erteilt ist (Berghold in JW. 1935, 1515; v. Edlinger in DNotZ. 1935, 542) u. selbst dann, wenn die Gen. versagt wird (JFG. 15, 220).

Zur Umschreibung eines Grundstücks (oder eines Rechtes) auf die ausländischen Erben des eingetragenen Berechtigten ist keine devisenrechtl. Gen. erforderlich (JFG. 14, 393). Das gleiche gilt für die Eintr. der Erben eines ausländischen Erblassers.

b) Verfügungen über grundstücksgleiche Rechte. 54

Die Bestimmungen der §§ 5, 6 der 10. DurchfVO. gelten auch für grundstücksgleiche Rechte (§ 7 der 10. DurchfVO.). Verfügungen über solche sind also nach Maßgabe der Ausführungen in A. 52, 53 genehmigungspflichtig. Über die in Frage kommenden Rechte s. § 3 A. 10ff.

c) Verfügungen über Rechte an Grundstücken. 55

α) Genehmigungspflichtig ist jede Verfügung (s. u. A. 61) über ein Recht eines Ausländers an einem inländischen Grundstück, gleichgültig, ob dieses Grundstück einem In- oder einem Ausländer gehört, u. gleichgültig, ob die Verfügung zugunsten eines Ausländers oder eines Inländers erfolgt. Die Genehmigungspflicht beruht auf § 5 der 10. Durchf.-VO., soweit die Gen. nicht schon nach § 9 Abs. 2 DevG. (Verfügung über eine Fremdwährungshyp- oder Grundschuld), §§ 11 Abs. 2, 15 DevG. (Altforderungen) oder § 18 Abs. 1 DevG. (Sperrforderung) vorgeschrieben ist. Betroffen werden von der Genehmigungspflicht nicht nur Hyp., Grund- u. Rentenschulden, sondern auch alle sonstigen Rechte an einem Grundstück. Auch über EigtrGrundschulden kann nur mit Gen. verfügt werden.

Steht eine vor dem 16. Juli 1931 zugunsten eines Ausländers entstandene Forderung (Hyp., Grund- oder Rentenschuld) oder die Forderung eines Auswanderers, die vor seiner Auswanderung für ihn entstanden ist, in Frage (§ 15 DevG.), so gelten als Verfügung i. S. dieser Bestimmung u. a. nicht der Verzicht auf die Forderung, Hyp., Grundschuld usw., gleichgültig, ob nur auf die persönl. Forderung oder auf das dingl. Recht oder auf beides verzichtet wird, u. die Änderung des Rangverhältnisses eines dingl. Rechtes (Ziff. II 40 Buchst. c u. d der Richtlinien). Diese Rechtsgeschäfte sind auch nach dem Inkrafttreten des § 5 der 10. DurchfVO. ohne Gen. zulässig (Bergholb in JW. 1938, 281). Dagegen ist die rechtsgeschäftl. Aufhebung der Hyp., Grund- oder Rentenschuld in jedem Falle genehmigungspflichtig (vgl. Bergholb in JW. 1935, 1514).

Über Hyp. u. Grundschulden in Reichsmark oder Goldmark, die erst nach dem 15. Juli 1931 zugunsten eines Ausländers oder, wenn der Gl. ein Auswanderer ist, erst nach seiner Auswanderung entstanden u. nicht Sperrguthaben (s. u. A. 57) sind, kann zugunsten eines anderen Ausländers (aber nicht zugunsten eines Inländers) ohne Gen. verfügt werden (Ziff. II 19 der Richtlinien; Bergholb a. a. O.). Diese Ausnahmevorschrift greift aber nicht Platz, wenn einem Ausländer eine vor dem 16. Juli 1931 entstandene Hyp. usw. an dem Grundstück eines anderen Ausländers zusteht u. der Gl. auf die Hyp. verzichtet (KG. in JW. 1936, 332 = DNotZ. 1936, 401).

Die Löschung einer Hyp. oder Grundschuld darf nicht schon deshalb von der Gen. der Devisenstelle abhängig gemacht werden, weil Grundstückseigtr. oder persönl. Schuldner die inländische Zweigniederlassung einer ausländischen Firma oder die inländische Niederlassung eines ausländischen Versicherungsunternehmens ist (KG. in JW. 1934, 109 = DNotZ. 1934, 264; vgl. Ziff. II 13 der Richtlinien).

Genehmigungspflichtig ist auch die Pfändung eines Grundstücksrechtes. Dagegen ist zur Ausbringung einer Arrestpfändung in ein Grundstücksrecht eines Ausländers zugunsten eines anderen Ausländers, soweit nicht eine nach §§ 15 bis 20 DevG. gesperrte Forderung in Frage steht, keine Gen. nach § 14 Abs. 2 DevG. notwendig (Ziff. II 33 der Richtlinien); diese Ausnahme greift auch gegenüber § 5 der 10. DurchfVO. Platz. Dagegen bedarf ein inländischer Gl. zur Arrestpfändung von Grundstücksrechten eines Ausländers der Gen. (vgl. Bergholb in JW. 1937, 282).

56 β) Genehmigungspflichtig ist jede Verfügung (s. u. A. 61) über das Recht eines Inländers an einem inländischen Grundstück, wenn zugunsten eines Ausländers verfügt wird. Die Genehmigungspflicht beruht auf § 6 der 10. DurchfVO., soweit nicht schon eine Genehmigungspflicht nach § 9 Abs. 2, § 11 Abs. 2 DevG. besteht. Gleichgültig ist, ob das Grundstück einem In- oder einem Ausländer gehört. Genehmigungspflichtig ist auch die Pfändung (u. Überweisung) von Grundstücksrechten zugunsten eines Ausländers (vgl. auch Ziff. III 4 Abs. 2 der Richtlinien). Dagegen ist die Arrestpfändung von Grundstücksrechten eines Inländers zugunsten eines ausländischen Gl. nicht genehmigungsbedürftig (Ziff. III 6 Buchst. c der Richtlinien; vgl. Bergholb in JW. 1938, 280).

Bei Verfügungen über ein Recht eines Inländers an einem inländischen Grundstück zugunsten eines Inländers besteht Genehmigungszwang nur, wenn es sich um eine Hyp. oder Grundschuld in fremder Währung handelt (§ 9 Abs. 2 DevG.) oder wenn Zweck der Verfügung die Sicherstellung des Gl. für eine Forderung gegen einen Ausländer ist (§ 14 DevG.; Ziff. II 31 Buchst. c der Richtlinien).

56a d) Für **Verfügungen über Rechte an grundstücksgleichen Rechten** gelten die §§ 5, 6 der 10. DurchfVO. sinngemäß (v. Edlinger in DNotZ. 1937, 797). Die Genehmigungspflicht besteht also in dem gleichen Umfange wie für Rechte an Grundstücken; s. o. A. 55, 56.

56b e) **Verfügungen über Rechte an Grundstücksrechten.**

Die §§ 5, 6 der 10. DurchfVO. gelten gem. § 7 a. a. O. auch für Rechte an Grundstücksrechten (Pfandrecht, Nießbrauch). Verfügungen über diese sind also in dem gleichen Umfange von der Gen. der Devisenstelle abhängig, wie Verfügungen über das Grundstücksrecht selbst, an dem sie lasten. S. darüber oben A 55, 56.

56c f) Eine devisenrechtl. Gen. nach § 11 DevG. ist allgemein dann nicht erforderlich, wenn eine AG., eine Kommanditges. auf Aktien oder eine G. m. b. H., die Forderungen oder Verbindlichkeiten gegenüber Ausländern hat oder sonstige Werte besitzt, die nur mit Gen. erworben werden dürfen oder über die nur mit Gen. verfügt werden darf, nach den Bestimmungen des Ges. v. 5. Juli 1934 (RGBl. I 569) umgewandelt wird, es sei denn, daß die Umwandlung den Übergang von Werten der genannten Art auf einen Ausländer zur Folge hat (Ziff. II 21 der Richtlinien).

g) Sperrguthaben und Sperrgrundstücke.

α) Sperrguthaben (Sperrhypothek). Die Verfügung über eine auf Reichsmark oder Goldmark lautende Forderung, die zugunsten eines Ausländers nach dem 3. Aug. 1931 entstanden ist, bedarf der devisenrechtl. Gen., wenn sich die Devisenstelle oder die Reichsbank bei der Entstehung der Forderung eine solche Gen. vorbehalten hat (§ 18 Abs. 1 DevG.). Als Forderung i. S. dieser Bestimmung gelten auch Hyp., Grund- u. Rentenschulden (Ziff. II 15 der Richtlinien). Die Verfügungsbeschr. wird in das GBuch nicht eingetragen (§ 18 Abs. 3 DevG.; vgl. Vorbem. 115 vor § 13). Der GBuchrichter ist aber verpflichtet, auf Gr. der Benachrichtigung durch die Devisenstelle (Ziff. II 54 der Richtlinien) Vorsorge zu treffen, daß die Verfügungsbeschr. beachtet wird. Die AV. v. 21. April 1936 (DJ. 634) sieht zu diesem Zweck vor, daß die Verfügungsbeschr. im Handblatt oder auf dem Deckel der Grundakten in formloser Weise ersichtlich gemacht wird. Im Falle der Zwangsversteigerung oder Zwangsverwaltung eines Sperrgrundstücks ist dem VollstreckungsG. mit der Mitteilung nach § 19 Abs. 2 ZVG. auch Nachricht von der bestehenden Verfügungsbeschr. zu geben. 57

Gleichgültig ist für die Genehmigungspflicht bei einer Sperrhyp., ob die Verfügung zugunsten eines In- oder eines Ausländers erfolgt.

β) Sperrgrundstück. Ist ein Grundstück aus Mitteln erworben, über die nur mit Gen. verfügt werden durfte, also mit einem Sperrguthaben (A. 57), so bedarf auch die Verfügung über das Grundstück der Gen., wenn sich die Devisenstelle oder die Reichsbank bei der ersten Gen. eine solche Gen. vorbehalten hat (§ 18 Abs. 2 DevG.). Diese Verfügungsbeschr. wird nicht in das GBuch eingetragen (§ 18 Abs. 3 a. a. O.; vgl. oben A. 57 u. Vorbem. 115 vor § 13). Genehmigungsbedürftig ist also die Veräußerung eines solchen Sperrgrundstücks, gleichgültig, ob es ein In- oder Ausländer erwirbt, u. seine Belastung, gleichviel, ob diese zugunsten eines Ausländers oder eines Inländers erfolgt. Die Ausnahmebestimmung der Ziff. II 32 Buchst. a der Richtlinien (vgl. oben A. 53) findet hier keine Anwendung. Genehmigungspflichtig ist auch die Zwangsvollstr. in ein Sperrgrundstück, insbes. die Eintr. einer Zwangshyp., ferner die Eintr. einer Arresthyp. (§ 7 Abs. 1 Satz 2 DevG.). 58

h) Zur Verfügung über ein **Anteilsrecht** an einer Gemeinschaft, Gesellschaft oder Körperschaft bedarf der Anteilsberechtigte außer in den Fällen des § 24 DevG. auch dann der Gen. der Devisenstelle, wenn zu dem Vermögen der Gemeinschaft, Gesellschaft oder Körperschaft Sachen oder Rechte im Werte von insgesamt über 1000 RM. gehören, über die der Anteilsberechtigte, wenn sie ihm gehören würden, in gleicher Weise nur mit Gen. verfügen dürfte (§ 9 der 10. DurchfVO.). Bei Vorliegen dieser Voraussetzungen sind insbes. auch genehmigungspflichtig Verfügungen über einen Erbanteil, ein Nacherbenrecht usw. Vgl. auch Klüber in DevArchiv 1937, 1209. 59

3. a) Ausländer i. S. der Devisenbestimmungen sind Personen, die im Auslande, Inländer sind Personen, die im Inlande ihren Wohnsitz oder gewöhnl. Aufenthalt, Sitz oder Ort der Leitung haben. Auswanderer sind natürl. Personen, die nach dem 3. Aug. 1931 Ausländer geworden sind. Die Reichsstelle für DevBewirtschaftung u. die Devisenstellen können mit bindender Wirkung feststellen, ob eine Person devisenrechtlich Inländer oder Ausländer ist (§ 6 Abs. 6 DevG.; vgl. Seeliger in JW. 1937, 1608). Liegt eine solche Feststellung vor, so ist der GBuchrichter weder verpflichtet noch in der Lage, die devisenrechtl. Eigenschaft der fragl. Person nachzuprüfen. 60

61 b) Der Begriff der **Verfügung** im Devisenrecht ist, wenigstens soweit der GBuchverkehr in Betracht kommt, derselbe wie im allgemein. bürgerl. Recht (KG. in JW. 1932, 1981; Hartenstein, Devisennotrecht § 9 A. 7; Schulz in JW. 1937, 2940; Bergholb in JW. 1938, 278; vgl. Vorbem. 66 vor § 13). Verfügung über ein Recht ist also jedes Rechtsgeschäft, durch welches das Recht unmittelbar aufgehoben, belastet, geändert oder übertragen wird. Verfügung über ein Grundstück ist dessen Veräußerung oder Belastung, Verfügung über ein Grundstücksrecht dessen Abtretung, Belastung, Verpfändung, ferner die rechtsgeschäftl. Aufhebung, der Verzicht, die Rangänderung, die Abänderung der Zins- u. Zahlungsbestimmungen, die Umschreibung in eine EigtrGrundschuld, die Umwandlung einer Hyp. in eine Grundschuld u. umgekehrt usw. Eintr., die im Wege der GBuchberichtigung erfolgen, sind nicht genehmigungspflichtig (vgl. JFG. 14, 393), wohl aber die Eintr. der Ersatzhyp. nach § 4 GBBerG. (vgl. Vorbem. 186 ff. vor § 13). Keine Verfügung ist die Eintr. einer Vormerkung oder eines Widerspruchs (ebenso bez. der Vorm. KG. in JW. 1938, 1037).

Als Verfügung i. S. des DevG. gilt auch die Verfügung im Wege der Zwangsvollstr. oder der Arrestvollziehung (§ 7 Abs. 1 Satz 2 DevG.). Ist zur Leistung des Schuldners eine Gen. erforderlich, so ist die Zwangsvollstr. nur zulässig, wenn die Gen. erteilt ist (§ 41 a. a. O.). Ohne Gen. ist jedoch die Ausbringung u. Durchführung eines Arrestes zulässig (Ziff. III 6 Buchst. c der Richtlinien; vgl. auch Ziff. II 33 sowie oben A. 52, 53, 55, 56).

4. Die Genehmigung der Devisenstelle.

62 a) Zuständig zur Erteilung der Gen. sind die Devisenstellen (Ziff. I 14 der Richtlinien). Devisenstellen sind die Oberfinanzpräsidenten (§ 2 Abs. 1 DevG.). Wg. der örtl. Zuständigkeit s. § 2 Abs. 3 a. a. O. u. Ziff. II 15ff. der Richtlinien.

63 b) Der GBuchrichter muß bei allen EintrAnträgen prüfen, ob für die Rechtsänderung eine devisenrechtl. Gen. erforderlich ist. Wird die Berichtigung des GBuchs beantragt, so ist zu prüfen, ob die außerhalb des GBuchs eingetretene Rechtsänderung genehmigungsbedürftig war. Ist für die beantragte Eintr. selbst keine Gen. erforderlich, wird die Eintr. aber auf Gr. einer genehmigungsbedürftigen Handlung beantragt, so muß das GBA. den Nachweis der Gen. dieser Rechtshandlung verlangen (Bergholb in JW. 1935, 1517). Dies gilt insbes. für die Löschung oder Umschreibung der Hyp. eines Ausländers auf Gr. Löschungsantrags des inländischen Eigtr. (s. o. A. 55). Hält das GBA. entgegen der Auffassung einer Devisenstelle eine Handlung für genehmigungsbedürftig, so ist dies für die Devisenstelle bindend (Ziff. III 11 der Richtlinien). Eine Erklärung der Devisenstelle, daß eine Gen. nicht erforderlich sei (Negativzeugnis), ist daher für den GBuchverkehr nicht brauchbar. Gegen Entscheidungen des GBA. u. Eintr., die nach Auffassung der Devisenstelle gegen devisenrechtl. Vorschriften verstoßen, steht der Devisenstelle das Beschwerderecht nach § 71 GBO. zu (JFG. 12, 342).

64 c) Die Gen. der Devisenstelle muß dem GBA. in der Form des § 29, also durch eine öffentl. Urkunde (Genehmigungsbescheid) nachgewiesen werden (vgl. § 8 Abs. 1 DevG.). Auch tatsächliche Umstände, von denen abhängt, ob eine Rechtshandlung genehmigungsbedürftig ist oder nicht (z. B. ob ein Ausländer dem HypSchuldner das Darlehen in ausländischer Währung oder freier Reichsmark gegeben hat; wg. der Ausländereigenschaft s. o. A. 60), müssen dem GBA. in der Form des § 29 nachgewiesen werden (Bergholb in JW. 1935, 1517).

65 d) Geschäfte, die gegen die devisenrechtl. Vorschriften verstoßen, sind nichtig (§ 38 DevG.; § 10 der 10. DurchfVO.). Genehmigungspflichtige Eintr. dürfen erst nach ordnungsmäßigem Nachweis der Gen. vorgenommen werden. Ein ohne die notwendige Gen. eingereichter EintrAntrag wird regelmäßig nach § 18 (Zwischenverfügung) zu behandeln sein.

Eine Eintragung, die ohne die erforderl. devisenrechtl. Gen. vorgenommen worden ist, macht das GBuch unrichtig; das GBA. hat gem. § 53 GBO. einen Amtswiderspruch einzutragen.

XI. Die staatsaufsichtliche Genehmigung. 66

Die nach dem öffentl. Recht in gewissen Fällen erforderl. Gen. der Verwaltungsbehörde ist ein bürgerl.-rechtl. Erfordernis des Rechtsgeschäftes; ihr Vorhandensein ist also vom GBA. zu prüfen (BayObLG. 21, 414; 29, 332). Vgl. auch § 104 Abs. 1 DGO.: Geschäfte des bürgerl. Rechtsverkehrs, die ohne die nach der DGO. erforderl. Gen. der Aufsichtsbehörde abgeschlossen werden, sind unwirksam.

Wird das schuldrechtl. Verpflichtungsgeschäft staatsaufsichtlich genehmigt, so gilt die Gen. auch für das dieser Verpflichtung entspr. Erfüllungsgeschäft als erteilt (JFG. 16, 84). Der Erteilung der Gen. steht die Erklärung der Aufsichtsbehörde, daß eine Gen. nicht erforderlich sei (sog. Negativbescheinigung), gleich (JFG. a. a. O.). Die rechtskräftige Verurteilung zur Abgabe der EintrBew., Erklärung der Auflassung usw. macht die staatsaufsichtl. Gen. nicht entbehrlich.

1. Gemeinden.

a) Eine Gemeinde bedarf der Gen. der Aufsichtsbehörde (s. u. A. 73) insbes.: 67

α) zur unentgeltlichen Veräußerung von Vermögensgegenständen aller Art (§ 62 Abs. 2 Ziff. 1 DGO.); s. jedoch u. A. 71. Die entgeltl. Veräußerung (Abtretung) von Rechten an Grundstücken ist nicht genehmigungspflichtig.

β) zum Verkauf oder Tausch von Grundstücken u. grundstücksgleichen Rechten (§ 62 Abs. 2 Ziff. 2 DGO.); s. im einzelnen A. 68ff. Der Erwerb von Grundstücken ist nicht genehmigungspflichtig; doch bedarf gem. § 78 Abs. 2 DGO. die Bestellung einer Restkaufgeldhyp. der Gen. (vgl. Ziff. 2c der Vorl. AusfAnw. v. 22. März 1935, MBliV. 415).

γ) zur Darlehensaufnahme (§ 78 DGO.) u. zur Bestellung einer besonderen Sicherheit für ein Darlehen (§ 79 DGO.), insbes. also einer Hyp. oder Grundschuld an gemeindl. Grundstücken. Auch die Bestellung von Sicherheiten, z. B. einer Hyp. oder eines sonstigen Pfandrechts, für ein einem Dritten gewährtes Darlehen bedarf der staatsaufsichtl. Gen. (§ 78 Abs. 1 DGO.).

Als Darlehensaufnahme gilt insbes. auch die Übernahme einer Hyp. usw. beim Erwerb eines Grundstücks, ferner beim Grundstückserwerb in der Zwangsversteigerung die Vereinbarung gem. § 91 ZVG., daß eine Hyp. bestehen bleibt (Ziff. 2 der Vorl. AusfAnw. v. 22. März 1935). Wg. der Restkaufgeldhyp. s. o. *β*.

§ 32 der 1. DurchfVO. v. 22. März 1935 (RGBl. I 393) i. d. Fass. des § 6 der 2. DurchfVO. v. 26. März 1936 (RGBl. I 271) erklärt jedoch für genehmigungsfrei:

1. die Übernahme der persönl. Schuld aus Hypotheken beim Erwerb von Grundstücken, wenn die Schuld für kreisangehörige Gemeinden die Wertgrenzen des § 24 der 1. DurchfVO. (s. u. A. 69), für Stadtkreise den Betrag von 20000 Reichsmark u. für Stadtkreise mit mehr als 100000 Einwohnern den Betrag von 100000 Reichsmark nicht übersteigt;

2. die Übernahme der persönl. Schuld aus Vorhypotheken bei der Ansteigerung von Grundstücken, die mit Hauszinssteuerhyp. belastet sind.

b) Der Verkauf oder Tausch von Grundstücken ist ausnahmsweise genehmigungsfrei: 68

α) gem. § 23 der 1. DurchfVO. v. 22. März 1935 (RGBl. I 393) ohne Rücksicht auf den Wert des Grundstücks (s. u. *β*), wenn er erfolgt:

1. in Zusammenhang mit der Festsetzung von Straßen- u. Baufluchtlinien;
2. aus Anlaß des Baues, der Unterhaltung u. der Verbesserung von Straßen u. Plätzen, Wegen, Schienen- u. Wasserläufen;
3. zur Förderung der Errichtung von Wohnstätten, ihrer Versorgung mit Gartenland sowie der Versorgung mit Gas, Wasser, Elektrizität u. dem Anschluß an Kanalisationsanlagen; nicht befreit ist jedoch der Abschluß derartiger Geschäfte in Gemeinden mit weniger als 10000 Einwohnern, ferner in Gemeinden mit mehr als 100000 Einwohnern, wenn das

Grundstück mehr als 5000 qm groß ist u. in den übrigen Gemeinden, wenn das Grundstück mehr als 2500 qm groß ist;

4. im Zusammenhang mit Fluß- u. Bachregulierungen;
5. zur Wiederveräußerung solcher Grundstücke, die von der Gemeinde erworben worden sind, um eine ihr zustehende Hyp. zu erhalten;

69 β) gem. § 24 der 1. DurchfVO. ohne Rücksicht auf den Zweck des Verkaufes oder Tausches (s. o. α), wenn der Wert des Grundstücks

1. in Gemeinden mit nicht mehr als 10000 Einwohnern 1000 Reichsmark,
2. in kreisangehörigen Gemeinden mit mehr als 10000 Einwohnern 2500 Reichsmark,
3. in Stadtkreisen 10000 Reichsmark,
4. in Stadtkreisen mit mehr als 100000 Einwohnern 50000 Reichsmark

nicht übersteigt. Als Wert ist der Veräußerungspreis, mindestens der Einheitswert zugrunde zu legen.

70 γ) in Stadtkreisen, soweit die Grundstücke oder grundstücksgleichen Rechte nicht Unternehmungen gewidmet sind, die der Versorgung der Bevölkerung mit Elektrizität, Gas oder Wasser dienen (§ 5 der 2. DurchfVO. v. 26. März 1936, RGBl. I 271).

Kommt es auf den Wert des veräußerten Grundbesitzes an, so sind bei der Veräußerung mehrerer Grundstücke in formell selbständigen Verträgen, die wirtschaftlich einen einheitl. Vorgang darstellen, die einzelnen Grundstückswerte zusammenzurechnen (KG. in JW. 1937, 326 = HRR. 1937 Nr. 399).

In den Fällen der Genehmigungsfreiheit ist dem Antrag auf Eintr. im GBuch eine Erklärung des Bürgermeisters beizufügen, daß der Abschluß des Rechtsgeschäftes genehmigungsfrei ist. In der Erklärung muß auf die in Frage kommende Vorschrift ausdrücklich Bezug genommen werden (§ 25 der 1. DurchfVO.). Das GBA. ist durch diese Erklärung der Nachprüfung, ob der objektive Tatbestand der Befreiungsvorschrift gegeben ist, enthoben (vgl. Schattenfroh, DGO. § 62 A. IV 3). Sind dem GBuchrichter jedoch Tatsachen bekannt, aus denen sich die Unrichtigkeit oder die inhaltl. Unzulänglichkeit der Erklärung ergibt, so muß er die Eintr. ablehnen (KG. a. a. O.). Wg. einer sog. Negativbescheinigung der Aufsichtsbehörde s. o. A. 66 a. E.

71 c) Von der Genehmigungspflicht sowohl nach Ziff. 1 als auch nach Ziff. 2 des § 62 Abs. 2 DGO. freigestellt sind Stadtkreise mit mehr als 100000 Einwohnern, wenn ihre Rücklagenbildung gewisse Voraussetzungen erfüllt u. die Befreiung von der Genehmigungspflicht vom RInnenMin. festgestellt ist (§ 1 der 4. DurchfVO. v. 20. Aug. 1937, RGBl. I 911). Dem GBA. ist die Freistellung durch Vorlage der hierüber vom RInnenMin. ausgestellten Urkunde (§ 1 Abs. 2 Satz 1 Halbs. 2 a. a. O.) nachzuweisen.

72 d) Zur Einleitung der Zwangsvollstreckung gegen eine Gemeinde wegen einer Geldforderung bedarf der Gl. einer Zulassungsverfügung der Aufsichtsbehörde, es sei denn, daß es sich um die Verfolgung dinglicher Rechte handelt. In der Verfügung hat die Aufsichtsbehörde die Vermögensgegenstände zu bestimmen, in die die Zwangsvollstr. zugelassen wird, u. über den Zeitpunkt zu befinden, in dem sie stattfinden soll (§ 116 Abs. 1 DGO.). Diese Bestimmung gilt nicht für Geldforderungen, die im Verwaltungszwangsverfahren beizutreiben sind (vgl. AusfAnweisung v. 22. März 1935, MBliV. 415).

73 e) **Aufsichtsbehörde** ist

α) in Preußen für die kreisangehörigen Gemeinden der Landrat, für die Stadtkreise der Regierungspräsident;

β) in Bayern für die kreisangehörigen Gemeinden das Bezirksamt, für die Stadtkreise die Regierung.

Im übr. s. § 33 Abs. 1 der 1. DurchfVO.

2. Gemeindeverbände. 74

Für Gemeindeverbände gelten vorerst noch die bisherigen landesrechtl. Vorschriften.

a) In **Preußen** bedürfen Gemeindeverbände (d. s. die Provinzial-[Bezirks-]verbände, 75 der Landeskommunalverband der Hohenzollerischen Lande, der Siedlungsverband Ruhrkohlenbezirk, die Kreise u. die Schulverbände) der Gen. der Aufsichtsbehörde insbes. zum Abschluß von Rechtsgeschäften, welche die entgeltl. oder unentgeltl. Veräußerung oder den Tausch von Grundstücken u. grundstücksgleichen Rechten zum Gegenstand haben (§ 64 Abs. 1 mit § 142 GemeindefinanzG. v. 15. Dez. 1933, GS. 442; § 21 VO. über ein vereinfachtes Gemeindefinanzges. für die ehrenamtlich verwalteten Gemeinden u. Gemeindeverbände v. 24. Febr. 1934, GS. 107; vgl. Ziff. I Abs. 2 Satz 2 des RdErlasses d. RInnenMin. v. 30. März 1935, MBliV. 493). Der RInnenMin. kann gewisse Rechtsgeschäfte solcher Art von der Genehmigungspflicht freistellen (§ 64 Abs. 2 GemeindefinanzG.). Genehmigungspflichtig ist weiter die Bestellung von Sicherheiten (z. B. einer Hyp.) für Verbindlichkeiten anderer (§ 74 GemeindefinanzG.; § 28 VO. v. 24. Febr. 1934). Die Sicherung eigener Darlehen durch eine Hyp. ist nur insoweit zulässig, als sie der Verkehrsübung entspricht, z. B. Bestellung einer Restkaufgeldhyp. oder HypBestellung zur Finanzierung von Wohnungsbauten (§ 75 GemeindefinanzG.; § 29 VO. v. 24. Febr. 1934).

Wg. der Zweckverbände vgl. Ges. v. 19. Juli 1911 (GS. 115), § 143 Abs. 1 Satz 2 GemeindefinanzG. u. §§ 39, 40 VO. v. 24. Febr. 1934. Für die in der Rheinprovinz u. in Westfalen bestehenden Ämter gelten die Bestimmungen der DGO. über die Staatsaufsicht (§ 37 Amtsordnung v. 8. Okt. 1934, GS. 393, i. d. Fass. d. VO. v. 13. Juli 1935, MBliV. 893; s. o. A. 67ff.). Das gleiche gilt für die Kirchspielslandgemeinden in Schleswig-Holstein (§ 38 a. a. O.). Aufsichtsbehörde ist der Landrat.

b) In Bayern bedürfen Bezirke u. Kreise der staatsaufsichtl. Gen. insbes. zur Belastung 76 von Grundstücken mit einer Hyp., Grund- oder Rentenschuld, soferne es sich nicht um einen Kaufpreisrest handelt (Art. 34 Abs. 1 Ziff. 4 BezirksO. v. 17. Okt. 1927, GVBl. 325; Art. 36 Abs. 1 Ziff. 3 KreisO. v. 17. Okt. 1927, GVBl. 335). Die Veräußerung von Grundstücken (u. Grundstücksrechten) bedarf an sich nicht der staatsaufsichtl. Gen.; es kann jedoch ein Fall des Art. 34 Abs. 1 Ziff. 6 BezirksO. oder Art. 36 Abs. 1 Ziff. 4 KreisO. (Veräußerung von Gebäuden oder unbewegl. Gegenständen von geschichtlichem, wissenschaftlichem oder Altertumswert) vorliegen. Auch wenn das Grundstück zum Grundstockvermögen des Bezirks oder Kreises gehört (vgl. Art. 27 BezirksO.; Art. 30 KreisO.), ist zu seiner entgeltl. Veräußerung keine Gen. erforderlich. Lediglich die unentgeltliche Veräußerung von Grundstockvermögen bedarf der staatsaufsichtl. Gen. (Art. 27 Abs. 2 Satz 5 BezirksO.; Art. 30 Abs. 2 Satz 5 KreisO.).

Für die Zweckverbände gelten die Vorschriften über die Staatsaufsicht für Gemeinden entsprechend. Die zuständige Staatsaufsichtsbehörde wird durch das Staatsmin. des Innern bestimmt (§ 69 AngleichungsVO. v. 1. April 1935, GVBl. 180; Art. 45 BezirksO.; Art. 42 KreisO.).

3. Kirchengemeinden und kirchliche Verbände.

a) Preußen.

α) Evangelische Kirchengemeinden und kirchliche Verbände.

aa) Der Gen. der **staatlichen Aufsichtsbehörde** bedürfen insbes. (Art. 6 Abs. 1 Ziff. 1 77 bis 3 Ges. betr. die Kirchenverfassungen der evangel. Landeskirchen v. 8. April 1924, GS. 221):

1. die Veräußerung von Gegenständen, die einen geschichtl., wissenschaftl. oder Kunstwert haben; hierunter können auch Grundstücke fallen. Im übr. ist die Veräußerung wie auch die Belastung von Grundstücken genehmigungsfrei;
2. Anleihen, die nicht bloß zur vorübergehenden Aushilfe dienen;
3. die Verwendung des Kirchenvermögens zu anderen als den bestimmungsmäßigen Zwecken (vgl. hiezu KGJ. 37, 321; 50, 142).

Die Frage der Genehmigungsbedürftigkeit ist vom GBuchrichter selbständig zu prüfen (Brand-Schnitzler[7] § 148 S. 422). Im allgem. ist jedes Darlehen, das durch eine Hyp. gesichert wird, als langfristig u. daher nicht nur zur vorübergehenden Aushilfe dienend zu erachten. Eine bestimmungswidrige Verwendung von Kirchenvermögen liegt auch vor, wenn es sich um Kirchengut handelt, das einem bestimmten Sonderzweck gewidmet ist, dessen Erfüllung der an die Stelle des Grundbesitzes tretende Erlös nicht mehr dienen kann (KGJ. 50, 142; Brand-Schnitzler a. a. O.).

Die zur Erteilung der Gen. zuständige Staatsaufsichtsbehörde ist der RKirchenMin., in gewissen Fällen auch der Oberpräsident oder der Regierungspräsident (s. § 1 der VO. v. 4. Aug. 1924, GS. 594).

Über die für die evangel. Kirchengemeinden geltenden Erwerbsbeschränkungen s. § 19 A. 96 unter bb.

78 **bb)** Neben der staatl. Gen. bedürfen die Kirchengemeinden zu gewissen Rechtsgeschäften der Gen. der **kirchlichen Aufsichtsbehörde** (§ 1 KirchenG. v. 18. Juli 1892, GS. 1893, 25). Auch das Vorliegen dieser Gen. hat der GBuchrichter nachzuprüfen. Kirchliche Aufsichtsbehörden sind die bei den Konsistorien (Landeskirchenämtern u. Landeskirchenräten) gebildeten Finanzabteilungen (Ges. v. 11. März 1935, GS. 39; VO. v. 11. April 1935, GS. 57; VO. v. 25. Juli 1935, GS. 108; vgl. § 2 Abs. 4 der VO. v. 3. Okt. 1935, RGBl. I 1221).

Genehmigungspflichtig sind insbes.:

1. Erwerb, Veräußerung u. dingl. Belastung von Grundeigentum, soweit der Erwerb nicht im Falle der Zwangsversteigerung notwendig ist;
2. die Veräußerung von Gegenständen, die einen geschichtl., wissenschaftl. oder Kunstwert haben;
3. Anleihen u. Ausleihung von Geldern.

79 **cc)** Soweit der **Patron** die Patronatslasten für die kirchl. Bedürfnisse trägt, ist seine Gen. zur Einziehung, Ausleihung u. Aufnahme von Kapitalien u. zur Veräußerung von Kirchengut erforderlich (§§ 629ff., 645, 647 II 11 ALR.; § 23 Abs. 1 KirchenO. v. 10. Sept. 1873, GS. 417). Die Gen. gilt als erteilt, wenn der Patron auf die schriftl. Zustellung des Beschlusses nicht binnen 30 Tagen dem Gemeindekirchenrat das Gegenteil zu erkennen gibt (§ 23 Abs. 2 KirchenO.). In diesem Falle wird zum Zwecke des Nachweises der Zustimmung die fehlende Unterschrift des Patrons durch die zuständige Aufsichtsbehörde ergänzt (§ 23 Abs. 4 a. a. O.). Im übr. ist die Gen. des Patrons in der Form des § 29 GBO. nachzuweisen (KGJ. 48, 205).

80 **dd)** Die Beschlüsse sonstiger kirchlicher Organe (Landeskirchen, Provinzial- u. Kreissynodalverbände, Gemeindeverbände, Parochialverbände) bedürfen der Gen. des RKirchenMin. in den gleichen Fällen wie die Kirchengemeinden (Art. 6 des Ges. betr. die Kirchenverfassungen der evangel. Landeskirchen v. 8. April 1924, GS. 221); s. o. A. 77, 78.

β) Katholische Kirchengemeinden und kirchliche Verbände.

81 **aa)** Der Gen. der **staatlichen Aufsichtsbehörde** bedürfen insbes. (§ 15 Abs. 1 Ziff. 1 bis 3 des Ges. ü. d. Verwaltung des kath. Kirchenvermögens v. 24. Juli 1924, GS. 585):

1. die Veräußerung von Gegenständen, die einen geschichtl., wissenschaftl. oder Kunstwert haben; hierunter können auch Grundstücke fallen. Im übr. bedarf die Veräußerung von Grundstücken keiner staatl. Gen. Diese ist auch nicht nötig zur Belastung von Grundstücken;
2. Anleihen, die nicht bloß zur vorübergehenden Aushilfe dienen;
3. die Verwendung des Kirchenvermögens zu anderen als den bestimmungsmäßigen Zwecken. Wg. des Begriffs der bestimmungswidrigen Verwendung vgl. RG. 152, 369 u. oben A. 77.

Die zur Erteilung der Gen. zuständige Staatsaufsichtsbehörde ist im Falle 1 der RKirchenMin., sonst der Regierungspräsident (VO. v. 24. Okt. 1924, GS. 731). Wg. der Prüfungspflicht des GBuchrichters vgl. oben A. 77.

Über die für die kath. Kirchengemeinden geltenden Erwerbsbeschränkungen s. § 19 A. 96 unter bb.

bb) Neben dieser staatl. Gen. bedürfen gewisse Rechtsgeschäfte der Gen. der **kirchlichen Aufsichtsbehörde** (§ 21 des Ges. ü. d. Verwaltung des kath. Kirchenvermögens). Auch das Vorliegen dieser Gen. hat das GBA. nachzuprüfen (vgl. Helm in JW. 1937, 2178). Kirchliche Aufsichtsbehörde ist der Bischof[1]). Der Gen. bedürfen insbes. (Anordnung v. 20. Febr. 1928, GS. 12): 82

1. Erwerb, Belastung, Veräußerung u. Aufgabe des Eigentums sowie Änderung, Veräußerung u. Aufgabe von Rechten an Grundstücken; unter letztere fällt nicht die Quittungsleistung über eine getilgte HypForderung (JFG. 11, 183);
2. Aufnahme von Anleihen, die nicht bloß zur vorübergehenden Aushilfe dienen, u. Ausleihe von Darlehen, sofern nicht die Vorschriften über die Mündelsicherheit erfüllt sind.

cc) Bez. der Genehmigung des **Patrons** gilt das oben A. 79 Gesagte entsprechend. 83

dd) Katholische Gemeindeverbände (§§ 22, 23 des Ges. ü. d. Verwaltung des kath. Kirchenvermögens v. 24. Juli 1924, GS. 585) bedürfen in den gleichen Fällen wie Kirchengemeinden (s. o. A. 81, 82) der Gen. der staatl. u. der kirchl. Aufsichtsbehörde (§ 27 a. a. O.). § 15 des genannten Ges. findet weiter Anwendung auf das Vermögen der bischöflichen Stühle, Bistümer, Kapitel u. der unter Verwaltung kirchlicher Organe gestellten Anstalten u. Stiftungen (§ 28 a. a. O.). Der Bischof bedarf zur Veräußerung u. Verpfändung von unbewegl. Sachen des Bistums der Gen. des Domkapitels. 84

Die Rechtsgeschäfte der Orden u. ordensähnlichen Kongregationen unterliegen in Preußen keiner Staatsaufsicht (vgl. KGJ. 53, 113).

b) Bayern.

α) In Bayern ist die **Staatsaufsicht** für die katholische u. die evangelische Kirche einheitlich geregelt. 85

Bez. des eigentl. Kirchengemeindevermögens besteht keine Staatsaufsicht; deshalb ist insbes. nicht mehr nach Art. 75 Z ff. 1 KirchengemO. v. 24. Sept. 1912 (GVBl. 911) staatsaufsichtl. Genehmigung zum Erwerb, zur Veräußerung oder zur Belastung von Grundstücken usw. erforderlich (ME. v. 1. Juli 1927 Nr. 24411, abgedruckt bei Klee-Hechtel 121; Roedel 108; Hofmann 22, 28; Kihn in BayZ. 1924, 249; Krafft in BayNotV. 1929, 211). Art. 76 KirchengemO. gilt dagegen auch für die Kirchengemeinden noch fort (Hofmann 30, Roedel 110).

Das ortskirchliche Stiftungsvermögen (vgl. Art. 5 KirchengemO.) unterliegt auch jetzt noch der Staatsaufsicht; die Art. 73ff. KirchengemO. gelten insoweit weiter (ME. v. 19. Sept. 1927 Nr. 5428, abgedruckt bei Klee-Hechtel 121; Roedel 102, 108; Hofmann 22, 28; Krafft a. a. O. 212). Die ortskirchl. Stiftungen sind öffentl. Stiftungen; ihre Errichtung bedarf der staatl. Genehmigung, die durch das Staatsministerium für Unterricht u. Kultus erteilt wird (Art. 7 KirchengemO.; VO. v. 15. Nov. 1918, GVBl. 1231; § 2 des ÜbergangsG. v. 28. März 1919, GVBl. 113).

Die Staatsaufsicht über die Kirchenstiftungen wird ausgeübt durch die Bezirksverwaltungsbehörde, also regelmäßig durch das Bezirksamt, wenn die Kirchenstiftung aber in einer früher kreisunmittelbaren Stadt besteht, durch die Kreisregierung (Art. 73 Abs. 2 KirchengemO.).

Die staatsaufsichtl. Gen. ist insbes. erforderlich zu Erwerb, Veräußerung oder Belastung von Grundstücken oder grundstücksgleichen Rechten, dann zu Verfügungen über ein Recht an einem Grundstück, ausgenommen Hyp., Grund- und Rentenschulden (Art. 75 Abs. 1 Ziff. 1 KirchengemO.); vgl. Art. 76 a. a. O. (Veräußerung oder Verpfändung von Bauwerken, die als Denkmale anzusehen sind) u. Art. 78 a. a. O. (auch die Eingehung einer Verpflichtung zu

---

[1]) Der Bischof ist eine öffentl. Behörde. Seine Urkunden bedürfen keiner Beglaubigung (Brand-Schnitzler § 149).

einer genehmigungsbedürftigen Verfügung bedarf der Genehmigung). Vgl. auch Art. 34 Abs. 1, 2 KirchengemO., die für die Kirchenstiftungen noch Gültigkeit besitzen u. nach denen sowohl staatl. Genehmigung als auch die Genehmigung der kirchl. Oberbehörde erforderlich ist zur Anlehensaufnahme zu Lasten des ortskirchl. Stiftungsvermögens, wenn der Betrag, um den die Schuldenlast in demselben Rechnungsjahr vermehrt wird, bei Kirchenstiftungen in früher kreisunmittelbaren Städten mindestens 3500 Reichsmark, im übr. mindestens 1000 Reichsmark ausmacht; dies gilt auch dann, wenn nach außen lediglich die Kirchengemeinde in Erscheinung tritt, die Rückzahlung aber aus Mitteln der Kirchenstiftung erfolgen soll (Roedel 78).

Auch bez. des Pfründevermögens (Pfründestiftungsvermögens) besteht die Staatsaufsicht (Pfründekuratel) fort. Die Pfründeaufsicht wird von der Kreisregierung ausgeübt (§ 74 der FormationsVO. v. 17. Dez. 1825, Weber 2, 279; Hofmann 22). Die Kuratelgenehmigung ist erforderlich zu allen Verfügungen über zum Pfründevermögen gehörige Grundstücke, grundstücksgleiche Rechte, Rechte an Grundstücken oder an solchen Rechten.

86 β) Weiter ist zur Veräußerung von kirchlichem Grundbesitz die **Genehmigung der kirchlichen Oberbehörde** erforderlich; dies gilt für Kirchengemeinde-, Kirchenstiftungs- u. Pfründevermögen (Art. 10 § 4 des bayer. Konkordats; Art. 2 des Reichskonkordats; Art. 19 bzw. 12 der Verträge mit den evangel. Kirchen, GVBl. 1925, 53; vgl. Krafft in BayNotV. 1929, 383). Kirchl. Oberbehörde ist in der kathol. Kirche das Bischöfliche Ordinariat, in der evangel.-lutherischen Landeskirche r. d. Rh. u. in der Pfälz. Landeskirche jeweils der Landeskirchenrat. Die Gen. der kirchl. Oberbehörde ist dem GBA. durch Vorlage des Genehmigungsbescheids in Urschrift oder Ausfertigung nachzuweisen. Aus der Tatsache der staatsaufsichtl. Gen. eines Veräußerungsgeschäftes ergibt sich noch nicht, daß auch die Gen. der kirchl. Oberbehörde vorliegt (OLG. München in DNotZ. BayB. 1935, 153).

Vgl. auch BayObLG. 16, 29: Für die Beurteilung der Frage, wie weit die Vertretungsmacht des Vorstands (Abtes) eines bayer. Benediktinerklosters reicht, ob er insbes. zu Verfügungen über Grundstücke der Zustimmung des Konvents bedarf, sind die Statuten der bayer. Benediktiner-Kongregation maßgebend, da die Benediktinerstifte Korporationen des öffentl. Rechts sind u. diese ihre Verhältnisse, insbes. die Vertretungsmacht der Vorstände, selbst zu regeln berechtigt sind.

86a c) Die Beschlüsse der Organe der jüdischen Kultusvereinigungen u. ihrer Verbände bedürfen der Gen. der höheren Verwaltungsbehörde, wenn sie die Veräußerung von Gegenständen betreffen, die einen geschichtl., wissenschaftl. oder Kunstwert haben (§ 3 Abs. 1 des Ges. ü. d. Rechtsverhältnisse der jüdischen Kultusvereinigungen v. 28. März 1938, RGBl. I 338).

4. Stiftungen.

87 a) In **Preußen** bedürfen milde Stiftungen (über deren Begriff s. RG. 80, 146) zum Erwerb von Grundstücken u. zur Veräußerung ganzer Landgüter u. Häuser der Gen. des RKirchenMin. (§ 43 II, 19; §§ 194, 219 II, 11 ALR.; KGJ. 37, 268; Güthe-Triebel[6] S. 2025) u. zur Veräußerung einzelner Grundstücke u. zur Verpfändung der Gen. des Regierungspräsidenten (§§ 220, 227 II, 11 ALR.; § 2, 5 VO. v. 3. Sept. 1932, GS. 283; KG. in HRR. 1938 Nr. 520).

Für sonstige Stiftungen besteht nur der Genehmigungszwang beim Erwerb von Grundstücken; vgl. hierüber § 19 A. 96. Lediglich in der Rheinprovinz bedürfen Stiftungen auch zur Belastung von Grundstücken der Gen. des Regierungspräsidenten (KGJ. 39, 310).

88 b) In **Bayern** ist zu unterscheiden zwischen öffentl. Stiftungen u. Privatstiftungen. Letztere unterstehen keiner Staatsaufsicht (vgl. Art. 6 bayer. AG. z. BGB.). Für die öffentlichen Stiftungen (vgl. § 63 bayer. AngleichungsVO. v. 1. April 1935, GVBl. 180) gilt folgendes:

aa) Soweit öffentl. Stiftungen von einer Gemeinde verwaltet werden, sind die Vorschriften der DGO. maßgebend (§ 66 Abs. 1 Satz 1 DGO.). Die staatsaufsichtl. Gen. ist also in den oben A. 67ff. aufgeführten Fällen erforderlich.

Soweit öffentl. Stiftungen von einem Bezirk oder einem Kreis verwaltet werden, erfolgt die Verwaltung nach den Vorschriften der früheren bayer. GemO. v. 17. Okt. 1927 über die Führung des Gemeindehaushalts (Art. 45 Ziff. 1 BezO.; Art. 42 Ziff. 1 KreisO.). Es ist also insbes. die Gen. der Aufsichtsbehörde zur Belastung von Grundstücken mit einer Hyp., Grund- oder Rentenschuld erforderlich, soweit es sich nicht um Kaufschillingsreste handelt.

Staatsaufsichtsbehörde ist die für die verwaltende Körperschaft (Gemeinde usw.) zuständige Aufsichtsbehörde (s. o. A. 73, 76).

bb) Bei den übrigen Stiftungen, also den nicht unter der Verwaltung einer Gemeinde oder eines Gemeindeverbandes stehenden, ist zur Veräußerung u. Belastung von Stiftungsvermögen, insbes. von Stiftungsgrundstücken, in allen Fällen die Gen. der Staatsaufsichtsbehörde erforderlich (BayObLG. 29, 332; v. Marth in BayZ. 1929, 241 u. die dort angeführte Literatur). Die Vorschrift, daß das Vermögen einer öffentl. Stiftung ohne Gen. der Aufsichtsbehörde nicht geschmälert werden darf, ist bürgerlichrechtlich als ein Veräußerungs- u. Belastungsverbot aufzufassen. Die Gen. ist also ein der Prüfung des GBA. unterliegendes Erfordernis der Wirksamkeit des Rechtsgeschäfts (BayObLG. a. a. O.).

Staatsaufsichts- (Kuratel-) Behörde ist die Kreisregierung (§§ 69, 70 der FormationsVO. v. 17. Dez. 1825, Weber 2, 279; Kratzer § 25 A. 4b).

cc) Über die staatsaufsichtl. Genehmigung bei Verfügungen über das ortskirchl. Stiftungsvermögen u. das Pfründestiftungsvermögen s. o. A. 85.

89

5. Die **Träger der Sozialversicherung** (Kranken-, Unfall-, Invaliden- u. Knappschaftsversicherung: Krankenkassen, Berufsgenossenschaften, Versicherungsanstalten, Reichsknappschaft) bedürfen zum Erwerb von Grundstücken der Gen. der Aufsichtsbehörde, wenn es sich dabei um eine Vermögensanlage handelt (§§ 26 Abs. 2, 27c RVersO.; § 142 Abs. 1 RKnappschG. v. 1. Juli 1926, RGBl. I 369). Als Vermögensanlage ist jeder Erwerb von Grundstücken anzusehen, der mit eigenen Mitteln des Versicherungsträgers erfolgt, ohne Rücksicht auf den mit dem Erwerb verfolgten Zweck (JFG. 4, 315); auch ein Erwerb im Wege der Zwangsversteigerung kann darunter fallen (Dittmar in BayNotV. 1909, 106). Aufsichtsbehörde für die Krankenkassen ist das Versicherungsamt (§ 377 RBetrag), für die Berufsgenossenschaften u. Versicherungsanstalten das Reichs- oder Landesversicherungsamt (§§ 722, 723, 1158, 1381, 1382 RVersO.), für die Reichsknappschaft der RArbeitsMin. (§ 189 RKnappschG.). Wegen der Aufsicht über die Bezirksknappschaften u. besonderen Krankenkassen s. § 189 Abs. 3 RKnappschaftsG. u. die VO. v. 6. Okt. 1928 (RGBl. I 377); Aufsichtsbehörde für die Süddeutsche Knappschaft ist das Bayer. Oberbergamt in München. Die Gen. nach §§ 26 Abs. 2, 27c bis 27e RVersO. bleibt jedoch dem RArbeitsMin. vorbehalten, wenn die Vermögensanlage oder der Kaufpreis für das Grundstück den Betrag von 25000 RM. übersteigt (Abs. 2 der genannten VO.).

Nach § 27d RVersO., § 142 Abs. 1 RKnappschG. bedarf weiter der Erwerb von Grundstücken durch die genannten Versicherungsträger, wenn er zu einem über eine vom RArbeitsMin. festgesetzte Höchstgrenze hinausgehenden Kaufpreis erfolgt, der Gen. der Aufsichtsbehörde. Da der RArbeitsMin. bisher eine solche Höchstgrenze nicht festgesetzt hat, unterliegt bis auf weiteres jeder Grundstückserwerb der Versicherungsträger der Gen. (Erlaß v. 28. April 1925, Arbeiterversorgung 367; s. auch bayer. JMBl. 1925, 48; Brand-Schnitzler[7] § 153 S. 437; Hanow RVersO. § 27d A. 1; **a. M.** JFG. 4, 315; Güthe-Triebel[6] S. 1763, 1943, 1977, nach denen überhaupt keine Gen. erforderlich ist, solange der RArbeitsMin. von der ihm verliehenen Befugnis keinen Gebrauch gemacht hat; vgl. auch Dittmar a. a. O.). Der Erwerb im Wege der Zwangsversteigerung fällt nicht unter § 27d RVersO. Die Veräußerung u. Belastung von Grundstücken der Versicherungsträger unterliegt keiner Genehmigungspflicht. Die Beobachtung der Vorschriften des § 27a RVersO. u. des § 207 AngestelltenversicherungsG. v. 28. Mai 1924 (RGBl. I 563) hat der GBuchrichter nicht nachzuprüfen.

Die für die Krankenkassen maßgebenden Vorschriften gelten sinngemäß auch für die Reichsverbände der Krankenkassen, die der Aufsicht des RArbeitsMin. unterstehen (§ 414 Abs. 4 RVersO. i. d. Fass. d. VO. v. 6. Sept. 1937, RGBl. I 964), u. für die Verbände der Ersatzkassen, die der Aufsicht des ReichsarbeitsMin. oder der von ihm beauftragten Stelle unterstehen (§ 525a Abs. 3, 4 a. a. O.).

Die Reichsversicherungsanstalt für Angestellte bedarf in keinem Falle der Gen. der Aufsichtsbehörde.

90 6. Die **Innungen** bedürfen zum Erwerb, zur Belastung u. zur Veräußerung von Grundstücken sowie zur Aufnahme von Anleihen der Gen. der Handwerkskammer (§ 36 VO. v. 15. Juni 1934, RGBl. I 493). In den gleichen Fällen bedürfen die Kreishandwerkerschaften, die Handwerkskammern u. der Deutsche Handwerks- u. Gewerbekammertag der Gen. der Aufsichtsbehörde (§§ 56, 57 a. a. O.; §§ 103n Abs. 1, 103r mit § 89b Ziff. 1 RGewO. i. d. Fass. des Ges. v. 16. Dez. 1922, RGBl. I 927).

90a 7. Die **Wasser- und Bodenverbände** bedürfen gem. § 122 Abs. 1 der 1. WasserverbandVO. v. 3. Sept. 1937 (RGBl. I 933) u. a. der Gen. der Aufsichtsbehörde:

1. zur unentgeltl. Veräußerung von Vermögensgegenständen;
2. zur Veräußerung von Grundstücken u. grundstücksgleichen Rechten;
3. zur Aufnahme von Darlehen (Anleihen, Schuldscheindarlehen, anderem Kredit);
4. zur Bestellung von Sicherheiten.

Die Gen. ist auch zu Rechtsgeschäften erforderlich, die einem der angegebenen Geschäfte wirtschaftlich gleichkommen (§ 122 Abs. 2 a. a. O.). Die oberste Aufsichtsbehörde (d. i. der RMin. f. Ernährung u. Landwirtschaft: § 112 Abs. 1 a. a. O.) kann für bestimmte Geschäfte Ausnahmen zulassen; diese sind in der Satzung des Verbandes anzugeben (§ 122 Abs. 4 a. a. O.). Geschäfte, die ohne die erforderl. Gen. der Aufsichtsbehörde abgeschlossen werden, sind unwirksam (§ 123 a. a. O.).

Aufsichtsbehörde ist, wenn der Wasser- u. Bodenverband in einem Stadtkreis seinen Sitz hat, der Oberbürgermeister, sonst in Preußen der Landrat, in Bayern das Bezirksamt (§§ 112, 115 der 1. WasserverbandVO.). Vgl. auch § 114 a. a. O. über besondere Aufsichtsbehörden. An Stelle der Aufsichtsbehörde kann auch die obere Aufsichtsbehörde (Regierungspräsident) oder die oberste Aufsichtsbehörde (RMin. f. Ernährung u. Landwirtschaft) handeln (§ 117 a. a. O.).

90b **XII.** Wegen der bei **Familienfideikommissen,** Familiengütern, Lehen usw. erforderl. Genehmigung der Fideikommißbehörde s. d. Anm. zu § 117.

90c **XIII.** Die Gauschatzmeister der **NSDAP.** bedürfen u. a. zur Verfügung über ein Grundstück oder ein Grundstücksrecht, zur Eingehung einer Verpflichtung zu einer solchen Verfügung u. zu einem Vertrag, der auf den Erwerb eines Grundstücks oder eines Grundstücksrechtes gerichtet ist, der ausdrückl. schriftl. Zustimmung des Reichsschatzmeisters (§ 7 der 1. AusfBest. v. 29. April 1935, RGBl. I 583, i. d. Fass. der 4. AusfBest. v. 31. Aug. 1937, RGBl. I 920). Dieses Erfordernis gilt auch für die Kassenleiter der Kreise, Ortsgruppen u. Stützpunkte der NSDAP. (vgl. § 8 der 1. AusfBest.).

In den gleichen Fällen bedürfen die Reichskassenverwalter der Gliederungen der NSDAP. (vgl. Vorbem. 250 Ziff. 2 vor § 13) der ausdrückl. schriftl. Zustimmung des Reichsschatzmeisters (§ 13 Abs. 2 Satz 1 der 1. AusfBest. i. d. Fass. der 4. AusfBest.). Für die angeschlossenen Verbände (vgl. Vorbem. 250 Ziff. 2 vor § 13) bestehen besondere Genehmigungsvorschriften nicht (vgl. § 19 der 1. AusfBest.).

E. Verschuldungsgrenzen.

Im GBuch eingetragene Verschuldungsgrenzen hat der GBuchrichter zu beachten. In Betracht kommen folgende Fälle:

a) die bei Reichsheimstätten (§ 4 A. 23ff.) gem. § 18 RHeimstG. eingetragene Verschuldungsgrenze. In Preußen ist bei Heimstätten keine Verschuldungsgrenze eingeführt, in Bayern nur bei Wirtschaftsheimstätten. Näheres s. Vorbem. 94 vor § 13. **91**

b) in Preußen die Verschuldungsgrenze nach §§ 1, 15 des Gesetzes betr. die Verschuldungsgrenze v. 20. Aug. 1906 (GS. 389) mit VO. v. 23. März 1908 (GS. 65), v. 16. Sept. 1909 (GS. 492) u. v. 5. Mai 1913 (GS. 274). Hienach können land- oder forstwirtschaftlich genutzte Grundstücke, die von einer zuständigen Kreditanstalt beliehen werden dürfen, über die nach der Verfassung der Anstalt zulässige Beleihungsgrenze hinaus nicht belastet werden, wenn diese Beschränkung im GBuch eingetragen ist. Die Verschuldungsgrenze gilt für Hyp., Grund- u. Rentenschulden (eine Ausnahme s. § 3 Abs. 2 des Ges.), ferner für beständige oder für eine bestimmte Zeit zu entrichtende feste Geldrenten. Sie gilt auch für Zwangshyp. (§ 3 Abs. 1 des Ges.). Die Verschuldungsgrenze gilt nicht für Belastungen, die das für eine Beleihung des Grundstücks mit Mündelgeld maßgebende Vielfache des staatlich ermittelten Grundsteuerreinertrags nicht übersteigen (§ 4 a. a. O.). Der Betrag, bis zu dem das Grundstück von der Kreditanstalt nach deren Verfassung beliehen werden darf, ist durch eine Bescheinigung der Anstalt nachzuweisen (§ 5 Abs. 2 a. a. O.); im Falle der Eintr. einer Zwangshyp. hat das GBA. die Kreditanstalt um die Erteilung der Bescheinigung zu ersuchen; § 18 Abs. 2 GBO. findet Anwendung (§ 5 Abs. 4 a. a. O.). Bei der Eintr. im GBuch ist anzugeben, daß die Belastung innerhalb der Verschuldungsgrenze liegt (§ 5 Abs. 3 a. a. O.); gilt für neu einzutragende Belastungen die Verschuldungsgrenze nicht, so ist dies in der Eintr. zu vermerken (§ 3 Abs. 3 AV. v. 22. April 1908, JMBl. 200). Die Eintr. einer über die Verschuldungsgrenze hinausgehenden Belastung ohne die nach § 9 des Ges. erforderl. Gen. des staatl. Kommissars (Oberpräsidenten) ist nichtig (KGJ. 46, 217). **92**

Die Verschuldungsgrenze kann nur mit Gen. des staatl. Kommissars gelöscht werden (§§ 11, 12 des Ges.); außerdem bedarf es eines in der Form des § 29 GBO. zu stellenden Antrags des Eigtr. (§ 11 Abs. 1 a. a. O.).

c) in Bayern die Verschuldungsgrenze nach Art. 8ff. des Ges. ü. d. Ansiedlung von Kriegsbeschädigten in der Landwirtschaft v. 19. Juli 1916 (GVBl. 135) i. d. Fass. der Gesetze v. 13. April 1922 (GVBl. 269) u. v. 7. Juli 1926 (GVBl. 355) bei der Gewährung von Darlehen durch die Landeskulturrentenanstalt unmittelbar an Kriegsbeschädigte. Das Ges., zu dem die AusfBek. v. 25. Juli 1917 (JMBl. 70) erging, wurde mit dem 1. April 1929 durch Art. 37 des LandeskulturrentenG. v. 15. März 1929 (GVBl. 25) aufgehoben; s. auch Art. 28 dortselbst. Über Eintr. u. Berichtigung der Verschuldungsgrenze s. §§ 1—7 AusfBek. Das GBA. hat zu prüfen, ob eine zur Eintr. beantragte Belastung die eingetragene Verschuldungsgrenze übersteigt (§§ 8, 9, 11 Abs. 2 AusfBek.); über die Grundsätze für die Feststellung der Zulässigkeit der Belastung s. Art. 11 des Ges. Die Verschuldungsgrenze gilt auch für die Eintr. von Sicherungshyp. im Wege der Zwangsvollstr. oder der Arrestvollziehung wegen Geldforderungen (Art. 10 Abs. 1 des Ges.); vgl. auch Art. 10 Abs. 2 des Ges., § 10 AusfBek. wegen der Eintr. von Sicherungshypotheken für Forderungen, die schon vor Eintr. der Verschuldungsgrenze gegen den Eigtr. bestanden haben. **93**

Die Verschuldungsgrenze wird gelöscht (Art. 12 des Ges., § 14 AusfBek.) von Amts wegen, wenn die Hyp. der Landeskulturrentenanstalt nicht zur Entstehung gelangt oder erlischt, ferner auf Ersuchen des VollstreckungsG., wenn das Grundstück im Zwangswege versteigert wird. Im übr. kann die Löschung nur auf Antrag des Eigtr. erfolgen; der Vorstand der Landeskulturrentenanstalt muß gleichzeitig die Löschung bewilligen.

F. Wegen der **Erwerbsbeschränkungen** juristischer Personen s. § 19 A. 94ff. **94**

§ 18.

(1) Steht einer beantragten Eintragung ein Hindernis entgegen, so hat das Grundbuchamt entweder den Antrag unter Angabe der Gründe zurückzuweisen oder dem Antragsteller eine angemessene Frist zur Hebung des Hindernisses zu bestimmen. Im letzteren Fall ist der Antrag nach dem Ablauf der Frist zurückzuweisen, wenn nicht inzwischen die Hebung des Hindernisses nachgewiesen ist.

(2) Wird vor der Erledigung des Antrags eine andere Eintragung beantragt, durch die dasselbe Recht betroffen wird, so ist zugunsten des früher gestellten Antrags von Amts wegen eine Vormerkung oder ein Widerspruch einzutragen; die Eintragung gilt im Sinne des § 17 als Erledigung dieses Antrags. Die Vormerkung oder der Widerspruch wird von Amts wegen gelöscht, wenn der früher gestellte Antrag zurückgewiesen wird.

Inhaltsübersicht.

A. Bedeutung und Zweck der Vorschrift.

1 Die endgültige Zurückweisung eines nicht begründeten Antrags hätte, wenn seine Mängel ohne besondere Schwierigkeiten beseitigt werden können, Unbilligkeiten u. unnötige Härten, namentlich für geschäftsungewandte Personen, zur Folge. Diese Nachteile werden durch die Zulassung der Zwischenverfügung (Abs. 1) vermieden. Die Zwischenverfügung bildet weiter einen gewissen Ersatz für die Härten, die sich daraus ergeben, daß im GBuchverfahren eine Beweisaufnahme unzulässig ist (s. § 1 A. 88, 89).

Die Zwischenverfügung nach Abs. 1 würde, da der Antrag, zu dessen Gunsten sie erlassen wird, durch ihre Erlassung nicht erledigt ist, infolge des in § 17 ausgesprochenen Grundsatzes, daß mehrere Anträge in der Reihenfolge ihres Eingangs zu erledigen sind, eine Sperre des GBuchs zur Folge haben, die, wie in der Reichstagskommission hervorgehoben wurde, besonders im Hinblick auf die Monatsfrist des § 1139 BGB. von großem Nachteil wäre. Deshalb ermöglicht Abs. 2 die Vornahme weiterer Eintragungen, auch ehe der erste Antrag seine endgültige Erledigung gefunden hat.

B. Die Voraussetzungen des § 18 Abs. 1.

Die Anwendung der Vorschrift des § 18 Abs. 1 setzt voraus:

2 **a)** daß ein **Antrag** vorliegt. Ob der Antrag beim GBA. eingereicht oder zu dessen Niederschrift erklärt wird, ist gleichgültig. Wird eine Erklärung zu Protokoll gegeben, so darf es die Beurkundung nicht deshalb ablehnen, weil der Eintr. ein Hindernis entgegensteht; es hat vielmehr über die Erklärung eine Niederschrift aufzunehmen u. erst dann nach § 18 zu verfahren. Der GBuchbeamte wird aber die Beteiligten vorher darüber aufklären, welche Hindernisse dem Vollzug der beantragten oder bewilligten Eintr. entgegenstehen u., wenn

sie gleichwohl auf der Beurkundung bestehen, in der Niederschrift feststellen, daß die Aufklärung erfolgt ist (Henle-Schmitt A. 1).

Dem Antrag steht bei Anwendung des § 18 das Ersuchen einer Behörde (§ 38) gleich.

b) daß eine **Eintragung** beantragt ist. Über den Begriff der Eintr. s. Vorbem. 1, 2 vor § 13. Auf andere Anträge findet § 18 keine Anwendung, z. B. auf Anträge auf Erteilung eines neuen HypBriefs (§ 67) oder auf Ergänzung eines Briefs (§ 57 Abs. 3). Für diese bestehen besondere Vorschriften nicht; steht aber ihrer Erledigung ein Hindernis entgegen, so wird man den GBuchrichter für befugt halten dürfen, entweder den Antrag zurückzuweisen oder dem Antragsteller zur Hebung des Hindernisses eine Frist zu setzen (Meikel in SeuffBl. 71, 575; Güthe-Triebel[6] A. 5; Hesse-Saage-Fischer A. II 1). 3

c) daß der beantragten Eintr. ein **Hindernis** entgegensteht. Wenn ein Eintragungshindernis nicht vorliegt, ist für die Anwendung des § 18 kein Raum (OLG. 4, 182).

α) **Welcher Art** das Hindernis ist, ob es im formellen oder im materiellen GBuchrecht seinen Grund hat, ob eine Vorschrift zwingenden Rechtes oder eine bloße Ordnungsvorschrift entgegensteht, ist belanglos. In Betracht kommen insbes. Mängel der Zuständigkeit, der Eintragungsfähigkeit, Mängel des Antrags, der EintrBew. u. der sie ersetzenden Urkunden u. Nachweise, Nichteingetragensein des Betroffenen (§ 39), Nichtvorlage des Briefs (§ 41), Fehlen einer vorgeschriebenen behördl. Genehmigung usw. Gleichgültig ist auch, ob das Hindernis den ganzen Antrag betrifft oder nur einen Teil; letzterenfalls ist mit dem ganzen Antrag nach § 18 zu verfahren; teilweiser Vollzug ist unzulässig (Güthe-Triebel[6] A. 6; **a. M.** Ricks 271). 4

Es ist jedoch zu beachten, daß das GBA. nicht zur Ablehnung einer Eintr. deshalb berechtigt ist, weil ihm bekannt ist, daß sie mit der wirklichen Rechtslage nicht in Einklang steht, sondern nur dann eine Eintr. ablehnen darf, wenn der Eintr. als solcher ein Hindernis im Wege steht. Ist der Rechtsvorgang wirksam, so ist die Eintr. vorzunehmen, auch wenn dadurch möglicherweise das GBuch unrichtig wird. Nur dann ist die Eintr. abzulehnen, wenn sie mit Sicherheit eine GBuchunrichtigkeit herbeiführen würde (vgl. des näheren Vorbem. 34, 35, 38 vor § 18). Im Hinblick auf § 82 GBO. müssen vor allem unrichtige Eigentumseintr. vermieden werden. Daher ist es unzulässig, ein von in allgem. Gütergem. oder Errungenschaftsgem. lebenden Eheleuten erworbenes Grundstück auf diese als Miteigtr. nach Bruchteilen umzuschreiben (RG. 155, 344) oder einen in Gütergem. lebenden Ehegatten als Alleineigtr. einzutragen, ohne daß die Vorbehaltsguteigenschaft nachgewiesen ist (s. § 19 A. 93; vgl. auch JFG. 15, 192).

Der Eintr. entgegenstehende Hindernisse sind nicht nur dann zu berücksichtigen, wenn sie aus dem GBuch hervorgehen, sondern auch, wenn der GBuchrichter in anderer Weise davon in amtl. Eigenschaft Kenntnis erhält (JFG. 2, 320; 3, 306; vgl. Vorbem. 38 vor § 18).

β) **Maßgebender Zeitpunkt** ist nicht der Zeitpunkt, in dem der Antrag beim GBA. eingeht, sondern der Zeitpunkt der **Erledigung des Antrags** (RJA. 10, 231; Güthe-Triebel[6] A. 7; Henke-Mönch A. 2 B). Der GBuchbeamte hat daher sowohl, wenn der Antrag ursprünglich begründet war, wenn aber nachträglich Tatsachen eingetreten sind, die jetzt die Eintr. als unzulässig erscheinen lassen, wie auch umgekehrt, wenn der beantragten Eintr. ursprünglich ein Hindernis entgegenstand, aber nachträglich Tatsachen eingetreten sind, die dieses Hindernis beheben, diese Tatsachen zu berücksichtigen (**a. M.** OLG. 4, 182). 5

Demnach kann der GBuchbeamte nachträglich auftauchende Hindernisse oder den nachträglichen Wegfall von Hindernissen solange berücksichtigen, als er noch seine **Entscheidung ändern** kann.

αα) Hat er den Antrag zurückgewiesen oder gem. § 18 Abs. 2 eine Frist bestimmt, so kann er seine Entscheidung jedenfalls solange ändern, als sie nicht durch Bekanntmachung wirksam geworden ist (§ 16 Abs. 1 FGG.; s. § 1 A. 76ff.). Nach diesem Zeitpunkte ist er zur Änderung nur berechtigt, wenn entweder ein neuer Antrag gestellt oder Beschwerde eingelegt wird (§ 18 Abs. 1 FGG.; § 75 GBO.; KG. in HRR. 1937 Nr. 261 = JW. 1937, 478; Hesse-Saage-Fischer A. II 2 a; **a. M.** Güthe-Triebel[6] A. 26; vgl. oben § 1 A. 80) u. zwar letzterenfalls solange, als das Beschwerdegericht nicht entschieden hat.

ββ) Hat der GBuchrichter die Eintragung vorgenommen, so ist er zur Änderung nur solange befugt, als sie nicht von beiden GBuchbeamten unterzeichnet ist (vgl. § 44 Satz 2; ebenso Güthe-Triebel[6] § 53 A. 3; Henke-Mönch § 44 A. 5b; die gegenteilige Entscheidung RG. 57, 284 ist durch die mit der Neufassung des § 44 erfolgte Gesetzesänderung überholt). Nach der Unterzeichnung der Eintr. steht nur der Weg des § 53 u. der der GBuchberichtigung (§ 22) offen. Ist die Berichtigung hienach zulässig, so darf sie nur in Form einer neuen Eintr. vorgenommen werden.

C. Die Behandlung unbegründeter Eintragungsanträge.

6 1. Steht der beantragten Eintr. ein Hindernis entgegen, so kann nach § 18 das GBA. entweder den Antrag ablehnen oder eine angemessene Frist zur Hebung des Hindernisses bestimmen. Der GBuchrichter hat daher die Wahl zwischen der sofortigen Ablehnung u. der Erlassung einer Zwischenverfügung. Dieses Wahlrecht ist jedoch insofern kein unbeschränktes, als in gewissen Fällen die Natur der Sache keine Zwischenverfügung zuläßt, also sofortige Ablehnung erfolgen muß (vgl. A. 13ff.), während im übr. der Zweck der Vorschrift auf die Erlassung einer Zwischenverfügung als Regel hinweist (vgl. u. A. 18ff.). Dagegen kann § 18 nie dazu führen, daß lediglich auf Gr. eines mangelhaften Antrags etwas anderes, als beantragt ist, eingetragen wird, z. B. eine Brief- statt einer Buchhyp. (RJA. 1, 22).

2. Aus § 18 ergibt sich weiter, daß das Gesetz nur drei Möglichkeiten der Erledigung eines EintrAntrags kennt: Vornahme der beantr. Eintr., Abweisung u. Zwischenverfügung.

7 a) Eine **Tätigkeit von Amts wegen** zur Beseitigung von Mängeln kommt also in keinem Falle in Betracht; der Antragsteller hat den Beweisstoff selbst herbeizuschaffen (OLG. 43, 173; KG. in DNotV. 1930, 492; vgl. § 1 A. 88). Nicht ausgeschlossen ist jedoch, daß der GBuchbeamte bei der Beseitigung von EintrHindernissen in der Weise mitwirkt, daß er die Beteiligten, ohne vorerst eine Zwischenverfügung zu erlassen oder den Antrag abzuweisen, über die Maßnahmen zur Ergänzung des Antrags schriftlich oder mündlich aufklärt (s. u. A. 9). Er kann dabei die Beteiligten veranlassen, persönlich beim GBA. zu erscheinen. Ein Zwang zum Erscheinen, insbes. durch Androhung oder Verhängung von Ordnungsstrafen, darf indessen nicht ausgeübt werden. Durch diese Maßnahmen ist der GBuchrichter jedoch nicht gehindert, jederzeit eine förmliche Zwischenverfügung zu erlassen; er muß dies tun, wenn ein weiterer, dasselbe Recht betreffender Antrag eingeht.

8 b) Eine **Aussetzung des Verfahrens**, um dem Antragsteller Gelegenheit zur Beschaffung weiterer Unterlagen zu geben, ist der GBO. fremd u. daher unzulässig (KG. in DNotV. 1930, 494; Güthe-Triebel[6] A. 11; Fumian in BayNotV. 1925, 494; **a. M.** KGJ. 34, 233; unentsch. OLG. 43, 2; vgl. auch JFG. 3, 301). Sie darf auch nicht mit Zustimmung des Antragstellers (so du Chesne in KGBl. 1911, 130) oder sämtlicher Beteiligter erfolgen (KG. in JW. 1932, 2890 = HRR. 1932 Nr. 1475; **a. M.** Unger in ZZP. 39, 105). Vgl. auch unten A. 10.

Der GBuchrichter darf auch nicht die Entscheidung über einen EintrAntrag, der ausdrücklich mit der Maßgabe gestellt ist, daß über ihn erst nach Ablauf einer gewissen Frist entschieden werden soll, bis zum Ablauf der Frist aussetzen (**a. M.** KGJ. 34, 312).

9 c) Bestritten ist die Zulässigkeit der **formlosen Erinnerung.** Sie wird insbes. verneint von RG. 60, 395; Güthe-Triebel[6] A. 11; Hesse-Saage-Fischer A. I. Nach der bisherigen, vor allem in Bayern geübten Praxis (vgl. § 72 bayer. DA.; Henle-Schmitt A. 4 g; Henle im Recht 1912, 75) ist es jedoch zulässig, in Fällen, in denen ein Antrag infolge eines offensichtl.

Irrtums oder Versehens des Antragstellers einen leicht zu beseitigenden Mangel enthält oder auf einem offensichtl. Irrtum beruht, dem Antragsteller vor der Erlassung einer förmlichen Zwischenverfügung oder einer abweisenden Verfügung Gelegenheit zur sofortigen Ergänzung oder Berichtigung oder zur Zurückziehung des Antrags (letzteres z. B., wenn die beantragte Eintr. schon erfolgt ist) zu geben, vorausgesetzt, daß dadurch nicht in die Rechte Dritter eingegriffen wird u. daß der Geschäftsgang eine solche Handhabung zuläßt. Sie wird also nur für kleinere GBuchämter in Frage kommen, während sie für solche mit umfangreichem Geschäftsverkehr wegen der Gefahr, daß der Antrag übersehen wird u. unerledigt bleibt, weniger zu empfehlen ist. Grundsätzlich aber sind gegen dieses Verfahren, das namentlich dann zweckmäßig ist, wenn der Antrag durch Vermittlung eines Notars eingeht u. die unverzügliche Behebung des Mangels zu erwarten ist, durchgreifende Bedenken nicht zu erheben. Es wird vor allem in Bayern auch nach dem Außerkrafttreten des § 72 DA. weiterhin angewandt werden können. Ähnlich auch Ricks S. 102ff.

Die formlose Erinnerung kann aber weder als eine Erledigung des Antrags i. S. des § 17 gelten, noch gibt sie die Befugnis zur Eintr. eines Widerspruchs oder einer Vorm. im Falle des Eingehens eines weiteren, dasselbe Recht betreffenden Antrags nach § 18 Abs. 2. Da ein vor der Beseitigung des Mangels eingehender Antrag, durch den dasselbe Recht betroffen wird, erst nach der Erledigung des im Wege der formlosen Erinnerung behandelten Antrags erledigt werden darf (§ 17), ist, wenn ein weiterer Antrag eingeht, ehe der durch die formlose Erinnerung gerügte Mangel des früher gestellten Antrags beseitigt ist, sofort eine förmliche Zwischenverfügung zu erlassen, in der eine Frist zur Hebung des Eintragungshindernisses bestimmt wird. Die Nichtbeachtung dieses Grundsatzes kann zur Haftbarmachung des Reichsfiskus wegen Amtspflichtverletzung des GBuchbeamten führen (RG. in JW. 1905, 334).

Auch wenn ein dasselbe Recht betreffender weiterer Antrag nicht gestellt wird, hat der GBuchbeamte, der sich zunächst mit der formlosen Erinnerung begnügt hat, eine förmliche Zwischenverfügung zu erlassen, wenn der Antragsteller die Ergänzung, Berichtigung oder Zurückziehung des Antrags verzögert oder wenn sich sonst ergibt, daß die Bestimmung einer Frist zur Hebung des Hindernisses erforderlich ist. Die rechtzeitige Erlassung einer Zwischenverfügung ist durch die Vormerkung eines Wiedervorlagetermins zu sichern.

Unstatthaft ist es, dem Antragsteller die Auflage zu machen, einen nach Ansicht des GBA. unzulässigen oder unbegründeten Antrag binnen bestimmter Frist bei Meidung der Zurückweisung zurückzunehmen. Eine solche Verfügung ist rechtlich eine bloße Meinungsäußerung des GBuchrichters u. keine beschwerdefähige Entscheidung (JFG. 13, 111).

d) **Nachbringung von Unterlagen.** Unzulässig ist es auch, einen Antrag, dem gewisse **10** Unterlagen fehlen, deren Nachbringung aber für einen späteren (bestimmten oder unbestimmten) Zeitpunkt angekündigt wird, ohne Fristsetzung bis zur Vorlage der fehlenden Unterlagen unerledigt liegen zu lassen. Auch solche Anträge sind nach § 18 zu behandeln, also u. U. auch sofort zurückzuweisen (ebenso Güthe-Triebel[6] A. 11; **a. M.** RJA. 6, 231; KGJ. 34, 312; 50, 136; Brand-Schnitzler § 39 a. E.; vgl. auch oben A. 8). Über die hier einschlägige Ausnahme des § 130 Abs. 3 ZVG. s. u. A. 23.

e) Eine **Verweisung des Antragstellers auf den Prozeßweg** ist gleichfalls ausge- **11** schlossen. Das GBA. muß selbst eine Entscheidung über den Antrag treffen u. kann sich dieser Entscheidung auch bei zweifelhaften oder nur inzidenter zu entscheidenden Fragen nicht dadurch entziehen, daß es von den Beteiligten die Vorlage einer Entscheidung des Prozeßgerichts verlangt; dies darf auch nicht im Wege der Ablehnung des Antrags ohne sachliche Entscheidung geschehen (BayObLG. 16, 93; KGJ. 41, 188; vgl. auch JFG. 3, 301). Anders liegt der Fall, wenn die Vornahme einer Eintr. von der rechtskräftigen Feststellung eines bestimmten Rechtsverhältnisses durch das Prozeßgericht abhängt; hier kann dem Antragsteller durch Zwischenverfügung die Beschaffung der rechtskräftigen Entscheidung aufgegeben werden (KG. in DNotV. 1930, 494).

12 **3. Zurückweisung oder Zwischenverfügung.**

Das Gesetz sagt nicht, in welchen Fällen der Antrag sofort zurückzuweisen u. wann eine Zwischenverfügung zu erlassen ist. Es läßt seinem Wortlaut nach dem GBA. die Wahl. Dieses Wahlrecht ist jedoch ausgeschlossen, wenn der Natur der Sache nach die Erlassung einer Zwischenverfügung unzulässig ist, also insbes., wenn der dem Antrag anhaftende Mangel nicht mit rückwirkender Kraft geheilt werden kann. Es ist nicht zulässig, statt einen dauernd unbegründeten Antrag zurückzuweisen, dem Antragsteller durch Zwischenverfügung Gelegenheit zur Stellung eines neuen begründeten Antrags zu geben (RG. in BayZ. 1923, 36). Eine Frist zur Hebung eines EintrHindernisses darf ferner nicht bestimmt werden, wenn die beantragte Eintr. auch nach Beseitigung des Hindernisses nicht erfolgen kann (JFG. 8, 240; 14, 317).

13 a) Die **Zurückweisung** des Antrags **muß** erfolgen:

α) wenn die Hebung des Hindernisses unmöglich ist (Kretzschmar in ZBlFG. 4, 14); denn in diesem Falle hat die Erlassung einer Zwischenverfügung keinen Sinn. Dies ist insbes. der Fall, wenn das Recht, dessen Eintr. begehrt wird, nicht zu den eintragungsfähigen Rechten gehört oder einen unzulässigen Inhalt hat (OLG. 6, 488; OLG. München in DNotZ. BayB. 1935, 274 = HRR. 1936 Nr. 271; Güthe-Triebel[6] A. 13); über die Eintragungsfähigkeit s. Vorbem. 9ff. vor § 13. Handelt es sich dagegen nur um eine der Eintr. nicht fähige Nebenbestimmung eines an sich eintragungsfähigen Rechtes, so ist die Erlassung einer Zwischenverfügung nicht ausgeschlossen. Ist die beantragte Eintr. der Nebenbestimmung deshalb unzulässig, weil die Eintr. überflüssig ist (vgl. Vorbem. 56ff. vor § 13), so kann die sofortige Eintr. unter Weglassung des überflüssigen Zusatzes ohne weiteres erfolgen (Güthe-Triebel a. a. O.; s. o. Vorbem. 64 vor § 13). Auch dann ist der Antrag zurückzuweisen, wenn die dem Antrag beigefügten Grundlagen (EintrBew. usw.) nichtig sind (OLG. 6, 488); denn ein nichtiges Rechtsgeschäft ist nicht verbesserungsfähig, sondern muß, um die von den Beteiligten gewollte Wirkung zu äußern, nochmals vorgenommen werden. Wegen des Falles, daß ein Antrag bei dem unzuständigen GBA. eingeht, vgl. § 13 A. 25. Sofort zurückzuweisen ist endlich ein Antrag, der mit einer Einschränkung, insbes. einer Bedingung (§ 16 Abs. 1) versehen ist oder der gegen ein absolutes Verfügungsverbot verstößt.

14 β) wenn die Eintr. einer Vormerkung oder eines Widerspruchs zugunsten des gestellten Antrags ausgeschlossen ist, insbes., wenn diese mit einem unzulässigen Inhalt eingetragen werden müßten (Kretzschmar in ZBlFG. 4, 14; OLG. München in DNotZ. BayB. 1935, 274 = HRR. 1936 Nr. 271; Hesse-Saage-Fischer A. II 3 b γ). Dies ergibt sich aus § 18 Abs. 2; s. jedoch auch unten A. 50. Eine Zwischenverfügung ist demnach z. B. unstatthaft, wenn bei dem Antrag auf Eintr. einer Zwangshyp. auf mehreren Grundstücken der Betrag nicht gem. § 867 Abs. 2 ZPO. auf die einzelnen Grundstücke verteilt ist (OLG. 33, 122; Güthe-Triebel[6] A. 14; Hesse-Saage-Fischer A. III 2 Abs. 2; **a. M.** RJA. 13, 246; OLG. 42, 40; v. Rozycki-v. Hoewel § 18; Fumian in BayNotB. 1925, 447; vgl. auch Schneider in BayZ. 1910, 379) oder wenn der Zinsfuß einer beantragten Hyp. nicht fest bestimmt ist (**a. M.** OLG. Karlsruhe in JFG. 4, 404; vgl. auch RJA. 12, 67) oder wenn der Antrag sonst so unbestimmt ist, daß eine Vorm. nicht eingetragen werden könnte.

15 γ) Auch dann ist der Antrag zurückzuweisen, wenn die mit der Zwischenverfügung verbundene Vorrangswirkung mit anderen zwingenden gesetzl. Normen sich in Widerspruch setzen würde. So ist die Eintr. einer Zwangshyp. erst dann zulässig, wenn die prozessualen Voraussetzungen der Zwangsvollstr. (Schuldtitel, VollstrKlausel, Zustellungsnachweis) vorliegen (BayObLG. 24, 11; Güthe-Triebel[6] A. 14; Kretzschmar in ZBlFG. 4, 18; vgl. Ricks in DNotB. 1932, 753). Würde daher auf diesen Antrag eine Zwischenverfügung erlassen, weil das Urteil noch nicht zugestellt ist, so würde, wenn die nachträgl. Zustellung des

Urteils erfolgt, für den Rang der Hyp. ein Zeitpunkt maßgebend sein, in dem eine Zwangsvollstr. noch nicht zulässig war. Der Antrag ist daher zurückzuweisen. Das gleiche gilt auch für andere im Wege der Zwangsvollstr. oder des Arrestverfahrens erfolgende Eintr. Vgl. auch KG. in JR. 1926 Nr. 2048 (fehlende oder mangelnde Bezeichnung des Schuldners in der VollstrKlausel) u. JFG. 14, 444 (fehlendes Antragsrecht des Pfändungsgl. bei einer Briefhyp., solange er den Brief nicht im Besitz hat). Anders liegt der Fall, wenn nur der Nachweis der Zustellung nicht vorgelegt wird. In diesem Fall ist eine Zwischenverfügung wenigstens nicht unzulässig (OLG. 7, 376; ZBlFG. 3, 256; Cammerer in BayNotV. 1925, 317). Hat der GBuchrichter eine Zwischenverfügung erlassen, weil der Nachweis der Zustellung nicht erbracht war, u. stellt sich nachträglich heraus, daß zur Zeit der Antragstellung der Vollstreckungstitel noch gar nicht zugestellt war, so ist der Zeitpunkt der Vorlegung des Zustellungsnachweises maßgebend u. zwar selbst dann, wenn der GBuchrichter nach § 18 Abs. 2 in der Zwischenzeit eine Vorm. eingetragen hat (Güthe-Triebel[6] A. 14 a. E.).

Sind bei einer Zwangseintragung dagegen die Voraussetzungen der Zwangsvollstr. gegeben u. liegt nur ein grundbuchrechtliches Hindernis vor, fehlt z. B. die vorgeschriebene Bezeichnung des Grundstücks (§ 28 Satz 1), so ist eine Zwischenverfügung unbedenklich zulässig (RG. 85, 167; RJA. 11, 232; Predari A. 3; Güthe-Triebel[6] A. 14). Nach Bay. ObLG. 24, 11 (ebenso Fumian in BayNotV. 1925, 442) trifft dies auch dann zu, wenn die Eintr. einer Zwangshyp. an einem dem Schuldner aufgelassenen, auf ihn aber noch nicht umgeschriebenen Grundstück (§ 39) beantragt wird (**a. M.** Cammerer in BayNotV. 1925, 315). Jedenfalls darf dann eine Kaufpreishyp. nur gleichzeitig mit der Auflassung (§ 16 Abs. 2; s. § 16 A. 10), also im Vorrang vor der Zwangshyp., eingetragen werden (Fumian a. a. O.).

δ) Ist der Antrag wegen mangelnder Verfügungsberechtigung nicht vollziehbar, so ist Zwischenverfügung nur zulässig, wenn der Mangel mit rückwirkender Kraft geheilt werden kann, z. B. bei voraussichtl. Genehmigung der Verfügung durch den Berechtigten (s. § 184 Abs. 1 BGB.), nicht aber wenn z. B. die Heilung durch den Erwerb des Rechts durch den Verfügenden (§ 185 Abs. 2 BGB.) erfolgen soll (OLG. 43, 179 = JFG. 1, 303; KGJ. 39, 166; Güthe-Triebel[6] A. 14 Abs. 3; vgl. auch JFG. 14, 446). **16**

Eine Zwischenverfügung ist unzulässig, wenn der Mangel dem Antrag selbst anhaftet, z. B. dem Antragsteller die Antragsberechtigung fehlt (KGJ. 37, 212; JFG. 14, 444; Henke-Mönch A. 3 A a).

Der Antrag ist ohne Zwischenverfügung zurückzuweisen, wenn er einer absoluten Verfügungsbeschränkung widerspricht, ferner bei Vorliegen einer relativen Verfügungsbeschr. dann, wenn mit dieser die Übertragung der Verwaltung des von ihr betroffenen Vermögensgegenstandes an ein eigenes Organ verbunden ist u. der EintrAntrag auf einer Verfügung des in der Verfügung Beschränkten beruht; es sind dies insbes. die Fälle des Konkurses, der Nachlaßverwaltung u. der Testamentsvollstreckung (vgl. Vorbem. 70 vor § 13)[1]). Beim Vorliegen der übrigen relativen Verfügungsbeschränkungen kann Zwischenverfügung zum Zwecke der Beibringung der Zustimmung desjenigen, zu dessen Gunsten die Verfügungsbeschr. besteht, oder — abgesehen von Löschungen — der vorherigen Eintr. der Verfügungsbeschr. am Platze sein. Im einzelnen s. Vorbem. 59ff. vor § 13.

ε) Der EintrAntrag muß schließlich auch dann sofort zurückgewiesen werden, wenn dem Antragsteller durch einstw. Verfügung (oder auch durch Urteil) verboten ist, den Eintr.-Antrag zu stellen oder eine Urkunde zum Vollzug zu bringen oder geboten ist, einen Eintr.-Antrag zurückzunehmen (KG. in JFG. 1, 382; 2, 324; **a. M.** OLG. Dresden in JFG. 3, 305, wonach Frist bis zur rechtskräftigen Entscheidung gesetzt werden kann). Solche Anord- **17**

[1]) Doch ist auch in diesen Fällen die nachträgl. Genehmigung der Verfügung durch das verfügungsberechtigte Organ möglich u. eine Zwischenverfügung daher nicht unbedingt ausgeschlossen.

nungen sind namentlich von Bedeutung, wenn der Übergang des Eigentums auf den Erwerber noch nach Erklärung der Auflassung verhindert werden soll, u. haben dann den Charakter eines **gerichtlichen Erwerbsverbotes.** Sie schaffen ein vom GBuchrichter zu beachtendes Eintragungshindernis (RG. 117, 287; 120, 118; BayObLG. 22, 164, 312, 328; JFG. 1, 322; 2, 320; 3, 306; Güthe-Triebel[6] § 13 A. 48 u. S. 1740; vgl. RJA. 16, 123; JW. 1921, 533, 1359; 1922, 214, 782; 1923, 42, 276, 743, 762, 1049; Münzel a. a. O. 1928, 287). Auch der Notar kann nicht gem. § 15 einen dem Berechtigten verbotenen EintrAntrag stellen (BayOb.-LG. 22, 314). Dem GBA. ist die Zustellung der einstw. Verfügung nachzuweisen. Gleichgültig ist, ob die Zustellung vor Stellung des EintrAntrags oder später erfolgt ist; § 878 BGB. ist nicht anwendbar (RG. 120, 118; JFG. 1, 383; 2, 320). Der GBuchrichter hat zu prüfen, ob die Frist des § 929 Abs. 2 ZPO. gewahrt ist (JFG. 1, 383); die Frist des § 929 Abs. 3 ZPO. ist hier gegenstandslos, da die einstw. Verfügung in diesem Falle mit ihrer Zustellung an den Schuldner vollzogen wird.

Wird entgegen einem solchen Erwerbsverbot die Eintr. des Erwerbers vorgenommen, so wird das GBuch unrichtig (JFG. 1, 383); es ist ein Amtswiderspruch (§ 53) einzutragen (BayObLG. 22, 314).

Das EintrHindernis fällt fort, wenn die einstw. Verfügung durch ein vorläufig vollstreckbares Urteil aufgehoben wird; die Rechtskraft des Urteils braucht nicht abgewartet zu werden (JFG. 1, 386).

Unzulässig ist eine einstw. Verfügung, die nicht ein Gebot oder Verbot an den Antragsteller enthält, sondern anordnet, daß die Eintr. der Rechtsänderung in das GBuch zu unterbleiben habe, sich also unmittelbar an das GBA. wendet; sie stellt einen unzulässigen Eingriff in die Rechte des GBuchrichters dar u. braucht in dieser Form von ihm nicht berücksichtigt zu werden (RG. 120, 118; KGJ. 32, 185; JFG. 1, 322, 383; 2, 320; OLG. 43, 164; Güthe-Triebel[6] § 19 A. 125 u. S. 1740). Regelmäßig wird freilich eine einstw. Verfügung solchen Inhalts dahin auszulegen sein, daß ein Verbot an den Antragsteller in dem obenerwähnten Sinne gemeint ist (vgl. Ricks 115, 236, 237).

18 **b)** In allen übrigen Fällen hat das GBA. die Wahl zwischen Ablehnung u. Zwischenverfügung. Allein dieses **Wahlrecht** darf nicht willkürlich oder nach Belieben ausgeübt werden; die Wahl des im einzelnen Falle angebrachten Weges ist in das pflichtgemäße Ermessen des GBuchrichters gestellt (BayObLG. 12, 372; 28, 744; Henle-Schmitt A. 3b, 4a; vgl. Fumian in BayNotV. 1925, 433). Die Erlassung einer Zwischenverfügung soll die Regel bilden (BayObLG. 8, 52; OLG. 8, 30; 14, 139; vgl. auch RG. 126, 107 u. Kretzschmar in ZBlFG. 4, 14). Es kommt aber bei der Entscheidung stets auf die Lage des einzelnen Falles an. Hat der GBuchrichter auch die Belange des Antragstellers, insbes. sein Interesse an der Wahrung des Vorranges seines Antrags vor anderen EintrAnträgen zu berücksichtigen u. unnötige Härten zu vermeiden, so muß er anderseits auch das Interesse späterer Antragsteller daran, daß die Feststellung des endgültigen Ranges nicht längere Zeit im Ungewissen bleibt, ferner den Zweck der GBucheinrichtung (Schaffung klarer Rechtsverhältnisse) u. das Interesse der Allgemeinheit an der Zuverlässigkeit der GBucheinsicht im Auge behalten. Diese sich gegenüberstehenden Interessen sind nach verständigem Ermessen gegeneinander abzuwägen. Für die Beurteilung der Mängel ist der Zeitpunkt der Erledigung des Antrags, nicht der seines Eingangs maßgebend.

Im allgemeinen werden folgende Grundsätze zu beachten sein:

19 *a*) Wenn der Antrag in Kenntnis des Mangels lediglich zu dem Zwecke gestellt wird, um ihm einen besseren Rang zu wahren, so ist er zurückzuweisen; denn hier handelt es sich nicht um Abwendung unnötiger Härten (RJA. 11, 230; KGJ. 47, 254; Güthe-Triebel[6] A. 20 Abs. 3; Predari A. 3; Ricks 273; Frey in ZBlFG. 3, 368; Ripfel in DNotZ. 1936, 673; **a. M.** Fumian in BayNotV. 1925, 437). Das gleiche wird regelmäßig auch gelten müssen, wenn diese unlautere Rangwahrungsabsicht zwar nicht besteht, dem Antragsteller der Mangel

aber bekannt ist u. er auch nicht mit einer abweichenden Rechtsanschauung des GBA. rechnet; Kennenmüssen des Mangels darf dem Kennen aber nicht gleichgestellt werden (JFG. 4, 303; 5, 357; KGJ. 50, 136; JW. 1924, 855; **a. M.** Fumian in BayNotV. 1925, 437). Doch berechtigt die bewußte Einreichung eines unvollständigen Antrags das GBA. nicht schlechthin u. in jedem Falle zur alsbaldigen Zurückweisung (RG. 126, 107). Eine Ausnahme wird insbes. dann zu machen sein, wenn der Mangel voraussichtlich leicht u. rasch behoben werden wird, z. B. wenn nur eine bereits ausgestellte Vollmacht nachzubringen ist (vgl. OLG. 8, 308, ferner RG. 126, 107, wonach es stets auf die Umstände des Einzelfalles ankommt u. das dem Antragsteller bekannte Fehlen der steuerl. Unbedenklichkeitsbescheinigung [s. § 20 A. 91ff. u. unten A. 20] für sich allein die Zurückweisung des Antrags nicht rechtfertigt, wenn nicht besondere Umstände vorliegen). Vgl. auch oben A. 10 über das (bei Einreichung des Antrags in Aussicht gestellte) Nachbringen von Unterlagen.

β) Im übrigen entscheidet die mehr oder minder leichte Behebbarkeit des Hindernisses, ohne daß jedoch gesagt werden kann, daß leichte Behebbarkeit des Mangels ausnahmslos in allen Fällen zum Erlaß einer Zwischenverfügung führen muß. Überwiegende andere Interessen können auch in einem solchen Falle die sofortige Zurückweisung rechtfertigen (RG. 126, 111).

aa) Ist das Hindernis leicht zu beseitigen u. die Beseitigung wahrscheinlich u. in kürzerer Zeit zu erwarten, so ist die Erlassung einer Zwischenverfügung nicht nur zulässig, sondern auch nach der Absicht des Gesetzes geboten, selbst wenn der Mangel leicht hätte vermieden werden können (BayObLG. 8, 52; OLG. 4, 186; 18, 200; Güthe-Triebel[6] A. 17). Ob der Mangel auf formellem oder materiellem Recht beruht, ist gleichgültig (OLG. 18, 199). Eine Zwischenverfügung wird insbes. dann veranlaßt sein, wenn ein nach § 7 KostenO. eingeforderter Kostenvorschuß nicht bezahlt wird. Die Verfügung, durch die die Eintr. von der Vorschußzahlung abhängig gemacht wird, u. die Zwischenverfügung sind miteinander unter Setzung einer einheitl. Frist zu verbinden (JFG. 15, 315; vgl. Vorbem. 226, β vor § 13). Zwischenverfügung wird ferner zu erlassen sein, wenn die Urkundensteuer nicht entrichtet ist (vgl. Vorbem. 254ff. vor § 13; BayObLG. 30, 438); weiter, wenn lediglich der Nachweis eines Eintragungserfordernisses fehlt, z. B. der Vollmacht, des Güterstandes, oder wenn der HypBrief nicht mitvorgelegt wird (JFG. 7 241; Kretzschmar in ZBlFG. 2, 814; **a. M.** Predari A. 7). Ferner gehören die Fälle hieher, in denen der Mangel in dem Nichtvorhandensein eines Eintragungserfordernisses besteht u. die Nachholung voraussichtlich bald erfolgen wird, z. B. das Fehlen von Zustimmungserklärungen Dritter oder einer Vollmacht, der Genehmigung des Vormundschaftsgerichts, des Nachweises der Nichtausübung des gesetzl. Vorkaufsrechts des gemeinnützigen Siedlungsunternehmens u. des Heimstättenausgebers (OLG. 41, 172; s. § 20 A. 132, 138), der Genehmigung nach der Grundstückverkehrsbekanntmachung (OLG. 44, 143; s. § 20 A. 95ff.) oder einer sonstigen behördl. Genehmigung oder der steuerl. Unbedenklichkeitsbescheinigung nach § 189d Abs. 1 RAbgO. i. d. Fass. v. 7. Mai 1936, RGBl. I 407, 423 (RG. 126, 107; OLG. 41, 23; KGJ. 52, 149; **a. M.** OLG. 43, 178; s. o. A. 19 u. § 20 A. 91ff.). Ferner kann durch Fristsetzung abgewartet werden die Beseitigung eines unzulässigen Vorbehalts (§ 16 Abs. 1; **a. M.** Hesse-Saage-Fischer A. II 3 b β), die Berichtigung des GBuchs, wenn nur der eine der in allgem. Gütergem. lebenden Ehegatten als Berechtigter eingetragen ist (OLG. 8, 307) oder ein Nachlaßgegenstand auf den Erben noch nicht umgeschrieben ist, ferner die Eintr. des Erwerbers, der über das erworbene Grundstück bereits verfügt hat (wegen Verfügungen des noch nicht eingetragenen Erstehers s. u. A. 23) oder gegen den eine Zwangseintr. beantragt ist (Bay.-ObLG. 24, 11; JFG. 2, 418). Endlich wird auch bei inhaltlichen Mängeln der EintrBew. oder der sonstigen Eintragungsgrundlagen häufig die Zwischenverfügung zu wählen sein, z. B. wenn das Grundstück nicht gem. § 28 Satz 1 bezeichnet ist (OLG. 6, 489; 30, 409; Turnau-F. A. II 1; **a. M.** OLG. 4, 185) oder wenn die EintrBew. gegen § 47 verstößt 20

(ZBlFG. 4, 624) oder wenn EintrBew. u. Antrag sich nicht decken (s. § 13 A. 13) oder wenn die auf Umschreibung oder Löschung gerichtete EintrBew. das Recht in Reichsmark ausdrückt, während die Eintr. auf Goldmark lautet (BayObLG. 30, 399). Eine Zwischenverfügung ist schließlich geboten, wenn der EintrAntrag, weil er oder seine Unterlagen Widersprüche aufweisen, der Klarstellung bedarf (vgl. KG. in HRR. 1935 Nr. 866) oder wenn das Grundgeschäft noch offengelegt werden muß, z. B. zum Nachweise der Entgeltlichkeit der Verfügung eines befreiten Vorerben oder eines Testamentsvollstreckers (JFG. 7, 284; vgl. Vorbem. 34 Abs. 2 vor § 18). Gleiches gilt für die Beibringung der anerbengerichtl. Gen. u. den Nachweis, daß einem Grundstück die Erbhofeigenschaft nicht zukommt (s. Vorbem. 170, 171 vor § 13).

21 ββ) Handelt es sich um schwer zu beseitigende Hindernisse oder um solche, deren Behebung erst nach längerer Zeit zu erwarten ist, so ist die sofortige Zurückweisung des Antrags gerechtfertigt (Turnau-F. A. II 1). Dies ist z. B. der Fall, wenn eine EintrBew. oder eine sie ersetzende Urkunde überhaupt fehlt (oder nichtig ist, s. o. A. 13), es sich also nicht bloß um den Nachweis einer EintrVoraussetzung handelt (OLG. 12, 149; Güthe-Triebel[6] A. 19) oder wenn ein EintrErfordernis erst im Wege eines Aufgebotsverfahrens oder im Prozeßwege (z. B. ein Dritter verweigert seine Zustimmung) beigeschafft werden muß (KGJ. 20, 275; Güthe-Triebel[6] A. 19).

22 γγ) Endlich ist die Zurückweisung ohne weiteres am Platze, wenn feststeht, daß das Hindernis überhaupt nicht beseitigt werden kann, wenn z. B. ein Nichtberechtigter den Antrag stellt u. nachträgl. Wirksamwerden (§ 185 BGB.) ausgeschlossen ist, die beantragte Eintr. also nur auf Grund eines neuen u. nicht des vorliegenden Antrags erfolgen könnte (Güthe-Triebel[6] A. 18; vgl. KGJ. 37, 212). Eine Zwischenverfügung darf auch nicht erlassen werden, wenn die beantragte Eintr. auch nach Hebung des Hindernisses nicht erfolgen kann (JFG. 8, 240; 14, 317). Künftige Ereignisse, denen keine rückwirkende Kraft zukommt, dürfen bei der Prüfung nicht in Rechnung gestellt werden (JFG. 1, 302).

23 c) Eine Ausnahme besteht im Falle des **§ 130 Abs. 3 ZVG.** Der Ersteher ist nämlich berechtigt, schon vor seiner Eintr. EintrAnträge (HypBestellung, Auflassung) an das GBA. einzureichen, damit dieses sie durch Eintr. erledigt, sobald dies gesetzlich zulässig ist, also erst nach Vollzug des Ersuchens des VollstreckungsG. (§ 130 Abs. 1 ZVG.). Hier darf die noch nicht erfolgte Berichtigung des GBuchs gegenüber einer vom Ersteher beantragten Eintr. nicht als Hindernis i. S. des § 18 angesehen werden. Das gleiche gilt für Anträge Dritter auf Zwangseintragungen gegen den Ersteher (s. § 17 A. 13 unter b). Das GBA. darf solche Anträge weder zurückweisen noch darf es eine Zwischenverfügung erlassen (RG. 62, 140; BayObLG. 18, 260; RJA. 6, 268; Henle-Schmitt A. 4 h; Steiner ZVG. § 130 A. 8; **a. M.** Güthe-Triebel[6] A. 20). Die Anträge werden vom GBA. entgegengenommen u. bei den Akten behalten, um im unmittelbaren Anschluß an die GBuchberichtigung u. im Range nach den Sicherungshypotheken nach § 128 ZVG. erledigt zu werden; das GBA. hat dafür zu sorgen (z. B. durch einen Vermerk im Handblatt oder auf dem Deckel der Grundakten), daß ihm solche Anträge nicht außer acht kommen. Vgl. auch § 17 A. 13 unter b.

D. Die Zurückweisung des Eintragungsantrags.

24 **1. Form u. Inhalt.**

Die Zurückweisung erfolgt durch Beschluß oder Verfügung — welche Bezeichnung gewählt wird, ist gleichgültig —, u. zwar entweder schriftlich oder durch Bekanntmachung zum gerichtl. Protokoll (s. § 1 A. 77). Sie muß unter **Angabe der Gründe** erfolgen, d. h. unter Bezeichnung der Hindernisse, welche der Eintr. entgegenstehen, damit der Antragsteller in der Lage ist, eine sachgemäße Entschließung über die weitere Wahrung seiner Rechte zu fassen, insbes. ob er Beschwerde einlegen oder den Antrag ergänzen will (Mot.). Der GBuchrichter soll den Antrag, auch wenn er einen Mangel enthält, der von vornherein die Zurückweisung rechtfertigt, trotzdem noch auf weitere Hindernisse prüfen u. diese, insbes. soweit es sich um behebbare Mängel handelt, in der abweisenden Verfügung mitteilen (RG. in JW. 1914, 652).

Wegen der äußeren Form der Entscheidung u. deren Bekanntmachung an den Antragsteller, auf die § 55 nicht anzuwenden ist, vgl. § 1 A. 75, 76ff.; über die Bekanntmachung an den Notar s. § 15 A. 15, 16. Der ablehnende Beschluß ist dem Antragsteller auch dann bekannt zu machen, wenn er auf die Mitteilung der Eintr. verzichtet hat. Wegen der Zurückgabe des Antrags mit den Beilagen vgl. § 10 A. 12.

2. Kosten. 25

Für die Zurückweisung eines EintrAntrags wird die Hälfte der vollen Gebühr, höchstens jedoch ein Betrag von 50 Reichsmark erhoben (§ 122 Abs. 1 KostenO.). Die Gebühr wird nach dem Geschäftswert berechnet, der für die Eintr., wenn sie antragsgemäß vorgenommen würde, maßgebend wäre. Die zu erhebende Gebühr (Hälfte der vollen Gebühr) darf jedoch den Gebührensatz nicht überschreiten, der für die Vornahme der Eintr. zu erheben wäre (§ 122 Abs. 3 KostenO.). Würde dieser z. B. gem. § 61 KostenO. nur ein Viertel der vollen Gebühr betragen, so beträgt auch die Zurückweisungsgebühr nur ein Viertel der vollen Gebühr.

Die Gebühr nach § 122 KostenO. fällt nur an, wenn es bei der Zurückweisung endgültig verbleibt. Wird diese vor ihrer Bekanntmachung von Amts wegen oder auf Beschwerde wieder rückgängig gemacht (s. u. A. 29), so fällt auch die Gebühr fort. Erfolgt die Zurückweisung erst in der Beschwerdeinstanz, nachdem das GBA. dem EintrAntrag stattgegeben hatte, so ist endgültig die Zurückweisungsgebühr, nicht die zunächst angesetzte Eintragungsgebühr geschuldet.

Bei teilweiser Zurückweisung des EintrAntrags ist die Zurückweisungsgebühr nach dem Wert des zurückgewiesenen Teils, jedoch nur insoweit zu erheben, als die Gebühr für die Erledigung des ganzen Antrags die Gebühr für die teilweise Erledigung übersteigt (§ 122 Abs. 4 KostenO.). Als Zurückweisungsgebühr kommt also, wenn die an sich geschuldete Zurückweisungsgebühr u. die Gebühr für die nach Antrag vorgenommene Eintr. zusammen den Betrag übersteigen, der für die Vornahme der ganzen beantragten Eintr. entstanden wäre, nur der Unterschiedsbetrag zwischen der Gebühr für die erfolgte Eintr. u. der Gebühr, die bei Erledigung des ganzen Antrags hätte erhoben werden können, in Betracht. § 122 Abs. 4 KostenO. gilt jedoch nicht, wenn der Antrag auf Vornahme mehrerer kostenrechtlich selbständiger Eintr. gerichtet war; hier entsteht für jede Eintr., die zurückgewiesen wird, eine besondere Zurückweisungsgebühr (Jonas-Melsheimer-H.-St. § 122 A. I 7).

Gem. § 15 Abs. 1 Satz 3 KostenO. kann bei Abweisung eines Antrags Gebühren- u. Auslagenfreiheit wegen unrichtiger Sachbehandlung (s. Vorbem. 228 vor § 13) gewährt werden, wenn der Antrag auf nicht anzurechnender Unkenntnis der Verhältnisse, d. h. auf einem nicht schuldhaften Irrtum über tatsächliche für die Entscheidung maßgebende Umstände (es ist z. B. die beantragte Eintr. bereits von Amts wegen oder auf Antrag eines anderen Beteiligten vollzogen), oder auf Unwissenheit, d. h. auf Rechtsunkenntnis beruht. Über das Vorliegen dieser Voraussetzungen entscheidet das Ermessen des GBuchrichters. Ist der EintrAntrag durch einen Vertreter gestellt worden, so ist dessen etwaiges Verschulden dem Antragsteller zuzurechnen. Das gleiche gilt, wenn der Antrag von dem Notar gem. § 15 GBO. gestellt worden ist (JFG. Erg. 10, 216; Jonas-Melsheimer-H.-St. § 15 A. V). Über das Verfahren bei der Nichterhebung der Kosten s. Vorbem. 228 vor § 13.

3. Wirkung der Zurückweisung. 26

Die Zurückweisung wird wirksam mit der Bekanntmachung an den Antragsteller (§ 16 Abs. 1 FGG.; s. § 1 A. 76). Wird der dem EintrAntrag anhaftende Mangel noch vor der Bekanntmachung beseitigt, so ist die Zurückweisung gegenstandslos u. die Eintr. muß vorgenommen werden.

a) Eine materiellrechtliche Wirkung äußert die Zurückweisung des EintrAntrags nicht (vgl. JFG. 9, 398). Die materiellen Rechtsverhältnisse werden durch sie nicht beeinflußt. Durch die Zurückweisung des Antrags wird insbes. die rechtsgeschäftl. Bindung eines Erklärenden, die nach den materiellrechtl. Vorschriften eingetreten ist (§§ 873 Abs. 2, 875 Abs. 2 BGB.), nicht berührt. „Ist eine Verzichtserklärung auf eine Reallast von den Erben des Berechtigten abgegeben u. erfolgt die Abweisung wegen nicht genügenden Nachweises des Erbrechts, so bleibt die Unwiderruflichkeit der Verzichtserklärung bestehen u. bleibt der Eigtr. nur den mit der publica fides des GBuchs infolge des Fortbestehens der Eintr. verbundenen Gefahren ausgesetzt" (Mot.). Ein endgültig zurückgewiesener EintrAntrag hat aber — anders als ein durch Zwischenverfügung erledigter Antrag: OLG. 17, 352 — nicht die Wirkung, daß gem. § 878 BGB. eine später eintretende Verfügungsbeschränkung der beantragten Eintr. gegenüber unwirksam ist (RG. 60, 394; BayObLG. 11, 397).

27 b) In formeller Beziehung enthält die ablehnende Entscheidung nicht eine Feststellung der Unzulässigkeit der Eintr., durch die das GBA. sich selbst bindet, sondern sie ist einfach die Verweigerung einer tatsächl. Maßnahme, der Eintr. in das GBuch, welcher die Gründe für die Versagung beigefügt sind (Mot.). Die Ablehnung erzeugt daher keine Rechtskraft, weder formelle noch materielle (vgl. aber unten A. 29). Deshalb kann der abgewiesene Antrag jederzeit erneuert werden u. die Eintr. erfolgen, auch wenn der Antragsteller keine neuen Unterlagen beischafft, sondern nur in der Lage ist, die in dem abweisenden Beschlusse niedergelegte Rechtsauffassung zu widerlegen (BayObLG. 28, 476; KGJ. 39, 44; OLG. 4, 198; RJA. 11, 257; Güthe-Triebel[6] A. 26; du Chesne in JW. 1910, 740 u. in BayNotZ. 1912, 133).

28 c) Mit der Zurückweisung, d. h. schon mit der Erlassung der Entscheidung, nicht erst mit ihrer Bekanntmachung (Zustellung) an den Antragsteller, ist der Antrag für das GBA. erledigt; den späteren EintrAnträgen, durch welche dasselbe Recht betroffen wird (vgl. § 17), kann nunmehr stattgegeben werden.

29 d) Ist die Zurückweisung des Antrags durch Bekanntmachung an den Antragsteller wirksam geworden, so ist das GBA. gem. § 18 Abs. 1 Halbs. 2 FGG. zu einer Änderung seiner Entscheidung nur auf Antrag, d. h. auf erneute Anregung oder wenn Beschwerde eingelegt wird, befugt, wobei neuer Antrag u. Beschwerde auch von einem anderen Antragsberechtigten als dem ursprüngl. Antragsteller ausgehen können. Dagegen ist der GBuchrichter nicht berechtigt, von Amts wegen seine Entscheidung zu ändern (KG. in JW. 1937, 478 = DFG. 1936, 258; Henke-Mönch A. 3 C a; s. o. § 1 A. 80; Predari A. 4; **a. M.** Güthe-Triebel[6] A. 26; vgl. du Chesne in BayNotZ. 1912, 133). Ist Beschwerde eingelegt, so ist das GBA. zur Änderung solange berechtigt, als nicht das Beschwerdegericht entschieden hat (Güthe-Triebel[6] A. 26). Weiter erlangt durch die die Beschwerde abweisende Entscheidung des Beschwerdegerichts der Abweisungsbeschluß des GBA. formelle Rechtskraft u. kann nicht mehr geändert werden (RJA. 11, 257; Güthe-Triebel[6] A. 26).

30 e) Erfolgt eine Änderung des abweisenden Beschlusses durch das GBA. oder durch das Beschwerdegericht, so erfolgt die Eintr. auf Gr. des ursprünglich gestellten Antrags (außer es war im Falle der Beschwerde diese auf neue Tatsachen gestützt: KGJ. 52, 122). Nach dem Zeitpunkte des Eingangs dieses Antrags bemessen sich daher der der Eintr. zukommende Rang sowie die sonstigen mit der Stellung eines EintrAntrags verbundenen Wirkungen; der Vorrang verbleibt ihm jedoch nur hinsichtlich der noch nicht erledigten später eingegangenen EintrAnträge. Soweit diese dagegen durch Eintr. erledigt sind, ist der Vorrang endgültig verloren; die Eintr. hat daher an nächst offener Rangstelle zu erfolgen. Die zwischen der Zurückweisung u. ihrer Aufhebung vorgenommenen sonstigen Eintr. bleiben unberührt (RG. 135, 378; OLG. 17, 50; KGJ. 52, 122; JFG. 1, 305; Güthe-Triebel[6] A. 26;

Henle-Schmitt A. 3a). Nicht ausgeschlossen ist, daß der Antrag durch die inzwischen erfolgten Eintr. seine Begründetheit verloren hat.

f) Für den Antragsteller hat die Zurückweisung des Antrags die Bedeutung, daß die für ihn durch den Eingang des Antrags beim GBA. gewahrte Vorzugsstellung (§§ 17, 45) verloren geht. Wird der Antrag später wiederholt, was zulässig ist (s. o. A. 27) u. zwar auch nach Zurückweisung der Beschwerde gegen die Abweisung des ersten Antrags, oder wird der Antrag berichtigt oder ergänzt, so ist er regelmäßig als neuer Antrag zu behandeln. Der Rang der beantragten Eintr. richtet sich dann nach dem zweiten Antrag (JFG. 9, 398; Güthe-Triebel[6] A. 27; Henle-Schmitt A. 3a). Ist allerdings der neue Antrag ebenso begründet wie der frühere, so kann der GBuchrichter in dem zweiten Antrag die Anregung erblicken, die den ersten Antrag zurückweisende Verfügung aufzuheben u. die Eintr. auf Gr. des früheren Antrags vorzunehmen (vgl. oben A. 29). Dann ist dieser vor einem noch nicht erledigten dasselbe Recht betreffenden dritten Antrag zu erledigen, der zwischen dem ersten u. dem zweiten Antrag eingegangen ist (Güthe-Triebel a. a. O.). 31

g) Sind mehrere Anträge gem. § 16 Abs. 2 miteinander verbunden, so sind, wenn nur ein Antrag die Zurückweisung rechtfertigt, sämtliche Anträge zurückzuweisen, der mangelhafte als unbegründet, die übrigen im Hinblick auf den Vorbehalt nach § 16 Abs. 2 (s. § 16 A. 12). 32

4. Rechtsmittel gegen die Zurückweisung. Gegen die Zurückweisung des Antrags ist die fristlose Beschwerde u. die weitere Beschwerde zulässig (§§ 71, 78). Beschwerde gegen einzelne von mehreren selbständigen Zurückweisungsgründen ist unzulässig (RJA. 12, 248). Die Beschwerde kann nicht nur damit begründet werden, daß ein Hindernis für die Eintr. nicht vorliege, sondern auch damit, daß das GBA. eine Zwischenverfügung hätte erlassen sollen[1]); denn die Frage, ob das GBA. von dem ihm zustehenden Ermessen den richtigen Gebrauch gemacht hat, unterliegt der Nachprüfung des Beschwerdegerichts (OLG. 4, 185). Dagegen kann die weitere Beschwerde hierauf nur dann gestützt werden, wenn geltend gemacht wird, daß sich das Untergericht in einem eine Gesetzesverletzung darstellenden Rechtsirrtum befunden habe, weil es z. B. annahm, daß der Mangel nicht behebbar sei (OLG. 6, 489) oder daß für eine Zwischenverfügung kein Raum sei, weil der Antragsteller bei einiger Aufmerksamkeit den Mangel hätte erkennen müssen (OLG. 8, 307; 38, 12; JFG. 4, 405; Güthe-Triebel[6] A. 24). Weist das GBA., das den Antrag abgelehnt hat, bei der Vorlage der Akten an das Beschwerdegericht noch auf einen weiteren Mangel hin, so muß dieses, wenn es sich das Bedenken aneignen will, vor seiner Entscheidung den Beschwerdeführer hören u. ihm Gelegenheit geben, das Bedenken durch Beibringung neuer Beweise oder neue Rechtsausführungen zu beseitigen (BayObLG. in BayZ. 1905, 108). 33

E. Die Zwischenverfügung.

Zwischenverfügung ist die dem Antragsteller gegenüber erfolgende Bestimmung einer angemessenen Frist zum Zwecke der Beseitigung eines EintrHindernisses. Unzulässig ist es, die Zwischenverfügung in der Form einer aufschiebend bedingten Zurückweisung auszusprechen, d. h. den Antrag mit der Maßgabe zurückzuweisen, daß die Wirkung der Zurückweisung nicht eintreten soll, wenn innerhalb einer bestimmten Frist eine gewisse Bedingung erfüllt wird (RG. in JW. 1905, 433; Güthe-Triebel[6] A. 38; vgl. auch OLG. 10, 426). 34

Die Zwischenverfügung ist auch gegenüber den EintrErsuchen von Behörden zulässig (KGJ. 52, 155; Fumian in BayNotV. 1925, 437).

[1]) Dann hat die Beschwerde, auch wenn ihr stattgegeben wird, nicht die Wirkung, daß die inzwischen erfolgten Eintr. nachträglich unwirksam werden (BayObLG. 8, 52).

Auch das Beschwerdegericht kann eine Zwischenverfügung erlassen; zu erledigen ist sie gegenüber dem GBA. (KG. in JR. 1927 Nr. 389).

Im GBuchanlegungsverfahren wie in jedem von Amts wegen betriebenen Verfahren ist für eine Zwischenverfügung kein Raum (KGJ. 48, 157; JFG. 13, 127).

35 **1. Inhalt u. Form.**

a) Die Zwischenverfügung, die nicht als solche bezeichnet zu sein braucht, muß, ebenso wie der abweisende Beschluß die Angabe des Hindernisses enthalten, das der Eintr. entgegensteht. Liegen mehrere Hindernisse vor, so sind sie sämtliche anzugeben (KGJ. 44, 291). Eine stufenweise Beanstandung ist möglichst zu vermeiden. Sie schädigt die Interessen des Antragstellers ohne zwingende Notwendigkeit u. bedeutet für das GBA. selbst nur eine Erschwerung des Geschäftsbetriebs. Deshalb hat der GBuchrichter den EintrAntrag schon bei der ersten Würdigung sorgfältig nach allen Richtungen auf seine Vollzugsfähigkeit zu prüfen. Ergibt sich nach Erlaß der Zwischenverfügung trotzdem ein weiterer bisher nicht gerügter Mangel, so ist eine weitere Zwischenverfügung zu erlassen.

Die Zwischenverfügung soll möglichst die zur Beseitigung des Mangels erforderl. Maßnahmen angeben (KGJ. 50, 229; 52, 208). Sind zur Beseitigung eines EintrHindernisses mehrere Wege möglich (z. B. Nachweis der Vertretungsbefugnis durch Zeugnis des RegisterG. nach § 32 GBO. oder durch eine begl. Abschrift des Registers oder einen Registerauszug), so darf die Zwischenverfügung nicht einen bestimmten dieser Wege vorschreiben (KG. in JW. 1935, 3042). Die Angabe von Gründen ist nicht erforderlich, aber, wenn auch nur durch Hinweis auf die Gesetzesstellen, häufig zweckmäßig.

Die Zwischenverfügung muß zur Beseitigung des Hindernisses erlassen werden; sie darf also (außer auf die Nachbringung von Unterlagen) nur auf die Klarstellung oder Einschränkung (wenn z. B. nicht eintragungsfähige Nebenbestimmungen zur Eintr. beantragt sind), nicht aber auf die Zurücknahme oder Abänderung des gestellten Antrags hinwirken (KGJ. 44, 268; OLG. 34, 236; KG. in HRR. 1935 Nr. 866; vgl. auch JFG. 1, 439; 4, 315), außer es ist von mehreren nach § 16 Abs. 2 verbundenen Anträgen nur ein einzelner zu beanstanden (JFG. 1, 439; 13, 111). Keine Zwischenverfügung (überhaupt keine beschwerdefähige Entscheidung, sondern eine bloße Ansichtsäußerung, verbunden mit der Ankündigung der Ablehnung im Falle der Aufrechterhaltung des Antrags) liegt daher vor, wenn das GBA. die Auflage macht, einen von ihm für unzulässig oder unbegründet erachteten Antrag binnen bestimmter Frist bei Meidung der Zurückweisung zurückzunehmen (JFG. 13, 111). Die Beschwerde gegen eine solche die Abänderung oder Zurücknahme des Antrags verlangende „Zwischenverfügung" ist unzulässig (OLG. 34, 236 = KGJ. 46, 179; JFG. 13, 111). Dagegen können, wie erwähnt, mehrere nach § 16 Abs. 2 verbundene Anträge, von denen einer nicht eintragungsfähig ist, durch Zwischenverfügung dahin verbeschieden werden, daß den übrigen Anträgen bei Rücknahme oder Abänderung des unzulässigen Antrags stattgegeben werde (JFG. 1, 439). Bei einer Mehrheit von Anträgen kann auch gerügt werden, daß einzelne Anträge fehlen (JFG. 4, 315).

Ferner muß in der Verfügung eine Frist gesetzt sein, innerhalb deren das Hindernis zu beseitigen ist. Ohne Fristsetzung kann das GBA. nicht Behebung eines Mangels verlangen; fehlt die Fristbestimmung, so ist die Zwischenverfügung auf Beschwerde schon aus diesem Grunde aufzuheben (KG. in JR. 1926 Nr. 1386; JFG. 7, 398; 8, 342). Die Frist muß angemessen, d. h. so bemessen sein, daß es möglich ist, das Hindernis innerhalb der Frist zu beheben (vgl. KG. in JW. 1926, 1588). Regelmäßig werden 4 Wochen genügend sein. Wegen Setzung einer Nachfrist (Fristverlängerung) s. u. A. 37. Die Frist muß ferner bestimmt sein; es muß also entweder ein bestimmter Kalendertag als ihr Endpunkt angegeben oder es muß ihre Dauer u. der Anfangszeitpunkt (z. B. Tag der Zustellung) bezeichnet werden (Güthe-Triebel[6] A. 28; **a. M.** OLG. Dresden in JFG. 3, 301, wonach die Frist auch durch ein bestimmtes Ereignis,

z. B. die rechtskräftige Entscheidung eines Rechtsstreits begrenzt werden kann). Wegen der Fristberechnung vgl. § 1 A. 81.

b) Die Zwischenverfügung ergeht schriftlich. Sie braucht als solche nicht bezeichnet zu werden. Sie ist von dem GBuchbeamten unter Hinzufügung seiner Amtsbezeichnung zu unterschreiben (vgl. § 1 A. 75). Über ihre Bekanntmachung an den Antragsteller s. § 1 A. 76ff. Hat der Notar gem. § 15 den EintrAntrag gestellt, so ist die Zwischenverfügung dem Notar (u. nur diesem) bekanntzumachen (§ 15 A. 15); die Zustellung an den Antragsteller selbst setzt die Frist nicht in Lauf (KGJ. 38, 197). Dies gilt auch dann, wenn neben dem Notar auch die Beteiligten den EintrAntrag gestellt haben (KGJ. 38, 200). Die den Antrag enthaltende Urkunde u. ihre Beilagen sind dem Antragsteller zurückzugeben, soweit er sie zur Hebung des Hindernisses braucht; die zur Aufbewahrung bei den Grundakten bestimmten Abschriften sind zurückzubehalten.

Eine besondere Gebühr wird für die Zwischenverfügung nicht erhoben (§ 63 Abs. 3 KostenO.). Auch Schreibgebühren dürfen für die Zwischenverfügung nicht berechnet werden; § 138 Abs. 1 Ziff. 3 KostenO. ist nicht anwendbar (Jonas-Melsheimer-H.-St. § 63 A. II 2 a).

2. Wirkung der Zwischenverfügung.

a) Der Antrag bleibt in formeller u. materieller Beziehung wirksam (RG. 110, 206). 36
Seine Rangstellung richtet sich nach dem Zeitpunkt seines Eingangs, nicht nach dem der Behebung des Hindernisses. Die Fristbestimmung gilt auch nicht als Erledigung des Antrags i. S. des § 17; diese tritt vielmehr erst dann ein, wenn das GBA. nach § 18 Abs. 2 verfahren hat (RG. 60, 396). Auch die materiell-rechtl. Wirkungen des Antrags (s. §§ 878, 879, 892 Abs. 2 BGB.; § 13 A. 9) werden durch die Zwischenverfügung nicht berührt (Henle-Schmitt A. 4b; Güthe-Triebel[6] A. 34).

b) Der GBuchrichter ist an seine Entscheidung nicht gebunden. Kommt er 37
daher vor dem Ablauf der Frist zu der Anschauung, daß seine Bedenken unbegründet sind, so kann er die Eintr. vornehmen. Er kann aber auch, wenn er sieht, daß das Hindernis nicht oder nicht in absehbarer Zeit behoben werden kann, z. B. weil der Antragsteller dies erklärt, oder wenn die Rechtslage sich ändert (z. B. durch Konkurseröffnung: Güthe-Triebel[6] A. 35), von Amts wegen unter Aufhebung der Zwischenverfügung den Antrag zurückweisen (Hesse-Saage-Fischer A. II 2 b γ; **a. M.** OLG. 8, 307; Predari A. 3), auch dann noch, wenn bereits gem. Abs. 2 eine Vorm. oder ein Widerspruch eingetragen ist (Güthe-Triebel[6] A. 35). Der Antrag auf Eintr. einer Arresthyp. muß zurückgewiesen werden, wenn das Hindernis nicht innerhalb der Frist des § 929 Abs. 2 ZPO. behoben wird, da der Arrestbefehl erst mit der Hebung des Hindernisses als vollzogen gilt (KGJ. 31, 331; Henke-Mönch A. 5 C b). Endlich ist nicht ausgeschlossen, daß die Frist, sei es auf Antrag (auch des Notars, § 15) oder von Amts wegen verlängert wird (OLG. 10, 426; RG. in JW. 1926, 1588; Henle-Schmitt A. 4e; Güthe-Triebel[6] A. 36; **a. M.** anscheinend RG. 60, 396). Die Fristverlängerung ist aber nur deshalb zulässig, weil die ursprüngl. Frist zu kurz bemessen war, nicht aber, weil die zur Hebung des Hindernisses beigebrachten Unterlagen wieder mangelhaft sind (Fumian in BayNotV. 1925, 444). Die Fristverlängerung kann auch noch nach Ablauf der ursprünglich gesetzten Frist erfolgen (s. u. A. 40), nicht aber, wenn der EintrAntrag bereits endgültig zurückgewiesen ist (KGJ. 51, 276). Die Fristverlängerung kann auch ein späterer Antragsteller beantragen, dessen Antrag von der zuerst beantragten Eintr. abhängig ist (OLG. 42, 159). Auch eine nachträgl. Abkürzung der in der Zwischenverfügung gesetzten Frist ist zulässig (Hesse-Saage-Fischer a. a. O.; Güthe-Triebel[6] A. 36).

3. Rechtsmittel. Auch gegen die Zwischenverfügung ist, u. zwar auch noch nach Ablauf 38
der Frist, solange das GBA. eine endgültige Entscheidung nicht getroffen hat, die fristlose Beschwerde u. die weitere Beschwerde (§§ 71, 78) zulässig (OLG. 1, 199, 200; 14, 139); s. jedoch oben A. 35 unter a wg. der Zwischenverfügungen mit unzulässigem Inhalt. Die

Beschwerde kann entweder damit begründet werden, daß die Frist zu kurz bemessen sei, oder damit, daß ein Hindernis überhaupt nicht bestand u. dem Antrag hätte stattgegeben werden sollen; der Antragsteller braucht mit der Beschwerde nicht solange zu warten, bis der GBuchrichter nach Fristablauf seinen Antrag zurückweist (OLG. 34, 236; Güthe-Triebel[6] A. 33). Nach Fristablauf ist die Beschwerde solange zulässig, als die endgültige Zurückweisung des Antrags nicht erfolgt ist (KGJ. 45, 204; 51, 276). Die Beschwerde kann auch auf die Anfechtung einzelner Beanstandungen beschränkt werden, ohne daß dabei die Behebung der übrigen nachgewiesen werden muß (RJA. 12, 248; JFG. 8, 237). Zur Beschwerde ist auch ein anderer Antragsteller berechtigt, der behauptet, durch die Fristsetzung in seinen Rechten beeinträchtigt zu sein. Die Einlegung der Beschwerde hindert nicht die endgültige Zurückweisung des Antrags durch das GBA., solange das Beschwerdegericht nicht entschieden hat (KGJ. 51, 276); doch ist es zweckmäßig, diese Entscheidung abzuwarten. Die Beschwerde gegen die Zwischenverfügung bleibt mangels einer Beschwer erfolglos, wenn statt der Zwischenverfügung sofortige Zurückweisung des Antrags geboten gewesen wäre (KGJ. 51, 296). Wird die Zwischenverfügung im Wege der Beschwerde aufgehoben u. die Sache zur anderweitigen Prüfung an das GBA. zurückverwiesen, so ist dieses nicht an die rechtl. Beurteilung gebunden, mit der das Beschwerdegericht unter Hinweis auf etwaige sonstige der Eintr. entgegenstehende Hindernisse die Zurückweisung begründet (ZBlFG. 4, 34). Hat das Beschwerdegericht die Beschwerde zurückgewiesen, so ist die weitere Beschwerde selbst dann zulässig, wenn inzwischen das GBA. den Antrag endgültig abgewiesen hat (RJA. 11, 154).

39 **4.** Das Ende der in der Zwischenverfügung gesetzten Frist ist in dem Geschäftskalender vorzumerken (vgl. § 1 A. 81). Sie kann auch in der in § 6 Ziff. 1 AktenO. vorgesehenen Weise überwacht werden.

Um sicherzustellen, daß der GBuchrichter, wenn ein anderer, dasselbe Grundstück betreffender Antrag eingeht, das Vorliegen des früheren Antrags nicht übersieht, sondern die in § 18 Abs. 2 zur Sicherung des Ranges des früheren Antrags erforderl. Maßnahmen von Amts wegen trifft, empfiehlt es sich, den Antrag nicht in die Grundakten einzuheften, sondern vorne (vor dem Handblatt) in das Aktenstück einzulegen. Zweckmäßig ist auch ein augenfälliger Bleistiftvermerk auf dem Deckel der Grundakten oder im Handblatt.

5. Das Verfahren nach dem Ablauf der Frist.

40 **a)** Nach dem Ablauf der Frist ist der Antrag zurückzuweisen, wenn nicht inzwischen die Hebung des Hindernisses nachgewiesen ist. Dies gilt jedoch nur dann, wenn der GBuchrichter auch jetzt noch der Anschauung ist, daß ein Hindernis für die Eintr. vorliegt; denn die Setzung der Frist bindet den GBuchrichter nicht für seine weitere Entschließung. Diese setzt erneute vollständige Prüfung des Antrags voraus; der GBuchrichter kann daher frühere Bedenken fallen lassen u. neue erheben (BayObLG. im Recht 1903, 152; RJA. 10, 231; ZBlFG. 1, 156). In letzterem Falle kann er entweder den Antrag zurückweisen oder abermals eine Zwischenverfügung erlassen, wobei aber zu beachten ist, daß durch das Zusammentreffen der beiden Fristen keine ungebührlich lange Verzögerung in der Erledigung des Antrags eintreten darf.

Durch Einlegung der Beschwerde gegen die Zwischenverfügung wird das GBA. nicht gehindert, den EintrAntrag nach Fristablauf zurückzuweisen. Doch wird es sich meist empfehlen, die Entscheidung des Beschwerdegerichts abzuwarten (KGJ. 51, 276). Dies kommt einer stillschweigenden Fristverlängerung gleich. Hiegegen ist insbes. dann nichts einzuwenden, wenn anzunehmen ist, daß das Beschwerdeverfahren in absehbarer Zeit durchgeführt wird u. daß der Beschwerdeführer sich dann fügen werde (OLG. 10, 426).

Die Setzung einer Nachfrist auf Antrag oder von Amts wegen (z. B. weil die erste Frist zu kurz bemessen oder die Zwischenverfügung unklar gefaßt war) ist auch noch nach Ablauf der ersten Frist zulässig (KGJ. 20, 275; KG. in JW. 1926, 1588; Güthe-Triebel[6] A. 38; **a. M.**

RG. 60, 393; vgl. auch Fumian in BayNotV. 1925, 444). Ist aber der Antrag endgültig zurückgewiesen, so kann keine Frist mehr gesetzt werden (KGJ. 51, 276).

b) Wird das Hindernis behoben, so ist die Eintr. vorzunehmen. Diese kann selbstverständlich auch schon vor Fristablauf erfolgen. Ergibt sich nach Beseitigung des beanstandeten Mangels noch ein weiteres Hindernis, so kann eine weitere Zwischenverfügung erlassen werden, falls dadurch die Erledigung des Antrags nicht übermäßig lange verzögert wird. 41

Wird das Hindernis zwar erst nach dem Ablauf der Frist, aber noch vor der Verbescheidung des Antrags behoben, so hat gleichfalls die Eintr. zu erfolgen. Die Zurückweisung wäre unzulässig; denn die Fristsetzung wahrt das Vorrecht auf Eintr. nicht bloß bis zum Ablauf der Frist, sondern bis zur endgültigen Abweisung des Antrags. Dies gilt selbst dann, wenn inzwischen ein anderer dasselbe Recht betreffender EintrAntrag eingeht u. das GBA. es versäumt, den früheren Antrag nach dem Fristablauf zurückzuweisen, u. zwar gleichviel ob es nach § 18 Abs. 2 verfahren oder den späteren Antrag gesetzwidrig nicht beachtet hat (ZBlFG. 1, 552, 553). Selbst wenn das Hindernis erst beseitigt wird, nachdem zwar die Zurückweisung verfügt, dem Antragsteller aber noch nicht bekannt gemacht worden ist, ist die Beseitigung des Mangels vom GBA. noch zu berücksichtigen u. die zurückweisende Verfügung wieder aufzuheben (OLG. 18, 199).

Gegen den abweisenden Beschluß ist, wie auch sonst, Beschwerde zulässig, u. zwar auch dann, wenn der Antragsteller gegen die Zwischenverfügung sich nicht beschwert hat (OLG. 8, 153; vgl. auch du Chesne in ZBlFG. 11, 651). Der Zurückweisungsbeschluß unterliegt auf Beschwerde auch dann der Aufhebung, wenn die in der Zwischenverfügung gemachte Auflage zwar erforderlich war, aber das durch sie zu beseitigende Hindernis ein anderes als das in der Zwischenverfügung gerügte ist (JFG. 12, 336).

F. Die Eintragung einer Vormerkung oder eines Widerspruchs (§ 18 Abs. 2).

I. 1. Die **Voraussetzungen** des § 18 Abs. 2 sind:

a) daß einer beantragten Eintr. ein Hindernis entgegensteht u. daß dieses die ofortige Zurückweisung des EintrAntrags nicht rechtfertigt. Dagegen kommt § 18 Abs. 2 nicht zur Anwendung, wenn der Antrag begründet ist u. vor dessen Erledigung ein ihm widersprechender Antrag eingeht. Wenn daher z. B. ein begründeter Antrag auf Löschung einer Hyp. gestellt ist u. vor dessen Erledigung die Eintr. der Pfändung dieser Hyp. beantragt wird, so ist gem. § 17 zuerst der Antrag auf Löschung zu vollziehen und dann der Antrag auf Eintr. der Pfändung zurückzuweisen. Unzulässig wäre Eintr. einer Vorm. zugunsten des Löschungsantrags u. Eintr. der Pfändung (OLG. 4, 182; Güthe-Triebel[6] A. 40). 42

Ist die Beseitigung des Hindernisses in dem Zeitpunkte, in dem die später beantragte Eintr. erfolgen soll, nachgewiesen, so ist für die Anwendung des § 18 Abs. 2 ebenfalls kein Raum. Der erste Antrag ist dann durch Eintr. zu vollziehen, der zweite je nach Sachlage durch Eintr., Zwischenverfügung oder Zurückweisung zu erledigen.

Daß eine Zwischenverfügung bereits erlassen ist, ist keine Voraussetzung für die Anwendung des Abs. 2.

b) daß dieser Antrag noch nicht erledigt ist. Eine Zwischenverfügung steht der Erledigung nicht gleich, ebensowenig der ergebnislose Ablauf der durch die Zwischenverfügung bestimmten Frist (RG. 60, 393). Ist der Antrag durch Zwischenverfügung verbeschieden worden, so ist es für die Notwendigkeit u. Wirksamkeit der Vorm. (des Widerspruchs) nach § 18 Abs. 2 gleichgültig, ob die Zwischenverfügung berechtigt war oder ob der Antrag richtigerweise hätte zurückgewiesen werden müssen (KG. in HRR. 1932 Nr. 1773; 1933 Nr. 139; Güthe-Triebel[6] A. 46). 43

Ist der Antrag zurückgewiesen, so ändert der Umstand, daß gegen die Zurückweisung die Beschwerde zulässig ist, an der Tatsache der Erledigung nichts. Wird Beschwerde eingelegt, so findet die Vorschrift des Abs. 2 nur dann Anwendung, wenn entweder der GBuchrichter der Beschwerde insofern abhilft (§ 75), als er eine Zwischenverfügung erläßt, oder wenn das Beschwerdegericht unter Aufhebung des abweisenden Beschlusses die Sache an das GBA. zur neuerlichen Prüfung u. Entscheidung zurückverweist. Doch ist für die Anwendung des § 18 Abs. 2 in diesem Falle kein Raum, wenn der spätere Antrag bereits durch Eintr. erledigt ist (OLG. 4, 496).

44 c) daß eine zweite Eintragung beantragt wird. Die Ausdrucksweise des Gesetzes ist hier nicht ganz richtig; denn nach dem Zweck der Vorschrift erfolgt die Eintr. einer Vorm. oder eines Widerspruchs nicht schon dann, wenn eine zweite Eintr. beantragt wird, sondern erst dann, wenn die beantragte Eintr. wirklich erfolgen soll. Der zweite Antrag muß also zulässig u. begründet sein. Wird daher der zweite Antrag zurückgewiesen, so kommt Abs. 2 nicht zur Anwendung (Güthe-Triebel[6] A. 42; Turnau-F. A. III 2; Hesse-Saage-Fischer A. III 1 c). Wird eine Zwischenverfügung bez. des zweiten Antrags erlassen, so ist die Eintr. einer Vorm. oder eines Widerspruchs zugunsten des ersten Antrags nur dann geboten, wenn das dem zweiten Antrag entgegenstehende Hindernis behoben wird, ehe der erste Antrag erledigt ist.

Abs. 2 findet auch dann Anwendung, wenn dem ersten Antrag ein Hindernis entgegensteht u. der zweite Antrag zwar an sich begründet ist, aber durch die Vornahme der mit dem ersten Antrag begehrten Eintr. seine Begründung verlieren würde (Güthe-Triebel[6] A. 42). Wird z. B. auf Gr. der Auflassung die Eintr. des neuen Eigtr. u. demnächst auf Gr. der Bewilligung des Veräußerers die Eintr. einer Hyp. beantragt, so ist, wenn der Eintr. des Erwerbers ein Hindernis entgegensteht, der Eigentumsübergang vorzumerken u. die Hyp. einzutragen. Dagegen fällt unter Abs. 2 nicht der Fall, daß der zweite Antrag durch die mit dem ersten Antrag begehrte Eintr. erst seine Begründung erhält. Der zweite Antrag ist hier unbegründet, solange der erste nicht vollzogen ist; die Anwendung des Abs. 2 setzt aber einen begründeten zweiten Antrag voraus (JFG. 7, 335).

45 d) daß die zweite Eintr. vor Erledigung der zuerst beantragten Eintragung beantragt wird. Dies trifft nicht nur dann zu, wenn der zweite Antrag nach dem ersten eingereicht wird, sondern auch dann, wenn beide Anträge gleichzeitig eingehen (Güthe-Triebel[6] A. 44; Henle-Schmitt A. 6; Turnau-F. A. III 2; Hesse-Saage-Fischer A. III 1 d, diese aber nur für den Fall, daß beide beantragten Eintr. in einem Rangverhältnis zueinander stehen). Das Gesetz spricht freilich von einem „früher" gestellten Antrag; allein die Verfahrenserleichterung, die § 18 Abs. 2 im Interesse eines späteren Antrags zuläßt, muß erst recht einem gleichzeitigen Antrag zustatten kommen.

Gleichgültig ist, ob der andere dasselbe Recht betreffende Antrag vor Beginn, während oder nach Ablauf der dem früheren Antrag gesetzten Frist eingeht (Güthe-Triebel[6] A. 44; **a. M.** Achilles-St. A. 4c).

46 e) daß die zweite Eintr. unabhängig von der anderen erfolgen soll (Güthe-Triebel[6] A. 43). Dies wird als selbstverständlich vorausgesetzt. Steht im Falle des § 16 Abs. 2 der einen von zwei beantragten Eintr. ein Hindernis entgegen u. ist zu dessen Hebung eine Frist bestimmt, so ist, wenn ein weiterer dasselbe Recht betreffender Antrag gestellt wird, zugunsten der beiden anderen Anträge nach § 18 Abs. 2 zu verfahren.

47 f) daß durch beide Anträge dasselbe Recht betroffen wird. Der Begriff des Betroffenseins ist hier der nämliche wie in § 17 (s. § 17 A. 3). Die beiden beantragten Eintr. müssen also einander ausschließen oder in einem Rangverhältnis zueinander stehen (Güthe-Triebel[6] A. 45; Henle-Schmitt A. 7); darüber, wann letzteres der Fall ist, s. d. Anm. zu § 45. Begehrt z. B. der erste Antrag die Abtretung einer Hyp. u. der zweite die Löschung einer anderen Hyp. an demselben Grundstück oder die Neueintragung eines Rechts, so kann der zweite Antrag sofort vollzogen werden. Dagegen ist § 18 Abs. 2 anzuwenden, wenn der erste

Antrag auf Übertragung eines Rechts u. der zweite auf Löschung oder Verpfändung oder ebenfalls auf Abtretung dieses Rechts gerichtet ist oder wenn die Anträge die Eintr. zweier verschiedener Hyp. an demselben Grundstück betreffen oder wenn der erste Antrag die Eintr. einer Grundschuld u. der zweite die einer Reallast an demselben Grundstück zum Gegenstand hat oder wenn der erste Antrag auf Eintr. der Auflassung u. der zweite auf Eintr. eines Rechts an dem aufgelassenen Grundstück auf Gr. Bewilligung des Veräußerers oder auf Eintr. einer Zwangshyp. auf Gr. eines Titels gegen den bisherigen Eigtr. gerichtet ist, endlich auch wenn die eine Eintr. eine Rangänderung u. die andere eine Inhaltsänderung desselben Rechts betrifft (Güthe-Triebel[6] A. 45). Kein Rangverhältnis besteht zwischen der Sicherungshyp. nach § 128 ZVG. u. dem Wiederversteigerungsvermerk. Eine Vorm. nach § 18 Abs. 2 ist daher nicht notwendig, wenn das Ersuchen um Eintr. des Erstehers, z. B. wegen fehlender steuerl. Unbedenklichkeitserklärung beanstandet u. vor seiner Erledigung um Eintr. des Wiederversteigerungsvermerks ersucht wird (Seibert in JW. 1932, 2954).

Nicht hieher gehören dagegen die Fälle, in denen die zuerst beantragte Eintr. die später beantragte zur Voraussetzung hat, z. B. wenn der zweite Antrag die Auflassung betrifft u. der erste die Eintr. einer Hyp. auf Gr. Bewilligung des Erwerbers oder die Eintr. einer Zwangshyp. auf Gr. eines gegen diesen gerichteten Schuldtitels; hier ist der spätere Antrag ohne weiteres vor dem früheren zu erledigen (s. § 17 A. 13).

2. Eine **Vormerkung oder ein Widerspruch** ist von Amts wegen einzutragen. 48

a) Eine Vormerkung ist einzutragen, wenn die beantragte Eintr. eine Rechtsänderung, ein Widerspruch, wenn sie eine GBuchberichtigung bezweckt (Güthe-Triebel[6] A. 46), oder, wie RG. 55, 340 es ausdrückt: „Die Vorm. ist i. S. des § 18 Abs. 2 am Platze zur Sicherung von Rechten, zu deren Dinglichkeit es (abgesehen von den Hindernissen) nur noch an der Eintr. fehlt, der Widerspruch zur Sicherung von Rechten, die ohne Eintr. dinglich sind." Der Sicherungszweck wird nicht dadurch beeinträchtigt, daß die Eintr. in einer falschen Abteilung des GBuchblattes erfolgt oder daß der GBuchrichter rechtsirrtümlich die Voraussetzungen des Widerspruches statt der der Vorm. u. umgekehrt für gegeben erachtet. Eine falsche Bezeichnung schadet also nicht, wenn sich nur aus dem Inhalt der Eintr. ergibt, zur Sicherung welcher Art von Rechten sie dienen soll, u. der Sicherungszweck durch sie erreicht wird (RG. 55, 340; JFG. 6, 270).

b) Rechtsnatur. Die Vorm. u. der Widerspruch nach § 18 Abs. 2 sind lediglich verfahrensrechtl. Schutz- oder Sperrvermerke, die dem früher gestellten Antrag seinen Vorrang sichern sollen, aber keine materielle Bedeutung haben. Die Bestimmungen der §§ 883 Abs. 2, 888, 892, 899 BGB. sind auf sie nicht anwendbar. Sie unterscheiden sich von den Vorm. u. Widersprüchen nach §§ 883, 899 BGB. vor allem in folgender Hinsicht. Die Vorm. nach § 883 BGB. dient zur Sicherung eines privatrechtlichen persönlichen Anspruchs des Vormerkungsberechtigten gegen den Inhaber des betroffenen dingl. Rechtes auf Einräumung eines dingl. Rechtes; ebenso dient der Widerspruch nach § 899 BGB. zur Sicherung des privatrechtl. persönl. Anspruchs auf GBuchberichtigung gegen die im § 894 BGB. bezeichneten Personen. Dagegen dienen die Vorm. u. der Widerspruch des § 18 Abs. 2 zur Sicherung des aus der EintrBew. oder den an ihre Stelle tretenden Urkunden (Schuldtitel, Urteil usw.) oder aus dem Nachweis der Unrichtigkeit des GBuchs sich ergebenden öffentlichrechtlichen Anspruchs des Antragstellers auf Eintr., insbes. zum Schutze seiner durch die Stellung des Antrags geschaffenen Rechtsstellung gegen die sich aus den §§ 17, 45 ergebenden Rangnachteile (vgl. RG. 55, 340; 110, 207; BayObLG. 21, 187; 30, 438; OLG. 42, 158; RG. im Recht 1911 Nr. 1372; RJA. 10, 231; Predari A. 8; Ricks 391; Güthe-Triebel[6] A. 46; Hesse-Saage-Fischer A. III 2). Die Vorm. nach § 18 Abs. 2 hat aber mit der nach § 883 BGB. die Aufgabe der Rangwahrung gemeinsam. Auch sie stellt eine vorläufige Eintr. dar, so daß auch hier der Grundsatz gilt, daß nur vorgemerkt werden kann, was eintragungsfähig ist (vgl. § 25 A. 4);

s. jedoch A. 50. Über die Wirkung der Vorm. nach § 18 Abs. 2 im Zwangsversteigerungsverfahren s. Lübtow in JW. 1931, 3145.

50 c) Hieraus ergibt sich, daß die Vorschriften über die auf Antrag einzutragenden Vorm. u. Widersprüche auf die Vorm. u. den Widerspruch nach § 18 Abs. 2 keine Anwendung finden. Die Eintr. erfolgt **von Amts wegen.** Es gilt auch nicht der Grundsatz, daß die Eintr. einer Vorm. oder eines Widerspruchs nur zugunsten eines Anspruchs auf Rechtsänderung oder auf GBuchberichtigung erfolgen darf. Deshalb kann die Vorm. nach § 18 Abs. 2 zugunsten des Antrags auf Eintr. des Eigentumswechsels auf Gr. Auflassung auch dann eingetragen werden, wenn der zugrunde liegende Kaufvertrag nicht der Form des § 313 BGB. genügt (RG. 58, 340; RGRK. § 883 A. 13; Güthe-Triebel[6] A. 46). Aus dem gleichen Grund kann auch zugunsten einer Zwangshyp., wenn ihrer endgültigen Eintr. ein Hindernis entgegensteht, eine Vorm. eingetragen werden, obwohl hier ein persönl. Anspruch auf Eintr. der Hyp. nicht besteht (Predari A. 3; Güthe-Triebel a. a. O.; **a. M.** Henle-Schmitt A. 9; Kretzschmar in ZBlFG. 4, 18). Ebenso kann eine Vorm. oder ein Widerspruch auch zugunsten eines Antrags eingetragen werden, der selbst eine Vorm. oder einen Widerspruch zum Gegenstande hat (Predari A. 10; Güthe-Triebel a. a. O.; **a. M.** Kretzschmar a. a. O.).

Auch die dem formellen GBuchrecht angehörenden Vorschriften über die auf Antrag zu bewirkenden Eintragungen finden keine Anwendung, insbes. § 39 (derjenige, gegen den die Vorm. oder der Widerspruch sich richtet, braucht nicht als Berechtigter eingetragen zu sein; Predari § 40 A. 3 c; Hesse-Saage-Fischer A. III 2 Abs. 4), dann § 28 (Bezeichnung des Grundstücks, Angabe des Geldbetrags in Reichswährung), § 47 (Angabe der Bruchteile oder des Gemeinschaftsverhältnisses; so auch Güthe-Triebel a. a. O. u. Hesse-Saage-Fischer A. III 2 Abs. 2) u. § 41 (Vorlage des HypBriefs).

Die Eintr. einer Vorm. (eines Widerspruchs) ist dagegen insoweit ausgeschlossen, als der Umfang des einzutragenden Rechts nach Haupt- oder Nebensache nicht zweifellos feststeht, da eine solche Vorm. dem allgem. Bestimmtheitsgrundsatz widersprechen würde (RJA. 12, 67; Güthe-Triebel[6] A. 46; Hesse-Saage-Fischer A. III 2 Abs. 2; **a. M.** OLG. Karlsruhe in DNotV. 1927, 336 bez. einer Hyp. mit einem nach dem Reichsbankdiskont sich richtenden Zinssatz ohne Angabe eines Höchstsatzes) oder die Vorm. mit einem (materiell-rechtlich) unzulässigen Inhalt eingetragen werden müßte, wenn z. B. die Angabe des Berechtigten fehlt oder die Eintr. einer beschr. persönl. Dienstbarkeit zugunsten einer bestimmten Person u. deren Erben beantragt ist oder wenn bei einer Höchstbetragshyp. ein Zinssatz eingetragen werden soll. Eine Ausnahme besteht nur dann, wenn lediglich nicht eintragungsfähige Nebenbestimmungen eines sonst eintragungsfähigen Rechts in Frage stehen. Vgl. auch oben A. 14, insbes. auch wg. des § 867 Abs. 2 ZPO. In den Fällen, in denen hienach eine Vorm. unzulässig ist, ist es zweckmäßig, auch keine Zwischenverfügung zu erlassen (vgl. RJA. 12, 67). Ist dies aber geschehen, so ist, wenn ein zweiter dasselbe Recht betreffender Antrag durch Eintr. erledigt werden soll, der erste Antrag unter Aufhebung der Zwischenverfügung endgültig zurückzuweisen (vgl. o. A. 37).

51 **d) Form der Eintragung.**

Für die Eintr. der Vorm. u. des Widerspruchs nach § 18 Abs. 2 gelten die allgem. Vorschriften (§§ 12, 19 GBVerf.; s. § 3 A. 155). Betrifft der Antrag, zu dessen Gunsten die Vorm. (der Widerspruch) eingetragen wird, selbst eine Vorm. oder einen Widerspruch (s. o. A. 50 Abs. 1 a. E.), so erfolgt die Eintr. viertelspaltig. Zu vermerken ist, daß die Eintr. gem. § 18 Abs. 2 erfolgt. Die Eintr. einer Vorm. kann hienach lauten (vgl. das Beispiel in Muster 2a Abt. III Eintr. Nr. 4): „Vormerkung zur Sicherung der Eintr. (nicht: des Anspruchs auf Eintr. oder des Anspruchs auf Einräumung) einer mit 4 v. H. jährlich verzinsl. Hyp. von 5000 Reichsmark für den Kaufmann Karl Müller in Seefeld. Gemäß § 18 Abs. 2 GBO. unter Bezugnahme auf die EintrBew. vom .... eingetragen am ....“. Die Eintr. des Widerspruchs kann etwa folgende Fassung erhalten: „Widerspruch gegen die Löschung der Hyp. Nr. 4 zugunsten des Antrags des Landwirts Hans Huber in Schönberg auf Wiedereintragung dieser Hyp. Gemäß § 18 Abs. 2 GBO. eingetragen am ....".

Der Rang ist nur zu vermerken, wenn ein Rangverhältnis zwischen den endgültigen Eintr. bestehen kann (KGJ. 38, 262).

Wo für die endgültige Eintr. die Bezugnahme auf die EintrBew. zulässig ist, ist sie auch für die vorläufige Eintr. durch Vorm. gem. § 18 Abs. 2 gestattet (Güthe-Triebel[6] A. 46 Abs. 7; vgl. auch die oben erwähnte Probeeintr. in Muster 2a der GBVerf.). Beim Widerspruch ist eine Bezugnahme ausgeschlossen (vgl. § 3 A. 162 b α).

In welche Abteilung die Vorm. oder der Widerspruch einzutragen ist, bemißt sich nach den allgem. Vorschriften, richtet sich also nach dem Rechte, das durch die Vorm. gesichert werden soll oder auf das sich der Widerspruch bezieht.

3. Die Wirkung der Eintragung der Vormerkung (des Widerspruchs).

a) Die Eintr. bewirkt keine Sperre des GBuchs. Sie gilt vielmehr als Erledigung des Antrags i. S. des § 17 (§ 18 Abs. 2 Satz 1 Halbs. 2). Durch die Eintr. werden daher gerade weitere Eintr. ermöglicht. Doch darf nicht außer acht gelassen werden, daß die Eintr. nur eine vorläufige, keine endgültige ist. Dies ist besonders von Bedeutung dann, wenn eine spätere Eintr. erfolgen soll, deren Zulässigkeit von der vorgemerkten Eintr. abhängig ist. Steht daher z. B. der beantragten Eintr. der Abtretung einer Hyp. von A an B ein Hindernis entgegen u. ist, weil B die Eintr. der weiteren Abtretung an C beantragt hat, eine Vorm. zugunsten des ersten Antragstellers eingetragen, so darf, wenn C die Hyp. auf D überträgt, der zweite Antrag ebenfalls nur durch Eintr. einer Vorm. erledigt werden. 52

Aus der vorläufigen Natur der Vorm. u. des Widerspruchs ergibt sich weiter, daß, soweit Eintr. zu einem Rechtserwerb erforderlich ist, dieser durch die Eintr. der Vorm. (des Widerspruchs) noch nicht eintritt. Deshalb verliert die Vorm. (der Widerspruch) ihre Wirkung, wenn vor der endgültigen Eintr. über das Vermögen des von der zuerst beantragten Eintr. Betroffenen der Konkurs eröffnet wird; soweit es sich um eine rechtsgeschäftl. Eintr. handelt, greift § 878 BGB. Platz; eine Zwangseintr. dagegen wird nach § 14 Abs. 1 KO. unzulässig; § 24 KO. findet auf die Vorm. nach § 18 keine Anwendung (RJA. 10, 231; Güthe-Triebel[6] A. 47; Predari A. 8; Ricks 391; Hesse-Saage-Fischer A. III 4).

Die Vorm. verliert ihre Wirkung weiter mit der Eintr. des Rechts, das durch sie gesichert ist; dies gilt auch dann, wenn das Recht nicht den Rang der Vorm. erhält (OLG. 25, 388).

b) Der öffentliche Glaube des GBuchs (§ 892 BGB.) erstreckt sich auch auf die Vorm. u. den Widerspruch nach § 18 Abs. 2. Wer daher das Eigentum am Grundstück nach der Eintr. der Vorm. (des Widerspruchs) erwirbt, muß diese gegen sich gelten lassen, auch wenn er im übr. als redlicher Erwerber erscheint; gegenüber bereits beantragten Eintr. versagt der gute Glaube (RG. 62, 377; BayObLG. 21, 184; Staud.-Kober § 888 A. 10). 53

4. Die Eintr. von Vorm. u. Widerspruch erfolgt **gebührenfrei** (§ 63 Abs. 1 Ziff. 2 KostenO.). Auch Schreibgebühren für die Benachrichtigung der Beteiligten von der erfolgten Eintr. werden nicht erhoben (Jonas-Melsheimer-H.-St. § 63 A. II 2 a). 54

5. Die später beantragte Eintragung ist erst nach Eintr. der Vorm. oder des Widerspruchs, jedoch im unmittelbaren Anschluß an diese zu vollziehen. Dabei ist § 45 Abs. 2 zu beachten; insbes. ist, wenn beide Eintr. in verschiedenen Abteilungen vorzunehmen sind, im GBuch zu vermerken, daß die später beantragte Eintr. der Vorm. (dem Widerspruch) im Range nachsteht. 55

6. Beschwerde gegen die Eintr. der Vorm. u. des Widerspruchs ist nicht zulässig (Predari § 71 A. 14; du Chesne in ZBlFG. 12, 278; **a. M.** OLG. 7, 376; JFG. 7, 339; Güthe-Triebel[6] § 71 A. 9; Henke-Mönch A. 9c); denn diese Eintr. ist nur eine vom Gesetz vorgeschrie- 56 bene zwangsläufige Folge der Zwischenverfügung; gegen diese selbst aber ist Beschwerde gegeben.

II. Die Löschung von Vormerkung u. Widerspruch.

57 a) Sie erfolgt, u. zwar **von Amts wegen:**

α) wenn der früher gestellte Antrag zurückgewiesen wird (§ 18 Abs. 2 Satz 2). Jedoch wird der Beschluß erst mit der Bekanntmachung wirksam u. wird gegenstandslos, wenn das Hindernis vorher, wenn auch nicht innerhalb der gem. § 18 Abs. 1 gesetzten Frist beseitigt wird (OLG. 1, 482; s. o. A. 41). Wird der abweisende Beschluß vom Beschwerdegericht aufgehoben u. ist die Vorm. bereits gelöscht, so erhält die Eintr. ihren Rang erst nach der später beantragten Eintr. Ist die Löschung versehentlich unterblieben, so wird die nachträgl. Löschung nicht dadurch gehindert, daß der durch die Vorm. gesicherte frühere Antrag durch eine Entscheidung des Beschwerdegerichts für begründet erklärt worden ist (OLG. 42, 159 = JFG. 1, 305).

β) oder wenn der früher gestellte Antrag zurückgenommen wird; denn Vorm. u. Widerspruch werden durch die Antragszurücknahme gegenstandslos (Güthe-Triebel[6] A. 49; Hesse-Saage-Fischer A. III 5; **a. M.** Ricks 392, der Bewilligung aller Betroffenen für erforderlich hält).

γ) oder wenn die später beantragte Eintr. wieder gelöscht wird (Güthe-Triebel[6] A. 50; Hesse-Saage-Fischer a. a. O.). Denn auch hier werden Vorm. u. Widerspruch gegenstandslos, weil ihre Aufgabe (Wahrung des Ranges gegenüber später beantragten Eintragungen) entfällt.

δ) Dagegen werden Vorm. u. Widerspruch nicht gelöscht, wenn die früher beantragte Eintr. endgültig vorgenommen wird; s. u. A. 61.

58 b) **Form der Löschung.** Die Löschung wird wie in sonstigen Fällen vollzogen; vgl. § 3 A. 139. In den Löschungsvermerk sind die Worte aufzunehmen: „... von Amts wegen gelöscht ...".

59 c) Die Löschung wird **gebührenfrei** vorgenommen (§ 63 Abs. 1 Ziff. 2 KostenO.), u. zwar auch dann, wenn sie wegen Zurücknahme des früher gestellten Antrags oder wegen Löschung der später beantragten Eintr. erfolgt. Schreibgebühren für die Benachrichtigung der Beteiligten von der erfolgten Löschung dürfen nicht berechnet werden (Jonas-Melsheimer-H.-St. § 63 A. II 2 a).

III. Die endgültige Vornahme der zuerst beantragten Eintragung.

60 1. Wird das Hindernis behoben, so erfolgt die endgültige Eintr. ohne weiteres. Sie erhält den Rang der Vorm. (des Widerspruchs). Eine Zustimmung des späteren Antragstellers gem. § 888 BGB. (oder nach § 22 Abs. 2 GBO.) ist in keinem Fall erforderlich (RG. 62, 373; 110, 207; BayObLG. 21, 184; 30, 438; KGJ. 53, 109). Ein anderes als das vorgemerkte Recht kann nicht an dessen Stelle eingetragen werden. Unzulässig ist auch die Umschreibung der Vorm. nach § 18 Abs. 2 in eine solche nach § 895 ZPO. (Güthe-Triebel[6] A. 51 a. E.).

Die Eintr. ist rechtlich eine Umschreibung der Vorm. (des Widerspruchs) in die endgültige Eintr. (RG. in ZBlFG. 11, 746). Über das hiebei einzuschlagende Verfahren s. o. § 3 A. 157; vgl. auch Muster 2a, dritte Abt., Eintr. Nr. 4. Unzulässig ist es, die zur Eintr. des Rechts erforderl. Angaben durch Bezugnahme auf die Vorm. (den Widerspruch) zu ersetzen.

61 2. Durch die endgültige Eintr. wird die Vormerkung (der Widerspruch) gegenstandslos; sie verlieren ihre Wirkung auch dann, wenn die endgültige Eintr. den Rang der Vorm. nicht erhalten kann (OLG. 25, 388). Nachdem die Vorm. u. der Widerspruch in die endgültige Eintr. nur umgeschrieben werden, werden sie nicht gelöscht, sondern nur gerötet (§ 19 Abs. 2, 3 GBVerf.; vgl. § 3 A. 140).

3. Das Schicksal der später beantragten Eintragung kann sich verschieden gestalten. 62

a) Stehen die beiden Eintr. nur in einem Rangverhältnis zueinander (z. B. verschiedene Rechte an dem nämlichen Grundstück), so erhält durch die endgültige Vornahme der zuerst beantragten Eintr. diese auf Gr. der Vorm. den Rang vor der später beantragten. Irgendeine weitere Eintr. in das GBuch ist nicht erforderlich.

b) Schließen sich dagegen die beiden Eintr. gegenseitig aus (z. B. wenn beide 63 Anträge die Eigentumsumschreibung betreffen oder wenn der erste die Auflassung u. der zweite die Eintr. einer Zwangshyp. gegen den Veräußerer zum Gegenstand hat), so ist gleichzeitig mit der endgültigen Vornahme der zuerst beantragten Eintr. die entgegenstehende zweite Eintr. von Amts wegen zu löschen; die Zustimmung des aus der zweiten Eintr. Berechtigten oder von sonst zustimmungsberechtigten Dritten ist nicht erforderlich, da die Eintr. nur unter dem sich aus der Vorm. ergebenden Vorbehalt erfolgt ist (RG. 55, 340; 62, 373; 110, 207; BayObLG. 30, 438; OLG. 42, 158; JFG. 2, 445; 6, 270; Güthe-Triebel[6] A. 51; Hesse-Saage-Fischer A. III 4; Staud.-Kober § 888 A. 10). War die Zwischenverfügung wegen Fehlens einer Genehmigung erlassen worden, so muß eine später beantragte Zwangs- oder Arresthyp. dem früheren Antrag auf Eigentumsumschreibung auch dann weichen, wenn § 184 Abs. 2 BGB. an sich zu einem anderen Ergebnis führen würde (JFG. 6, 270).

Ist die Löschung unterblieben, so muß sie nachgeholt werden, auch wenn die Vorm. inzwischen, was unzulässig ist (s. o. A. 61), gelöscht worden ist, es sei denn, daß inzwischen auf Gr. der späteren Eintr. ein gutgläubiger Rechtserwerb stattgefunden hat (OLG. 42, 157). Eine Ausnahme besteht nur hinsichtl. eines gegen den Veräußerer gerichteten Zwangsversteigerungsvermerks, der nach Eintr. der Vorm. zur Sicherung eines auf Eigentumsumschreibung gerichteten Antrags eingetragen wurde; dieser darf nicht gelöscht werden, da die Beschlagnahme mit dem Eingang des Ersuchens des VollstreckungsG. um Eintr. des Vermerks wirksam wird (§ 22 Abs. 1 Satz 2 ZVG.; OLG. 43, 179; Ricks 391).

In den Löschungsvermerk sind in diesem Falle die Worte „. . . von Amts wegen gelöscht . . . ." aufzunehmen.

Die Löschung der entgegenstehenden zweiten Eintr. erfolgt gebührenfrei (§ 63 Abs. 1 Ziff. 2 KostenO.). Wegen der Schreibgebühren für die Benachrichtigung der Beteiligten gilt das oben A. 59 Gesagte.

G. Verletzung des § 18.

1. **§ 18 Abs. 1** stellt die Behandlung eines unbegründeten Antrags in das Ermessen des 64 GBuchrichters. Beschwerde mit der Begründung, daß von dem Ermessen nicht der richtige Gebrauch gemacht worden sei (z. B. Zurückweisung statt Zwischenverfügung, Setzung einer zu kurz bemessenen Frist), ist zulässig; im einzelnen s. o. A. 33, 38. Ein Schadensersatzanspruch gegen den Fiskus wegen Amtspflichtverletzung des GBuchbeamten wird meist nicht in Frage kommen, weil die Einreichung eines mangelhaften Antrags ein überwiegendes Verschulden des Antragstellers darstellen wird (Güthe-Triebel[6] A. 16; vgl. auch OLG. 28, 744).

2. Die Vorschrift des **§ 18 Abs. 2** ist zwingendes Recht. Wird bei der Vornahme der später 65 beantragten Eintr. die Eintr. der Vorm. oder des Widerspruchs zugunsten der zuerst beantragten Eintr. unterlassen, so hat der erste Antragsteller kein Beschwerderecht, da die zweite Eintr. bereits den Vorrang erhalten hat, der ihr durch eine nachträgl. Eintr. der Vorm. (des Widerspruchs) nicht mehr genommen werden könnte (Güthe-Triebel[6] A. 48). Auch die Nachholung von Amts wegen ist aus diesem Grunde unzulässig (OLG. 3, 305; 6, 261; 7, 379). Es verbleibt daher nur der Schadensersatzanspruch gegen den Reichsfiskus.

Über die Unzulässigkeit der Beschwerde gegen die Eintr. der Vorm. u. des Widerspruchs nach Abs. 2 s. o. A. 56.

Im übr. gilt auch hier der allgemeine Grundsatz, daß die Beschwerde gegen eine Eintr. unzulässig ist (§ 71 Abs. 2 Satz 1). Wird daher nach Behebung des Hindernisses die zuerst beantragte Eintr. nicht im Range der Vorm., sondern an schlechterer, insbes. nächstbereiter Rangstelle vollzogen, so ist Beschwerde nur im Rahmen des § 71 Abs. 2 Satz 2 zulässig (vgl. LG. Berlin in JW. 1936, 1151).

§ 19.

Eine Eintragung erfolgt, wenn derjenige sie bewilligt, dessen Recht von ihr betroffen wird.

Inhaltsübersicht.

A. Allgemeines. Bedeutung des § 19.

1 Das Liegenschaftsrecht des BGB. u. der GBO. ist auf der Grundlage des Konsensprinzips u. des Eintragungsprinzips aufgebaut; das bedeutet, daß regelmäßig der Eintritt einer Rechtsänderung von zwei Voraussetzungen abhängig ist, nämlich von der Eintr. in das GBuch u. von der abstrakten Willensübereinstimmung (dem Konsens) der Beteiligten über die Rechtsänderung. Diesen beiden Erfordernissen unterliegen grundsätzlich alle sachenrechtl. Geschäfte, deren Gegenstand ein Grundstück oder ein Recht an einem solchen ist. Nicht hierunter fallen die Verfügungsbeschränkungen; sie werden ohne Einigung u. ohne Eintragung begründet, geändert u. aufgehoben u. finden nur zum Zwecke der Berichtigung Aufnahme in das GBuch (s. Vorbem. 67 vor § 13).

1. Das Konsensprinzip wiederum hat eine materielle u. eine formelle Bedeutung.

2 **a)** Das materielle (im BGB. geregelte) Grundstücksrecht wird von dem **materiellen Konsensprinzip** (Grundsatz des dinglichen Vertrags) beherrscht. Es hat seinen Ausdruck hauptsächlich in § 873 BGB. gefunden, der zur Übertragung des Eigentums an einem Grundstück, zur Belastung eines Grundstücks mit einem Recht sowie zur Übertragung u. Belastung eines solchen Rechts neben der Eintragung im GBuch die **Einigung** des Berechtigten u. des anderen Teils über den Eintritt der Rechtsänderung grundsätzlich vorschreibt. Seine Vorschrift findet auch Anwendung auf Änderungen des Inhalts eines Rechts an einem Grundstück (§ 877 BGB.), auf die nachträgl. Rangänderung (§ 880 Abs. 2 BGB.), die nachträgl. Erteilung oder Ausschließung eines HypBriefs (§ 1116 Abs. 2, 3 BGB.), sowie dann, wenn an die Stelle der Forderung, für welche eine Hyp. besteht, eine andere Forderung gesetzt werden soll (§ 1180 Abs. 2 BGB.).

3 **b)** Nur ausnahmsweise genügt in den Fällen der §§ 875 (Aufhebung eines Rechtes an einem Grundstück), 928 (Aufgabe des Eigentums an einem Grundstück), 1072, 1064, 1255, 1273 (Aufhebung des Nießbrauchs oder Pfandrechts an einem Rechte an einem Grundstück), 1132 Abs. 2 (Verteilung der Gesamthyp. auf die einzelnen Grundstücke), 1168 Abs. 2 (Verzicht auf die Hyp.), 1188 Abs. 1 (Bestellung einer Hyp. für die Forderung aus einer

Schuldverschreibung auf den Inhaber), 1195 (Bestellung einer Inhabergrundschuld), 1196 Abs. 1 (Bestellung einer Eigentümergrundschuld) neben der Eintr. in das GBuch statt der vertragsmäßigen Einigung die **einseitige**, dem GBA. oder einem anderen gegenüber abzugebende **Erklärung** des Berechtigten.

Ferner bedarf es nach materiellem Recht keiner Einigung, sondern nur der einseitigen Erklärung („Bewilligung") des Berechtigten in den Fällen der Vormerkung u. des Widerspruchs (§§ 885, 899 BGB.); im einzelnen s. die Erläuterungen zu § 25.

c) Diese Voraussetzungen müssen erfüllt sein, damit die Rechtsänderung (der Rechtserwerb) eintritt. Die Einigung oder einseitige Erklärung des Berechtigten einerseits u. die Eintr. der Rechtsänderung anderseits sind jedoch zwei einander völlig gleichwertige[1]) Erfordernisse; insbes. setzt die Eintragung als solche (von den Fällen der § 925 BGB., § 20 GBO. abgesehen; s. u. A. 29) nicht die Einigung voraus; nur die materielle Wirksamkeit der Eintr. (also die Rechtsänderung) ist von der Einigung abhängig; die Eintr. kann also erfolgen vor der Einigung (vgl. § 879 Abs. 2 BGB.; RG. 70, 356; 84, 105; 89, 32, 374), ja sogar im Widerspruch mit der Einigung (RG. 89, 32; BayObLG. 13, 419, 728; JFG. 3, 354; Güthe-Triebel⁶ A. 10). In vielen Fällen endlich erfolgt eine Eintr. in das GBuch, nicht um eine Rechtsänderung, sondern um eine bloße Richtigstellung des Inhalts des GBuchs herbeizuführen (s. § 22 mit Anm.). 4

2. Schon aus dem letztgenannten Grunde muß das formelle GBuchrecht der GBO. einen ganz anderen Standpunkt einnehmen als das materielle GBuchrecht. Demgemäß bestimmt § 19, daß eine Eintr. auf Gr. der **einseitigen Bewilligung** des betroffenen Berechtigten erfolgt **(formelles Konsensprinzip).** Dieses dient auch „zur Erleichterung des GBuchverkehrs, insbes. zur Vereinfachung der Buchführung" (Denkschr.), indem es dem GBA. in den Fällen der Rechtsänderung die Feststellung der zur Herbeiführung der Rechtswirkung erforderl. rechtsgeschäftl. Grundlage (Einigung, Aufgabeerklärung des Berechtigten, Annahmeerklärung des anderen Teils), insbes. das Forschen nach einer Einverständniserklärung des Begünstigten erspart (vgl. OLG. 1, 415; JFG. 14, 111). 5

3. Verhältnis von Einigung u. Eintragungsbewilligung. 6

Die EintrBew. hat daher zum Gegenstand lediglich die Eintragung, nicht die Rechtsänderung; sie ist regelmäßig die Voraussetzung für die Eintragung, nicht für die Rechtsänderung. Diese kann daher (bei Eintr. u. nachfolgender Einigung oder bei Heilung der unwirksamen einseitigen Erklärung) auch eintreten ohne (rechtsgültige, insbes. formgerechte) EintrBew. Die Rechtsänderung tritt anderseits trotz EintrBew. u. Eintr. nicht ein, wenn die Einigung fehlt u. nicht etwa Erwerb auf Gr. guten Glaubens eintritt oder wenn die einseitige Erklärung (s. o. A. 3) materiell unwirksam ist (Güthe-Triebel⁶ A. 21 bis 23; vgl. auch JFG. 14, 111).

Die für die Rechtsänderung erforderl. zweiseitige Einigung kann zwar durch die Eintr.-Bew. des einen u. den EintrAntrag des anderen Teils erklärt werden (RG. 54, 383; 62, 378; Güthe-Triebel⁶ A. 12), aber notwendig ist dies nicht; wegen der Auflassung insbes. s. § 20 A. 53.

Anderseits ist die EintrBew. an sich kein Bestandteil des zur Rechtsänderung erforderlichen dingl. Vertrags (RJA. 3, 163; Güthe-Triebel⁶ A. 11; Staud.-Kober § 873 A. 55; Eccius in GruchotsBeitr. 47, 59; Strube in ZBlFG. 5, 526); sie wird aber häufig in der Einigungserklärung zu finden sein, z. B. in der Einigung über nachträgl. Erteilung des HypBriefs (KGJ. 28, 152); in der Einigung über Eintr. eines Restkaufgeldes (RG. 62, 378;

[1]) Sie bilden aber einen einheitlichen Rechtsakt u. können nur zusammen das dingl. Recht begründen, so daß dieses bei Nichtigkeit der Einigung oder der Eintr. nicht entstehen kann (RG. 70, 356; KGJ. 51, 144; RGRK. § 873 A. 10). Auf Gr. der Einigung allein kann auch trotz ihrer Vertragsnatur nicht auf Herbeiführung der Rechtsänderung geklagt werden, da sie keine schuldrechtl. Verpflichtung bewirkt, sondern selbst Leistung (Erfüllungsgeschäft) ist (BayObLG. 12, 478; OLG. 45, 187; RGRK. § 873 A. 7, 13).

vgl. auch § 20 A. 66). Andernfalls ist die Bew. vom Betroffenen auch dann noch besonders zu erklären, wenn der Abschluß des dingl. Vertrags dem GBA. nachgewiesen ist. Wenn dagegen das RG. (RG. 54, 383; 62, 378; ebenso Predari A. 3 u. a.) ausführt, eine den Formvorschriften des § 29 entspr. Einigung reiche in allen Fällen zur Herbeiführung der Eintr. aus; die Einigung enthalte begrifflich die EintrBew. u. den EintrAntrag in sich; die Annahme, daß die EintrBew. etwas anderes u. etwas Andersartiges sei als die zur Einigung erforderliche Erklärung des Berechtigten, erscheine verfehlt, so kann dem nicht zugestimmt werden (ebenso Henke-Mönch A. 3 A b; s. auch Hesse-Saage-Fischer § 20 A. I Abs. 3). Die formellrechtl. EintrBew. u. die Einigung sind jedenfalls verschiedene Rechtsgeschäfte, wenn auch im einzelnen Fall die Erklärungen sich decken können (RGRK. § 873 A. 7d; Staud.-Kober § 873 A. 55). Auch ist zu beachten, daß die Einigung (abgesehen von Ausnahmefällen wie dem des § 925 BGB.) unter einer Bedingung oder Befristung erfolgen kann, während die EintrBew. vorbehaltlos lauten muß[1]), daß ferner die Beteiligten die Einigung auch lediglich zum Zwecke der Bindung erklären können, ohne die sofortige Eintr. zu wollen. Der GBuchrichter darf sich daher mit einer Einigungserklärung nur dann begnügen, wenn sich aus ihr auch ohne weiteres die formelle EintrBew. ergibt (s. auch unten A. 15). Wegen der Auflassung s. § 20 A. 66.

Umgekehrt kann die einseitige EintrBew. niemals die materiellrechtlich erforderl. zweiseitige Einigung ersetzen (JFG. 14, 106).

7 4. Das formelle Konsensprinzip findet aber seine Grenze darin, daß in denjenigen Fällen, in denen nach dem materiellen Recht zum Eintritt der Rechtsänderung Einigung erfordert wird, auf Gr. der einseitigen Bewilligung eine Eintr. dann nicht erfolgen kann, wenn nach dem Inhalt des GBuchs oder der dem GBuchrichter vorgelegten Urkunden das Zustandekommen der **Einigung unmöglich** ist; hier ist die EintrBew. unwirksam, weil sie dem mit ihr erstrebten materiellen Rechtserfolg nicht dienen kann (KGJ. 20, 294; 37, 283; Güthe-Triebel[6] A. 45; vgl. auch KGJ. 41, 201).

B. Die Eintragungsbewilligung.

I. Rechtliche Natur.

Die EintrBew. ist (vgl. auch Staud.-Kober § 873 A. 54ff.):

8 a) eine **formellrechtliche** Erklärung, die begrifflich von der Einigungserklärung u. der einseitigen Erklärung des materiellen Rechts zu unterscheiden ist; s. o. A. 6.

Aus der EintrBew. entsteht, auch wenn sie unwiderruflich geworden ist, für den Begünstigten kein gem. § 398 BGB. übertragbarer Anspruch (KG. in HRR. 1933 Nr. 1491). Dies gilt auch dann, wenn die EintrBew. durch Urteil (§ 894 ZPO.) ersetzt wird (vgl. KG. a. a. O. 1934 Nr. 662).

9 b) nicht ein prozessualer Akt, wie der EintrAntrag, sondern eine **rechtsgeschäftliche** Willenserklärung (§ 873 Abs. 2 BGB.; RG. 54, 378; RG. im Recht 1911 Nr. 2463; Güthe-Triebel[6] A. 7, 26; Predari A. 12; bestr.). Die allgem. Vorschriften des BGB. über Willenserklärungen finden deshalb auch auf sie Anwendung. Vgl. unten A. 23ff., 27.

10 c) eine **einseitige** Erklärung. Ihre Annahme durch den Begünstigten ist nicht erforderlich. Die Eintr. muß selbst dann erfolgen, wenn feststeht, daß die Erklärung nicht angenommen ist (BayObLG. 4, 953; OLG. 10, 103; Predari A. 3).

11 d) eine **empfangsbedürftige**, dem GBA. gegenüber abzugebende Erklärung (OLG. 5, 404; 40, 37; BayObLG. 23, 169; Güthe-Triebel[6] A. 28; Predari A. 12; s. auch Bourier

---

[1]) KGJ. 53, 141; Güthe-Triebel[6] A. 53; Turnau-F. A. II 4; Predari A. 27; Staud.-Kober § 873 A. 42, 57; RGRK. § 925 A. 14. Jedenfalls muß, wenn die Eintr. nur unter Vorbehalt bewilligt ist, die Erledigung des Vorbehalts dem GBA. in gbuchmäßiger Form nachgewiesen werden (OLG. 6, 477; 10, 84).

in DNotV. 1918, 219); sie wird daher nach § 130 BGB. erst wirksam u. bindend, wenn sie dem GBA. oder dem anderen (gewinnenden) Teil zugeht. Nicht erforderlich ist, daß die in der Bewilligung enthaltene Erklärung durch den Erklärenden dem GBA. unmittelbar übermittelt wird. Wird die Urkunde vom Begünstigten beim GBA. eingereicht oder geht sie diesem sonst auf einem üblichen Übermittlungsweg zu, so ist anzunehmen, daß der Betroffene mit der Abgabe seiner Erklärung an das GBA. einverstanden ist, sofern nicht feststeht, daß die Einreichung gegen seinen Willen erfolgt ist (Güthe-Triebel[6] A. 30, 31). In einem Testament kann die EintrBew. nicht erklärt werden (KG. in HRR. 1933 Nr. 416 = DNotV. 1933, 292).

Empfangsberechtigt ist neben dem GBA. derjenige, zu dessen Gunsten die Erklärung abgegeben wird (OLG. 40, 37; KGJ. 43, 149). Dies gilt auch bei Bewilligung einer Vorm. (KGJ. 46, 208; Güthe-Triebel[6] A. 29; **a. M.** RGRK. § 885 A. 2).

Auf die Wirksamkeit der EintrBew. ist es ohne Einfluß, wenn der Bewilligende nach ihrer Abgabe stirbt oder geschäftsunfähig oder in der Geschäftsfähigkeit beschränkt wird (§ 130 Abs. 2 BGB.; Staud.-Kober § 878 A. 6; Güthe-Triebel[6] A. 28). Es bedarf daher keiner neuen EintrBew. des Erben; dies gilt auch dann, wenn letzterer inzwischen schon im GBuch als Berechtigter eingetragen worden ist (BayObLG. 34, 65). Eine „Abgabe" der EintrBew. liegt aber nicht schon vor, wenn sie niedergeschrieben oder sonst beurkundet ist, sondern erst dann, wenn der Erklärende alles getan hat, was von seiner Seite erforderlich ist, um das Zugehen u. damit das Wirksamwerden der Erklärung herbeizuführen (KG. in HRR. 1933 Nr. 416 = DNotV. 1932, 292; Güthe-Triebel a. a. O.). Erklärungen des Gemeinschuldners bleiben auch nach Konkurseröffnung wirksam (RG. 52, 416).

e) eine **abstrakte** Erklärung. Sie ist daher unabhängig von dem schuldrechtl. Grund- 12
geschäft, auch wenn dieses in der nämlichen Urkunde enthalten ist; sie kann auch dann gültig sein, wenn das Grundgeschäft unwirksam ist (OLG. 8, 303; Güthe-Triebel[6] A. 27). Anderseits können dieselben Umstände, die das schuldrechtl. Grundgeschäft oder den dingl. Vertrag nichtig machen, auch bei der EintrBew. vorliegen u. zu deren Unwirksamkeit führen. Über das Prüfungsrecht des GBuchrichters s. Vorbem. 1 ff. vor § 18.

f) eine Erklärung, deren **Gegenstand die Eintragung** ist. Je nach dem Zweck der be- 13
willigten Eintr. unterscheidet man die Rechtsänderungs- und die Berichtigungsbewilligung. Da auch in den Fällen, in denen der Zweck der Eintr. die Rechtsänderung ist, die EintrBew. immer nur die Eintr., nicht die Rechtsänderung zum Gegenstand hat (s. o. A. 6), so ist die Eintr. auf Gr. der EintrBew. selbst dann gerechtfertigt, wenn die Einigung noch nicht vorliegt (Ausnahme: § 20) oder mit der EintrBew. in Widerspruch steht (s. o. A. 4), wenn also die Rechtsänderung nicht eintritt. Da aber in einem solchen Falle das GBuch unrichtig wird, so kann dessen Berichtigung verlangt werden. Die hiezu materiellrechtlich erforderliche Zustimmung (§ 894 BGB.) muß wiederum, soweit die Unrichtigkeit nicht nachgewiesen wird (§ 22), in der Form der EintrBew. (§ 19) erteilt werden (Güthe-Triebel[6] A. 24, 25; s. auch unten A. 28).

g) eine **Verfügung**; s. u. A. 83. 14

II. Inhalt der Eintragungsbewilligung.

a) Die Bewilligung muß **ausdrücklich** erklärt werden. Stillschweigende Erklärungen 15
genügen nicht (OLG. 2, 481; 35, 336); jedoch ist nicht erforderlich, daß die Bewilligung ausdrücklich als solche bezeichnet wird, daß insbes. der Ausdruck „bewilligen" gebraucht wird; es genügen auch Ausdrücke wie „gestatten, einverstanden sein, zustimmen" u. insbes. „beantragen", nicht aber „eine Hyp. bestellen". Es muß ein Ausdruck gewählt sein, der unmittelbar u. unzweideutig den Willen des Erklärenden erkennen läßt, daß eine der Rechtsänderung oder (im Falle der Berichtigungsbew.) der wirklichen Rechtslage entspr. Eintragung in das GBuch erfolgen soll; denn ausdrücklich ist eine Willenserklärung auch

dann, wenn ihre Bedeutung im Wege der Auslegung[1]) ermittelt wird; § 133 BGB. gilt auch für EintrBewilligungen (RG. 52, 411; BayObLG. 19, 239; RJA. 2, 50; OLG. 14, 190; 29, 398; JFG. 1, 281; vgl. Vorbem. 37 vor § 18); zweideutige, in ihrer wirkl. Bedeutung nicht erkennbare Erklärungen sind aber zurückzuweisen (RG. 54, 381; BayObLG. 10, 670; OLG. 18, 233; 21, 4; Güthe-Triebel[6] Vorbem. 101 vor § 13; § 19 A. 55). Beispiele: Erklären A u. B in einer Urkunde ihre Einigung über eine dem B zu bestellende Hyp., beantragt B die Eintr. dieser Hyp. u. unterschreibt A die Urkunde, so ist die Erklärung des A dahin auszulegen, daß er auch die Eintr. der Hyp. bewilligt (RG. 62, 375, 378; RJA. 8, 163). Ebenso bedarf es keiner besonderen Genehmigung des Mannes zu einer Verfügung der Frau über eingebrachtes Gut, wenn die Ehegatten gemeinsam in einer Schuldurkunde sich als Gesamtschuldner verpflichten u. für ihre Schuld Hyp. bestellen (OLG. 1, 342; 8, 333; BayNotZ. 1911, 123). Bestellt der in allgem. Gütergem. lebende Mann eine Hyp. an einem zum Gesamtgut gehörenden Grundstück, so braucht er nicht ausdrücklich zu erklären, daß er bewußtermaßen über Gesamtgut verfüge (ZBlFG. 3, 21; RJA. 4, 168; BayObLG. in BayZ. 1905, 108). Wer ferner die Eintr. der Abtretung der zur Grundschuld gewordenen Hyp. (§ 1177 BGB.) bewilligt, erklärt von selbst, daß er auch die Eintr. der Umwandlung der Grundschuld in eine neue Hyp. will (OLG. 2, 412). Wenn ein Gl. mehrere Hyp. unter Festsetzung eines bestimmten Rangverhältnisses abtritt u. die Umschreibung bewilligt, so sagt er damit ohne weiteres, daß er auch die Rangänderung eingetragen haben will; ebenso tritt der Eigtr., der dieser Zession schlechthin beitritt u. seinerseits die Umschreibung beantragt, auch der Rangänderung unzweideutig bei (RJA. 2, 50). Wird in ein Verkaufsangebot als Vertragsbestimmung eine vom Käufer zu erteilende EintrBew. aufgenommen, so gilt diese nach Annahme des Angebots durch den Käufer als durch diesen erteilt, ohne daß es einer ausdrückl. Erklärung desselben bedarf (OLG. 43, 7). In der Erklärung des Eigtr., daß er allen Erklärungen „zustimme", die notwendig sind, um einer neu bestellten Hyp. den bedungenen Rang zu verschaffen, liegt eine genügende Löschungsbewilligung bez. solcher Vorrechte, die durch Verzicht oder Zahlung dem Eigtr. zugefallen sind (vgl. Heineberg in DNotV. 1929, 628). Ist der Betroffene zur Erteilung einer Bewilligung verurteilt, so darf zur Klarstellung des Sinnes der Urteilsformel auf die Gründe des Urteils zurückgegangen werden (RJA. 3, 35; OLG. 10, 103; 26, 4; Güthe-Triebel[6] A. 92). Daß der Antrag des Betroffenen auf Eintr. der Bewilligung der Eintr. gleichsteht, ergibt sich aus § 30. Zulässige Einschränkungen der EintrBew. müssen eindeutig zum Ausdruck gebracht werden (vgl. LG. Hamburg in HansRGZ. 36 B 336).

16 **b)** Die EintrBew. muß **bestimmt** sein; sie darf nicht an eine Bedingung (Voraussetzung, Vorbehalt) oder an eine Zeitbestimmung geknüpft sein (RG. in JW. 1934, 282; KGJ. 53, 141); sie kann aber, wie der Antrag, von der Vornahme einer anderen Eintr. abhängig gemacht werden (§ 16 Abs. 2; KGJ. 44, 199; RJA. 11, 70; Hesse-Saage-Fischer A. II 2; vgl. JFG. 1, 335). Eine bedingte oder betagte EintrBew. ist nicht schlechthin unwirksam; es genügt, wenn dem GBA. der Eintritt der Bedingung oder des Anfangstermins formgerecht (§ 29, z. B. durch Heiratsurkunde) nachgewiesen wird (KGJ. 44, 191; 53, 141; Güthe-Triebel[6] A. 53). Der GBuchrichter ist verpflichtet, einen solchen Nachweis entgegenzunehmen (JFG. 15, 131). Von der bedingten u. betagten EintrBew. ist zu unterscheiden die Bewilligung eines bedingten oder betagten Rechts; sie ist, abgesehen von der Auflassung u. der Bestellung u. Übertragung eines Erbbaurechts (§§ 925 Abs. 2, 1017 Abs. 2 BGB.; §§ 1 Abs. 4, 11 Abs. 1 Satz 2 ErbbRVO.), zulässig. Nur gewillkürte Bedingungen sind aus-

---

[1]) Wesentlich verschieden von der Auslegung einer undeutlichen ist die Ergänzung einer fehlenden Willenserklärung. Diese ist nicht zulässig (RG. 92, 320; BayZ. 1905, 415; JW. 1915, 87; 1923, 456).

Bei Auslegung der EintrBew. ist der von den Beteiligten erkennbar verfolgte Zweck zu berücksichtigen (vgl. KG. in DNotZ. 1936, 403). Zur Auslegung kann auch das ihr zugrunde liegende Rechtsgeschäft herangezogen werden (vgl. BayObLG. 12, 733).

geschlossen, nicht aber sog. Rechtsbedingungen, d. h. Voraussetzungen, von denen das Gesetz selbst die Wirksamkeit der EintrBew. abhängig macht, z. B. Bestehen einer Vollmacht, Erteilung einer Genehmigung, vorherige Eintr. des Bewilligenden usw. (OLG. 2, 2; 5, 419).

c) Die EintrBew. muß den (materiellen) **Rechtsvorgang** bezeichnen, der durch die Eintr. vollzogen oder (im Falle der Berichtigung) verlautbart werden soll, z. B. Bewilligung des Eigentumswechsels, der Hyp., der Rangänderung, Löschung usw. (BayObLG. 13, 419; KGJ. 40, 268; Güthe-Triebel[6] A. 54). Lediglich bei der Löschung eines Rechts oder einer Verfügungsbeschr. bedarf es der Angabe des zugrunde liegenden materiellen Rechtsaktes nicht (KG. in JW. 1934, 1056 = HRR. 1934 Nr. 651). Der materielle Rechtsvorgang braucht nur angegeben, nicht auch nachgewiesen zu werden. Erforderlich ist ferner die vorschriftsmäßige Bezeichnung des Inhalts u. Umfangs des Rechts (vgl. § 3 A. 167ff.) u. insbes. des belasteten Grundstücks oder grundstücksgleichen Rechts gem. § 28, bei subjektiv-dingl. Rechten auch des berechtigten Grundstücks. 17

Aus der EintrBew. muß sich unzweideutig entnehmen lassen, was eingetragen werden soll. Dabei kann zwar auf eine andere öffentl. Urkunde Bezug genommen werden; diese muß aber dann in der Bew. deutlich bezeichnet u. zu den Grundakten überreicht werden (KGJ. 48, 175; Güthe-Triebel[6] A. 53). Unzulässig ist es, den genauen Inhalt der Eintr. erst durch eine andere, noch nicht vorhandene Erklärung eines Dritten bezeichnen zu lassen (KG. in DNotV. 1929, 738), z. B. Bew. der Löschung derjenigen von mehreren Hyp., zu deren Löschung der Eigtr. seine Zustimmung erteilen wird.

d) Die EintrBew. muß den **Berechtigten** (gewinnenden Teil) bezeichnen, mehrere Berechtigte unter Angabe des Gemeinschaftsverhältnisses (§ 47); vgl. § 3 A. 151 u. die Anm. zu § 47. Der GBuchrichter kann zur Feststellung des gewinnenden Teils auch den Beglaubigungsvermerk heranziehen (OLG. 21, 4). Die Bew. einer Eintr. für eine Firma ist dahin auszulegen (s. o. A. 15), daß der Einzelkaufmann als Berechtigter eingetragen werden soll (s. § 3 A. 144), wenn durch einen Handelsregisterauszug nachgewiesen wird, daß er alleiniger Firmeninhaber ist. 18

e) Eintragungsbewilligung u. EintrAntrag müssen inhaltlich **übereinstimmen**; s. § 13 A. 13. Doch können Ehegatten als Miteigtr. in allgem. Gütergem. unmittelbar eingetragen werden, wenn zwar nur die Eintr. des einen Ehegatten als Erwerbers bewilligt, aber gleichzeitig mit der Bewilligung ein Berichtigungsantrag gem. § 22 gestellt u. für den Zeitpunkt der Eintr. der Eintritt der allgem. Gütergem. nachgewiesen ist (JFG. 11, 265; vgl. Güthe-Triebel[6] § 33 A. 64 u. unten § 33 A. 31 ff.). 19

f) Über die **Form** der Eintragungsbewilligung s. § 29 mit Anm. 20

III. Wirkung der Eintragungsbewilligung.

a) Die Eintr. muß vorgenommen werden, wenn die EintrBew. vorliegt. Diese ist aber nicht die einzige EintrGrundlage; sie führt also nur dann zur Eintragung, wenn auch die sonstigen Voraussetzungen (Eintragungsfähigkeit des Rechts, Antrag [§ 13], Rechts- u. Geschäftsfähigkeit, Verfügungsberechtigung [s. u. A. 83ff.], Eingetragensein des Berechtigten [§§ 39, 40], gegebenenfalls Zustimmungen [s. z. B. § 27], Briefvorlage [§ 41]) erfüllt sind. An den Wortlaut der EintrBew. ist der GBuchrichter bei der Eintr. nicht gebunden (BayObLG. 13, 731). 21

b) Materiellrechtlich kann die EintrBew. zur Rechtsänderung führen, wenn sie nämlich als Erklärung des Berechtigten vom Begünstigten angenommen wird u. dadurch die Einigung zustandekommt (s. o. A. 2) oder wenn nur eine einseitige Erklärung des Berechtigten zur Rechtsänderung notwendig ist (s. o. A. 3). Die EintrBew. ist aber keine notwendige Voraussetzung der Rechtsänderung (s. o. A. 6). Vgl. Güthe-Triebel[6] A. 20ff. 22

IV. Widerruf der Eintragungsbewilligung.

23 **a)** Von der Unwiderruflichkeit der EintrBew. ist die materielle Bindung der Beteiligten an die Einigung zu unterscheiden; über letztere s. § 873 Abs. 2 BGB.; RG. 77, 84; OLG. 22, 196; Planck § 873 A. III 2c, 6; RGRK. § 873 A. 13. Unwiderruflichkeit der EintrBew. u. materielle Bindung fallen zwar häufig zusammen, decken sich aber nicht immer; s. unten A. 25 Abs. 2.

Über die Widerruflichkeit der EintrBew. enthält die GBO. keine besonderen Vorschriften. Die Frage, ob eine Eintr.Bew. einseitig widerrufen werden kann, ist daher nach dem materiellen Recht, insbes. § 130 BGB., zu entscheiden (RG. im Recht 1911 Nr. 2463; BayObLG. 23, 169; KGJ. 49, 149; Güthe-Triebel[6] A. 78ff.). Sie ist unwiderruflich, sobald sie wirksam geworden ist (Güthe-Triebel[6] A. 78, 81), sobald also der Betroffene (auch der mittelbar Beteiligte, der der Eintr. nur zuzustimmen hat) die Bewilligung (Zustimmung) dem GBA. gegenüber erklärt (eingereicht; s. § 13 A. 19ff.) oder demjenigen, zu dessen Gunsten sie erfolgt, eine den Vorschriften der GBO. entsprechende Bewilligung ausgehändigt hat (vgl. §§ 873 Abs. 2, 875 Abs. 2, 876 Satz 3, 877, 880 Abs. 2 BGB.). Wird in letzterem Fall die Eintr.-Bew. von dem Begünstigten vorgelegt, so hat der GBuchrichter mangels entgegenstehender Tatsachen davon auszugehen, daß die EintrBew. unwiderruflich ist, d. h. daß sie von dem Betroffenen ausgehändigt u. daß nicht vor oder gleichzeitig mit der Aushändigung dem Begünstigten ein Widerruf zugegangen ist (Güthe-Triebel[6] A. 31, 80, 84). Mit der gerichtl. oder notariellen Beurkundung tritt dagegen die Unwiderruflichkeit der EintrBew. nur dann ein, wenn sie vertragsmäßig dem Begünstigten gegenüber abgegeben wurde u. dieser ein Recht auf eine Vertragsausfertigung hat (KGJ. 49, 149). Wird die EintrBew. durch Urteil ersetzt (s. u. A. 47ff.), so tritt die Unwiderruflichkeit (u. die materielle Bindung) mit dem Erlaß (§ 895 ZPO.) oder der Rechtskraft des Urteils (§ 894 ZPO.) ein (Güthe-Triebel[6] A. 99; Predari A. 38).

24 **b)** Einen nach dem Wirksamwerden der EintrBew. erklärten einseitigen Widerruf hat der GBuchrichter nicht zu beachten (JFG. 8, 228). Erklärt daher der Bewilligende dem GBA. gegenüber, daß er seine Bewilligung zurückziehe, so hat das GBA. die Eintr. gleichwohl vorzunehmen, sofern nicht der Widerrufende allein den EintrAntrag gestellt hat u. in dem Widerruf zugleich eine Zurücknahme des Antrags zu erblicken ist (BayObLG. 23, 169; s. auch § 31 A. 4ff.). Über Verhinderung der Eintr. durch einstw. Verfügung s. § 18 A. 17.

25 **c)** Unwiderruflichkeit u. Bindung hindern den Berechtigten nicht, andere EintrBewilligungen bez. des nämlichen Rechts abzugeben (z. B. Abtretung nach Löschungsbew., doppelte Abtretung); die EintrBew. enthält keine Verfügungsbeschränkung gegenüber Dritten (RG. 55, 342; 73, 50; 81, 68; 113, 407; BayObLG. i. SeuffA. 67, 326; OLG. 6, 261; 29, 321; KGJ. 49, 152). Welche EintrBew. dann vollzogen wird u. zur Rechtsänderung führt, hängt vom Zeitpunkt der EintrAnträge (vgl. § 17) ab. Der GBuchrichter darf den auf die zweite EintrBew. gestützten Antrag nicht zurückweisen, auch wenn ihm das Vorhandensein der ersten Bew. bekannt ist (Güthe-Triebel[6] A. 74).

Unwiderruflichkeit der EintrBew. u. materielle Bindung können zeitlich auseinanderfallen, z. B. wenn die EintrBew. vor der Einigung vorgelegt wird oder wenn umgekehrt die Einigung erfolgt, bevor die EintrBew. ausgehändigt oder vorgelegt wird; solange letzteres nicht geschehen ist, ist die EintrBew. trotz Einigung widerruflich (Güthe-Triebel[6] A. 83). Ein Widerruf der EintrBew. kann (aber muß nicht) im Rücktritt vom schuldrechtl. Vertrag erblickt werden (BayObLG. 12, 478).

26 **d)** Der Widerruf der EintrBew. hat in der Form des § 29 zu erfolgen (vgl. § 31; Güthe-Triebel[6] A. 84; Hesse-Saage-Fischer A. V).

27 **V. Anfechtung u. Nichtigkeit der Eintragungsbewilligung** richten sich nach den allgem. für Willenserklärungen geltenden Vorschriften (§§ 104ff., 116ff. BGB.). Erscheint dem

GBuchrichter die Nichtigkeit oder wirksame Anfechtung (§ 142 BGB.) in gehöriger Form dargetan, so ist der EintrAntrag zurückzuweisen (Güthe-Triebel[6] A. 87; Hesse-Saage-Fischer A. V); andernfalls ist der Bewilligende auf den Klageweg zu verweisen. Wegen der Zulässigkeit einer einstw. Verfügung s. § 18 A. 17. Über Nichtigkeit der Einigung u. den Einfluß der Nichtigkeit des Grundgeschäfts s. RG. 63, 185; 72, 64; 75, 74; 78, 282; BayObLG. 7, 388; Staud.-Kober § 873 A. 65ff.; RGRK. § 873 A. 7b; § 925 A. 6; vgl. auch unten § 20 A. 74.

VI. Die Vorschrift des § 19 gilt für **Eintragungen jeglicher Art** (s. Vorbem. 2 vor § 13), 28 mögen sie eine Rechtsänderung oder eine bloße GBuchberichtigung, mögen sie eine endgültige oder eine bloß vorläufige Eintragung (Vormerkung, Widerspruch) zum Gegenstand haben (OLG. 8, 306; ZBlFG. 6, 148). Die Ansicht, daß § 19 auf die GBuchberichtigung keine Anwendung finde, hat im Gesetz keine Stütze (RG. 73, 156; OLG. 3, 225; 9, 332; 40, 262; Güthe-Triebel[6] A. 24). Die Berichtigung des GBuchs kann also auch dadurch bewirkt werden, daß der Buchberechtigte die Eintr. des wirklich Berechtigten bewilligt, statt daß der Nachweis der Unrichtigkeit des GBuchs geführt wird.

C. Ausnahmen von dem Erfordernis der Eintragungsbewilligung.

I. In einigen Fällen wird zur Eintr. **mehr** erfordert als die formellrechtl. EintrBew. 29 des Betroffenen, nämlich auch noch der Nachweis der (materiellrechtl.) Einigung u. zwar im Falle der Auflassung eines Grundstücks sowie der Bestellung, Inhaltsänderung oder Übertragung eines Erbbaurechtes (§ 20; s. o. A. 6 u. § 20 A. 36). Das gleiche gilt teilweise für die Rechte, auf die nach Landesrecht die sich auf Grundstücke beziehenden Vorschriften Anwendung finden (s. § 3 A. 10ff.; § 20 A. 37ff.). Dagegen ist nicht erforderlich, daß die Einigung der Eintr. vorausgeht; s. § 20 A. 2.

II. 1. In anderen Fällen ist eine EintrBew. entweder überhaupt **nicht** erforderlich 30 oder es bedarf wenigstens nicht der EintrBew. **aller** Betroffenen. Soweit aber in diesen Fällen an die Stelle der EintrBew. andere EintrGrundlagen treten, kann regelmäßig nach Wahl des Antragstellers die Eintr. statt auf Gr. dieser besonderen EintrGrundlagen auch auf Gr. der EintrBew. (Berichtigungsbewilligung) des Betroffenen verlangt werden.

Hieher gehören die Fälle:

a) des **§ 21 GBO.** (Aufhebung eines Rechtes des jeweiligen Eigtr.). Unter gewissen Voraussetzungen bedarf es der Bew. eines mittelbar Beteiligten nicht.

b) des **§ 22 GBO.** (GBuchberichtigung); vgl. auch §§ 23, 24.

c) des **§ 25 GBO.** (Löschung einer Vormerkung oder eines Widerspruchs auf Gr. einer vollstreckbaren Entscheidung).

d) des **§ 26 GBO.** (Abtretung einer Briefhyp., -grund- oder -rentenschuld). Die Abtretungserklärung ersetzt die EintrBew.

e) des **§ 38 GBO.** (Eintr. auf Gr. des Ersuchens einer Behörde). Das EintrErsuchen ersetzt die EintrBew.

f) der **§§ 885, 899 BGB.** (Eintr. einer Vormerkung oder eines Widerspruchs auf Gr. einer einstweiligen Verfügung); s. u. A. 65ff.

g) des **§ 927 BGB.** (Eintr. des Eigtr. auf Gr. Ausschlußurteils).

Ein Ausschlußurteil ist auch bez. eines realen oder eines ideellen Bruchteils möglich, nicht dagegen bez. des Anteils an einer Gesamthandsgemeinschaft; ferner auch bez. grundstücksgleicher Rechte (s. § 3 A. 10ff.) u. bez. eines vor dem 22. Jan. 1919 eingetragenen Erbbaurechts (vgl. § 11 Abs. 1 Satz 1 ErbbRVO.; Predari § 7 A. 2; Güthe-Triebel[6] A. 136; **a. M.** Staud.-Kober § 1017 A. 4, c α). Zu dem Antrag auf Eintr. des neuen Eigtr., der keiner Form bedarf (§ 30; Turnau-F. § 927 A. III; **a. M.** RGRK. § 927 A. 9 u. a.), ist derjenige berechtigt, der das Urteil erwirkt hat. § 39 Abs. 1 findet keine Anwendung (Güthe-Triebel[6] A. 138).

Eine Ausfertigung des Ausschlußurteils ist dem GBA. vorzulegen.

Sind in dem Ausschlußurteil angemeldete Eigentumsrechte vorbehalten (§ 953 ZPO.), so kann die Eintr. des Antragstellers als Eigtr. nur mit Zustimmung derjenigen erfolgen, zu deren Gunsten der Vorbehalt aufgenommen ist (OLG. 15, 353; Güthe-Triebel[6] A. 140).

Der EintrVermerk in Spalte 4 der ersten Abt. kann etwa lauten: „Auf Gr. des Ausschlußurteils des Amtsgerichts Seefeld vom .... eingetragen am ....".

Schon vor der Antragstellung kann der Antragsberechtigte sein Aneignungsrecht durch Eintr. einer Vormerkung sichern lassen (Staud.-Kober § 927 A. 4).

h) des **§ 928 Abs. 2 BGB.** (Eintr. des Fiskus oder sonstigen Aneignungsberechtigten nach Verzicht auf das Eigentum).

α) Der Verzicht auf das Eigentum ist nur hinsichtl. von Grundstücken u. realen oder ideellen Teilen solcher, nicht aber bez. eines Gesamthandanteils daran u. nicht bez. des Erbbaurechts u. anderer grundstücksgleicher Rechte möglich (s. Güthe-Triebel[6] A. 143). Die Eintr. des Verzichts, der nicht unter einer Bedingung oder Zeitbestimmung erfolgen darf (Staud.-Kober § 928 A. 3, c), erfolgt auf Gr. einer formbedürftigen (§ 29) Bew. des Eigtr. u. auf dessen Antrag; der Aneignungsberechtigte ist nicht antragsberechtigt (RGRK. § 928 A. 5). Der Verzichtende soll vor Eintr. des Verzichts eingetragen sein (§ 39 Abs. 1); zur Wirksamkeit des Verzichts ist dies aber nicht erforderlich (Güthe-Triebel[6] A. 145). Der Verzicht wird in Spalte 4 der ersten Abt. des GBuchs eingetragen; Näheres s. § 3 A. 106 a. E.

Durch den Verzicht werden die dem Grundstück zustehenden subjektiv-dingl. Rechte nicht berührt. Dingl. Rechte Dritter bleiben bestehen (RG. 82, 74); dies gilt auch für eine EigtrHyp. oder -Grundschuld (Güthe-Triebel[6] A. 142). Die eingetragenen Berechtigten können in der Zeit zwischen der Eintr. des Verzichts u. der Eintr. des Aneignungsberechtigten solche Verfügungen über ihr Recht treffen, die der Zustimmung des Eigtr. nicht bedürfen, z. B. eine Abtretung (Güthe-Triebel a. a. O.). Unter der gleichen Voraussetzung können Verfügungsbeschränkungen u. neue Rechte eingetragen werden (vgl. KGJ. 38, 262).

β) Die Eintragung des Aneignungsberechtigten erfolgt auf dessen (formlosen) Antrag (Güthe-Triebel[6] A. 144). Die Eintr. in Spalte 4 kann etwa lauten: „Auf Gr. gesetzlichen Aneignungsrechtes eingetragen am ...." (Güthe-Triebel[6] A. 147). Der Aneignungsberechtigte erwirbt das Eigentum mit seiner Eintr. (§ 928 Abs. 2 Satz 2 BGB.). Eine zugunsten eines Dritten eingetragene Auflassungsvorm. ist auch gegenüber dem Aneignungsberechtigten wirksam (Staud.-Kober § 928 A. 4 unter e).

Aneignungsberechtigt ist grundsätzlich der Landesfiskus (§ 928 Abs. 2 BGB.). Unberührt sind aber die landesgesetzl. Vorschriften geblieben, nach denen das Aneignungsrecht einer bestimmten anderen Person zusteht (Art. 129 EG. z. BGB.). Wg. Preußen vgl. Güthe-Triebel[6] A. 146. In Bayern besteht keine von § 928 BGB. abweichende Regelung; vgl. auch Schmitt in BayNotZ. 1915, 380 u. die dort abgedruckte FinMinEntschl. v. 14. Sept. 1915. Der Aneignungsberechtigte kann vor seiner Eintr. sein Aneignungsrecht abtreten (RG. 82, 74; 103, 166). Der Zessionar erwirbt das Eigentum dann mit der auf seinen Antrag erfolgenden Eintr. (vgl. Staud.-Kober § 928 A. 4; RGRK. A. 7).

i) des **§ 1139 BGB.** (Eintr. eines Widerspruchs wegen unterbliebener Darlehenshingabe). Unter gewissen Voraussetzungen genügt der EintrAntrag[1]). Es bedarf weder einer EintrBew. des Betroffenen oder einer gerichtl. Anordnung noch des Nachweises, daß die Hingabe des Darlehens unterblieben ist. Antragsberechtigt ist nur der Grundstückseigtr., nicht auch der persönl. Schuldner. Gleichgültig ist, ob die Hyp. noch für den ursprüngl.

---

[1]) Nach Ablauf der Monatsfrist des § 1139 BGB. kann ein Widerspruch nur unter den Voraussetzungen des § 899 BGB. eingetragen werden.

Gl. eingetragen oder auf einen neuen Gl. umgeschrieben ist. § 39 Abs. 1 ist nicht anwendbar (s. § 39 A. 3). § 1139 BGB. findet keine Anwendung auf Sicherungshypotheken u. auf Grund- u. Rentenschulden, ebensowenig auf die Nichtbezahlung des Abtretungsentgelts im Falle der Abtretung der Hyp. Der Antrag bedarf der Form des § 29 (s. § 30 A. 4).

k) der **§§ 830 Abs. 1, 837 Abs. 1 ZPO.** (Pfändung u. Überweisung einer Buchhyp. usw. auf Gr. Pfändungs- u. Überweisungsbeschlusses); s. u. A. 53ff.

l) der **§§ 866, 867 ZPO.** (Eintr. einer Zwangshypothek); s. u. A. 31ff.

m) des **§ 932 ZPO.** (Eintr. einer Arresthypothek); s. u. A. 42ff.

n) der **§§ 894, 895 ZPO.** (Ersetzung der EintrBew. durch Urteil); s. u. A. 47ff.

o) des **§ 4 GBBerG.** (Eintr. einer Ersatzhypothek); s. Vorbem. 193 vor § 13.

p) des **§ 5 Abs. 1 GBBerG.** (Eintr. des Aufwertungsbetrags in Reichsmark statt in Goldmark); vgl. Vorbem. 180, 199 vor § 13.

q) Hieher gehören ferner alle Fälle, in denen das GBA. eine Eintr. **von Amts wegen** vorzunehmen hat (z. B. §§ 18 Abs. 2, 53, 76; vgl. § 13 A. 7, 8).

r) Keiner EintrBew. bedarf es bei Eintr. auf Gr. eines **Unschädlichkeitszeugnisses.** Näheres s. § 27 A. 39.

s) Zur Eintr. einer **Zinssenkung** bei einer Hyp. oder Grundschuld bedarf es bis auf weiteres der EintrBew. u. der Zustimmung des Grundstückseigtr. nicht (§ 2 des Ges. ü. d. Eintr. von Zinssenkungen im GBuch v. 11. Mai 1937, RGBl. I 579). Dies gilt nicht nur für GBuchberichtigungen, sondern auch für rechtsgeschäftl. Änderungen des Zinssatzes. Ist eine Hyp. oder Grundschuld durch geleistete Abzahlungen oder Tilgungsraten teilweise EigtrGrundschuld geworden (§§ 1163 Abs. 1 Satz 2, 1177 BGB.), so bedarf es auch insoweit zur Eintr. der Zinssenkung nicht der Bewilligung des Eigtr. (als Grundschuldgl.). Vgl. auch § 29 A. 6 unter a.

Im Wege der Berichtigung sind insbes. zu vermerken die kraft Gesetzes eingetretenen Zinssenkungen auf Gr. folgender Bestimmungen:

α) Zinssenkung auf dem Kapitalmarkt: 1. Teil Kap. III, 1. Abschn. der NotVO. v. 8. Dez. 1931 (RGBl. I 700) mit DurchfVO. v. 23. Dez. 1931 (RGBl. I 793) u. v. 26. März 1932 (RGBl. I 171).

β) Zinserleichterung für den landwirtschaftlichen Realkredit: VO. v. 27. Sept. 1932 (RGBl. I 480) mit DurchfVO. v. 24. Nov. 1932 (RGBl. I 534) u. v. 16. Dez. 1932 (RGBl. I 562); Ges. v. 28. Sept. 1934 (RGBl. I 860); Ges. v. 31. Juli 1935 (RGBl. I 1057) mit DurchfVO. v. 4. Juni 1936 (RGBl. I 480) u. v. 28. Sept. 1936 (RGBl. I 852).

Ges. ü. d. Zinserleichterung f. landwirtschaftl. Auslandskredit v. 20. Juli 1933 (RGBl. I 524) mit DurchfVO. v. 31. Okt. 1933 (RGBl. I 794); VO. v. 30. Sept. 1936 (RGBl. I 859) u. v. 22. März 1937 (RGBl. I 425).

γ) Zinsermäßigung bei den öffentl. Anleihen: Ges. v. 27. Febr. 1935 (RGBl. I 286) mit DurchfVO. v. 26. März 1935 (RGBl. I 470, 505), v. 15. Juli 1935 (RGBl. I 1031) v. 29. Aug. 1935 (RGBl. I 1118), v. 22. Sept. 1935 (RGBl. I 1179), v. 7. Febr. 1936 (RGBl. I 62), v. 11. Aug. 1936 (RGBl. I 632), v. 13. Sept. 1936 (RGBl. I 734), v. 29. Jan. 1937 (RGBl. I 101) u. v. 13. April 1937 (RGBl. I 455).

Wegen der vertraglichen Zinsermäßigung s. Ges. ü. Hypothekenzinsen v. 2. Juli 1936 (RGBl. I 533) mit 1. DurchfVO. v. 2. Juli 1936 (RGBl. I 536) u. 2. DurchfVO. v. 2. Juli 1936 (RGBl. I 537). Vgl. auch die Amtl. Erläuterung des Ges. DJ. 1936, 1033.

Über die bei Eintr. einer Zinsermäßigung vorgesehenen Gebührenbefreiungen s. Vorbem. 237 vor § 13.

t) Keiner EintrBew. bedarf es zur Eintr. der Erhöhung einer Hyp. oder Grundschuld einer Kreditanstalt um die **Konvertierungskosten** von 1¾% gem. Art. 5 Abs. 3 der 2. Durchf.-VO. z. Ges. ü. d. Durchführung einer Zinsermäßigung bei Kreditanstalten v. 26. März 1935 (RGBl. I 470). Vgl. auch Art. 2, 3 der 4. DurchfVO. v. 22. Sept. 1935 (RGBl. I 1179).

Ferner ist keine EintrBew. erforderlich zu der Eintr., daß eine eingetragene Löschungsvormerkung nach § 1179 BGB. auch für den Betrag gilt, um den sich die Hyp. oder Grundschuld erhöht hat (5. DurchfVO. v. 13. Sept. 1936, RGBl. I 734), sowie zur Eintr. der nach den Vorschriften des erwähnten Ges. sich ergebenden Änderungen der Jahresleistungen u. ihrer Laufzeit bei Reallasten zugunsten einer Kreditanstalt (Art. 11 der 4. DurchfVO. v. 22. Sept. 1935, RGBl. I 1179).

u) Die EintrBew. des Betroffenen ist nicht erforderlich zu der auf Antrag der höheren Forstaufsichtsbehörde erfolgenden Eintr. der rechtl. Änderungen, die sich aus der **Umwandlung oder Ablösung von Holznutzungsrechten** ergeben (§ 23 Abs. 2 der VO. z. Förderung der Nutzholzgewinnung vom 30. Juli 1937, RGBl. I 876).

v) Bei der Schaffung von Eigenheimen als **Rentenstellen für ländliche Arbeiter u. Handwerker** bedarf die lastenfreie Abschreibung zur Bildung eines selbständigen unbelasteten Grundstücks nicht der Entpfändungserklärungen der auf dem Hauptgrundstück eingetragenen dinglich Berechtigten, soweit von dem Hauptgrundstück nicht mehr als 1 ha Fläche abgeschrieben wird. Weitere Abschreibungen sind unter gewissen Voraussetzungen ohne Zustimmung der Gl. zulässig (§ 9 Abs. 1 der VO. z. beschleunigten Förderung des Baues von Heuerlings- u. Werkwohnungen sowie von Eigenheimen für ländl. Arbeiter u. Handwerker v. 10. März 1937, RGBl. I 292). Bei Grunddienstbarkeiten u. beschr. persönl. Dienstbarkeiten kann die lastenfreie Abschreibung ohne Zustimmung des Berechtigten erfolgen, wenn seine Belange dadurch nicht wesentlich beeinträchtigt werden oder das allgemeine Interesse an der Begründung der Landarbeiterstelle überwiegt (§ 9 Abs. 2 a. a. O.). Darüber, ob die Voraussetzungen der lastenfreien Abschreibung gegeben sind, entscheidet die Durchführungsbehörde (§ 9 Abs. 3 mit § 4 Abs. 1 a. a. O.).

w) Keiner Rangrücktrittserklärung der eingetragenen Berechtigten bedurfte es zur Eintr. der **Hauszinssteuerablösungshypothek** (Gebäudeentschuldungssteuerablösungshyp.) gem. § 3 des Zweiten Teils Kap. I der NotVO. v. 8. Dez. 1931 (RGBl. I 699, 706), geändert durch VO. v. 6. Febr. 1932 (RGBl. I 60), v. 19. März 1932 (RGBl. I 135, 140) u. v. 30. Sept. 1932 (RGBl. I 489), mit DurchfVO. v. 11. Febr. 1932 (RGBl. I 67). Die Ablösungshyp. war im GBuch als „Ablösungshypothek gemäß Teil II Kapitel I § 3 der VO. des Reichspräsidenten v. 8. Dez. 1931" zu bezeichnen (§ 3 Abs. 5 der NotVO.). Die Hyp. erlischt mit Ablauf von 10 Jahren seit der Eintr. u. bei gänzlicher oder teilweiser Zurückzahlung in Höhe des zurückbezahlten Betrags. Das gleiche gilt, wenn die Forderung, für welche die Hyp. bestellt ist, nicht zur Entstehung gelangt (§ 3 a Abs. 3 a. a. O.). In diesen Fällen entsteht also keine Eigtr.-Grundschuld. Bei Eintr. der Hyp. war der Zeitpunkt ihres Erlöschens im GBuch zu vermerken (§ 3a Abs. 4 a. a. O.). Die Hyp. nimmt kraft Gesetzes die erste Rangstelle ein. Sie geht auch Auflassungsvormerkungen im Range vor (KG. in HRR. 1933 Nr. 148), nicht aber Verfügungsbeschränkungen (JFG. 11, 347; KG. in HRR. 1933 Nr. 1691). Der Vorrang der Hauszinssteuerablösungshyp. brauchte im GBuch nicht vermerkt zu werden; er ergibt sich aus ihrer Bezeichnung. Es bedarf weder einer Bezeichnung der einzelnen zurücktretenden Rechte noch eines Rangvermerks bei diesen (JFG. 11, 342). Auch eine bereits eingetragene Darlehenshyp. konnte ohne Zustimmung der gleich- u. nachstehenden Berechtigten die Eigenschaft einer Ablösungshyp. an erster Rangstelle erhalten (JFG. 11, 336).

x) Vgl. auch Art. 11 Abs. 1 Satz 1 des Zusatzabkommens über die schweizerischen Goldhypotheken v. 25. März 1923 (RGBl. II 284, 286)[1].

y) Bei der Löschung einer nach Art. 4 bayer. GraphitG. v. 12. Nov. 1937 (GVBl. 299) erloschenen Berechtigung zur Aufsuchung oder Gewinnung von Graphit

[1]) Ausführungsbestimmungen zu dem Ges. hierüber v. 23. Juni 1923 (RGBl. II 284) s. RGBl. 1923 II 291, 410; 1924 II 40, 145; 1925 II 16, 128. Vgl. auch RG. 140, 353 u. Balkhausen in DNotZ. 1935, 461.

kann die Löschungsbew. durch eine amtl. Bescheinigung des Oberbergamtes ersetzt werden (Art. 4 Abs. 4 Satz 2 a. a. O.).

2. Die Zwangshypothek (§§ 866ff. ZPO.). 31

Bei Eintr. der Zwangshyp. wird von einer Bewilligung des Betroffenen ganz abgesehen; die Eintr. ist eine Maßregel der Zwangsvollstreckung. Ihre Voraussetzungen sind sowohl der ZPO. wie der GBO. zu entnehmen; das Verfahren, insbes. die Beschwerde, richtet sich aber nach der GBO. (RG. 48, 243; 85, 166; 106, 81; BayObLG. 25, 282; OLG. 11, 102; 41, 33; Güthe-Triebel[6] A. 100; Predari A. 39). Das GBA. hat neben den gbuchrechtl. Eintr.-Voraussetzungen auch die Vollstreckungsvoraussetzungen zu prüfen (RG. 85, 166; OLG. 11, 102; 25, 198; JFG. 9, 302; Stein-Jonas § 867 A. I).

a) **Voraussetzung** der Eintragung einer Zwangshyp. ist: 32

α) die Zulässigkeit der Zwangsvollstreckung im allgemeinen. Sie ist z. B. unzulässig in einen Erbhof (§ 38 Abs. 1 REErbhG.; vgl. Vorbem. 150, 164 vor § 13), ferner in eine Heimstätte wegen einer dinglich nicht gesicherten Schuld des Heimstätters (§ 20 Abs. 1 RHeimstG. i. d. Fass. v. 25. Nov. 1937, RGBl. I 1291), wobei aber die Beitreibung öffentl. Abgaben (vgl. §§ 372, 373 RAbgO.) ausgenommen ist (§ 20 Abs. 3 RHeimstG.; JFG. 3, 447; vgl. Vorbem. 95 vor § 13). Wg. des landwirtschaftl. Entschuldungsverfahrens s. Vorbem. 131 vor § 13, wg. des landwirtschaftl. Vermittlungsverfahrens § 14 der VO. v. 24. Sept. 1932 (RGBl. I 473).

Wg. der Zwangshyp. an einem neurechtl. Erbbaurecht s. § 8 ErbbRVO. u. oben § 8 A. 43.

In ein Eigenheim (Rentenstelle für ländl. Arbeiter u. Handwerker) darf wegen einer persönl. Schuld nur mit Genehmigung der Durchführungsbehörde vollstreckt werden (§ 11 Abs. 3 VO. v. 10. März 1937, RGBl. I 292).

Zur Zwangsvollstr. gegen eine Gemeinde bedarf der Gl. einer Zulassungsverfügung der Aufsichtsbehörde, es sei denn, daß es sich um die Verfolgung dinglicher Rechte handelt; im einzelnen s. Vorbem. 72, 73 vor § 18.

In Preußen bedarf es zur Zwangsvollstr. gegen juristische Personen des öffentl. Rechts (mit Ausnahme von Kredit- u. Versicherungsanstalten), soweit nicht dingl. Rechte verfolgt werden, einer Zulassungsverfügung der Staatsaufsichtsbehörde (§§ 2ff. preuß. Ges. v. 11. Dez. 1934, GS. 457). Wg. der Zwangsvollstr. gegen den preuß. Landesfiskus s. § 1 a. a. O.

In Bayern ist, soweit nicht dingl. Rechte verfolgt werden, die Zwangsvollstr. nach den Vorschriften der ZPO. gegen den Fiskus u. unter Leitung des Staates oder einer Gemeinde stehende Körperschaften u. Stiftungen unzulässig (Art. 9 bayer. AG.z.ZPO.). Doch gelten für die Zwangsvollstr. gegen Stiftungen, die in der Verwaltung der Gemeinde stehen (vgl. § 66 DGO.), die Bestimmungen des § 116 DGO. (Schattenfroh, DGO. § 116 A. III 3 c).

Über die Unzulässigkeit der Zwangsvollstr. in inländische Grundstücke ausländischer diplomatischer Vertreter s. KG. in HRR. 1933 Nr. 1522.

β) ein vollstreckbarer Schuldtitel[1]) über Leistung[2]) einer bestimmten Geldsumme (vgl. 33
die Beispiele bei § 14 A. 3 bis 5, ferner BayObLG. 10, 35). Unzulässig ist die Eintr. einer

---

[1]) Eine Ausnahme besteht bei der Zwangsvollstr. wegen der Rentenbankgrundschuld. Hier ersetzt der Antrag der Deutschen Rentenbank den vollstreckb. Titel (§ 6 Abs. 7 der VO. über die Errichtung der Deutschen Rentenbank v. 15. Okt. 1923, RGBl. I 963, mit §§ 1ff. DurchfBest. hiezu v. 14. Nov. 1923, RGBl. I 1092).

[2]) Auch ein Duldungstitel, der die Haftung oder die Verpflichtung zur Duldung der Zwangsvollstr. bez. einer bestimmten fremden Schuld (z. B. auf Gr. des AnfechtungsG.) ausspricht, genügt (RG. 89, 361; KGJ. 37, 303), dagegen nicht eine Verurteilung zur Sicherheitsleistung oder zur Schuldbefreiung. Wohl aber kann eine Zwangshyp. auf Gr. von Urteilen, die zur Hinterlegung oder zur Zahlung an einen Dritten verurteilen, eingetragen werden (JFG. 12, 309; Güthe-Triebel[6] A. 103 Abs. 6; vgl. auch JFG. 7, 376). Ist der Schuldner zur Bewilligung einer Sicherungshyp. verurteilt, so kann nur nach § 894 ZPO. vollstreckt werden (s. u. A. 47ff.).

Zwangshyp. für künftig fällig werdende Leistungen (RJA. 4, 44; OLG. 41, 152). Ist der Schuldner auf Antrag des Gl. gem. § 890 ZPO. zu einer Geldstrafe verurteilt, so kann der Gl. nicht die Eintr. einer Zwangshyp. für die Geldstrafe beantragen (JFG. 9, 301). Das gleiche gilt im Falle des § 888 ZPO.

Ersucht das Finanzamt um Eintr. einer Zwangshyp. für Steuerforderungen (§§ 372ff. RAbgO.), so braucht es dem GBA. keinen VollstrTitel vorzulegen (JFG. 11, 325; OLG. Karlsruhe in HRR. 1932 Nr. 1964).

Der Betrag der in dem vollstreckb. Schuldtitel bezeichneten Forderung muß (andernfalls liegt eine i. S. des § 53 inhaltlich unzulässige, nichtige Eintr. vor: RG. 60, 279; RJA. 1, 16) den Betrag von 300 RM. übersteigen (§ 866 Abs. 3 Satz 1 ZPO. i. d. Fass. des Ges. v. 27. Okt. 1933, RGBl. I 780). Dies gilt aber nicht für wertbeständige Zwangshypotheken (s. u. A. 40)[1]. Auf Gr. mehrerer demselben Gl. zustehender Schuldtitel (insbes. Urteil u. Kostenfestsetzungsbeschluß) kann eine einheitl. Sicherungshyp. eingetragen werden (§ 866 Abs. 3 Satz 2 ZPO.). Eine Zusammenrechnung mehrerer Forderungen je unter 300 RM. aus mehreren Schuldtiteln ist also (im Gegensatz zu dem bis zur Neufassung des § 866 ZPO. im Okt. 1933 geltenden Rechtszustand) zulässig. Auch mehrere Forderungen von Gerichtskosten u. sonstigen öffentl. Abgaben können zusammengerechnet werden. Es kann sogar für die von demselben Finanzamt verwalteten Reichs-, Landes-, Gemeinde- u. Kirchensteuerforderungen eine einheitl. Zwangshyp. eingetragen werden (JFG. 11, 330). Nicht statthaft ist die Zusammenrechnung der in einer Klage verbundenen u. in einem Titel zusammengefaßten Ansprüche verschiedener Gl.; für jeden von ihnen muß eine besondere Hyp. eingetragen werden (RJA. 4, 245; KGJ. 20, 101; 40, 307). Eine unter unzulässiger Zusammenrechnung mehrerer Forderungen erfolgte Eintr. einer Zwangshyp. ist unzulässig i. S. des § 53 (RG. 60, 284; KGJ. 40, 314).

Zulässig ist eine Zwangshyp., bei der neben dem Gl. als Inhaber der Forderung einzelne im Schuldtitel aufgeführte Zahlungsempfänger (Pfändungsgläubiger des Klägers) als solche im GBuch eingetragen werden, mögen auch die an diese Zahlungsempfänger zu zahlenden Beträge einzeln den Betrag von 300 RM. nicht übersteigen; dies muß nur bez. der Summe aller Einzelbeträge der Fall sein (JFG. 7, 373). Ist auf Gr. eines Schuldtitels bereits eine Zwangshyp. über einen Teilbetrag eingetragen, so darf eine weitere Zwangshyp. wegen des Restbetrags nur dann eingetragen werden, wenn dieser den Betrag von 300 RM. übersteigt (KGJ. 40, 309). War dagegen die Eintr. einer Zwangshyp. von über 300 RM. beantragt u. hat das GBA. nur für einen Teilbetrag eine Zwangshyp. eingetragen, bez. des Restbetrags aber die Eintr. abgelehnt, so ist, wenn das EintrHindernis später behoben wird, die Eintr. einer weiteren Zwangshyp. für den Restbetrag zulässig, auch wenn dieser unter 300 RM. bleibt (JFG. 7, 392).

Zinsen bleiben, soweit sie als Nebenforderung geltend gemacht sind, außer Betracht (§ 866 Abs. 3 Satz 1 Halbs. 2 ZPO.). Sie dürfen also in den Mindestbetrag von 300 RM. nicht eingerechnet werden. Dagegen können andere Nebenforderungen, insbes. Kosten mit der Hauptforderung zusammengerechnet werden, soferne sie durch einen besonderen Kostenfestsetzungsbeschluß festgesetzt sind (Güthe-Triebel[6] A. 103 Abs. 8). Die Eintr. einer selbständigen Zwangshyp. für die Kosten auf Gr. eines Kostenfestsetzungsbeschlusses oder für eine sonstige Nebenforderung ist nur zulässig, wenn die Kosten oder die Nebenforderung für sich den Betrag von 300 RM. übersteigen, gleichgültig, ob für die Hauptforderung eine Zwangshyp. eingetragen ist oder eingetragen werden könnte (RG. 61, 423; KGJ. 21, 121; 40, 301; BayObLG. 7, 282; 12, 200).

---

[1]) § 866 Abs. 3 ZPO. ist auch nicht anwendbar auf die Sicherungshypotheken gem. § 128 Abs. 1 ZVG. (OLG. 5, 458) u. gem. § 54 FGG. (Güthe-Triebel[6] § 38 A. 18), ferner nicht auf die Zwangshyp. aus § 648 BGB. (RJA. 2, 41; KGJ. 36, 259) u. auf die Sicherungshyp. gem. § 848 Abs. 2 ZPO. (OLG. 5, 458).

Bei Verteilung der Forderung nach § 867 Abs. 2 ZPO. brauchen die Teilbeträge 300 RM. nicht zu übersteigen (RG. 84, 276; OLG. 3, 201; 5, 331; RJA. 16, 113).

§ 866 Abs. 3 ZPO. ist auch anwendbar auf die Eintr. einer Zwangshyp. an einer Heimstätte wegen einer dinglich nicht gesicherten Geldforderung gegen den Heimstätter nach § 20 Abs. 2 RHeimstG. (JFG. 8, 375); ferner gilt eine eingetragene Verschuldungsgrenze (s. Vorbem. 94 vor § 13) auch für eine derartige Zwangshyp. (§ 20 Abs. 2 Satz 2 RHeimstG.).

Die Kosten der Eintr. sind nicht eintragungsfähig, da hiefür das Grundstück kraft Gesetzes haftet (§§ 788, 867 Abs. 1 Satz 3 ZPO.; KGJ. 35, 325; JFG. 3, 400; 4, 398; 9, 299; vgl. RG. 119, 213)[1]; dasselbe gilt von den gesetzl. Zinsen (§ 1118 BGB.). Dagegen müssen vertragsmäßige Zinsen eingetragen werden, wenn für sie ein Vollstreckungstitel besteht. Nicht eintragungsfähig sind auch die Rechtsanwaltsgebühren für den EintrAntrag (Brandstetter in JW. 1933, 1446). Ist unzulässigerweise auch die Eintr. der Kosten beantragt, so hat das GBA. Zwischenverfügung, die auf entspr. Einschränkung des Antrags hinwirkt, zu erlassen (KGJ. 44, 263).

Über Zwangsvollstr. aus wertbeständigen Schuldtiteln s. u. A. 40.

γ) die Vollstreckungsklausel (§ 725 ZPO.); nicht genügend ist ein Rechtskraftzeugnis **34** (§ 706 ZPO.). Nur Kostenfestsetzungsbeschlüsse, die auf das Urteil gesetzt sind (§ 105 ZPO.), bedürfen der VollstrKlausel nicht (§ 795 ZPO.), ebensowenig Vollstreckungs- u. Arrestbefehle, sowie einstw. Verfügungen, wenn keine Rechtsnachfolge eingetreten ist (§§ 796, 929, 936 ZPO.). Der GBuchrichter hat nur zu prüfen, ob die VollstrKlausel formell richtig, insbes. von dem zuständigen Beamten erteilt ist (s. §§ 724 Abs. 2, 725, 727 Abs. 2, 730 Abs. 3, 733 Abs. 4, 795, 797 Abs. 2, 801 ZPO.; vgl. § 14 A. 6); dagegen ist der Prüfung des GBA. die Frage entzogen, ob die gesetzl. Voraussetzungen für die Erteilung der Klausel gegeben waren (JFG. 8, 368).

δ) der Nachweis der sonstigen Voraussetzungen der Zwangsvollstreckung **35** (BayObLG. 15, 536), insbes. namentliche Bezeichnung von Gl. u. Schuldner im Schuldtitel oder in der VollstrKlausel (§§ 750 Abs. 1, 795, 801 ZPO.). Ferner sind vor allem zu beachten die Vorschriften über die Vollstr. in Sondervermögen (eheliches Vermögen[2]), Vereins-, Gesellschafts-, Nachlaßvermögen: §§ 735—749, 794 Abs. 2 ZPO.). Weitere Voraussetzungen sind: vorherige Zustellung des Schuldtitels u. der in § 750 Abs. 2 ZPO. bezeichneten Urkunden (s. aber auch §§ 799, 800 Abs. 2 ZPO.), Ablauf der einwöchigen Frist des § 798 ZPO. bei nicht auf das Urteil gesetzten Kostenfestsetzungsbeschlüssen u. bei Urkunden nach § 794 Ziffer 5 ZPO., sowie bei der Zwangsvollstr. auf Gr. eines Entschuldungsplanes oder Zwangsvergleichs (Art. 28 Abs. 3 Satz 1 der 9. DurchfVO. z. SchRegG. v. 24. Nov. 1937, RGBl. I 1305), Ablauf des Kalendertags im Falle des § 751 Abs. 1 ZPO. (wegen künftig fälliger Ansprüche ist nur eine Arresthyp. zulässig: OLG. 7, 323; KGJ. 52, 125), Nachweis der Sicherheitsleistung u. Zustellung des Nachweises (§ 751 Abs. 2 ZPO.)[3], Nachweis der Be-

---

[1] Die Kosten der Ausfertigung u. Zustellung des Urteils, auf Gr. dessen die Zwangshyp. eingetragen wird, bedürfen dagegen der ausdrückl. Eintr. (KGJ. 30, 246); doch braucht für sie ein besonderer Schuldtitel nicht beigebracht zu werden (§ 788 Abs. 1 ZPO.; KG. in DNotV. 1930, 748 = HRR. 1930 Nr. 1772).

[2] Fehlt der Duldungstitel gem. § 739 ZPO., so ist eine auf dem Grundstück der Ehefrau eingetragene Zwangs-(Arrest-)Hyp. nichtig (KG. in DNotV. 1930, 243). Zur Zwangsvollstr. in das Gesamtgut einer Gütergemeinschaft ist nicht erforderlich, daß das Urteil gegen den Ehemann (den überlebenden Ehegatten) gerade „in seiner Eigenschaft als Verwalter des Gesamtguts" ergangen ist. Es genügt ein Titel gegen den Ehemann usw. schlechthin (JFG. 9, 310).

Keines Duldungstitels bedarf es bei der Zwangsvollstr. gegen eine Ehefrau als Betriebsinhaberin auf Gr. eines Entschuldungsplans oder Zwangsvergleichs (Art. 28 Abs. 3 Satz 2 der 9. DurchfVO. z. SchRegG. v. 24. Nov. 1937, RGBl. I 1305).

[3] Eine unter Verletzung der Vorschriften der §§ 750, 751 ZPO. eingetragene Zwangshyp. ist nichtig (KGJ. 52, 125); Heilung tritt auch nicht bei Nachholung der Zustellung oder Sicherheitsleistung ein (KGJ. 53, 193). S. auch A. 38.

friedigung des Schuldners oder des Annahmeverzugs bei Leistungen Zug um Zug u. Zustellung dieses Nachweises (§§ 765, 756 ZPO.), Anzeige an die Militärbehörde (§ 752 ZPO.)[1]). Diese Voraussetzungen sind in der Form des § 29 nachzuweisen.

36 ε) der Eintragungsantrag des Gläubigers (§§ 13, 16, 28), der formlos gestellt werden kann (§ 30; RG. 71, 314; KGJ. 33, 304; vgl. § 30 A. 3); das Eingetragensein des Schuldners (§§ 39, 40, 14), ferner bei Vollstreckung in einen Bruchteil (§ 864 Abs. 2 ZPO.) Eintr. des Anteilsverhältnisses (§ 47). An einem zu einer Vorerbschaft gehörigen Grundstück kann eine Zwangshyp. nach Eintr. des Vorerben u. des Nacherbenvermerks eingetragen werden (KGJ. 27, 133). Zulässig ist, daß der Gl. die Eintr. eines geringeren Forderungsbetrags als der in dem Schuldtitel genannten Summe beantragt (RG. 71, 315; KGJ. 41, 248; vgl. § 13 A. 13). Die Eintr. einer Zwangshyp. für Gerichtskosten erfolgt nicht auf Ersuchen, sondern auf Antrag der Gerichtskasse (KGJ. 33, 301).

37 **b)** Sollen mehrere Grundstücke des Schuldners mit einer Zwangshyp. belastet werden, so kann keine Gesamthyp. eingetragen werden, sondern der Gl. hat den Betrag der Forderung auf die einzelnen Grundstücke zu verteilen (§ 867 Abs. 2 ZPO.). Dies gilt auch für den Fall, daß die Zwangshyp. zuerst auf einem Grundstück eingetragen wurde u. später noch auf einem weiteren eingetragen werden soll; hier muß der Gl. in Höhe des auf das weitere Grundstück einzutragenden Betrags auf die bereits bestehende Zwangshyp. verzichten (RG. 98, 108). Die einzelnen Teilbeträge brauchen 300 RM. (§ 866 Abs. 3 Satz 1 ZPO.) nicht zu übersteigen (s. o. A. 33). „Mehrere Grundstücke" liegen auch dann vor, wenn ein gemeinschaftl. Blatt geführt wird (§ 4), nicht dagegen, wenn eine Vereinigung (§ 5) oder eine Bestandteilszuschreibung (§ 6) stattgefunden hat. Ideelle Miteigentumsanteile stehen bei Anwendung des § 867 Abs. 2 ZPO. den Grundstücken gleich. Besteht eine Forderung gegen mehrere Gesamtschuldner, so kann auf je einem Grundstück jedes Schuldners der ganze Betrag eingetragen werden, so daß hier eine Gesamthyp. entsteht (OLG. 2, 356).

§ 867 Abs. 2 ZPO. ist nicht anwendbar, wenn für eine Forderung, für die bereits eine Vertragshyp. besteht, auf einem anderen Grundstück desselben Schuldners eine Zwangshyp. eingetragen werden soll (OLG. 6, 135; Güthe-Triebel[6] A. 112; bestr., s. u. A. 38), ferner wenn eine Zwangshyp. auf einem Grundstück eingetragen ist u. dieses später geteilt wird; hier entsteht sodann eine Gesamtzwangshyp. (Güthe-Triebel[6] A. 112 a. E.). Zulässig ist es auch, einer Zwangshyp. ein weiteres Grundstück als Pfand zu unterstellen, so daß eine Gesamthyp. entsteht. Vgl. auch Kriener in BayNotV. 1932, 324. § 867 Abs. 2 ZPO. findet keine (auch keine entspr.) Anwendung, wenn der Schuldner verurteilt ist, eine Gesamthyp. an bestimmten Grundstücken zu bestellen (JFG. 5, 328).

Die Bestimmung des Gl. über die Verteilung des Forderungsbetrags bedarf nicht der Form des § 29 (RG. 71, 312; BayObLG. 10, 222; **a. M.** OLG. 14, 212; 16, 312; 19, 24).

Die Eintr. einer Zwangshyp. an mehreren Grundstücken ohne Verteilung nach § 867 Abs. 2 ZPO. ist in allen ihren Teilen nichtig u. inhaltlich unzulässig i. S. des § 53 (KGJ. 40, 310; 49, 233; JFG. 14, 103). Eine EigtrGrundschuld kann aus einer solchen Eintr. nicht entstehen (OLG. 33, 123; KGJ. 40, 310). Auch kann die Zwangshyp. nicht dadurch an einem Grundstück zu einer zulässigen Einzelhyp. gemacht werden, daß sie auf den anderen Grundstücken gelöscht wird (KG. in HRR. 1929 Nr. 2139 = DNotV. 1930, 246). Wird jedoch trotz der inhaltl. Unzulässigkeit bei einer solchen Gesamtzwangshyp. eingetragen, daß sie als Grundschuld auf den Eigtr. übergegangen sei (was gleichfalls inhaltlich unzulässig ist) u. die Grundschuld nach Abtretung auf einen Dritten umgeschrieben, so ist diese Eintr. nunmehr inhaltlich zulässig (JFG. 14, 102).

---

[1]) Wegen der Festsetzung des Begriffs „Militärbehörde" vgl. Bek. des RWehrMin. v. 7. Dez. 1933 (RMBl. 690).

Über die Unzulässigkeit einer Zwischenverfügung bei fehlender Verteilung des Forderungsbetrags auf die einzelnen Grundstücke s. § 18 A. 14.

38 **c)** Die Zwangshyp., die stets Sicherungshyp. ist, entsteht mit der Eintragung (§ 867 Abs. 1 Satz 2 ZPO.); an die Stelle der Einigung u. der EintrBew. tritt der vollstreckbare Schuldtitel. Ein Mangel der formellen Voraussetzungen der Zwangsvollstr. macht die Zwangshyp. nichtig, so daß auch keine EigtrHyp. entsteht; es besteht Anspruch auf GBuchberichtigung, ebenso ist ein Amtswiderspruch nach § 53 Abs. 1 Satz 1 einzutragen; nach Behebung des Mangels ist die Zwangshyp. neu einzutragen (RG. 20, 435; 25, 370; 26, 399; 56, 215; 83, 336; BayObLG. 13, 248; OLG. 9, 134; 25, 198; 41, 36). Dagegen ist der Mangel des Antrags u. des Eingetragenseins des Schuldners unschädlich (Güthe-Triebel[6] A. 109 a. E.).

Im übr. gelten auch bei der Zwangshyp. die allgemeinen Erfordernisse für die Eintr. einer Hyp.; vgl. im einzelnen § 3 A. 169ff. Lautet der VollstrTitel auf eine nach dem jeweiligen Reichsbankdiskontsatz verzinsl. Forderung, so kann die Miteintragung der Zinsen dadurch ermöglicht werden, daß der Gl. in seinem Antrag selbst einen angemessenen Höchstzinssatz bezeichnet (JFG. 7, 392; KG. in JW. 1934, 1506 = DNotZ. 1934, 777).

Eine Zwangshyp. kann ohne Zustimmung des Vollstreckungsschuldners (Grundstückseigtr.) mit Vorrang vor einem bereits bestehenden Recht eingetragen werden, wenn der Gl. dieses Rechts die Eintr. bewilligt oder zur Abgabe einer solchen Erklärung rechtskräftig verurteilt ist; die Zustimmung des Eigtr. wird durch den VollstrTitel ersetzt. Es bedarf ihrer auch nicht zu einer nachträgl. Rangänderung der Zwangshyp. (KG. in JFG. 12, 304). Dies gilt auch für die kraft Gesetzes entstehende Zwangshyp. des § 848 ZPO. (KG. a. a. O.).

Wird der Vollstreckungstitel oder die vorläufige Vollstreckbarkeit nachträglich aufgehoben oder die Zwangsvollstreckung für unzulässig erklärt oder ihre Einstellung oder die Aufhebung der Vollstreckungsmaßregel angeordnet oder Sicherheit geleistet, so erwirbt der Eigtr. (d. h. derjenige, der es zur Zeit des Eintritts dieser Tatsachen ist) die Zwangshyp. (§§ 868, 775, 776 ZPO.; § 1177 BGB.; RG. 78, 403; vgl. auch BayObLG. 24, 331). Die Herbeiführung der Löschung durch den Eigtr. ist kein Akt der Zwangsvollstr. (JW. 1927, 838).

39 **d)** *α*) Die bestrittene Frage, ob eine Zwangshyp. neben einer anderen (rechtsgeschäftl.) Hyp. für die gleiche Forderung an einem anderen Grundstück des Schuldners eingetragen werden kann, wird nunmehr überwiegend bejaht (RG. 70, 245; 98, 106; KG. in JFG. 13, 82 gegen KGJ. 44, 285; Turnau-F. II 654; Brand-Schnitzler[6] § 118 S. 316; v. Rozycki-v. Hoewel S. 402; Stein-Jonas § 867 A. V 2; Baumbach ZPO. § 867 A. 1B; RGRK. § 1132 A. 3; auch Staud.-Kober § 1132 A. 6 unter Beschränkung auf den Fall, daß die bestehende Vertragshyp. eine Sicherungshyp. ist; so auch BayObLG. 15, 530; 16, 6; **a. M.** Güthe-Triebel[6] Vorbem. 38 vor § 13; zweifelnd Hesse-Saage-Fischer § 48 A. II 1 Abs. 3). Mit RG. 98, 106; KG. in JFG. 13, 82 ist anzunehmen, daß eine Gesamthyp. hiedurch nicht entsteht, daß aber im GBuch ein Mitbelastungsvermerk nach § 47 einzutragen ist (**a. M.** Hesse-Saage-Fischer a. a. O.).

β) An einem ideellen Bruchteil eines im Alleineigentum stehenden Grundstücks darf eine Zwangshyp. nicht eingetragen werden (§ 864 Abs. 2 ZPO.). Eine Ausnahme gilt nur, wenn der Erwerb des zu belastenden Bruchteils wirksam angefochten ist, sowie im Falle des § 419 Abs. 2 BGB. (vgl. Vorbem. 40 vor § 13).

40 **e)** Die wertbeständige Zwangshypothek. Zulässig sind auch wertbeständige Schuldtitel (§ 9 der Bek. zur Entlastung der Gerichte i. d. Fass. v. 13. Mai 1924, RGBl. I 552, mit DurchfVO. v. 27. Juni 1924, RGBl. I 660). Die Höhe der zu zahlenden Geldsumme kann nach verschiedenen Maßstäben bestimmt sein, insbes. auch nach den für wertbeständige Hyp. zugelassenen Wertmessern (s. § 28 A. 13); vgl. auch § 1 RoggenschuldenG. v. 16. Mai 1934 (RGBl. I 391). Ist letzteres der Fall oder ist die Schuldsumme in Steuer- oder Dollargoldmark (s. § 28 A. 14 Fußn.) ausgedrückt, so kann auf Gr. des Schuldtitels eine wertbeständige Zwangs-

Hyp. eingetragen werden. Ist dagegen die auf Gr. des Schuldtitels zu zahlende Summe in anderer Weise wertbeständig bestimmt (z. B. in Rentenmark oder nach Maßgabe einer amtl. Teuerungszahl), so kann nicht eine wertbeständige Zwangshyp., sondern nur eine in Reichsmark ausgedrückte Höchstbetragshyp. eingetragen werden, wobei als Höchstbetrag die Geldsumme einzutragen ist, die sich aus der letzten vor dem Eingang des EintrAntrags beim GBA. veröffentlichten amtl. Feststellung ergibt (§ 14 Satz 2 EntlBek.). Eine solche Reichsmarkhöchstbetragshyp. kann als einheitl. Recht zur Sicherung einer auf Goldmark lautenden Haupt- u. einer auf Reichsmark lautenden Nebenforderung eingetragen werden (KG. in DNotV. 1930, 748). Dies gilt insbes. auch für Schuldtitel in ausländischer Währung (s. § 28 A. 21). Die Vorschrift des § 866 Abs. 3 ZPO. über den Mindestbetrag der Zwangshyp. gilt für im Zwangswege eingetragene wertbeständige Hypotheken nicht (§ 14 Satz 1 Halbs. 2 EntlBek.).

Auf Gr. eines auf ausländische Währung lautenden Schuldtitels kann eine Höchstbetragshyp. in Reichswährung eingetragen werden; der Höchstbetrag ist nach dem Kurse des Tages der Antragstellung beim GBA. zu berechnen (RG. 106, 74; BayObLG. 22, 107; OLG. 43, 234). Die Umrechnung hat der Antragsteller vorzunehmen; sie unterliegt der Nachprüfung des GBA. (s. § 28 A. 21).

Wegen des Erfordernisses der devisenrechtlichen Genehmigung zur Eintr. einer Zwangshyp. s. Vorbem. 51 vor § 18.

41 **f)** Über die Form der Eintragung der Zwangshyp. s. § 3 A. 179. Die Eintr. ist auf dem Schuldtitel zu vermerken (§ 867 Abs. 1 Satz 1 ZPO.).

Für die Kosten der Eintr. der Zwangshyp. haftet neben dem Antragsteller der Grundstückseigtr. als Vollstreckungsschuldner gesamtschuldnerisch (§ 3 Ziff. 4, § 4 Abs. 1 Satz 1 KostenO.). Die Kosten berechnen sich nach den gewöhnl. Vorschriften (volle Gebühr; § 56 Abs. 1 KostenO.). Geschäftswert ist der Nennbetrag der Hyp.; die Kosten, für die das Grundstück gem. § 867 Abs. 1 Satz 3 ZPO., § 1118 BGB. kraft Gesetzes haftet (s. o. A. 33 a. E.), bleiben bei der Bemessung des Wertes außer Betracht.

Wegen der Anwaltsgebühr für den EintrAntrag s. §§ 23 Ziff. 18, 31 Abs. 2 RechtsanwaltsGebO.

3. Die Arresthypothek (§ 932 ZPO.)[1].

42 **a)** Sie ist immer Höchstbetragshyp.[2]), wobei als Höchstbetrag die im Arrestbefehl festgesetzte Lösungssumme (Arrestabwendungssumme) gilt (§§ 923, 932 Abs. 1 Halbs. 2 ZPO.)[3]); ihre Eintr. ist wie bei der Zwangshyp. ebenfalls sowohl ein Akt der Zwangsvollstr. wie der freiw. Gerichtsbarkeit (s. o. A. 31). Die Arresthyp. entsteht erst mit der Eintr. (OLG. 13, 231). Erforderlich zur Eintr. sind Vorlage des Arrestbefehls (Ausfertigung des Urteils oder Beschlusses, §§ 922, 929 ZPO.), Vollstreckungsklausel nur im Falle der Rechtsnachfolge (§ 929 Abs. 1 ZPO.), namentliche Bezeichnung des Gl. u. des Schuldners (RG. 85, 163), Duldungstitel gegen den Ehemann, wenn sich der Arrestbefehl gegen eine im gesetzl. Güterstand lebende Frau richtet (§§ 928, 739 ZPO.), Angabe des einzutragenden Höchstbetrags (§ 923 ZPO.) im Arrestbefehl. § 866 Abs. 3 ZPO. findet auf die Arresthyp. Anwendung. Sie darf also nur eingetragen werden, wenn die Lösungssumme den Betrag von 300 RM. übersteigt (RG. 60, 279; BayObLG. 13, 753; KGJ. 49, 232; JW. 1931, 3285; Baumbach ZPO. § 932 A. 2 A; Güthe-Triebel[6] A. 115; **a. M.** insbes. Stein-Jonas § 932 A. II 3); doch ist es unschädlich, wenn der Arrest zur Sicherung mehrerer je 300 RM. nicht übersteigender Forderungen dient, wenn nur die Lösungssumme 300 RM. übersteigt (vgl. § 866 Abs. 3 Satz 2 ZPO. in der Neufassung v.

---

[1]) Der dingl. Arrest selbst kann in das GBuch nicht eingetragen werden (vgl. BayObLG. 13, 248).

[2]) Wegen der Folgen einer unzulässigen Zinseintragung bei der Arresthyp. s. § 3 A. 180.

[3]) Wird die Eintr. nur wegen eines Teils der Arrestforderung beantragt, so ist dieser als Höchstbetrag einzutragen (OLG. 41, 36).

27. Okt. 1933, RGBl. I 780; so bisher schon JFG. 7, 401). Auf die Höhe der Forderung kommt es nicht an.

Eintragung vor Zustellung an den Schuldner ist zulässig; die Einhaltung der Vollziehungsfrist von einem Monat (§ 929 Abs. 2, 3 ZPO.) ist nachzuweisen; in der Regel genügt Nachweis der Verkündung oder Zustellung an den Gl. (OLG. 13, 231; vgl. auch BayObLG. 13, 248). Vgl. auch unten A. 65.

Die Vollziehung des Arrestes erfolgt bereits mit dem Eingang des Antrags beim GBA. (§ 932 Abs. 3 ZPO.), vorausgesetzt, daß dieser ohne Hindernis erledigt werden kann; sonst gilt er erst nach Behebung des Hindernisses als vollzogen (OLG. 13, 231). Wird nach Eintr. einer Arresthyp. der Arrest durch vorläufig vollstreckbares Versäumnisurteil aufgehoben u. daraufhin die Hyp. gelöscht u. wird sodann nach Einlegung des Einspruchs der Arrest bestätigt, so lebt die Arresthyp. nicht von selbst wieder auf, sondern muß neu eingetragen werden (JFG. 5, 317). § 929 ZPO. findet keine Anwendung auf einen vom Strafrichter gem. § 27 der 1. DurchfVO. zum Ges. ü. d. Devisenbewirtschaftung v. 4. Febr. 1935 (RGBl. I 114) erlassenen Arrestbefehl. Im übr. s. § 27 Abs. 2 a. a. O.

Zum Vollzuge des Arrestes auf Gr. § 378 RAbgO. genügt Vollstreckungsantrag, da das GBA. die Vollstreckbarkeit u. damit auch die Einhaltung der (auch für Arrestbefehle nach der RAbgO. geltenden) Vollziehungsfrist des § 929 ZPO. (vgl. RG. 108, 253; § 78 Abs. 2 Satz 2, 3 BeitrO. v. 23. Juni 1923, RMBl. 595) nicht nachzuprüfen hat (§§ 378 Abs. 2, 372 Abs. 4 RAbgO.). Nach Ansicht des KG. (KGJ. 53, 119; JFG. 11, 325) gilt § 929 ZPO. für die Arrestbefehle der Finanzbehörden überhaupt nicht.

b) *α*) Die Arresthyp. kann auf Gr. Vollstreckungstitels u. formlosen Antrags des Gl. (samt etwaiger Verteilungserklärung gem. § 867 Abs. 2 ZPO.) in eine Zwangshypothek umgeschrieben werden (RJA. 11, 57; OLG. 44, 177). Nur wenn der Grundstückseigtr. inzwischen gewechselt hat, bedarf es dessen EintrBew. (oder eines gegen ihn gerichteten Titels). Der Titel, auf Gr. dessen die Umschreibung erfolgt, muß auf Zahlung einer Geldsumme gerichtet sein. Genügend ist auch ein zur Erteilung der Umschreibungsbewilligung verurteilendes rechtskräftiges Urteil (vgl. OLG. 44, 177). Bei dieser Umwandlung dürfen Zinsen erst vom Tage der Eintr. der Umwandlung ab hinzugefügt werden (KGJ. 31, 337; RJA. 11, 57). **43**

Die vertragsmäßige Umwandlung der Arresthyp. in eine gewöhnl. Hypothek, eine Grund- oder Rentenschuld (§§ 1186, 1198 BGB.) ist zulässig u. erfordert Einigung u. EintrBew. des Gl. u. des Eigtr. (JFG. 10, 228; Güthe-Triebel[6] A. 121; Stein-Jonas § 932 A. III; RGRK. § 1186 A. 1); der Überschuß über den festgestellten Betrag der Forderung wird EigtrGrundschuld, zu deren Löschung also Bewilligung des Eigtr. (gegebenenfalls auch des früheren) nötig ist (RGRK. § 1190 A. 1; Planck § 1190 A. 2e; Staud.-Kober § 1190 A. 18).

β) Wird die Arresthyp. nach Aufhebung des Arrestes gelöscht, so wird das GBuch nicht dadurch unrichtig, daß später die den Arrestbefehl aufhebende Entscheidung ihrerseits aufgehoben wird (JFG. 5, 520). Die durch die Aufhebung des Arrestes zur EigtrGrundschuld gewordene Arresthyp. geht auch dann nicht wieder auf den Arrestgl. über, wenn dieser zur Abwendung der Vollstreckung der den Arrest aufhebenden Entscheidung Sicherheit leistet (JFG. 5, 321).

c) Im übrigen gelten für die Arresthyp. die Vorschriften über die Zwangshyp. entsprechend (§ 932 Abs. 2 ZPO.); s. o. A. 31ff. Insbes. ist bei der Eintr. an mehreren Grundstücken § 867 Abs. 2 ZPO. zu beachten. **44**

Bei Eintr. einer Arresthyp. auf Gr. eines wertbeständigen Arrestbefehls gilt das gleiche wie für eine Zwangshyp. auf Gr. eines wertbest. Schuldtitels (s. o. A. 40 sowie Güthe-Triebel[6] A. 121). Wegen der Arresthyp. für eine Forderung in ausländischer Währung s. § 28 A. 21.

Wegen des Erfordernisses der devisenrechtl. Genehmigung bei Eintr. einer Arresthyp. s. Vorbem. 61 vor § 18.

45 d) Über die Form der Eintragung der Arresthyp. s. § 3 A. 180. Die Eintr. ist auf dem Arrestbefehl zu vermerken (§§ 932 Abs. 2, 867 Abs. 1 Satz 1 ZPO.). Für die Eintr. auf mehreren Grundstücken gilt das für die Zwangshyp. Gesagte (s. o. A. 37) entsprechend (§§ 932 Abs. 2, 867 Abs. 2 ZPO.).

Hinsichtl. der Kosten der Eintr. der Arresthyp. gilt das gleiche wie bei der Zwangshyp.; s. o. A. 41.

46 e) Auch die **Arrestpfändung** einer Buchhypothek (auch einer EigtrGrundschuld) nach § 845 ZPO. kann in das GBuch eingetragen werden. Da die Wirkung eines Arrestes aber schon mit der Zustellung an den Drittschuldner eintritt, hat die Eintr. lediglich die Bedeutung einer GBuchberichtigung, die allerdings im Hinblick auf den öffentl. Glauben des GBuchs notwendig ist (RG. 71, 179; 82, 227; BayObLG. 14, 437; OLG. 23, 213; vgl. auch Schanz in BayZ. 1908, 302).

Bei der Arrestpfändung einer Briefhypothek muß innerhalb der Frist des § 929 Abs. 2 ZPO. sowohl der Pfändungsbeschluß erlassen als auch die Übergabe des Briefs (oder seine Wegnahme durch den Gerichtsvollzieher) erfolgt sein (RG. 75, 181; KGJ. 41, 241; OLG. Dresden in JW. 1933, 1342; Güthe-Triebel[6] A. 130; Stein-Jonas § 929 A. II 2). Ebenso ist bei der Arrestpfändung einer Buchhyp. die Frist des § 929 Abs. 2 ZPO. nur dann gewahrt, wenn die Pfändung innerhalb der Frist eingetragen wird.

Über die Arrestpfändung des Auflassungsanspruchs s. BayObLG. 13, 248.

47 **4. Eintragungen auf Grund eines Urteils** (§§ 894, 895 ZPO).

Das rechtskräftige Urteil, durch das der Schuldner zur Abgabe der EintrBew. verurteilt ist, ersetzt die EintrBew. (§ 894 Abs. 1 Satz 1 ZPO.). Ist der Schuldner durch ein vorläufig vollstreckbares Urteil zur Abgabe einer Willenserklärung verurteilt, auf Grund deren eine Eintr. in das GBuch erfolgen soll, so gilt die Eintr. einer Vormerkung oder eines Widerspruchs als bewilligt (§ 895 ZPO.). Eine Vorm. ist einzutragen, wenn Gegenstand des Urteils der schuldrechtl. Anspruch auf Einräumung oder Aufhebung eines Rechtes an einem Grundstück oder an einem Grundstücksrecht oder auf Änderung des Inhalts oder des Ranges eines solchen Rechts ist. Ein Widerspruch ist einzutragen, wenn ein dingl. Recht nicht oder nicht richtig im GBuch eingetragen oder durch die Eintr. einer nicht bestehenden Belastung oder Beschränkung beeinträchtigt ist.

48 a) **Urteile** i. S. der §§ 894, 895 ZPO. sind auch Anerkenntnis- u. Vollstreckungsurteile (§§ 307, 722, 1042 ZPO.), nicht aber Vollstreckungsbefehle u. vollstreckbare Urkunden (§ 794 Ziff. 4, 5 ZPO.). Auf Gr. eines gerichtl. Vergleichs (§ 794 Ziff. 1, 2 ZPO.) kann eine Eintr. nur erfolgen, wenn die Bewilligung in dem Vergleich erklärt ist; eine Verpflichtung zur Abgabe der EintrBew. genügt nicht (RG. 55, 58; 62, 157; BayObLG. 16, 93; OLG. 30, 140; Güthe-Triebel[6] A. 91). Wegen der Auflassung insbes. vgl. § 20 A. 49.

49 b) Gleichgültig ist, ob das Urteil auf Bewilligung einer Rechtsänderung, auf GBuchberichtigung oder auf Abgabe einer Einigungs-, Abtretungs-, Belastungs-, Verpfändungs- oder Aufhebungserklärung gerichtet ist (RG. 48, 48; 49, 417; 55, 56; vgl. § 26); dagegen genügt nicht eine bloße Anerkennung oder Feststellung des klägerischen Rechts (RG. 48, 400; vgl. BayNotZ. 1913, 192). Die Urteilsformel allein ist nicht maßgebend; auch die Urteilsgründe sind zur Auslegung heranzuziehen (OLG. 10, 103; 14, 190; 26, 4; Güthe-Triebel[6] A. 92). Ein Urteil, das auf „Wiederholung der Abtretung einer Hyp. in gbuchmäßiger Form" lautet, ersetzt gem. § 894 ZPO. die EintrBew.; einer öffentl. Beglaubigung der Abtretungserklärung bedarf es nicht mehr (KG. in JW. 1935, 1185 = DNotZ. 1935, 323; vgl. auch BayOb.-LG. in JW. 1934, 2247). § 894 ZPO. ist nicht anwendbar, wenn der Schuldner alternativ zur Abgabe einer Willenserklärung oder zu einer Leistung verurteilt ist (RG. 53, 80). Ist

an einem Grundstück, das mehreren nach Bruchteilen gehört, ein Nießbrauch eingetragen, so kann auf Gr. eines von nur einem Miteigtr. erwirkten, auf Bewilligung der Löschung lautenden Urteils der ganze Nießbrauch gelöscht werden (KG. in DFG. 1936, 219; o. Gr.).

Das Urteil muß inhaltlich den Anforderungen einer EintrBew., also insbes. den §§ 20, 28, 47 GBO., §§ 1115ff. BGB. entsprechen (RG. 46, 412; Güthe-Triebel[6] A. 92).

c) Vorzulegen ist eine Urteilsausfertigung mit Rechtskraftzeugnis (§ 706 ZPO.). **50**
Vollstreckungsklausel u. Zustellungsnachweis sind nicht erforderlich (Güthe-Triebel[6] A. 94; Hesse-Saage-Fischer A. VI 1; bestr.). Nur im Falle des § 894 Abs. 1 Satz 2 ZPO. (Abhängigkeit der EintrBew. von einer Gegenleistung) ist eine vollstreckb. Ausfertigung des Urteils (§§ 725ff. ZPO.) erforderlich.

Im Falle des § 895 ZPO. (Eintr. einer Vormerkung oder eines Widerspruchs) bedarf es nur der Vorlegung eines vorläufig vollstreckb. Urteils (vgl. KGJ. 51, 194). Wegen der Wiederaufhebung eines solchen Urteils vgl. § 25.

Im Falle der Rechtsnachfolge ist Rechtsnachfolgeklausel (§§ 325, 727 ZPO.) erforderlich. Keiner Umschreibung der VollstrKlausel bedarf es, wenn der Beklagte nach Beginn der Zwangsvollstr. (d. h. hier nach Anordnung der Eintr. oder nach Zwischenverfügung) gestorben ist (§ 779 ZPO.; Güthe-Triebel[6] A. 98). Wegen der vorgängigen Eintr. des Erben s. §§ 14, 40 Abs. 1; wegen des Urteils für oder gegen den Testamentsvollstrecker u. den Vorerben s. §§ 326, 327, 728 ZPO. Bei gütergemeinschaftl. Ehegatten genügt zur Vollstreckung in das Gesamtgut Verurteilung des Mannes, wenn nicht die Frau allein eingetragen ist (§ 740 ZPO.; OLG. 9, 113; 10, 373; KGJ. 40, 159; bestr.; vgl. RG. 108, 285); s. auch Fußn. 1 Abs. 2 bei A. 35.

d) Außer der EintrBew. ersetzt das Urteil auch die vormundschaftsgerichtl. Genehmigung (OLG. 29, 258; KGJ. 31, 293; Güthe-Triebel[6] A. 97; **a. M.** Hesse-Saage-Fischer A. VI 1), nicht aber eine behördliche Gen. (z. B. nach der Grundstückverkehrsbek., dem WohnsiedlG., den devisenrechtl. Vorschriften usw.). Ebensowenig ersetzt das Urteil die Zustimmung nicht verurteilter Dritter, z. B. des Eigtr., des Pfandgl., des Ehemannes (Güthe-Triebel[6] A. 97). **51**

Neben dem Urteil ist noch erforderlich ein EintrAntrag u. gegebenenfalls die Vorlage des HypBriefs. Selbständig vom GBuchrichter sind auch zu prüfen die Eintragungsfähigkeit des einzutragenden Rechts u. das Eingetragensein des Verurteilten (§§ 39, 40; KGJ. 51, 194; Güthe-Triebel[6] A. 96).

Wegen der Verurteilung zur Auflassung s. § 20 A. 61.

Für die Kosten der Eintr. auf Gr. eines Urteils haftet der Verurteilte neben dem Antragsteller als Gesamtschuldner (§ 3 Ziff. 4, § 4 Abs. 1 Satz 1 KostenO.).

5. Die Pfändung.

a) Die Pfändung von Grundstücksrechten. **52**

α) Der Pfändungsbeschluß ersetzt die Bewilligung des VollstrSchuldners zur Eintr. des Pfändungspfandrechts (§§ 803 Abs. 1 Satz 1, 830, 857 Abs. 6 ZPO.; KGJ. 22, 771). Dieses kann nur begründet werden[1]) an Hypotheken, Grund- u. Rentenschulden, soweit nicht deren Übertragbarkeit ausdrücklich ausgeschlossen ist (§§ 399, 413 BGB.; §§ 851 Abs. 1, 857 Abs. 1 ZPO.), ferner an dem übertragbaren subjektiv-dingl. Vorkaufsrecht (§§ 1098, 514 BGB.) u. an der subjektiv-persönl. Reallast, soweit der Anspruch auf die einzelnen

---

[1]) Ausgeschlossen ist insbes. die Pfändung von Grunddienstbarkeiten, beschr. persönl. Dienstbarkeiten u. des Nießbrauchs (vgl. auch § 2 des Ges. ü. d. Veräußerung von Nießbrauchsrechten u. beschr. persönl. Dienstbarkeiten v. 13. Dez. 1935, RGBl. I 1468). Eine Pfändung eines Altenteils als solchen ist unzulässig u. nicht eintragungsfähig. Nur die einzelnen unter der Gesamtbezeichnung „Altenteil" zusammengefaßten Rechte oder Teile von ihnen können gepfändet werden, soweit deren Pfändung überhaupt zulässig ist; nur insoweit kann auch die Pfändung eingetragen werden (KG. in DNotV. 1931, 671 = JW. 1932, 1564).

Leistungen übertragbar ist (§ 1111 Abs. 2 BGB.)[1]). Soweit unübertragbare Rechte, z. B. der Nießbrauch der Ausübung nach übertragbar sind, kann das Recht auf Ausübung gepfändet (§ 857 Abs. 3 ZPO.) u. diese Pfändung eingetragen werden; sie wirkt als gerichtl. Veräußerungsverbot gem. § 136 BGB.; sie ist auch dann möglich, wenn das Recht der Ausübung einem Dritten überlassen ist (RG. 74, 78; 101, 5; Predari § 23 A. 1; Staud.-Kober § 1059 A. 7; **a. M.** OLG. 26, 95; KGJ. 48, 212; Güthe-Triebel[6] A. 128; Vorbem. 20 vor § 13; RGRK. § 1059 A. 1; Planck § 1059 A. 3). Das Pfandrecht entsteht auch hier erst mit der Eintr. Bis dahin kann der Nießbrauchsberechtigte über den Nießbrauch frei verfügen (JFG. 16, 332).

Die Pfändung einer HypForderung richtet sich nach § 830 ZPO. (s. u. A. 54). Eine Pfändung der Hyp. ohne die Forderung ist ausgeschlossen, ebenso eine Pfändung der Forderung ohne die Hyp., ausgenommen die Höchstbetragshyp. (§ 1190 Abs. 4 BGB.; § 837 Abs. 3 ZPO.). Die Pfändung von Reallasten, Grund- u. Rentenschulden erfolgt nach den für HypForderungen geltenden Vorschriften (§ 857 Abs. 6 ZPO.). Die Pfändung kann sich auch auf die Zinsen einer Hyp. beschränken (RG. 78, 78).

Wegen der Pfändung sonstiger Rechte s. u. A. 64.

53 β) Eintragungsfähig ist auch die Vorpfändung (§ 845 ZPO.; RG. 71, 179). Sie ist jedoch nur wirksam, wenn innerhalb von drei Wochen die Pfändung durchgeführt, bei einem Buchrecht also die Eintr. im GBuch vorgenommen wird (JFG. 3, 439 = OLG. 45, 200); die Stellung des EintrAntrags beim GBA. genügt nicht. Die dreiwöchige Frist beginnt mit der Zustellung an den Schuldner. Die Vorpfändung einer EigtrHyp. oder -Grundschuld wird gem. § 857 Abs. 2 ZPO. mit der Zustellung an den Schuldner wirksam (RG. 71, 183; JFG. 3, 442). Bei wirksamer Vorpfändung hat das Pfandrecht den sich aus ihr ergebenden Rang. Es ist daher mit Vorrang vor zwischenzeitl. Pfändungen einzutragen (Henke-Mönch Anh. zu § 26 A. 10; vgl. RG. 75, 314; JFG. 3, 442).

Zur Vorpfändung ist eine devisenrechtliche Genehmigung nicht erforderlich (Ziff. III 6 Buchst. b der Richtlinien v. 19. Dez. 1936, RGBl. I 1021).

54 **b)** Die Eintr. der Pfändung einer **Briefhypothek** (-grundschuld) dient der GBuchberichtigung (§ 830 Abs. 1 Satz 1 ZPO.); die Eintr. ist zur Entstehung des Pfandrechts weder erforderlich noch ausreichend; sie setzt den Nachweis voraus, daß das Pfandrecht wirksam entstanden ist (RG. 75, 222; 85, 439; OLG. 43, 158; vgl. auch § 60 A. 9). Dagegen wird die Pfändung der **Buchhypothek** erst mit ihrer Eintragung im GBuch wirksam (§ 830 Abs. 1 Satz 3 ZPO.; vgl. RG. 63, 214; 76, 233). Ausnahmen stellen § 830 Abs. 3 ZPO. (Pfändung von rückständigen Zinsen u. der Ansprüche auf Erstattung der Kosten der Kündigung u. der Beitreibung; Pfändung einer Sicherungshyp. für eine Forderung aus einer Schuldverschreibung auf den Inhaber, einem Wechsel oder einem indossablen Papier) u. § 837 Abs. 3 ZPO. auf (Pfändung der durch eine Höchstbetragshyp. gesicherten Forderung ohne die Hyp.); hier ist die Eintr. der Pfändung unzulässig. Die Pfändung künftiger Zinsen bedarf aber der Eintr. (RG. 74, 78).

Fehlt es an der Eintr. oder der Briefübergabe, so ist das Pfandrecht auch dann nicht entstanden, wenn Eintr. oder Briefübergabe deshalb unmöglich geworden ist, weil die Hyp. gelöscht wurde (RG. 76, 231; BayObLG. 17, 7). Wird zur Pfändung einer Teilbriefgrundschuld, für die ein Teilbrief nicht gebildet ist, der Anspruch des Schuldners gegen den Besitzer des Stammbriefs auf Vorlegung des Stammbriefs an das GBA. zur Herstellung eines Teilbriefs gepfändet, so kann die Pfändung der Teilgrundschuld nicht vor der Bildung des Teilbriefs wirksam werden (KG. in JW. 1938, 900). Die Pfändung einer Gesamt-

---

[1]) Die Eintr. der Pfändung des Anspruchs auf die einzelnen Leistungen aus der Reallast ist nur zulässig, soweit es sich um künftige Leistungen handelt (§ 1107 BGB. mit § 830 Abs. 3 ZPO.; KG. in DNotV. 1931, 669 = JW. 1932, 1564).

buchhyp. wird erst mit der Eintr. auf dem letzten GBuchblatt wirksam (RG. 63, 75; KGJ. 44, 187). Die Eintr. der Pfändung einer Buchhyp. wird unzulässig, sobald der Schuldner dem GBA. die einstw. Einstellung der Zwangsvollstreckung nachweist (§ 775 Ziff. 2 ZPO.; BayObLG. 11, 59). Der Anspruch auf Pfändung einer Hyp. kann nicht durch Vormerkung gesichert werden (RG. 56, 14; s. auch DNotV. 1927, 338). Dient der Pfändungsbeschluß der Vollziehung eines Arrestbefehls, so ist die Monatsfrist des § 929 Abs. 2 ZPO. nur dann gewahrt, wenn Eintr. oder Briefübergabe innerhalb der Frist erfolgt ist (RG. 75, 181; KGJ. 41, 241; Stein-Jonas § 929 A. II 2). Zulässig ist die Pfändung einer in Goldmark oder sonst wertbeständig ausgedrückten HypForderung wegen einer Reichsmarkforderung. Auch eine Hyp. in fremder Währung ist wegen einer Reichsmarkforderung pfändbar; bei Teilpfändung muß der Pfändungsgl. seine Forderung in die fremde Währung umrechnen (KG. in HRR. 1929 Nr. 1398). Eine Löschungsvormerkung steht der Pfändung (u. Überweisung) der Hyp. u. deren Eintr. nicht im Wege (BayObLG. 19, 158; ZBlFG. 9, 337; 10, 355; vgl. RG. 61, 374). Ist eine nicht durch Hyp. gesicherte Forderung gepfändet worden (§ 929 ZPO.), so ergreift das Pfändungspfandrecht, wenn später eine Hyp. für die Forderung eingetragen wird, ohne weiteres auch diese. Auf Antrag ist zugleich mit der Hyp. das Pfandrecht einzutragen. Die Eintr. der Hyp. ohne das Pfandrecht macht das GBuch unrichtig (JFG. 4, 413; BayObLG. 32, 23). Der Rang mehrerer Pfändungspfandrechte untereinander sowie zu einem etwaigen Vertragspfandrecht ist in diesem Falle von dem Zeitpunkt der Eintr. in das GBuch unabhängig u. richtet sich ausschließlich nach dem Zeitpunkt der Entstehung der Pfandrechte; in dieser Rangfolge sind die Pfandrechte einzutragen, auch wenn die EintrAnträge in anderer Zeitfolge beim GBA. eingegangen sind (BayObLG. a. a. O.). Über den Einfluß des Zuschlags auf die Hypothekpfändung vgl. RG. 70, 278; 75, 313; 76, 231; RG. in DNotV. 1932, 193. Über Pfändung der Höchstbetragshyp. s. Werneburg in BayNotZ. 1918, 193.

Wird der Pfändungsbeschluß vor der Eintr. oder der Briefübergabe dem Drittschuldner zugestellt, so gilt diesem gegenüber die Pfändung als mit der Zustellung bewirkt (§ 830 Abs. 2 ZPO.). Diese Zustellung ersetzt aber die zur Wirksamkeit der Pfändung erforderl. Eintr. oder Briefübergabe nicht. Sie ist, wenn mehrere Pfändungsbeschlüsse vorliegen, für den Rang nicht maßgebend. Denn es kann nicht die Wirksamkeit der Pfändung nach erfolgter Eintr. gem. § 161 BGB. auf den Zeitpunkt der Zustellung des Pfändungsbeschlusses zurückbezogen werden; dies gilt auch bei Pfändung einer EigtrGrundschuld oder -Hyp. (RGRK. § 1190 A. 1; Gährs in JW. 1933, 1299; **a. M.** RG. 97, 223; Ripfel in DNotZ. 1936, 857; vgl. auch Bertin in JW. 1933, 1989). Der Rang mehrerer Pfandrechte an demselben Buchrecht richtet sich vielmehr nach §§ 17, 45 GBO., während bei mehrfacher Pfändung eines Briefrechtes der vom Gl. zu führende Nachweis über den Zeitpunkt der Entstehung maßgebend ist. In dieser Reihenfolge sind die Eintr. im GBuch zu bewirken (JFG. 3, 441). Fehlt es an einem urkundl. Nachweis über den Rang, so sind die Eintr. nach der allgem. Regel des § 45 nach der Reihenfolge des Eingangs der EintrAnträge vorzunehmen; eine etwaige Berichtigung des dadurch hergestellten Rangverhältnisses ist im Prozeßwege zu betreiben (KGJ. 35, 297). Wegen der Vorpfändung s. o. A. 53 unter β. — Vgl. ferner OLG. 15, 11; KGJ. 39, 248; Güthe-Triebel[6] A. 129, 130; Bertin in JW. 1933, 1988.

c) Die Eintragung der Pfändung setzt voraus: **55**

α) einen (in Ausfertigung vorzulegenden) Pfändungsbeschluß (§§ 829, 846, 857 Abs. 1 ZPO.), der vom VollstrGericht (§ 828 ZPO.) oder vom Arrestgericht (§ 930 Abs. 1 Satz 3 ZPO.) erlassen wird. Der Pfändungsbeschluß muß dem GBA. vorgelegt werden. Vorlage des Urteils oder sonstigen VollstrTitels ist nicht erforderlich. Entbehrlich ist auch der Nachweis der Zustellung des Pfändungsbeschlusses an den Schuldner oder den Drittschuldner (OLG. 6, 135; 25, 186; Güthe-Triebel[6] A. 130; **a. M.** Ricks in JW. 1931, 569).

Über den notwendigen Inhalt des Pfändungsbeschlusses s. § 829 Abs. 1 mit

§ 857 Abs. 1, 6 ZPO. Das gepfändete Recht muß zweifelfrei bestimmbar bezeichnet sein (RG. 108, 318). Der Pfändungsbeschluß ist der Auslegung nach § 133 BGB. fähig. Er darf aber nicht durch außerhalb liegende Tatsachen u. Umstände, z. B. den Inhalt des Pfändungsantrags ergänzt werden (RG. 139, 100). Bei der Pfändung einer Hyp. muß das persönl. Forderungsrecht mit dem dingl. Recht zusammen gepfändet werden (§ 1274 Abs. 1 BGB., § 804 Abs. 2 ZPO. mit § 1153 BGB.), widrigenfalls der Pfändungsbeschluß keine geeignete EintrGrundlage bildet. Er kann jedoch notfalls entspr. ausgelegt werden (BayObLG. in BayZ. 1912, 23; Baumbach § 830 A. 1). Bei Pfändung einer GesamtEigtrHyp. muß sich der Pfändungsbeschluß gegen sämtl. Eigtr. richten; es genügen aber auch mehrere Einzelbeschlüsse; das gleiche gilt, wenn das belastete Grundstück im Miteigentum mehrerer steht (RG. 63, 75; KGJ. 39, 248; KG. in HRR. 1936 Nr. 440 = JW. 1936, 887 = DNotZ. 1936, 575). Der Pfändungsbeschluß muß ferner bei Briefrechten den genauen Anfangszeitpunkt der Pfändung der Zinsen angeben; anders bei der BuchHyp., da die Pfändung erst mit der Eintr. wirksam wird u. die Zinsen von diesem Zeitpunkt ab als mitgepfändet gelten (Ricks a. a. O.; vgl. RG. 136, 233; KGJ. 46, 242; 53, 186). Das Fehlen eines gültigen Pfändungsbeschlusses macht die Eintr. der Pfändung nichtig u. das GBuch unrichtig.

56 β) einen (formlosen) Antrag des Gl. Eine Vermittlung des VollstreckungsG. bei der Antragstellung findet nicht statt. Wird der Antrag vom Prozeßbevollmächtigten gestellt, so braucht er seine Vertretungsbefugnis nicht besonders nachzuweisen.

57 γ) die übrigen allgemeinen Voraussetzungen der Eintragung, insbes. das Eingetragensein des Schuldners (§§ 39, 40; KGJ. 22, 171) u. die Vorlage des HypBriefs (§ 41).

Die Übergabe des HypBriefs an den Gl. oder dessen Wegnahme im Wege der Zwangsvollstr. (§ 808 ZPO.) ist ein materiellrechtl. Erfordernis der Pfändung (§ 830 Abs. 1 Satz 1, 2 ZPO.) u. dem GBA. daher nachzuweisen. Die Eintr. der Pfändung ersetzt die Briefübergabe nicht (OLG. 15, 11; KG. in HRR. 1929 Nr. 1968). Durch die Vorlage des Briefs an das GBA. wird nicht nur den Vorschriften der §§ 41, 42 genügt, sondern auch dem GBuchrichter der Beweis erbracht, daß der Gl. im Besitz des Briefs ist (KG. in HRR. 1931 Nr. 1708 = DNotV. 1931, 481). Auf welche Weise ihn der Gl. erlangt hat, braucht das GBA. regelmäßig nicht nachzuprüfen (Güthe-Triebel[6] A. 129 a. E.). Die Briefübergabe wird nicht dadurch ersetzt, daß der Pfandgl. den Anspruch des HypGl. gegen einen im Besitze des Briefs befindl. Dritten auf Herausgabe des Briefs pfänden u. sich zur Einziehung überweisen läßt (RG. 59, 318; 63, 214; OLG. 15, 11; 29, 217). Auch die Übergabe eines den Brief für kraftlos erklärenden Ausschlußurteils ersetzt die Briefübergabe nicht (KG. in HRR. 1931 Nr. 1708 = DNotV. 1931, 481), wohl aber die Hinterlegung des Briefes durch den Pfändungsschuldner unter Verzicht auf das Recht zur Rücknahme (RG. 135, 274). Vgl. auch KG. in HRR. 1935 Nr. 1592: Beschlagnahme des HypBriefs gem. § 94 StPO. verschafft dem Fiskus unmittelbaren Briefbesitz i. S. des § 830 ZPO. Briefübergabe ist auch erforderlich, wenn das GBA. oder die Gerichtskasse den Brief für einen Dritten verwahrt (KGJ. 44, 278). Besitzt der Gl. den Brief bereits mit Willen des Schuldners, so ist dies genügend (KGJ. 44, 280). Für den Nachpfändenden entsteht bei einer BriefHyp. ein wirksames Pfandrecht nur, wenn der erste Pfandgl. freiwillig oder durch Urteil gezwungen an der Briefübergabe mitwirkt; der zweite Pfandgl. muß mindestens den mittelbaren Mitbesitz erlangen (KGJ. 35, 299). Die Einräumung des Mitbesitzes kann durch Anschlußpfändung des Briefs ersetzt werden (JFG. 14, 324; Baumbach § 830 A. 2a).

Wegen Teilpfändung einer BriefHyp. vgl. RG. 69, 36; 75, 221; KGJ. 24, 134; GruchotsBeitr. 54, 1025. Die Pfändung muß sich auf einen bestimmten Teilbetrag beziehen; nur unter dieser Voraussetzung darf sie eingetragen werden (OLG. 4, 486). Die Pfändung eines Teilbetrags der HypForderung bewirkt deren Teilung i. S. des § 1151 BGB. (KGJ.

27, 151; Predari § 64 A. 1). Spricht der Pfändungsbeschluß die Pfändung der Hyp. „in Höhe" der angegebenen Vollstreckungsbeträge aus, so liegt darin eine Teilpfändung (KGJ. 28, 131; KG. in HRR. 1930 Nr. 1165; 1931 Nr. 1707). Ist im Pfändungsbeschluß die Pfändung auf einen Teil der Hyp. beschränkt, dieser jedoch nicht so bestimmt bezeichnet, daß er ohne Verletzung des gbuchrechtl. Bestimmtheitsgrundsatzes eingetragen werden könnte, so erstreckt sich die Pfändung auf die ganze Hyp. (KG. in DNotV. 1931, 485 = JW. 1931, 2576 u. in HRR. 1933 Nr. 964; **a. M.** Rühl in JW. 1931, 2576). Ist im Pfändungsbeschluß nicht angegeben, daß der gepfändete Teil Vorrang vor dem Rest hat, so besteht Gleichrang (Stein-Jonas § 829 A. IV 3; Güthe-Triebel[6] A. 130; Brand-Schnitzler § 104; Ricks in JW. 1931, 569); dieser ist im GBuch, weil er sich aus dem Gesetz ergibt, nicht besonders zu vermerken. Dies ist vor allem von Bedeutung, wenn der Anspruch des Pfandgl. geringer ist als das zu pfändende dingl. Recht; ist der Vorrang des gepfändeten Teils im Pfändungsbeschluß nicht ausgesprochen, so hat der dem Schuldner verbleibende Teil Gleichrang. Spricht der Pfändungsbeschluß lediglich die Pfändung des „erststelligen Teils" einer Hyp. aus, so ist eine solche Pfändung wirksam u. die entspr. Eintr. zulässig (Ricks in JW. 1932, 1543).

d) **Die Pfändung der Eigentümerhypothek (Eigentümergrundschuld)**[1]). 58

α) Sie erfolgt gleichfalls nach §§ 830, 857 Abs. 6 ZPO., nicht nach § 857 Abs. 2 (RG. 55, 379; 59, 313; 70, 278; 84, 78; BayObLG. 15, 413; KG. in JFG. 5, 357; Güthe-Triebel[6] A. 131; RGRK. § 1154 A. 1; **a. M.** RG. 64, 216; Stein-Jonas § 857 A. II 6; Staud.-Kober § 1163 A. 49; Turnau-F. § 1163 A. II 12 u. a.). Es sind also bei der EigtrBriefhyp. Pfändungsbeschluß u. Übergabe des Briefs (oder dessen Wegnahme durch den Gerichtsvollzieher) notwendig, während bei der EigtrBuchhyp. neben dem Pfändungsbeschluß die Eintr. im GBuch erforderlich u. genügend ist; von der Zustellung des Pfändungsbeschlusses an den Eigtr. hängt die Wirksamkeit der Pfändung nicht ab. Das Erfordernis der Eintr. bei der EigtrBuchhyp. entfällt auch nicht deshalb, weil die Eintr. durch das Erlöschen u. die Löschung der Hyp. unmöglich wird (BayObLG. 17, 7). Die Pfändung u. Überweisung des GBuchberichtigungsanspruchs ersetzt die Eintr. nicht. Die Pfändbarkeit der EigtrGrundschuld (EigtrHyp.) wird nicht dadurch ausgeschlossen, daß eine Löschungsvorm. nach § 1179 BGB. eingetragen ist. Der Anspruch auf Löschung der EigtrHyp. ist nicht selbständig ohne gleichzeitige Pfändung der Hyp. selbst pfändbar (OLG. 10, 390). Die Vorpfändung (§ 845 ZPO.; s. o. A. 53 unter β) ist auch bei EigtrGrundschulden zulässig (RG. 71, 183; 75, 314; OLG. 23, 213).

Bezeichnet der Pfändungsbeschluß das gepfändete Recht irrtümlich als EigtrGrundschuld statt als EigtrHyp. oder umgekehrt, so ist dies unschädlich (vgl. RG. 108, 319). Ebenso wird die Wirksamkeit des Pfändungsbeschlusses nicht dadurch berührt, daß der Betrag der gepfändeten EigtrGrundschuld oder -Hyp. nicht ziffernmäßig angegeben, z. B. nur „der angeblich auf den Eigtr. übergegangene Teil" als gepfändet erklärt ist; in diesem Fall muß der Antragsteller, um die Eintr. im GBuch zu ermöglichen, auch die Höhe des Eigentümerpfandrechtes im Zeitpunkt des Wirksamwerdens des Pfändungsbeschlusses gegenüber dem Eigtr. (d. i. der Zustellung an den Eigtr.) nachweisen (s. u. A. 59). Zulässig ist auch die Pfändung des Anteils eines Miteigtr. an einer EigtrHyp. (ZBlFG. 7, 797). Eine EigtrGrundschuld an einem Erbhof kann nicht gepfändet werden (§ 38 EHRV.; s. Vorbem. 162 vor § 13). Während der Dauer des landwirtschaftl. Entschuldungsverfahrens kann ein dem Betriebsinhaber zustehendes EigtrGrundpfandrecht nicht gepfändet werden (Art. 12 Satz 1 der 3. DurchfVO. z. SchRegG. v. 15. Sept. 1933, RGBl. I 641; vgl. Vorbem. 130 vor § 13).

Die Eintragung der Pfändung setzt die vorherige GBuchberichtigung durch Eintr. des Eigtr. als Gl. voraus (§ 39); sie erfolgt regelmäßig auf Antrag des Pfändungsgl.,

---

[1]) Vgl. Kriener in BayNotZ. 1914, 476; Schmidt-Ernsthausen in JW. 1933, 668; Gährs a. a. O. 1299; Bertin a. a. O. 1988; v. Brunn in JR. 1935, 169; Ripfel in DNotZ. 1936, 672; Mattern in DGWR. 1936, 193.

wenn dieser den Berichtigungsanspruch des Eigtr. mitgepfändet u. ihn sich zur Einziehung hat überweisen lassen (vgl. JFG. 5, 357); wegen der Erzwingung der Auskunftserteilung u. Herausgabe der Urkunden s. § 836 Abs. 3 ZPO. Die Antragsberechtigung des Pfändungsgl. ergibt sich aus § 14 GBO. Der Antragsteller (Pfändungsgl.) muß in der Form des § 29 nachweisen, daß u. in welcher Höhe die Hyp. auf den Eigtr. übergegangen ist (vgl. Ricks in JW. 1931, 569). Regelmäßig ist eine Umschreibungsbew. des eingetragenen HypGl. oder dessen Löschungsbew. nebst Quittung (die Löschungsbew. allein genügt nicht) vorzulegen (vgl. § 27 A. 38). Bei der aus einer Höchstbetragshyp. entstandenen EigtrGrundschuld ist die Feststellung des endgültigen Forderungsbetrags nachzuweisen, u. zwar entweder durch einen Vertrag zwischen HypGl. u. Schuldner, durch Urteil oder durch einen Verteilungsplan im Zwangsversteigerungsverfahren (vgl. RG. 133, 203). Es genügt auch die einseitige Erklärung des Gl., daß die ihm zustehenden unter die Hyp. fallenden Ansprüche einen bestimmten Betrag nicht übersteigen u. daß weitere Ansprüche nicht mehr entstehen werden; letztere Feststellung darf nicht fehlen (KG. in HRR. 1932 Nr. 719; 1933 Nr. 199). Ergibt sich aus den dem GBA. vorgelegten Erklärungen des HypGl., daß möglicherweise eine Fremdhyp. zugunsten eines Dritten entstanden ist (z. B. auf Gr. §§ 1164, 1174, 426 Abs. 2; 774, 1150 BGB.), so ist der Nachweis, daß dies nicht der Fall ist, vom Antragsteller durch eine Erklärung jenes Dritten in der Form des § 29 zu erbringen (vgl. Ripfel in DNotZ. 1936, 681). In allen Fällen ersetzt die Berichtigungsbew. des Eigtr. den Nachweis der Entstehung der EigtrGrundschuld (s. § 22 A. 14, 16).

Zur wirksamen Pfändung einer noch nicht umgeschriebenen EigtrBriefteilhyp. ist erforderlich die Pfändung des Miteigentums am Brief (§ 952 BGB.), des Anspruchs des Schuldners auf Aufhebung der Gemeinschaft am Brief (§ 749 BGB.), des Anspruchs auf Berichtigung des GBuchs (§ 894 BGB.) u. des Anspruchs auf Vorlegung des Briefes an das GBA. zur Bildung eines Teilbriefes (§ 1145 BGB.; s. auch § 896 a. a. O.) (RG. 59, 318; vgl. auch Güthe in SeuffBl. 76, 611; Gährs in JW. 1933, 1299).

59 β) Die Pfändung der künftigen Eigentümergrundschuld (Eigentümerhyp.) ist nach herrschender Meinung zwar zulässig, jedoch nicht eintragungsfähig; zur Wirksamkeit der Pfändung ist aber auch hier bei Buchrechten (wegen der Briefhyp. s. folgenden Absatz) gem. §§ 857 Abs. 6, 830 Abs. 1 ZPO. Eintr. erforderlich; diese kann jedoch erst erfolgen, wenn das Recht auf den Eigtr. umgeschrieben ist. So insbes. RG. 61, 374; 75, 250; 84, 80; 97, 226; 120, 110; BayObLG. 6, 418, 738; 10, 454; OLG. 10, 388; Sydow-Busch § 851 A. 1; § 857 A. 10; Baumbach ZPO. § 857 A. 6 C; **a. M.** Staud.-Kober § 1163 A. 6, 53; § 1190 A. 17; RGRK. § 1163 A. 3, die die Pfändung der künftigen EigtrGrundschuld für überhaupt unzulässig erklären, dagegen die Pfändung der vorläufigen EigtrGrundschuld bei der Höchstbetragshyp. zulassen (vgl. übernächsten Absatz); gegen die Zulässigkeit der Pfändung ferner Wolff Sachenr. § 146 III; Stein-Jonas § 857 A. II 6a; vgl. auch Thiele in JW. 1933, 676 sowie RG. 145, 351; bejaht wird auch die Eintragungsfähigkeit der Pfändung von v. Brunn in JheringsJahrb. 85, 77; s. im übr. § 26 A. 4 [1]).

Eine trotzdem vorgenommene Eintr. der Pfändung einer künftigen EigtrBuchhyp. ist nach der jetzigen Ansicht des RG. nicht unter allen Umständen unwirksam, sondern nur, wenn sie sich nach Lage des Falls als gem. § 53 Abs. 1 Satz 2 inhaltlich unzulässig erweist; andernfalls bringt sie, wenn sie die allgem. Erfordernisse (Bezeichnung des Gl., des Schuldners, des belasteten Rechts usw.) [2]) erfüllt, das Pfandrecht zur Entstehung (RG. 120, 110; vgl.

---

[1]) Zur Sicherung des Pfandgl. vor GBuchberichtigung dient der Widerspruch zugunsten des Eigtr. auf Gr. Glaubhaftmachung der EigtrHyp. u. einstw. Verfügung nach §§ 894, 899 BGB. (RG. 97, 224; BayObLG. 6, 741; OLG. 8, 109).

[2]) In dem in RG. 120, 110 entschiedenen Fall handelte es sich um eine Höchstbetragshyp.; weil bei dieser nie aus dem GBuch zu ersehen ist, in welcher Höhe sie dem Gl. u. anderseits dem Eigtr. zusteht, wurde die mangelnde Angabe der Höhe der gepfändeten EigtrHyp. für unschädlich erklärt. In sonstigen Fällen jedenfalls ist diese Angabe unerläßlich.

auch RG. in BayZ. 1929, 309 = WarnRspr. 1929 Nr. 151). Die Eintr., daß „die angebliche EigtrGrundschuld" gepfändet sei, ist aber jedenfalls inhaltlich unzulässig (OLG. 22, 380; JFG. 1, 496; Güthe-Triebel[6] § 53 A. 28; v. Rozycki-v. Hoewel S. 399; vgl. Ricks in JW. 1931, 569). Die Pfändung der angeblich bereits entstandenen EigtrGrundschuld erzeugt kein Pfandrecht an der noch nicht entstandenen künftigen EigtrGrundschuld u. umgekehrt (RG. 55, 263; 61, 380; OLG. 42, 175; GruchotsBeitr. 50, 576). Bei einer Briefhyp. kann die künftige EigtrGrundschuld mit sofortiger Wirksamkeit gepfändet werden, wenn die Übergabe des HypBriefs erlangt werden kann (KG. in JW. 1932, 3191).

Die gleichen Grundsätze gelten auch für die Pfändung der bei einer Höchstbetragshyp. in Höhe des jeweils nicht valutierten Teils bestehenden vorläufigen EigtrGrundschuld (RG. 55, 378; 75, 221; 97, 223; Staud.-Kober § 1190 A. 17; RGRK. § 1163 A. 3; § 1190 A. 1; v. Rozycki-v. Hoewel S. 400; vgl. auch die oben erwähnte Entscheidung RG. 120, 110; abw. Körting in JW. 1933, 2815, der auch die Eintr. der Pfändung vor Berichtigung des GBuchs durch Eintr. des Eigtr. als Grundschuldgl. für zulässig hält).

Zulässig ist die Vorpfändung (§ 845 ZPO.) hinsichtl. der künftigen EigtrHyp. u. deren Eintr. (RG. 71, 179; 82, 227; BayZ. 1908, 302).

e) Die Überweisung zur Einziehung u. an Zahlungs Statt. 60

α) Bei der Überweisung zur Einziehung (§ 835 Abs. 1 ZPO.) bleibt der Gl. Inhaber seines Rechts u. kann darüber insbes. durch Abtretung weiter verfügen (RG. 27, 294; 33, 290). Die Überweisung zur Einziehung kann daher in das GBuch nicht eingetragen werden (RJA. 15, 83; OLG. 30, 18; Predari A. 39; Güthe-Triebel[6] A. 132). Sie berechtigt auch nicht zur Umschreibung des Rechts auf den Namen des Pfandgl. (OLG. 10, 103) u. nicht zur Abtretung u. Erteilung der Löschungsbew., wohl aber zur Einziehung u. Quittungsleistung (OLG. 8, 209; 25, 187; 41, 179; vgl. BayObLG. 19, 22). Eine Verfügung des Inhabers des Rechts ohne Zustimmung des Pfändungsgl. ist, soweit sie dessen Rechte beeinträchtigt, schwebend unwirksam.

β) Bei der Überweisung an Zahlungs Statt geht das Recht auf den Pfandgl. über (§§ 835 Abs. 2, 836 ZPO.). Sie ist daher eintragungsfähig u. bedarf bei Buchrechten zur Wirksamkeit der Eintr. Diese erfolgt auf (formlosen) Antrag des Gl. auf Gr. des Pfändungsbeschlusses; ein Nachweis seiner Zustellung ist nicht erforderlich (KGJ. 28, 133; Güthe-Triebel[6] A. 132). Die Eintr. der Überweisung kann mit derjenigen der Pfändung verbunden werden. Sind Pfändung u. Überweisung in einem Beschluß zusammengefaßt, so ist, wenn Eintr. der Pfändung beantragt wird, auch die Überweisung einzutragen (KGJ. 28, 133).

Wegen Erteilung der Löschungsbew. in den Fällen der Überweisung s. § 27 A. 29.

γ) Wird eine gepfändete Hyp. usw. gem. §§ 844, 857 Abs. 6 ZPO. auf Anordnung des VollstrGerichts versteigert, so geht das Gläubigerrecht mit dem Zuschlag auf den Ersteher über; seine Eintr. ist GBuchberichtigung u. erfolgt auf Gr. Vorlage des Zuschlagsprotokolls u. gegebenenfalls des Briefs (KGJ. 31, 315; 33, 267; Güthe-Triebel[6] A. 132 a. E.). Der Gl. kann selbst Ersteher sein (KGJ. 31, 317). Wird Verwertung durch Verkauf angeordnet, so bedarf es einer Abtretungserklärung des Pfändungsgl. (KG. in JW. 1935, 3236). Briefübergabe ist in beiden Fällen erforderlich.

f) Die Wirkung der Pfändung. 61

Die Pfändung wirkt als relatives Verfügungsverbot. Verfügungen des Schuldners, die das Pfandrecht beeinträchtigen, sind dem Pfandgl. gegenüber unwirksam. Ist das Pfandrecht eingetragen, so hindert es weitere Eintr. (mit Ausnahme der Löschung des gepfändeten Rechtes) nicht. Im übr. s. Vorbem. 69, 105 vor § 13.

g) Die Eintragung der Pfändung. 62

Die Pfändung wird in der Veränderungsspalte derjenigen Abt. eingetragen, in der das gepfändete Recht am Grundstück vermerkt ist. Die Forderung, zu deren Gunsten die Pfändung erfolgt ist, muß in dem EintrVermerk nach Haupt- und Nebensache angegeben werden (abw. KGJ. 44, 270, wonach die Angabe des Betrags nicht erforderlich ist). Sind Zinsen mitgepfändet, so ist anzugeben, von welchem Zeitpunkt ab sie von der Pfändung ergriffen werden (fehlt diese Angabe, so gelten sie vom Tage der Eintr. ab als gepfändet). Die Eintr. kann etwa lauten (vgl. Muster 2a, 3. Abt., Eintr. zu Nr. 4 in Spalte 7): „800 RM. mit den Zinsen seit 1. Juli 1936 mit dem Vorrang vor dem Rest für den Kaufmann Karl Bauer in Berlin wegen einer Forderung von 1000 RM. nebst 4 v. H. jährlichen Zinsen seit 1. Januar 1935 gepfändet. Unter Bezugnahme auf den Pfändungs- u. Überweisungsbeschluß des Amtsgerichts Seefeld vom 2. Juli 1936 eingetragen am 10. Juli 1936".

In der bisherigen Eintr. ist der Name des Inhabers des gepfändeten Rechts gem. § 17 Abs. 3 GBVerf. rot zu unterstreichen (vgl. § 3 A. 140 u. die erwähnte Probeeintr.); dies gilt auch, wenn das Recht nur teilweise gepfändet worden ist (vgl. Ripfel in DNotZ. 1936, 948). Ist eine Hyp., Grund- oder Rentenschuld teilweise gepfändet, so ist in der Pfändungseintr. der gepfändete Teil anzugeben; in der Betragsspalte (6) ist nur der gepfändete Teilbetrag, nicht der Betrag des ganzen Rechtes zu vermerken (§ 3 A. 125).

63 **h) Kosten.**

Für die Eintr. der Pfändung ist gem. § 58 Abs. 1 Satz 1 KostenO. die Hälfte der vollen Gebühr zu erheben (Jonas-Melsheimer-H.-St. § 58 A. II 3). Der Geschäftswert bestimmt sich nach dem Wert des gepfändeten Rechts oder Teilrechts (vgl. § 56 Abs. 4 KostenO.). Für die EintrGebühr haftet neben dem Antragsteller der Vollstreckungsschuldner als Gesamtschuldner (§ 3 Ziff. 4, § 4 Abs. 1 Satz 1 a. a. O.).

64 **i) Pfändung sonstiger Rechte.**

Pfandrechte an eingetragenen Rechten können zusammen mit der gesicherten Forderung gepfändet werden (Henke-Mönch Anh. zu § 26, A. 2a).

Über die Pfändung des Anspruchs auf Übertragung des Eigentums (Auflassungsanspruchs) u. des aus der Auflassung sich ergebenden Rechts auf Umschreibung des GBuchs s. § 20 A. 70; über die Pfändung des Erbanteils s. § 22 A. 44; über die Pfändung des Nacherbenrechts s. § 51 A. 25.

Auch der Anspruch auf Bestellung eines dingl. Rechts an einem Grundstück oder Grundstücksrecht, der sich aus dem (formlosen) Verpflichtungsvertrag ergibt, unterliegt der Pfändung gem. § 857 ZPO.; dies gilt auch für den Anspruch auf Bestellung einer Hyp.; die §§ 828ff. ZPO. sind hierauf nicht anwendbar (Güthe-Triebel[6] § 14 A. 5; **a. M.** Achilles-St. § 14 A. 5b). Die Eintr. des Rechts erfolgt auf Gr. Vorlage des Pfändungs- u. Überweisungsbeschlusses u. des Nachweises der Zustellung an den Drittschuldner. Dieser muß die Eintr. bewilligen oder hiezu verurteilt sein (§ 894 ZPO.). Die Eintr. des Rechts hat für den Pfändungsschuldner zu erfolgen; gleichzeitig ist das Pfandrecht des Pfändungsgl. an dem Recht einzutragen.

65 **6. Eintragungen auf Grund einer einstweiligen Verfügung.**

Die einstw. Verfügung ersetzt die EintrBew. des Betroffenen (vgl. KGJ. 29, 153).

a) Die prozessualen Voraussetzungen der Eintragungen auf Gr. einer einstw. Verfügung sind die gleichen wie die einer Arresthyp. (§ 936 ZPO.; vgl. oben A. 42ff.). Die einstw. Verfügung wird vom Prozeßgericht (Gericht der Hauptsache) oder vom Amtsgericht, in dessen Bezirk das Grundstück liegt, erlassen (§§ 937, 942, 943 ZPO.). Ihre Zustellung braucht (außer erforderlichenfalls zum Zwecke des Nachweises der Einhaltung der Vollziehungsfrist) dem GBA. nicht nachgewiesen zu werden (Ricks 364; vgl. auch § 929 Abs. 1 Satz 3 mit § 936 ZPO.)[1]). Dagegen ist, wenn die einstw. Verfügung sich gegen eine im

---

[1]) Ordnet die einstw. Verfügung eine Verfügungsbeschränkung an, so wird sie mit der Zustellung an den Antragsgegner vollzogen (s. o. im Text). Mit der Zustellung entsteht also die Verfügungsbeschr.; deren Eintr. berichtigt nur das GBuch, so daß in diesem Falle der Zustellungsnachweis als Nachweis des Entstehens der Verfügungsbeschr. vorgelegt werden muß; dies gilt aber nicht, wenn das Gericht gem. § 941 ZPO. um Eintr. der Verfügungsbeschr. ersucht (JFG. 5, 298; **a. M.** RJA. 15, 79).

gesetzl. Güterstand lebende Ehefrau richtet, der Duldungstitel gegen den Mann nachzuweisen (§§ 936, 928, 739 ZPO.; RJA. 15, 79); nachträgl. Beischaffung des Titels heilt den Mangel.

Die Vollziehung der einstw. Verfügung muß innerhalb der **Vollziehungsfrist** von einem Monat (§ 936 mit § 929 Abs. 2 ZPO.) erfolgen. Die Vollziehungsfrist wird jedoch schon gewahrt, wenn der EintrAntrag innerhalb derselben beim GBA. eingeht; auf den Zeitpunkt der Eintr. kommt es nicht an (§ 936 mit § 932 Abs. 3 ZPO.; s. o. A. 42). Das EintrErsuchen des Gerichts nach § 941 ZPO. steht hinsichtlich der Vollziehung einem Eintr.-Antrag des Antragstellers gleich; sein Eingang beim GBA. wahrt also die Frist (RG. 67, 165). Der Eingang des EintrAntrags (oder EintrErsuchens des Gerichts) hat fristwahrende Wirkung aber nur dann, wenn der Antrag (das Ersuchen) begründet ist (OLG. 44, 173). Dieser muß entweder von Anfang an hindernisfrei sein oder dies spätestens vor Ablauf eines Monats werden. Für die fristwahrende Wirkung kommt es nicht darauf an, ob ein bestehendes gbuchmäßiges Hindernis bei ordnungsmäßigem Verfahren des GBA. vor Ablauf der Monatsfrist hätte beseitigt werden können, sondern darauf, ob es innerhalb der Frist beseitigt worden ist (KG. in JW. 1935, 1710). Die Frist des § 929 Abs. 2 ZPO. beginnt nicht erneut zu laufen, wenn im Widerspruchsverfahren die einstw. Verfügung an sich bestätigt, aber hinsichtlich der angeordneten Sicherungsmaßnahmen berichtigt, z. B. an Stelle der Eintr. eines Widerspruchs diejenige einer Vorm. angeordnet wird (OLG. Kiel in JW. 1933, 1541). Die Einhaltung der Frist hat das GBA. selbständig zu prüfen (JFG. 5, 303). Wird eine einstw. Verfügung durch Eintr. im GBuch vollzogen, obwohl der EintrAntrag erst nach Ablauf der Vollziehungsfrist eingegangen ist, so ist die Eintr. nichtig (Stein-Jonas § 929 A. II 3; vgl. BayOb.-LG. 13, 248). Das GBuch ist unrichtig; es ist ein Amtswiderspruch nach § 53 einzutragen.

Die Vollziehung der einstw. Verfügung ist vor ihrer **Zustellung** an den Schuldner zulässig. Sie ist jedoch ohne Wirkung, wenn die Zustellung nicht innerhalb einer Woche nach Vollziehung u. vor Ablauf der Vollziehungsfrist des § 929 Abs. 2 erfolgt (§ 936 mit § 929 Abs. 3 ZPO.). Auf die Einhaltung dieser Einwochenfrist kann der Antragsgegner nicht wirksam verzichten (RG. 151, 155). Sie muß auch beachtet werden, wenn das Gericht gem. § 941 ZPO. um die Eintr. ersucht hat. Die Frist des § 929 Abs. 3 Satz 2 gilt jedoch nur für Eintr., bei denen die Eintr. wesentl. Voraussetzung der Entstehung des Rechts ist (insbes. für Vormerkungen u. Widersprüche), nicht aber für die Eintr. eines Verfügungsverbots; denn diese hat nur den Charakter einer GBuchberichtigung; die einstw. Verfügung wird in diesem Falle bereits durch die Zustellung an den Antragsgegner, die aber innerhalb der Monatsfrist des § 929 Abs. 2 ZPO. erfolgt sein muß, vollzogen (RJA. 6, 239; JFG. 5, 298; 6, 327; RGRK. § 892 A. 12). Deshalb ist die Eintr. des Verfügungsverbots an keine Frist gebunden (RG. 51, 129; 90, 341; RG. in BayZ. 1931, 190; RJA. 15, 79; OLG. 17, 350; JFG. 1, 383; Stein-Jonas § 938 A. III 1). Dies gilt auch dann, wenn die einstw. Verfügung ausdrücklich die Eintr. des Verfügungsverbots in das GBuch anordnet (KG. in DNotV. 1931, 173). Ist jedoch die Eintr. eines Widerspruchs in der einstw. Verfügung angeordnet, so darf die Eintr. nach Ablauf der Vollziehungsfrist auch dann nicht mehr erfolgen, wenn in der einstw. Verfügung ein Verfügungsverbot ausgesprochen ist (KG. in DFG. 1936, 219; o. Gr.).

Bei der Eintr. auf Gr. einer einstw. Verfügung braucht der GBuchrichter regelmäßig die Einhaltung der Vorschrift des § 929 Abs. 3 Satz 2 ZPO. nicht zu prüfen, da sie erst nach der Vollziehung befolgt werden muß. Die Nichteinhaltung der Frist des § 929 Abs. 3 Satz 2 ZPO. macht jedoch die bereits erfolgte Eintr. nichtig; sie ist als von vorneherein unwirksam zu behandeln (RG. 67, 165; 81, 289; KGJ. 52, 164); eine Ausnahme gilt für die Verfügungsbeschränkung (s. o.). Die Nichtigkeit kann auch nicht durch eine neue einstw. Verfügung geheilt werden (RG. 81, 288), ebensowenig dadurch, daß auf Gr. einer neuen einstw. Verfügung in der Veränderungsspalte eine Umdatierung der bisherigen Eintr. vorgenommen wird (KG. in HRR. 1929 Nr. 1823). Eine inhaltlich unzulässige Eintr. i. S. des § 53 liegt aber nicht vor (vgl. OLG. 44, 172; Stein-Jonas § 932 A. II 2). Der Antragsgegner hat einen Berichtigungsanspruch; er kann auch auf Löschung der nichtigen Eintr. klagen. Hat die Vollziehung wegen unterbliebener oder verspäteter Zustellung gem. § 929 Abs. 3 Satz 2 ZPO. ihre Wirkung verloren, so bleibt die einstw. Verfügung selbst zunächst bis zum Ablauf der Frist des § 929 Abs. 2 ZPO. bei Bestand u. ist bis zu diesem Zeitpunkt einer neuen wirksamen Vollziehung zugänglich (RG. 151, 156). Für den Vollzug im GBuch ist Voraussetzung, daß gleichzeitig die alte Eintr. gelöscht wird.

§ 866 Abs. 3 ZPO. (Unzulässigkeit von Zwangshyp. wegen Forderungen von nicht über 300 RM.) findet bei der einstw. Verfügung keine Anwendung, ebensowenig § 867 Abs. 2 ZPO. Deshalb kann auf Gr. einer einstw. Verfügung eine Vormerkung zur Sicherung des Anspruchs auf Eintr. einer Hyp. auf mehreren Grundstücken eines Schuldners oder mehrerer Gesamtschuldner ohne Verteilung des Betrags als Gesamtbelastung eingetragen werden (JFG. 5, 328).

Die Zulässigkeit der einstw. Verfügung hat der GBuchrichter nicht zu prüfen (OLG. 8, 150; 45, 88; Güthe-Triebel[6] § 19 A. 124). Zu prüfen ist nur, ob die angeordnete Eintr. nicht inhaltlich unzulässig ist u. ob ihre gbuchrechtl. Voraussetzungen (insbes. Eingetragensein des Betroffenen[1]), Vorlage des HypBriefs usw.) erfüllt sind (vgl. KG. in DNotV. 1928, 252). Die Vorlage des HypBriefes ist nur in den Fällen der §§ 41 Abs. 1 Satz 2, 42 nicht erforderlich. Darüber, mit welchen Mitteln der Gl. die Vorlage des im Besitze des Schuldners oder eines nicht zur Herausgabe bereiten Dritten befindl. Briefes an das GBA. erzwingen kann, s. Hausen in DJ. 1937, 1389 u. Rippel a. a. O. 1938, 337.

66 **b)** Die Eintr. auf Gr. der einstw. Verfügung erfolgt entweder auf Antrag des Gl. oder auf Gr. des Ersuchens des Gerichts (§ 941 ZPO.; s. hierüber die Anm. zu § 38). Vom Gl. ist eine Ausfertigung des die einstw. Verfügung enthaltenden Beschlusses oder Urteils vorzulegen.

67 **c)** Die Art der durch die einstw. Verfügung angeordneten Eintragung kann verschieden sein (vgl. § 938 Abs. 1 ZPO.). In Betracht kommen vor allem Vormerkungen u. Widersprüche (vgl. §§ 885 Abs. 1, 899 Abs. 2 BGB.; s. die Anm. zu § 25), sodann das Verbot der Veräußerung, Belastung oder Verpfändung eines Grundstücks (§ 938 Abs. 2 ZPO.) oder das Verbot der Verfügung über ein Recht an einem Grundstück (RG. 67, 39; JFG. 5, 298). Hat das Gericht irrtümlich zur Sicherung eines Anspruchs, der nach der gegebenen Begründung nur ein GBuchberichtigungsanspruch sein kann, die Eintr. einer Vorm. angeordnet, so kann u. muß das GBA. das EintrErsuchen in das Ersuchen um Eintr. eines Widerspruchs umdeuten u. einen solchen eintragen (KG. in JW. 1937, 2918). Die Veräußerungs- usw. Verbote werden als Verfügungsbeschränkungen im Gegensatz zur Vormerkung u. zum Widerspruch ohne Eintr. mit der Erlassung der einstw. Verfügung wirksam u. werden nur zum Zwecke der Ausschließung des guten Glaubens eingetragen; im übr. s. Vorbem. 65 ff., 99 vor § 13. Betrifft eine Verfügungsbeschr. ein Gesamtrecht, so darf sie nicht in Bezug auf das Gläubigerrecht an nur einem der mitbelasteten Grundstücke allein ausgesprochen werden (JFG. 6, 325). Auch alle sonstigen Eintr. können, insbes. im Falle des § 940 ZPO., durch einstw. Verfügung angeordnet werden (Güthe-Triebel[6] § 19 A. 127). Eine vollständige Sperre des GBuchs kann nicht Gegenstand einer einstw. Verfügung sein (Güthe-Triebel a. a. O.). Das Gericht ist auch nicht berechtigt, im Wege einer einstw. Verfügung

[1]) Eine einstw. Verfügung, die die Eintr. eines Widerspruchs gegen die Eintr. eines Rechtserwerbs anordnet, kann (insbes. im Falle der Anfechtung einer Auflassung) schon vor der Eintr. des Antragsgegners als Berechtigten erlassen werden (OLG. 38, 9); die Eintr. des Widerspruchs kann allerdings gem. § 39 Abs. 1 GBO. erst nach Eintr. des Betroffenen als Berechtigten erfolgen (vgl. Rößner in BayNotZ. 1920, 169). Die Eintr. des Widerspruchs wird nach erfolgter Eintr. des Berechtigten auch dann zulässig sein, wenn der Antrag auf seine Eintr. oder das Ersuchen des Gerichts vor dem Antrag auf Eintr. des Berechtigten beim GBA. eingegangen ist (vgl. § 17 A. 13).

das GBA. anzuweisen, eine Eintr. zu unterlassen (s. § 18 A. 17), oder dies im Wege eines Ersuchens zu verlangen (Güthe-Triebel[6] § 38 A. 6). Betrifft eine einstw. Verfügung eine Rangänderung, so muß sie in einem auch gegen die Inhaber der betroffenen Rechte gerichteten Verfahren ergangen sein (OLG. 45, 88; Ricks 236). Auf eine im Wege der einstw. Verfügung angeordnete Vorm. zur Sicherung des Anspruchs auf Einräumung einer Hyp. an mehreren Grundstücken findet § 867 Abs. 2 ZPO. keine (auch keine entspr.) Anwendung (JFG. 5, 333).

d) Über die durch einstw. Verfügung angeordneten Erwerbsverbote, insbes. das Verbot, einen EintrAntrag zu stellen oder eine Urkunde zum gbuchamtl. Vollzug zu bringen, s. § 18 A. 17. 68

D. Die Bewilligungsberechtigung.

Erforderlich ist die EintrBew. desjenigen, **dessen Recht von der Eintragung betroffen wird.**

1. Maßgebend ist der Inhalt der beantragten **Eintragung**, nicht der Inhalt der materiellen Rechtsänderung, welche die Beteiligten beabsichtigen. Erklärt daher der Gl. einer Hyp. in der Abtretungsurkunde, daß die Hyp. teilweise zurückbezahlt sei u. daß infolgedessen die Hyp. auf den Erwerber nur insoweit übergehen solle, als sie ihm noch zustehe, daß sie jedoch in ihrem ganzen Betrag auf den Erwerber umgeschrieben werden solle, so wird von der beantragten Eintr. auch das Recht des Eigtr. betroffen (Güthe in BayZ. 1909, 196; Fischer ebenda 128; Güthe-Triebel[6] A. 38; Predari A. 37; **a. M.** BayObLG. 9, 557). 69

2. Von einer Eintr. **betroffen** wird nur derjenige, dessen (materielle oder formelle) Rechtsstellung durch die Eintr. eine Änderung zu seinen Ungunsten erleidet (OLG. 8, 305; 41, 174; KGJ. 29, 176; 51, 220, 281). Eine nur tatsächl. (wirtschaftl.) Beeinträchtigung (z. B. Erschwerung der Vollstreckung) genügt nicht (RG. 83, 439; KGJ. 51, 223). Der „Betroffene" steht im Gegensatz zu demjenigen, dessen Recht von der Eintr. überhaupt nicht berührt wird oder durch sie gewinnt. Wann das eine oder andere zutrifft, kann nur nach Lage des einzelnen Falles entschieden werden. Wegen der nur mittelbar Betroffenen s. u. A. 74. Im allgem. läßt sich die Regel aufstellen, daß, wenn zu einer Rechtsänderung ausnahmsweise die einseitige Erklärung des Berechtigten genügt (s. o. A. 3), dieser, wenn aber zur Rechtsänderung eine Einigung erforderlich ist, der Vertragsteil, dessen Rechtsstellung eine Einbuße erleidet, der Betroffene i. S. des § 19 ist. Es ergeben sich folgende Möglichkeiten: 70

a) Überhaupt **nicht berührt** werden von der Übertragung oder Belastung eines Rechts diejenigen, denen ein Recht an diesem Rechte zusteht, z. B. nicht Grunddienstbarkeitsberechtigte, HypGläubiger usw. von der Übertragung des Eigentums an einem Grundstücke; Pfandgläubiger einer Hyp. usw. von der Übertragung oder weiteren Belastung der Hyp. Der Eigtr. eines Grundstücks wird von der Übertragung oder Belastung einer auf dem Grundstücke lastenden Hyp. nicht berührt; s. aber auch oben A. 69. Nicht berührt wird der HypGl. von der Eintr. einer Löschungsvormerkung (§ 1179 BGB.), der Vormerkungsberechtigte nach § 1179 BGB. von der Löschung der Hyp. (KGJ. 33, 294). Sind Miterben vor Auseinandersetzung irrtümlich als Bruchteilseigtr. eingetragen, so bedarf es zur GBuchberichtigung nicht der Zustimmung der AnteilsHypGl. (KGJ. 51, 220). Von der Löschung einer Vormerkung wird nur der aus ihr Berechtigte, von der Löschung eines Widerspruchs gem. § 53 nur der als Berechtigter Eingetragene berührt (OLG. 36, 179). Im Falle des Widerspruchs gegen die Löschung einer Hyp. ist zunächst nur der Eigtr. betroffen, die nachstehenden Berechtigten nur, wenn der Widerspruch sich auch gegen die Rangordnung richtet (OLG. 45, 88). Nicht betroffen wird der Vorerbe von der Übertragung oder Belastung des Nacherbenrechts (RG. 83, 439). 71

b) In anderen Fällen bringt die Eintr. dem einen Teile nur Gewinn, dem anderen nur Verlust. Hier ist nur derjenige, dem die Eintr. einen rechtl. **Verlust bringt**, der von ihr Betroffene. Daher bedarf es zur Eintr. einer Hyp. nicht der Bewilligung des Gl., auch nicht bei Ausschließung der Brieferteilung (§ 1116 Abs. 2 BGB.; OLG. 1, 414; 72

RGRK. § 1116 A. 2b); anders bei nachträgl. Briefausschließung (OLG. 8, 189; 15, 378). Sind mehrere an einer Hyp. berechtigt, z. B. Miterben, so werden, wenn einer von ihnen Alleinberechtigter werden soll, nur die anderen von der Eintr. betroffen (OLG. 4, 187; 26, 299; KGJ. 51, 281). Von der lastenfreien Abschreibung eines Teiles eines Grundstücks werden die an ihm dinglich Berechtigten betroffen (RJA. 5, 200), von der Eintr. der Übertragung oder Belastung eines Grundstücksrechts (z. B. Hypothek) oder eines Rechts an einem solchen Rechte nur der Berechtigte (Hyp.-, Pfandgl.), gleichviel ob der Eigtr. oder ein Dritter als neuer Berechtigter eingetragen werden soll (RJA. 5, 210). Von der Umwandlung einer Arresthyp. in eine Zwangshyp. wird nur der Eigtr. betroffen (der Gl. ist der gewinnende Teil; die Einwilligung des Eigtr. aber wird durch den Vollstreckungstitel ersetzt; es genügt also formloser Umwandlungsantrag des Gl., s. o. A. 43). Von der Eintr. einer Zinserhöhung wird nur der Eigtr. betroffen (RG. 72, 362; KGJ. 29, 176; Güthe-Triebel⁶ A. 42; RGRK. § 1119 A. 1; Planck § 1119 A. 3; **a. M.** Turnau-F. § 1119 A. 2b; Fuchs § 1119 A. 2b). Das gleiche gilt von sonstigen Nebenbestimmungen, die für den Gl. nur einen Gewinn bedeuten, z. B. die Ausschließung des Kündigungsrechtes des Eigtr. auf bestimmte Zeit (OLG. 8, 305), ferner für den Fall, daß sich der Eigtr. der sofortigen Zwangsvollstr. unterwirft (OLG. 6, 401; 10, 87; 45, 99). Unter Umständen ist aber die Zustimmung nachstehender Berechtigter erforderlich, z. B. zu einer Zinserhöhung auf über 5 v. H., die Gleichrang mit der Hyp. genießen soll (§ 1119 BGB.; OLG. 4, 483). Von der Eintr. einer Rangänderung wird nur der zurücktretende, nicht der vortretende Berechtigte betroffen (außer dem Eigtr.[1]) beim Zurücktreten einer Hyp., Grund- oder Rentenschuld: § 880 Abs. 2 S. 2 BGB.) (OLG. 3, 230; 9, 318). Den Vorrang des Restes vor dem getilgten Teil einer Hyp. muß der Eigtr. als zurücktretender Berechtigter bewilligen (OLG. 7, 8). Die Zwischenposten werden von der Rangänderung nicht berührt (§ 880 Abs. 5 BGB.). Zur Vormerkung einer Rangänderung ist Zustimmung des Eigtr. erforderlich. Von der Löschung einer verpfändeten u. gem. § 1182 BGB. eingezogenen Hyp. wird nur der Eigtr., nicht auch der bisherige HypGl. betroffen (BayObLG. 13, 66). Für die gleichzeitige Eintr. eines Rechts am Grundstück (z. B. einer Grundschuld) u. einer Beschränkung dieses Rechts (z. B. durch einen Nießbrauch oder eine Vormerkung des Anspruchs auf Rückübertragung der Grundschuld an den Eigtr.) genügt die EintrBew. des Eigtr. (JFG. 11, 268). Dieser ist auch allein Betroffener bei Löschung der Heimstätteneigenschaft; ebenso berührt die Übertragung der Rechte des Heimstättenausgebers nur diesen (§ 4 Abs. 1 Satz 2 RHeimstG. i. d. Fass. v. 25. Nov. 1937, RGBl. I 1291).

Auch der nur möglicherweise Betroffene muß die Eintr. bewilligen (vgl. RG. 119, 316). Es kommt auch nicht darauf an, in welchem Maß jemand betroffen wird. Daher ist zur Änderung des Inhaltes eines Rechtes die Zustimmung der nachfolgenden Berechtigten erforderlich, auch wenn die neuen Bestimmungen, wie bei der nachträgl. Eintragung der Goldklausel, vielleicht erst einmal im Falle einer Währungsänderung größere Bedeutung erlangen (BayObLG. 10, 90). Wegen des Übergangs von der Reichsmark- in Goldmarkbelastung u. ähnl. Abänderungen des Umfangs der Belastung s. § 28 A. 13, ferner OLG. 45, 231.

73 c) Wenn jeder Teil teils gewinnt, teils verliert oder wenn nicht ersichtlich ist, wer der gewinnende u. wer der verlierende Teil ist, so sind **beide Teile** als von der Eintr. betroffen anzusehen; es ist also die Bewilligung beider erforderlich. So werden z. B. sowohl Eigtr. als Gl. betroffen: von der Umwandlung einer Buchhyp. in eine Briefhyp. (OLG. 1, 414; nicht aber der Gl. von der Neueintr. einer Buchhyp.), einer Verkehrshyp. in eine Sicherungshyp., einer Hyp. in eine Grundschuld, einer

[1]) Die Zustimmung des Eigtr. ist jedoch nur bei rechtsgeschäftl. Änderungen des Ranges erforderlich, nicht bei GBuchberichtigung, z. B. nicht bei Wiedereintragung einer irrtümlich gelöschten Rangänderung, ferner nicht bei Eintr. des Vorranges auf Gr. §§ 128, 130 ff. ZVG. oder auf Gr. § 894 ZPO. (OLG. 8, 307; Güthe-Triebel⁶ A. 44; RGRK. § 880 A. 5). Eine weitere Ausnahme von § 880 Abs. 2 Satz 2 BGB. ergibt § 1151 BGB.

Rentenschuld in eine Grundschuld u. umgekehrt (vgl. JFG. 12, 324 u. oben § 3 A. 184), ferner von der Änderung des Zahlungsortes oder der Zahlungszeit einer Hyp., der nachträgl. Bestellung eines Treuhänders nach § 1189 BGB. (KGJ. 30, 284; 51, 304) u. der Forderungsauswechslung nach § 1180 BGB. (s. § 3 A. 183). In letzterem Falle ist der neue Gl. lediglich gewinnender Teil, seine Bewilligung also entbehrlich (RJA. 7, 227; Güthe-Triebel[6] A. 43). Steht die Hyp. als Grundschuld dem Eigtr. zu (§ 1177 Abs. 1 Satz 1 BGB.), so bedarf es zur Umwandlung in eine Hyp. für einen anderen Gl. unter gleichzeitiger Abtretung nur der Bewilligung des Eigtr. (RG. 73, 53; KGJ. 39, 240; 45, 285; JFG. 11, 268; RGRK. § 1198 A. 1; Staud.-Kober § 1198 A. 1 unter a γ; Planck § 1198 A. 2 b β). Folgt aber die Umwandlung der Abtretung nach, so bedarf es außer der Bewilligung des Eigtr. auch derjenigen des neuen Gl. (KGJ. 29, 176; 41, 259). Deshalb darf auch, wenn bei einem Briefrecht der neue Gl. die Abtretungs- u. Umwandlungserklärung des Eigtr. nebst dem Brief dem GBA. zum Vollzug einreicht, die Eintr. nur mit Bewilligung des neuen Gl. (in der Form des § 29) erfolgen, da möglicherweise die Abtretung der Grundschuld vor deren Umwandlung in die Hyp. wirksam geworden ist (JFG. 12, 321). Im Falle des § 1164 BGB. ist zur Eintr. des persönl. Schuldners als HypGl. neben der Bewilligung des bisherigen Gl. auch die des Eigtr. erforderlich (BayObLG. 11, 31). Zur Eintr. einer Einschränkung der Grundstückshaftung hinsichtl. des durch eine Höchstbetragshyp. gesicherten Forderungskreises bedarf es nicht der Bewilligung des Eigtr. (KG. in DNotV. 1929, 499).

Zur Belastung eines herrenlosen Grundstücks genügt die Bewilligung des hiefür bestellten Pflegers nicht (KGJ. 49, 292).

d) Die Streitfrage, ob unter die i. S. des § 19 von einer Eintr. Betroffenen (vgl. § 13 **74**
A. 37) auch die nur **mittelbar Beteiligten** (insbes. Pfandgl., Nachhypothekare) zu rechnen sind, ist mit der herrsch. Meinung zu bejahen. Daß die Bewilligung der mittelbar Betroffenen in der Regel in der Form der Zustimmung zur Eintr. erfordert wird (vgl. § 21 GBO., § 876 BGB.), ist bedeutungslos, ebenso ob sie im einzelnen Fall in dieser Form oder in der der EintrBew. erklärt wird (vgl. RG. 61, 228; 65, 214; Güthe-Triebel[6] A. 38; Predari A. 17; Henle-Schmitt A. 3b). Die Löschung eines Rechts, bei dem eine Verfügungsbeschränkung eingetragen ist, kann daher nur mit Zustimmung des aus der Verfügungsbeschr. Berechtigten erfolgen (KGJ. 25, 278). Ebenso wird derjenige, dessen Recht auf Übertragung oder Belastung eines Grundstücksrechtes durch Vormerkung gesichert ist, von der Löschung des Rechtes betroffen (JFG. 9, 218). Wird bei Änderung der Bedingungen einer Hyp. an die Stelle einer aufschiebend bedingten Nebenleistungshyp. (für Verzugs- oder Strafzinsen) ganz oder teilweise eine unbedingte Nebenleistungshyp. (für eigentl. Zinsen) gesetzt, so bedarf die Eintr. der Zustimmung der gleich- u. nachstehenden Berechtigten (JFG. 11, 234; vgl. auch Ripfel in DNotZ. 1937, 860). Diese ist aber nicht erforderlich zur Ersetzung eines Verwaltungskostenbeitrags durch Zinsen von gleicher Höhe (KG. in HRR. 1933 Nr. 579) u. zur Verschärfung der Bedingungen für den Verfall von Strafzinsen innerhalb des bisher eingetragenen Höchstzinssatzes (KGJ. 52, 197). Bei Festschreibung des Zinssatzes einer Aufwertungshyp. auf 6% ist die Zustimmung der NachhypGl. entbehrlich (KG. in JW. 1936, 2343). Wegen Umwandlung einer Goldmark- in eine Reichsmarkhyp., nachträgl. Beifügung der Reichsmark- oder der Schwankungsklausel usw. s. § 28 A. 13ff.

e) Werden durch eine Eintr. die Rechte **mehrerer** betroffen (z. B. Gl. u. Eigtr. bei **75**
Löschung, Zinsherabsetzung oder Rangänderung einer Hyp.), so sind (im Gegensatz zu § 13) die EintrBewilligungen sämtlicher erforderlich. Doch brauchen sie nicht in einem Akte erklärt zu werden; es genügt, wenn die einzelnen Bewilligungen unabhängig voneinander erklärt werden. Bei einer gem. § 128 ZVG. für mehrere Berechtigte unter entgegengesetzten Bedingungen eingetragenen Sicherungshyp. (Eventualverteilung) gilt auch der Eventualberechtigte als Betroffener, solange nicht nachgewiesen ist, daß die Bedingung, unter der dem Erstberechtigten der gesicherte Betrag zugeteilt worden ist, eingetreten oder ausgefallen ist;

bis zu diesem Nachweis müssen beide Berechtigte alle auf die Hyp. bezüglichen Eintr. bewilligen (KG. in DNotV. 1930, 310). Sind mehrere Personen, z. B. Eheleute als „Gesamtgläubiger" einer Hyp. eingetragen, so genügt zur Löschung der Hyp. die Bewilligung des einen Berechtigten (KG. in JW. 1937, 3158).

76 **f)** Nicht erfordert wird, daß derjenige, dessen Recht von der Eintr. betroffen wird, die Eintr. persönlich bewilligt. Die EintrBew. kann auch von einem **Vertreter** (Bevollmächtigten, gesetzl. Vertreter) abgegeben werden. Selbstverständlich muß der Vertreter seine Vertretungsbefugnis in gbuchmäßiger Form nachweisen (§ 29); vgl. Vorbem. 5ff. vor § 18. Der Wegfall der Vertretungsmacht vor dem Vollzug der Eintr. berührt die Wirksamkeit der erteilten EintrBew. nicht (KGJ. 43, 147; JFG. 6, 260). Umgekehrt kann eine EintrBew. nach dem Fortfall der Vertretungsbefugnis nicht mehr wirksam werden (KGJ. 43, 147).

77 **3.** § 19 verlangt die Bewilligung desjenigen, dessen **Recht** betroffen wird. Nicht von jedem, dessen Rechtsstellung eine Änderung zu seinen Ungunsten erleidet, kann man sagen, daß sein Recht von einer Eintr. betroffen wird.

78 **a)** Nur derjenige wird betroffen, dessen Recht eines der vom BGB. oder den Landesgesetzen anerkannten **dinglichen Rechte** ist (RG. 61, 379; 83, 439; Güthe-Triebel[6] A. 36, 37). Auch das Nacherbenrecht ist, wenn darüber verfügt wird, hieher zu rechnen (RG. 83, 434; KGJ. 51, 224; Güthe-Triebel[6] A. 36). Nicht hierher gehören die schuldrechtl. Rechte, wenn sie nicht durch Vormerkung gesichert sind. Obwohl daher das Recht des Mieters von einer Veräußerung des Grundstücks in ganz erheblichem Maße betroffen wird (vgl. §§ 571ff. BGB.), ist gleichwohl seine Bewilligung zur Eintr. des neuen Eigtr. nicht erforderlich; dagegen bedarf es zur Löschung u. zur Rang- oder Inhaltsänderung einer auf Gr. einer Bewilligung eingetragenen Vormerkung der Bewilligung des aus der Vormerkung Berechtigten, obwohl nur ein schuldrechtl. Recht in Frage steht. Auch das Recht der elterlichen Nutznießung gehört nicht zu den Rechten i. S. des § 19. Wenn daher dem Vater die Verwaltung des Kindesvermögens entzogen ist, so bedarf es z. B. zur Löschung einer dem Kinde zustehenden Hyp. nicht der EintrBew. des Vaters, obwohl von der Löschung sein Nutznießungsrecht betroffen wird.

79 **b)** Die Frage, ob die **Buchberechtigung oder die wirkliche Berechtigung** entscheidet, ist verschieden zu beantworten, je nachdem es sich um die Eintr. einer Rechtsänderung oder einer bloßen GBuchberichtigung handelt.

80 *α)* Im Falle der Rechtsänderung ist die Bewilligung des wahren Berechtigten erforderlich (RG. 61, 379; 83, 439; OLG. 15, 378; 45, 189; JFG. 11, 268). Da jedoch die Vermutung des **§ 891 BGB.** (s. auch § 1138 BGB.) auch für den GBuchrichter gilt (OLG. 10, 88; 32, 407; KGJ. 35, 303; 43, 237; BayObLG. 23, 70), so wird sich dieser in der Regel mit der Bewilligung des Buchberechtigten begnügen können. § 891 BGB., der auch für u. gegen den Eingetragenen selbst wirkt (BayObLG. 24, 19; OLG. 45, 203; RGRK. § 891 A. 4), findet dabei auch Anwendung auf Rechte an Grundstücksrechten, ferner auf Briefrechte (Güthe-Triebel[6] A. 33; bestr.), sowie auf die nach früherem Recht erfolgten zulässigen Eintr. (RG. 62, 100; 104, 318; RGRK. § 891 A. 1; Güthe-Triebel[6] A. 37). Von der Anwendung des § 891 BGB. darf der GBuchrichter nur dann absehen, wenn die Unrichtigkeit der Eintr. aus den urkundl. Erklärungen der Beteiligten u. dem vorhandenen Akten- u. Urkundenmaterial mit voller Sicherheit zu entnehmen ist (BayObLG. 23, 67; JFG. 16, 145; vgl. BayObLG. in BayNotV. 1931, 339; s. auch Vorbem. 38 vor § 18). Bloße Vermutungen oder die Möglichkeit der Unrichtigkeit dürfen ihm nicht genügen; besteht daher nur eine Ungewißheit oder Zweifelhaftigkeit, so ist auf jeden Fall die Bewilligung des durch das GBuch ausgewiesenen Berechtigten zu verlangen (vgl. KG. in JW. 1932, 1562). Schließlich darf der GBuchrichter die Annahme der Unrichtigkeit nicht darauf stützen, daß er Eintragungsgrundlagen anders auslegt, als von dem bei der Eintr. tätigen GBuchrichter geschehen ist (Güthe-Triebel A. 37).

Ist jedoch die für die Richtigkeit des GBuchinhaltes sprechende Vermutung des § 891 BGB. zweifelfrei widerlegt u. festgestellt, daß der als Berechtigter Eingetragene nicht der wirkliche Berechtigte ist, so genügt seine EintrBew. nicht (OLG. 8, 188; 43, 189; KGJ. 40, 296; SeuffBl. 76, 325). So ist z. B. der eingetragene HypGl. präsumtiv zur Erteilung der Löschungsbew. befugt. Ergibt sich aber aus seiner eigenen Erklärung, daß ihm die Hyp. nicht mehr zusteht, so muß die Bewilligung von dem wahren Berechtigten erteilt werden (s. § 27 A. 24).

Dagegen steht dem GBuchrichter eine Prüfung des gutgläubigen Erwerbs eines Rechtes nicht zu; die §§ 892, 893 BGB. haben daher für die Frage nach dem wirkl. Berechtigten im GBuchverkehr auszuscheiden (OLG. 8, 107; Güthe-Triebel[6] A. 37; BayZ. 1926, 292). Auch § 25 Abs. 1 Satz 2 HGB. (Übergang einer Forderung auf den Erwerber eines Handelsgeschäfts) ist im GBuchverkehr nicht anwendbar (OLG. 45, 203).

β) Dient die EintrBew. der GBuchberichtigung, so ist derjenige, dessen Recht von der Berichtigung betroffen wird (§ 22), der wirkliche Berechtigte, wenn die Berichtigung in der Eintr. einer Beschränkung, Belastung oder Richtigstellung eines bestehenden Rechts besteht; dagegen ist der Buchberechtigte Betroffener, wenn das eingetragene Recht (auch Vormerkung, Widerspruch, Verfügungsbeschränkung) ganz oder teilweise aufgehoben werden soll (s. auch § 22 A. 14). Betroffen sind ferner auch im Falle der GBuchberichtigung Dritte, deren Zustimmung nach materiellem oder formellem Recht zur Berichtigung erforderlich ist, z. B. der Pfandgl., wenn sein Pfandrecht eine Einbuße erleidet (§ 876 BGB.), der jeweilige Eigtr. im Falle des § 21, der nicht eingetragene wahre Eigtr. im Falle des § 22 Abs. 2, der Eigtr. im Falle des § 27 Abs. 1 (vgl. Güthe-Triebel[6] § 22 A. 31 ff.; RGRK. § 894 A. 4). 81

c) Der durch die Eintragung Betroffene muß mindestens im Zeitpunkte der Eintr. ein **bereits gegenwärtiges, feststehendes Recht** besitzen; demgemäß kann vor erfolgter Auseinandersetzung auf Gr. der Bewilligung eines Miterben eine Vormerkung für eine Hyp. auf dem ihm bei der Auseinandersetzung zukommenden Anteil am Nachlaßgrundstück nicht eingetragen werden (OLG. 7, 354); ebensowenig können freiwillige Verfügungen oder Vollstreckungsanordnungen über künftig vielleicht entstehende Eigentümerhyp. oder -grundschulden eingetragen werden (RG. 75, 250; 97, 226; BayObLG. 10, 454; s. o. A. 59). 82

4. Die EintrBew. ist eine **Verfügung**[1]) über das von der bewilligten Eintr. betroffene Recht, also eine Willenserklärung, durch die unmittelbar das Recht übertragen, belastet, geändert oder aufgehoben wird (KGJ. 37, 286; Güthe-Triebel[6] A. 45; Predari A. 12; Hesse-Saage-Fischer A. III 1 a *β*; **a. M.** OLG. 2, 154; vgl. auch OLG. 6, 207; 7, 49), wenn auch die der Verfügung eigene Wirkung erst in Verbindung mit der Eintr. eintritt (RG. 113, 406; JW. 1926, 2621). 83

a) Daraus ergibt sich, daß die EintrBew. desjenigen, dessen Recht durch die Eintr. betroffen wird, nicht genügt, wenn er zur Verfügung über das Recht nicht befugt ist, sondern daß die EintrBew. desjenigen erforderlich ist, dem die materiellrechtl. **Verfügungsbefugnis** zusteht (RG. 54, 364; OLG. 3, 226; KGJ. 43, 262; JFG. 1, 338). Steht ihm die ausschließliche Verfügungsbefugnis zu, so genügt seine EintrBew. u. ist die EintrBew. des von der Eintr. Betroffenen entbehrlich. 84

α) Ist dagegen der Berechtigte in der Verfügung in der Weise beschränkt, daß er nur mit Zustimmung eines Dritten (auch einer Behörde) verfügen kann, so ist die Zustimmungserklärung des Dritten erforderlich. So ist z. B. der Vorerbe zugunsten des Nacherben gewissen dingl. Verfügungsbeschränkungen unterworfen (§§ 2113—2115 BGB.), die ihn zwar, wenn das Nacherbenrecht eingetragen ist (§ 51), an Übertragung u. Belastung seines Rechts nicht hindern, wohl aber an einer Verfügung, durch die sein Recht völlig aus dem GBuch verschwindet. Der Vorerbe bedarf daher der Zustimmung des Nacherben zur Bewilligung der 85

[1]) Über den Begriff der Verfügung s. Vorbem. 66 vor § 13.

Löschung einer Nachlaßhyp., es sei denn, daß befreite Vorerbschaft vorliegt u. die Löschung ein entgeltl. Geschäft darstellt (vgl. Vorbem. 85 vor § 13). Die Zustimmung des Nacherben ist auch erforderlich zur Zustimmnng zur Löschung einer Hyp. an einem Nachlaßgrundstück gem. § 27 Abs. 1, außer der Vorerbe ist befreit u. die Entgeltlichkeit nachgewiesen oder offenkundig oder die Hyp. wurde vom Vorerben mit eigenen Mitteln getilgt (KGJ. 50, 210). Sind keine weiteren Grundstückslasten eingetragen, so ist die Zustimmung des Nacherben zur Zustimmung nach § 27 Abs. 1 auch bei nicht befreiter Vorerbschaft entbehrlich (JFG. 15, 187). Ferner ist zur Löschung einer gepfändeten Hyp. wegen der vor Pfändung erfolgten Befriedigung des HypGl. außer dessen Quittung u. dem Antrag des Eigtr. (vgl. § 27 A. 20) die Einwilligung des Pfändungsgl. erforderlich, wenn nicht das Erlöschen des Pfandrechts nachgewiesen wird (BayObLG. 9, 652)[1]). Zur Verfügung über ein zum Eingebrachten der im gesetzl. Güterstand lebenden Frau gehöriges Grundstück (z. B. HypBestellung) oder Grundstücksrecht (z. B. Löschung, Abtretung, Zinsherabsetzung) ist die Zustimmung der Frau (§ 1375 BGB.) oder, wenn diese verfügt, die Einwilligung des Mannes (§ 1395 BGB.) erforderlich. Soweit bei der allgem. Gütergemeinschaft der Mann zu Verfügungen über Gesamtgut der Zustimmung der Frau nicht bedarf, also zu Verfügungen über Rechte an Grundstücken mit Ausnahme des Erbbaurechts, z. B. zur Löschung oder Übertragung einer Hyp., zur Umwandlung der Hyp. in eine Grundschuld u. umgekehrt, zur Änderung des Ranges derselben genügt die EintrBew. des Mannes allein (OLG. 3, 226, 229; 10, 88; s. die Anm. zu § 33). Dies gilt auch, soweit die Mitwirkung als Grundstückseigtr. in Frage kommt (§ 27 Abs. 1 GBO.; § 880 Abs. 2 BGB.). Nicht erforderlich ist die ausdrückl. Erwähnung, daß der Mann nicht bloß über seinen Anteil, sondern über Gesamtgut verfügen wolle (BayObLG. in SeuffBl. 70, 153; KG. in ZBlFG. 3, 21). Soweit es jedoch nicht ausgeschlossen erscheint, daß eine Schenkung oder die Erfüllung eines ohne Zustimmung der Frau erteilten Schenkungsversprechens vorliegt, muß der GBuchrichter den Nachweis verlangen, daß eine Schenkung nicht vorliegt, falls nicht die Zustimmung der Frau beigebracht wird (vgl. Bay.-ObLG. in BayZ. 1905, 108, 324; OLG. 3, 388; RJA. 6, 69).

Ferner gehören die Fälle hierher, in denen ein Dritter, z. B. der Konkurs- oder Nachlaßverwalter oder Testamentsvollstrecker, über ein fremdes Recht kraft eigenen Rechts zu verfügen befugt ist (RG. 71, 38; OLG. 45, 188; vgl. Vorbem. 70 vor § 13).

Keine dinglich wirkende Verfügungsbeschr. ist das Treuhandverhältnis; es wirkt nur im Innenverhältnis (vgl. § 3 A. 144). Ist daher eine Hyp. für jemand als Treuhänder mehrerer Gl. eingetragen, so kann der Treuhänder allein über die Hyp. verfügen. Stirbt er, so kann nur sein Erbe die erforderl. gbuchrechtl. Erklärungen abgeben (KG. in DNotV. 1932, 402).

Im übr. s. über die Verfügungsbeschränkungen Vorbem. 65ff. vor § 13. Über das Erfordernis der staatsaufsichtlichen Genehmigung u. sonstiger behördlicher Genehmigungen s. Vorbem. 41ff. vor § 18.

86 β) Die Verfügungsbefugnis ist stets von Amts wegen zu prüfen u. daher dem GBA. nachzuweisen (BayObLG. 12, 548; OLG. 45, 189; Güthe-Triebel[6] A. 45); s. über die Prüfungspflicht auch Vorbem. 1ff. vor § 18. Für den GBuchrichter ist bei der Prüfung der Inhalt des GBuchs maßgebend (§ 891 BGB.; s. o. A. 80). Begründete Zweifel an der Verfügungsmacht des Bewilligenden berechtigen den GBuchrichter, von den Beteiligten Aufklärung u. entspr. Nachweise zu verlangen, so wenn sich aus den vorgelegten Urkunden ergibt, daß die bewilligende Frau verheiratet u. infolgedessen die Möglichkeit einer Verfügungsbeschränkung durch die Rechte des Mannes gegeben ist (OLG. 8, 304; BayObLG. im Recht 1904 Nr. 396) oder wenn aus dem GBucheintrag ersichtlich ist, daß ein Ehemann ein Grundstück während der Ehe erworben hat u. deshalb Zweifel entstehen, ob nicht das auf den Namen

---

[1]) Wegen der Notwendigkeit der Zustimmung des nach Mainzer Landrecht Beisitzberechtigten vgl. BayObLG. 11, 724.

des Mannes eingetragene Grundstück in Wahrheit zum Gesamtgut gehört (OLG. 8, 305). Ebenso kann der GBuchrichter einen entspr. Nachweis verlangen, wenn Zweifel an der Rechtsfähigkeit des eingetragenen Berechtigten entstehen u. dieser über das Recht verfügen will; auf die Rechtspersönlichkeit des eingetragenen Berechtigten erstreckt sich die Vermutung des § 891 BGB. nicht (vgl. BayObLG. 17, 162; **a. M.** OLG. 26, 73).

γ) In gewissen Fällen, nämlich bei Verfügungen eines Minderjährigen (§§ 108, 111 87
BGB.), einer Ehefrau über ihr eingebrachtes Gut (§§ 1396, 1398 BGB.), eines Vormunds, Vaters u. Pflegers (§§ 1829, 1831, 1643 Abs. 3, 1686, 1915 BGB.) ist auch der Nachweis erforderlich, daß die Zustimmung (Genehmigung) wirksam geworden ist. Die „Einwilligung" zu einem einseitigen Rechtsgeschäft (z. B. Eintragungs-, Berichtigungs-, Löschungsbewilligung) ist vor dem Geschäft zu erklären (§ 183 BGB.); doch kann eine nachträgl. Zustimmung in einem solchen Falle als Bestätigung des Geschäfts (§ 141 BGB.) zu betrachten sein. Auch die vormundschaftsgerichtl. Genehmigung muß bei einseitigen Rechtsgeschäften vorher erteilt werden (§ 1831 BGB.). Diese Bestimmung findet aber auf einseitige Erklärungen, die dem GBA. gegenüber abzugeben sind, keine Anwendung. Soweit daher zur Löschung einer EigtrGrundschuld die vormundschaftsgerichtl. Gen. erforderlich ist, kann sie der Löschungsbew. auch zeitlich nachfolgen (JFG. 13, 393). Die Genehmigung des VormundschaftsG. kann in allen Fällen nur dem Vormund usw. gegenüber erklärt werden (§ 1828 BGB.), die Einwilligung oder Genehmigung sonst aber auch gegenüber dem anderen Teil (§ 182 Abs. 1 BGB.). Die vormundschaftsgerichtl. Genehmigung muß weiter bei Verträgen durch den Vormund dem anderen Teil (möglicherweise auch durch schlüssige Handlung, vgl. Kreß in BayNotZ. 1919, 69) mitgeteilt werden (§ 1829 Abs. 1 BGB.), da es dem Vormund nach Erteilung der Genehmigung noch freisteht, ob er von ihr Gebrauch machen will (Bay.-ObLG. 21, 335, 375). Vgl. auch Vorbem. 10ff. vor § 18. Wenn Miterben, von denen einer durch einen Vormund vertreten wird, ein Nachlaßgrundstück an einen von ihnen auflassen, so braucht der Vormund die vormundschaftsgerichtl. Gen. nur dem Grundstückserwerber, nicht auch den übrigen Miterben mitzuteilen (RG. in HRR. 1935 Nr. 182).

δ) Alle diese Erfordernisse müssen dem GBA. in der Form des § 29 nachgewiesen 88
werden (BayObLG. 16, 141; 22, 156; Reichold in BayNotZ. 1921, 99). Dabei genügt es jedoch, wenn Einwilligung oder Genehmigung im Zeitpunkt des Eingangs der EintrBew. beim GBA. erklärt sind (OLG. 4, 492; 5, 404; 11, 225), da die EintrBew. selbst erst mit der Einreichung wirksam wird (§ 130 BGB.). Ebenso ist es genügend, wenn Bewilligung der Frau u. Zustimmung des Mannes in der gleichen Urkunde erklärt sind (RG. 54, 385), wenn die Zustimmungserklärung durch den in der Verfügung Beschränkten selbst oder den Erwerber eingereicht wird (OLG. 7, 49), wenn der Notar in der EintrBew. von der Frau (dem Minderjährigen) ermächtigt wird, die noch fehlende Zustimmung oder Genehmigung entgegenzunehmen (RG. 54, 385; BayObLG. 17, 174; OLG. 5, 404). Bei der vormundschaftsgerichtl. Genehmigung ist es bei einseitigen Rechtsgeschäften ausreichend, wenn die Gen. wirksam in dem Zeitpunkt vorliegt, in dem die Erklärung dem GBA. zugeht (OLG. 5, 404; Staudinger[9] § 1831 A. 4b), wenn also der Vormund usw. die Genehmigung beim GBA. einreicht oder das VormundschaftsG. eine Bestätigung, daß die Genehmigung dem Vormund gegenüber erteilt ist, ausstellt (RGRK. § 1828 A. 1; Güthe-Triebel[6] A. 48; vgl. auch Steinbach in Bay.-NotV. 1928, 172; Weber a. a. O. 267); bei Verträgen (insbes. der Auflassung) genügt es, wenn die nämliche Person[1]) vom Vormund ermächtigt wird, die Genehmigung vom Vor-

[1]) Auch der den Vertrag beurkundende Notar kann in dieser Weise bevollmächtigt werden; § 171 FGG. steht nicht entgegen (RG. 121, 30; OLG. 26, 227; Seybold-Hornig RNotarO. § 17 A. III 4; Kreß in BayNotZ. 1919, 66; Reichold in BayNotZ. 1921, 103; Kößler in BayNotV. 1932, 367; **a. M.** BayObLG. 16, 139; 18, 209, 300; OLG. 23, 380; RGRK. § 925 A. 11; Schlegelberger FGG. § 171 A. 4; Keidel FGG. § 171 A. 2; Güthe-Triebel[6] § 29 A. 55; Bourier in BayNotV. 1929, 154). Ist der Fall des § 15 GBO. gegeben, so daß der Notar als ermächtigt gilt, EintrAnträge zu stellen,

mundschaftsG. entgegenzunehmen u. dem Vertragsgegner mitzuteilen, u. von diesem gleichzeitig ermächtigt wird, die Genehmigung zur Kenntnis zu nehmen[1]) (RG. in BayZ. 1922, 260; BayObLG. 3, 439, 684; 19, 183; 22, 139, 156; Güthe-Triebel[6] A. 48; Staudinger[9] § 1829 A. 3 b β u. A. 9; vgl. aber auch RG. 121, 30 u. Güthe-Triebel[6] S. 2066, wonach eine solche Doppelvollmacht zwar zulässig ist, aber der Wille des Bevollmächtigten, die Genehmigung sich selbst als dem Vertreter des anderen Teils mitzuteilen, nach außen irgendwie in die Erscheinung treten muß). Daß die Vollmacht zur Mitteilung vom Vormund vor der vormundschaftsgerichtl. Gen. erteilt wird, ist zulässig (BayObLG. 22, 156). Die Beteiligten können aber nicht vereinbaren, daß die Genehmigung des VormundschaftsG. auf andere Weise als durch Mitteilung nach § 1829 BGB. wirksam wird (RG. 121, 30). Wegen der Auflassung insbes. vgl. § 20 A. 58. Im übr. vgl. zu diesen Fragen BayNotV. 1924, 22; 1928, 297; 1929, 150; ferner Bourier in DNotV. 1918, 201; 1920, 302; BayNotV. 1929, 154; Kreß in BayNotZ. 1919, 66; Hieber in BayNotV. 1929, 195.

89 b) Die Verfügungsbefugnis muß dem Bewilligenden im **Zeitpunkte der Eintragung** zustehen, da mit dieser die Rechtsänderung sich vollendet (RG. 84, 105; KGJ. 37, 289; 43, 256; JFG. 1, 338, 388). Daher ist z. B. die Zustimmung des Mannes zur Eintr. einer vor der Ehe von der Frau bestellten Hyp. auf ihrem eingebrachten Grundstück erforderlich (OLG. 38, 250; KGJ. 37, 289), ferner die Einwilligung der Frau zur Eintr. einer vom Mann vor der Ehe auf einem nunmehrigen Gesamtgutsgrundstück bestellten Hyp., ebenso eine neue Eintr.-Bew. des Gemeinschuldners nach Aufhebung des Konkurses (OLG. 10, 66; 26, 4; 29, 398; KG. in DNotV. 1930, 634). Die von einer Witwe abgegebene EintrBew. bedarf nach deren Wiederverheiratung der Zustimmung des neuen Ehemannes, wenn die Wiederverheiratung vor Einbringung des EintrAntrags erfolgt ist (RJA. 9, 274). Nach dem Zuschlag kann die Löschung eines mit dem versteigerten Grundstück verbundenen subjektiv-dingl. Vorkaufsrechts u. einer dem jeweiligen Eigtr. des Grundstücks zustehenden Auflassungsvormerkung nur auf Gr. der Bewilligung des Erstehers erfolgen (KG. in DNotV. 1931, 121). Geht zuerst eine EintrBew. des Eigtr. u. später das Ersuchen des KonkursG. um Eintr. des Konkursvermerks beim GBA. ein, so kann der Nachweis verlangt werden, daß die Bindung des Eigtr. i. S. des § 873 Abs. 2 BGB. vor Konkurseröffnung erfolgt ist (KG. in DNotV. 1930, 632). Im übr. s. über das Wirksamwerden der Verfügungsbeschränkungen Vorbem. 68 ff. vor § 13. Die Eintr.-Bew. des Konkursverwalters verliert ihre Wirksamkeit, wenn vor der Eintr. der Konkurs aufgehoben wird oder das betroffene Recht aus der Konkursmasse ausscheidet (RJA. 13, 158; KGJ. 37, 289).

Die Wirksamkeit der EintrBew. wird durch den Tod des Bewilligenden nicht berührt (§ 130 Abs. 2 BGB.), wenn sie vor dem Tode gem. § 130 Abs. 1, 3 BGB. wirksam geworden ist; sie bindet auch die Erben. Eine Verfügung des Gesamtgutsverwalters bleibt auch nach dessen Tode wirksam, wenn Recht u. Verfügungsmacht der Teilhaber am Gesamtgut bis zur Vollendung der Rechtsänderung fortbestehen (JFG. 1, 338). Zum Vollzug einer Auflassungserklärung des Erblassers ist weder vorherige Eintr. des Erben (§ 40) noch dessen Eintr.-Bew. oder Zustimmung erforderlich (BayObLG. 27, 298; 34, 68; vgl. Waldmann in Bay.-NotV. 1930, 133).

90 c) Auf die EintrBew., die ein **Nichtberechtigter** erteilt, findet die Vorschrift des § 185 BGB. Anwendung (RG. 54, 366; 84, 105; BayObLG. 22, 286; KGJ. 51, 192; RGRK.

---

so gilt er auch als ermächtigt, die zum Vollzuge der Eintr. erforderl. Genehmigungserklärungen namens der Beteiligten entgegenzunehmen (JFG. 11, 24).

[1]) Auch der Nachweis der Kenntnisnahme durch den Doppelbevollmächtigten bedarf der Form des § 29, da die Kenntnisnahme Voraussetzung für die Wirksamkeit der vormundschaftsgerichtl. Gen. u. damit Bestandteil des Nachweises der Verfügungsberechtigung, also eine Voraussetzung der Eintr. ist (vgl. BayObLG. 22, 156; **a. M.** Bourier in BayNotV. 1929, 154).

§ 873 A. 8; Staud.-Kober § 873 A. 45; Güthe-Triebel[6] A. 34; Brand-Schnitzler § 46)[1]). Eine solche EintrBew. ist daher an sich unwirksam. Sie ist aber wirksam, wenn sie mit Einwilligung des Berechtigten erfolgt (OLG. 5, 419). Sie **wird** wirksam, wenn der Berechtigte sie genehmigt, u. zwar rückwirkend (§ 184 BGB.), oder wenn der Bewilligende das Recht erwirbt (wie z. B. der Käufer eines Grundstücks, der eine Kaufschillingshyp. bestellt) oder wenn er von dem Berechtigten beerbt wird u. dieser für die Nachlaßverbindlichkeiten unbeschränkt haftet. Die von einem einzelnen **Miterben** vorgenommene Verfügung über einen Erbschaftsgegenstand kann sowohl nach § 185 Abs. 1 BGB. (Einwilligung) wirksam sein als auch nach Abs. 2 a. a. O. (Genehmigung) wirksam werden (RG. 129, 284; RG. 152, 380 = JFG. 14, 350; KG. in KGJ. 53, 133 = OLG. 41, 156; JFG. 13, 97; OLG. München in JFG. 14, 345; RGRK. § 2040 A. 1; Staud.-Riezler § 185 A. 4). Das gleiche gilt für die Verfügung eines einzelnen Gesamthänders über einen Gesamtgutsgegenstand bei der Auseinandersetzungsgemeinschaft (OLG. München a. a. O.; vgl. RG. 139, 118). Vgl. auch JFG. 16, 296 u. KG. in JW. 1937, 1553 = HRR. 1937 Nr. 929.

Nicht erforderlich ist, daß die Einwilligung **wörtlich** erteilt wird; es genügt, wenn die Erteilung im Wege der Auslegung ermittelt werden kann (s. o. A. 15). Wird z. B. eine Buchhyp. in gehöriger Form von dem eingetragenen Gl. oder dessen Erben einem anderen abgetreten u. ihre Umschreibung im GBuch auf den neuen Gl. bewilligt, so ist, wenn nicht etwas anderes erhellt oder nachgewiesen wird, in diesen Erklärungen auch die Einwilligung zu Verfügungen des neuen Gl. enthalten, die er **vor** der Umschreibung der Hyp. vornehmen wird (RG. 54, 369). Das gleiche gilt bei der Auflassung (s. § 20 A. 67). Die Genehmigung kann nicht mehr erteilt werden, wenn sie zunächst vorbehaltlos verweigert worden ist (RG. 139, 118). Dem GBA. ist die Zustimmung (Einwilligung oder Genehmigung) u. deren Wirksamkeit (s. § 182 BGB.) **in der Form des § 29 Abs. 1 Satz 2 nachzuweisen** (vgl. auch § 20 A. 55).

Erklärungen, durch die Rechtsgeschäfte eines vollmachtlosen Stellvertreters oder eines Geschäftsführers ohne Auftrag genehmigt werden, unterliegen nicht der Urkundensteuer (vgl. DNotZ. 1937, 590).

Liegen **mehrere** miteinander nicht in Einklang stehende EintrBewilligungen in dem Augenblick vor, in dem der Bewilligende das Recht erwirbt oder von dem Berechtigten beerbt wird (§ 185 Abs. 2 Satz 2 BGB.), so erscheint dem GBuchrichter gegenüber zwar ein jeder, auf den eine EintrBew. lautet, legitimiert, seine Eintr. zu beantragen. Aber die Eintr. wird auf diejenige Bewilligung hin zu erfolgen haben, welche dem GBuchbeamten **zuerst** vorgelegt wird, außer wenn er weiß, daß noch eine andere, früher erteilte EintrBew. vorhanden ist, die nach den zwischen den Beteiligten bestehenden schuldrechtl. Beziehungen zur Eintr. gebracht werden müßte (OLG. 2, 157; SeuffBl. 74, 712). Gehen die mehreren Bewilligungen **gleichzeitig** ein, so hat der GBuchrichter die frühere Bewilligung durch Eintr. zu erledigen u. den auf die spätere Bewilligung gestützten Antrag abzuweisen; das gleiche gilt, wenn die frühere Bewilligung zwar nach der späteren Bewilligung eingeht, aber bevor diese durch Eintr. erledigt ist (Güthe-Triebel[6] A. 35; **a. M.** OLG. 2, 157; Predari A. 14 a. E.).

d) Von der materiellrechtl. Verfügungsbefugnis ist zu unterscheiden das formellrechtl. **91**
Erfordernis des **Eingetragenseins des verfügenden Berechtigten**; hiefür gelten die Vorschriften der §§ 39, 40, 14.

E. Die Erwerbsfähigkeit des gewinnenden Teils.

I. a) Rechte an Grundstücken können alle (natürlichen u. juristischen) Personen erwerben, **92**
die rechtsfähig sind. Der **Erwerbswille** kommt für das formelle GBuchrecht (mit alleiniger Ausnahme des § 20) nicht in Betracht; es kommt nur auf den in der EintrBew. seinen Aus-

[1]) Auf Verfügungen im Wege der Zwangsvollstreckung ist § 185 BGB. nicht anwendbar (RG. 60, 72).

druck findenden Veräußerungswillen des Berechtigten an. Dagegen ist für das GBuchrecht die Erwerbsfähigkeit des gewinnenden Teils von Bedeutung (Güthe-Triebel[6] A. 50).

93 b) Der GBuchrichter hat aber nicht in jedem einzelnen Falle die Existenz u. die Rechtsfähigkeit des neu einzutragenden Berechtigten zu prüfen; er kann insbes. nicht ohne weiteres den Nachweis verlangen, daß eine einzutragende juristische Person die Rechtsfähigkeit besitzt, sofern sie nur nach ihrer Bezeichnung als Rechtspersönlichkeit bestehen kann (KGJ. 28, 75; RJA. 10, 152; s. jedoch § 20 A. 59). Nur wenn dem GBuchrichter die Rechtsfähigkeit ernstlich zweifelhaft erscheint, muß er nach § 18 verfahren (OLG. 5, 7; 18, 159; 23, 323; Staud.-Kober § 1115 A. 28, d; Planck § 873 A. IV 2 a). Zur Ablehnung des Antrags ist das GBA. dann berechtigt u. verpflichtet, wenn als Berechtigter jemand bezeichnet ist, der Rechte nicht erwerben kann, z. B. eine Konkursmasse oder ein Verstorbener (vgl. auch § 3 A. 141). Ist eine Hyp. für eine nicht zur Entstehung gelangte GmbH. eingetragen, so ist die Hyp. nichtig; sie kann nicht für denjenigen aufrechterhalten bleiben, der bei dem der Bestellung zugrunde liegenden Rechtsgeschäft als Vertreter der Gesellschaft gehandelt hat; auch entsteht aus ihr keine Eigtr.-Grundschuld (JFG. 2, 340). Dagegen hat eine für eine offHG. eingetragene Hyp., wenn die Gesellschaft aufgelöst u. ihr Vermögen samt der Firma auf einen Gesellschafter durch Vereinbarung übergegangen ist (vgl. RG. 68, 140), als wirksame Hyp. dieses Gesellschafters u. derzeitigen Firmeninhabers zu gelten (RG. in DNotV. 1931, 425); es liegt nur eine (unschädliche) ungenaue Bezeichnung des Berechtigten vor (RG. 72, 40; 127, 309). Stirbt jedoch der Gl. einer neu bestellten Hyp. oder Vormerkung oder der Auflassungsempfänger vor Eintr., aber nach Eingang des EintrAntrags (oder nachdem auf sonstige Weise gem. § 873 Abs. 2 BGB. Bindung eingetreten ist), so bedarf es zur Eintr. der Erben als Berechtigten nicht einer neuen EintrBew. (Auflassung) für die Erben, sondern nur (neben dem Nachweis der Erbfolge) eines entspr. Antrags (RG. in JW. 1926, 955 = HRR. 1926 Nr. 1025; KG. in JFG. 7, 325; BayObLG. 33, 299; Josef in BayNotV. 1926, 353; Güthe-Triebel[6] A. 50; vgl. auch OLG. 41, 25; Waldmann in BayNotV. 1930, 134; **a. M.** OLG. 23, 323; OLG. Darmstadt in JFG. 10, 212; s. auch oben § 3 A. 144 unter ff). Der Zustimmung der Erben bedarf es auch dann nicht, wenn sie als Eigtr. eingetragen werden sollen (BayObLG. a. a. O.). Stirbt der Ersteher vor GBuchberichtigung, so hat das VollstreckungsG. um Eintr. des Verstorbenen zu ersuchen u. einen etwaigen Berichtigungsantrag der Erben beizufügen (BayObLG. 14, 258).

Die Angaben der Beteiligten über den Personenstand des einzutragenden Berechtigten, insbes. ob er verheiratet ist, u. über den **Güterstand** braucht der GBuchrichter nicht nachzuprüfen (OLG. 17, 154; vgl. die Anm. zu § 33). Er ist auch nicht berechtigt, über die güterrechtl. Verhältnisse Auskunft zu verlangen u. die Eintr., wenn diese Auskunft nicht erteilt wird, abzulehnen (OLG. 9, 450; Predari § 34 A. 8; Achilles-St. § 34 A. 3). Wenn dem GBuchrichter jedoch bekannt ist, daß Ehegatten in einer Gütergemeinschaft leben, so daß der Erwerb in das Gesamtgut fällt, so darf er dem Antrag, sie als Bruchteilseigtr. oder einen von ihnen als Alleineigtr. einzutragen, nicht stattgeben (RG. 155, 344; Güthe-Triebel[6] A. 50; vgl. auch Ripfel in DFG. 1937, 239). Das RG. hat in der genannten Entscheidung (unter Aufgabe seiner bisherigen entgegengesetzten Rspr., s. RG. 84, 71; ebenso KGJ. 53, 129; RGRK. § 1438 A. 6; Staud. § 1438 A. 4; Hesse-Saage-Fischer § 19 A. III 1 b u. a.) das Recht u. die Pflicht des GBuchrichters, eine solche Eintr. abzulehnen, auf den bei Neufassung der GBO. im Jahre 1935 neu eingeführten GBuchberichtigungszwang (§ 82) gestützt, der die Richtigkeit der Eigentumseintragungen im GBuch dem Belieben der Beteiligten grundsätzlich entzieht. Der gleiche Grundsatz wird aber auch dann gelten müssen, wenn es sich nicht um die Eintr. des Eigtr., sondern eines sonstigen Berechtigten handelt. Auf jeden Fall gilt dies, wenn in der EintrBew. selbst erklärt ist, daß die Erwerber des Rechts in Gütergem. leben (OLG. 10, 422). Umgekehrt darf der GBuchrichter Ehegatten nicht als Miteigtr. in Gütergemeinschaft eintragen, wenn er weiß, daß keine Gütergem. besteht. Das gleiche gilt für sonstige

Eintr., die mit der aus den güterrechtl. Normen sich ergebenden sachl. Rechtslage unvereinbar sind.

Soll ein durch Rechtsgeschäft erworbenes Recht für Erben als solche, also für eine **Erbengemeinschaft** eingetragen werden, so darf dies nur geschehen, wenn das Rechtsgeschäft sich auf den Nachlaß bezieht (§ 2041 BGB.), d. h. zu ihm objektiv in einem begründeten inneren Zusammenhang steht, u. wenn die Miterben auch subjektiv das Recht für den Nachlaß u. nicht für sich persönlich erwerben wollen. Dagegen ist es gleichgültig, ob der Erwerb aus Mitteln des Nachlasses oder aus solchen der Erben erfolgt (KG. in JFG. 15, 155; RGRK. § 2041 A. 1; Staud. § 2041 A. 2; vgl. RG. 92, 139; 117, 264; Roskothen in JW. 1937, 2955). Die erforderl. innere Beziehung des Erwerbs zum Nachlaß ist z. B. gegeben, wenn zum Nachlaß eine ideelle Grundstückshälfte gehört u. die andere Hälfte hinzuerworben wird (JFG. 15, 155). In jedem Fall ist die Eintr. von dem Nachweis der erbrechtl. Verhältnisse gem. § 35 abhängig zu machen; insbes. ist zu prüfen, ob Nacherbfolge oder Testamentsvollstreckung angeordnet ist, u. gegebenenfalls nach §§ 51, 52 zu verfahren (KGJ. 48, 151; 50, 165; KG. in HRR. 1933 Nr. 1451 = JW. 1933, 2776).

II. Erwerbsbeschränkungen.

1. Die wichtigsten Erwerbsbeschränkungen sind auf Gr. der Vorbehalte in **Art. 86 ff. EG. z. BGB.** landesgesetzlich geregelt. 94

Diese Beschränkungen, die gewisse Erwerbsfälle von der staatl. Genehmigung abhängig machen, gelten auch beim Erwerb im Wege der Zwangsvollstreckung. Genehmigungspflichtig ist auch das dem Erwerb zugrunde liegende schuldrechtl. Rechtsgeschäft (RG. 128, 371). Die Gen. kann vor oder nach dem Erwerb erteilt werden (RG. a. a. O.). Ihr Fehlen berechtigt das GBA. nicht, die Entgegennahme der Auflassung zu verweigern (s. § 20 A. 73); doch darf die Eintr. erst nach Erteilung u. Nachweis der Gen. erfolgen. Eine Eintr. ohne die erforderl. Gen. ist nichtig.

a) Erwerbsbeschränkungen **natürlicher Personen** bestehen in Preußen u. Bayern nicht. 95
Insbes. können Ausländer (abgesehen von den devisenrechtl. Beschränkungen; vgl. Vorbem. 50 ff. vor § 18) unbeschränkt Grundbesitz in Deutschland erwerben. Von dem Vorbehalt des Art. 88 EG. z. BGB. (vgl. hiezu § 9 der VO. über die Eintr. von Hyp. in ausländischer Währung v. 13. Febr. 1920, RGBl. 231) haben Preußen u. Bayern nur bez. ausländischer juristischer Personen Gebrauch gemacht (s. u. A. 96, 97).

Vgl. jedoch § 457 BGB. (Verkauf durch den Konkursverwalter).

b) Für den Erwerb durch **juristische Personen** gilt folgendes:

α) **Preußen:** 96

aa) Schenkungen u. Zuwendungen von Todes wegen von mehr als 5000 RM. an juristische Personen mit Ausnahme der Familienstiftungen bedürfen der Gen. des Staatsmin. oder der von ihm durch VO. bestimmten Behörde (Art. 6 preuß. AG. z. BGB.). Der Übergang einer Erbschaft ist durch die Gen. auflösend bedingt (KGJ. 29, 141; 40, 25). Der Testamentsvollstrecker bedarf der Gen. nicht (KGJ. 40, 213).

bb) Der Erwerb von Grundstücken durch juristische Personen, die in Preußen ihren Sitz haben, bedarf der Gen. der staatl. Aufsichtsbehörde (regelmäßig des Regierungspräsidenten), wenn das Grundstück über 5000 RM. wert ist (Art. 7 § 1 preuß. AG. z. BGB.). Maßgebend ist nicht der Preis, sondern der Wert des Grundstücks ohne Abzug der dingl. Lasten (KGJ. 29, 141; 40, 25). Beim Erwerb mehrerer Grundstücke von demselben Rechtsvorgänger sind die Werte zusammenzurechnen (KGJ. 25, 126). Der Wert ist dem GBA. im Zweifelsfalle durch öffentl. Urkunde oder durch eine Erklärung der Aufsichtsbehörde nachzuweisen (KGJ. a. a. O.). Von der Genehmigungspflicht sind ausgenommen (Art. 7 § 1 Abs. 2 a. a. O.) Familienstiftungen, ferner juristische Personen, deren Rechtsfähigkeit auf einem neben dem BGB. bestehenden Reichsgesetz beruht, z. B. Aktiengesellschaften u.

juristische Personen des öffentl. Rechts, die nach den für sie geltenden Gesetzen dieser Gen. nicht bedürfen, z. B. die Provinzen u. landschaftl. Kreditinstitute. Das gleiche gilt für die Gewerkschaften neueren Rechts (OLG. 4, 301). Dagegen fallen unter die Vorschrift die Industrie- u. Handelskammern, für die die Gen. vom RWirtschaftsMin. erteilt wird (VO. v. 20. Aug. 1934, RGBl. I 790), die gemeindl. Sparkassen, ferner die Landeskirchen, die Kirchengemeinden u. Kirchengemeindeverbände (KG. in JR. 1936, 1137; Schlüter in JW. 1926, 954; Brand-Schnitzler § 148; vgl. Abs. 1 des Erlasses v. 8. Okt. 1925, JMBl. 379; Helm in JW. 1937, 2817; s. auch oben Vorbem. 77 vor § 18). Soweit es sich um den Erwerb von Grundeigentum durch die evangel. Landeskirche u. die Kirchenprovinzen der altpreußischen Union handelt oder soweit der Wert des zu erwerbenden Grundstücks 50000 RM. übersteigt, ist die Gen. des RKirchenMin. erforderlich (VO. v. 2. Juli 1926, GS. 192; Erlaß v. 8. Okt. 1925, JMBl. 379). Dieser hat sich mit RdErlaß v. 23. März 1937 (mitgeteilt durch AV. v. 21. Mai 1937, DJ. 799) ferner die Entscheidung über die Gen. des Grunderwerbs durch die evangel. u. die kath. Kirche in allen Fällen bei den Grundstücken vorbehalten, die unter die Vorschriften der Grundstückverkehrsbekanntmachung v. 26. Jan. 1937 (s. § 20 A. 95ff.) fallen. Im übr. wird die Gen. vom Regierungspräsidenten erteilt.

cc) Der Erwerb von Grundstücken durch juristische Personen, die in einem außerpreußischen deutschen Land ihren Sitz haben, bedarf der Gen. des Regierungspräsidenten, wenn das Grundstück über 5000 RM. wert ist (Art. 7 § 2 Abs. 1 preuß. AG. z. BGB.; VO. v. 25. März 1920, GS. 85).

dd) Der Erwerb von Grundstücken durch ausländische juristische Personen bedarf ohne Rücksicht auf den Wert der Gen. des Staatsmin. oder der von ihm durch VO. bestimmten Behörde (Art. 7 § 2 Abs. 2 preuß. AG. z. BGB.). Diese Beschränkung gilt nicht für die Gläubigerin eines in ausländischer Währung eingetragenen Rechts beim Erwerb in der Zwangsversteigerung (§ 9 der VO. v. 13. Febr. 1920, RGBl. 231). Auch ausländische Versicherungsaktiengesellschaften u. Versicherungsvereine auf Gegenseitigkeit bedürfen im Hinblick auf § 54 VersAufsG. (s. u. A. 98) keiner Gen. nach Art. 7 § 2 Abs. 2 preuß. AG. z. BGB. (KG. in DJ. 1933, 630). Die Gen. ist entbehrlich, wenn eine ausländische juristische Person, ohne als Eigentümerin eingetragen zu werden, das ihr aufgelassene Grundstück an eine inländische Person weiter aufläßt u. diese unmittelbar als Eigentümerin eingetragen werden soll (KG. in HRR. 1931 Nr. 11).

97 β) **Bayern.**

Beim Erwerb durch juristische Personen kommen in Betracht die Vorschriften der Art. 7 bis 10 bayer. AG. z. BGB. Die Bestimmungen der Art. 7 u. 8, die den Erwerb durch geistliche Gesellschaften beschränken, sind nunmehr gegenstandslos, nachdem auf Gr. Art. 2 Abs. 2 Satz 3 des bayer. Konkordats v. 29. März 1924, das durch Ges. v. 15. Jan. 1925 (GVBl. 53; dort ist auch das Konkordat veröffentlicht) Gesetzeskraft erhalten hat, Orden u. religiöse Kongregationen der kath. Kirche in Bezug auf den Erwerb keinerlei staatlichen Beschränkungen mehr unterliegen (vgl. auch Art. 15 § 2 Satz 2 des Konkordats) u. andere geistliche Gesellschaften nicht bestehen (Staud.-Keidel Art. 86 Anm. IV; Henle-Schn.-Manglkammer AG. z. BGB. Vorbem. 1 vor Art. 7, aber auch Art. 7 Anm. 4; Steinert AG. z. BGB. Vorbem. vor Art. 7; Kratzer, Verfassungsurkunde S. 325; vgl. v. Marth in BayZ. 1929, 17; Krafft in BayNotV. 1929, 385). Auf die Englischen Fräulein in Bayern fanden die Art. 7 u. 8 schon bisher keine Anwendung (Art. 9 bayer. AG. z. BGB.).

Auch Art. 10 bayer. AG. z. BGB., der den Erwerb, insbes. von Grundbesitz (zum Erwerb von Grundstücken, Erbbaurechten u. sonstigen grundstücksgleichen Rechten ist stets Genehmigung erforderlich) durch ausländische juristische Personen, die religiöse oder wohltätige Zwecke oder Zwecke des Unterrichts oder der Erziehung verfolgen, beschränkt, ist durch die erwähnten Bestimmungen des Konkordats für Orden u. religiöse Kongregationen der kath. Kirche jetzt gegenstandslos, im übrigen aber noch wirksam (Staud.-Keidel Art. 86 A. IV; Art. 88 A. 5; Steinert Art. 10 A. 2; von Marth a. a. O.; Kratzer a. a. O.; Krafft a. a. O.; **a. M.** Henle-Schn.-Manglkammer Art. 10 A. 3, der die Bestimmung noch in vollem Umfange für wirksam hält, auch für die ausländischen Orden u. religiösen Kongregationen, soweit sie juristische Personen sind). Außerdem ist die Genehmigungspflicht nach Art. 10 erheblich eingeschränkt durch die Bestimmungen zahlreicher Staatsverträge (vgl. die Zusammenstellungen bei Staud.-Keidel Art. 88 A. 4 u. bei Steinert Art. 10 A. 3).

Soweit die staatl. Genehmigung noch erforderlich ist, wird sie vom Staatsministerium für Unterricht u. Kultus erteilt (VO. v. 15. Nov. 1918, GVBl. 1231; § 2 ÜbergangsG. v. 28. März 1919, GVBl. 113, mit Bek. v. 28. April 1919, GVBl. 401).

2. a) Versicherungsaktiengesellschaften u. Versicherungsvereine auf Gegenseitigkeit bedürfen zum Erwerb von Grundstücken der Genehmigung der Aufsichts- 98
behörde, soweit sie nicht die Grundstücke beliehen haben u. im Zwangsversteigerungsverfahren erwerben (§ 54 Abs. 1 des Ges. über die Beaufsichtigung der privaten Versicherungsunternehmungen u. Bausparkassen v. 6. Juni 1931, RGBl. I 315). Aufsichtsbehörde ist, wenn der Geschäftsbetrieb des Unternehmens auf ein deutsches Land beschränkt ist, regelmäßig eine Landesbehörde (in Bayern gem. VollzVO. v. 23. Juni 1901, GVBl. 461, die Kreisregierung, in deren Bezirk das Unternehmen seinen Sitz hat; vgl. auch VO. v. 27. März 1925, RGBl. I 31), im übr. das Reichsaufsichtsamt für Privatversicherung (§§ 3, 4 des Ges.). Auch ausländische Versicherungsunternehmungen bedürfen der Genehmigung des Reichsaufsichtsamtes zum Erwerb von inländischen Grundstücken (§ 105 Abs. 2 des Ges.; Güthe-Triebel[6] S. 1831). Die Genehmigung ist dem GBA. nachzuweisen.

b) Über die für die Träger der Sozialversicherung, die Innungen, Handwerkskammern usw. geltenden Erwerbsbeschränkungen s. Vorbem. 89, 90 vor § 18.

3. Die für Hypothekenbanken u. Schiffspfandbriefbanken geltenden Erwerbs- 99
beschränkungen (§ 5 Abs. 3 HypBankGes. v. 13. Juli 1899, RGBl. 375; § 5 Abs. 4 SchiffsbankGes. v. 14. Aug. 1933, RGBl. I 583) braucht der GBuchrichter nicht zu beachten, da sie dem öffentl. Recht angehören u. auf die privatrechtl. Wirksamkeit eines Grundstückserwerbs ohne Einfluß sind.

4. Über die in gewissen Fällen zum Erwerb von Grundstücken durch öffentl. Körper- 100
schaften erforderl. **staatsaufsichtliche Genehmigung** s. Vorbem. 66ff. vor § 18.

Über sonstige Beschränkungen im Verkehr mit Grundstücken (WohnsiedlungsGes., Grundstückverkehrsbekanntmachung usw.) s. § 20 A. 95ff.

5. Wg. der **gerichtlichen Erwerbsverbote** s. § 18 A. 17. 101

F. Verletzung des § 19. 102

Eine Verletzung des § 19 hat, da er nur eine Ordnungsvorschrift darstellt, keine materielle Bedeutung. Erfolgt daher eine Eintr., ohne daß eine gültige EintrBew. vorliegt, so ist die Eintr. gleichwohl wirksam, d. h. die Rechtsänderung tritt ein, wenn nur deren materiellrechtl. Voraussetzungen, nämlich die Einigung oder die nach materiellem Recht genügende einseitige Erklärung des Berechtigten (s. o. A. 3) gegeben sind oder nachträglich eintreten oder gutgläubiger Erwerb nachfolgt (s. auch JFG. 14, 111). Dies gilt insbes. auch dann, wenn die EintrBew. nicht formgerecht (§ 29) oder nicht durch den Verfügungsberechtigten (s. o. A. 84ff.) erteilt ist. Fehlt freilich außer der EintrBew. auch eine rechtswirksame Einigung (einseitige Erklärung), so tritt durch die dennoch erfolgende Eintr. die Rechtsänderung nicht ein, das GBuch wird unrichtig u. der Berichtigungsanspruch gem. §§ 894, 899 BGB. ist gegeben. Beruht dies auf einer Verletzung des § 19, so ist zur Verhütung gutgläubigen Erwerbs gem. § 53 ein Widerspruch von Amts wegen einzutragen (OLG. 45, 189).

Dies gilt auch dann, wenn die die EintrBew. ersetzenden Urkunden u. Rechtsakte (insbes. Vollstreckungstitel, Urteil, einstw. Verfügung, Pfändungsbeschluß, s. o. A. 31ff.) ungültig oder mangelhaft sind.

G. Gebühren u. Urkundensteuer.

103 **1.** Über die für die **Beurkundung** der EintrBew. anfallenden **Gebühren** s. die Anm. zu § 29.

104 **2. Urkundensteuer** (vgl. Vorbem. 254ff. vor § 13).

In gewissen Fällen unterliegt die EintrBew. (u. der sie ersetzende EintrAntrag, der sog. gemischte Antrag [vgl. § 30 A. 4]) der Urkundensteuer. Die Berichtigungsbewilligung ist nicht steuerpflichtig. Für die Steuerpflicht spielt es keine Rolle, ob die bewilligte Eintr. tatsächlich erfolgt oder nicht.

Der Steuerpflicht unterliegen die EintrBew. (EintrAnträge) über:

105 **a)** eine Hypothek, Grund- oder Rentenschuld (§ 28 Abs. 1 UrkStG.). Die Steuer beträgt 2 v. T., ermäßigt sich aber auf 1 v. T., wenn die Eintr. einer Hyp. oder einer Grundschuld bewilligt wird u. über die gesicherte Forderung eine Schulderklärung gem. § 22 UrkStG. abgegeben worden u. versteuert ist oder gleichzeitig mit der EintrBew. abgegeben u. versteuert wird (§ 28 Abs. 4, 5 a. a. O.). Bei einer Gesamthyp. (Gesamtgrundschuld, Gesamtrentenschuld) wird die Steuer nur einmal erhoben (§ 28 Abs. 2 a. a. O.). Mehrmalige Steuerpflicht tritt jedoch ein, wenn von mehreren Gesamtschuldnern jeder für sich auf seinem Grundstück eine Hyp. bestellt. Eine EintrBew., die nur die Unterstellung weiterer Grundstücke unter eine bereits eingetragene Hyp. usw. betrifft, ist nicht steuerpflichtig. Die Steuer wird bei einer Hyp. vom Nennbetrag der Forderung, bei einer Höchstbetragshyp. vom Höchstbetrag, bei einer Grundschuld vom Kapitalbetrag u. bei einer Rentenschuld von der Ablösungssumme berechnet (§ 28 Abs. 3 a. a. O.). Werden mehrere Einzelhyp. in einer Urkunde bestellt, so ist die Steuer für jede einzeln zu berechnen. Vgl. auch Ackermann in DNotZ. BayB. 1936, 143.

Von der Besteuerung sind ausgenommen (§ 28 Abs. 6 a. a. O.):

α) die Bestellung einer Hyp., Grund- oder Rentenschuld bei Veräußerung eines Grundstücks oder eines grundstücksgleichen Rechts, wenn der Erwerber dem Veräußerer in dem zur Übereignung verpflichtenden Vertrag oder in der Auflassungsverhandlung zur Sicherung der Kaufpreisforderung oder als Gegenleistung ein Grundpfandrecht an dem veräußerten Gegenstand bestellt. Die Befreiung greift nicht Platz, wenn die Sicherheitsbestellung in einer gesonderten Urkunde u. wenn sie nicht zugunsten des Veräußerers, sondern eines Dritten erfolgt. Die Steuerfreiheit entfällt ferner, wenn die Eintr. der Hyp. usw. auch noch an einem anderen als dem veräußerten Grundstück erfolgen soll, nicht aber, wenn die Hyp. usw. nur an einem Teil des veräußerten Grundbesitzes oder nur zugunsten eines der veräußernden Miteigtr. eingetragen werden soll (Kluckhohn in DNotZ. 1936, 693).

β) die Bestellung einer Hyp. oder einer Grundschuld zur Sicherung verzinsl. Forderungsrechte, die in Schuldverschreibungen verbrieft sind u. unter die Wertpapiersteuer fallen (Anleihesicherungshyp., § 1187 BGB.). Soweit die verbrieften Forderungsrechte unverzinslich sind, z. B. beim Wechsel u. beim kaufmännischen Verpflichtungsschein, ist die Steuerpflicht gegeben.

γ) die Bestellung einer Hyp. oder einer Grundschuld für eine öffentlich-rechtl. Kreditanstalt oder eine Hypothekenbank, wenn die Hyp. oder Grundschuld zur Deckung von neu auszugebenden Schuldverschreibungen (Pfandbriefen, Kommunalobligationen) dient. Wird die Steuerfreiheit beansprucht, so muß die Gläubigerin auf der Urkunde oder in einem besonderen Schriftstück unter Abdruck ihres Firmenstempels bescheinigen, daß die beurkundete Erklärung zur Deckung von neu auszugebenden Schuldverschreibungen dient (§ 40 UrkDB.).

Nicht steuerpflichtig ist der Antrag des Gl. auf Eintr. einer Zwangs- oder Arresthyp., sowie einer Hyp. usw., zu deren Bewilligung der Eigtr. verurteilt ist, ebensowenig das Ersuchen einer Behörde (§ 38) um Eintr. einer Hyp. usw. Nicht unter die Steuerpflicht fällt ferner die Bewilligung der Umwandlung einer Form des Grundpfandrechts in eine andere.

b) eine **Vormerkung** zur Sicherung des Anspruchs auf Einräumung oder Aufhebung 106 eines Rechtes an einem Grundstück (§ 29 Abs. 1 UrkStG.). Die Steuer beträgt 1 v. T. u. wird vom Wert des gesicherten Rechts berechnet. Bei einer Löschungsvorm. (§ 1179 BGB.) ist der Wert des aufzuhebenden Rechtes maßgebend, wenn er niedriger ist als der Wert des gesicherten Rechts (§ 29 Abs. 2, 3 a. a. O.). Wird für denselben Gl. eine Löschungsvorm. in Bezug auf mehrere Rechte bewilligt, so ist die Steuer nur einmal zu berechnen u. zwar aus dem Gesamtbetrag der mehreren Rechte, soferne nicht der Wert des gesicherten Rechts höher ist (RFH. 37, 230). Bei einer Auflassungsvorm. ist der Grundstückswert ohne Rücksicht auf seine hypothekarische Belastung maßgebend. Bei Vormerkung einer Hyp. usw. sind nur deren Kapitalbetrag, nicht auch Zinsen u. Kosten zu berücksichtigen (Eiffler UrkStG. § 29 A. 5c).

c) die Begründung eines **grundstücksgleichen Rechtes** (§ 30 Abs. 1 UrkStG.; vgl. 107 oben § 3 A. 10ff.). Die EintrBew. über die Übertragung eines grundstücksgleichen Rechtes ist nicht steuerpflichtig. Die Steuer beträgt 1 v. H. u. wird vom Wert der Gegenleistung berechnet. Ist eine solche nicht vereinbart, so ist der Wert des Rechts maßgebend (§ 30 Abs. 3, 4 a. a. O.).

d) eine **Grunddienstbarkeit** oder eine **beschränkte persönliche Dienstbarkeit** 108 (§ 31 Abs. 1 UrkStG.). Die Steuer wird vom Wert der Gegenleistung u., wenn eine solche nicht vereinbart ist, vom Wert der Dienstbarkeit berechnet. Sie beträgt 1 v. T., mindestens aber 3 RM. (§ 31 Abs. 2, 3 a. a. O.). Werden in einer Urkunde mehrere Dienstbarkeiten bestellt, so wird diese Feststeuer gegebenenfalls mehrfach fällig (Kluckhohn in DNotZ. 1936, 787). Steuerfrei ist die Bestellung einer Dienstbarkeit bei Veräußerung eines Grundstücks oder grundstücksgleichen Rechtes, wenn der Erwerber dem Veräußerer (nicht einem Dritten) in dem zur Übereignung verpflichtenden Vertrag oder in der Auflassungsverhandlung als Gegenleistung eine Dienstbarkeit (z. B. ein Wohnungsrecht) am veräußerten Gegenstand bestellt (§ 31 Abs. 4 a. a. O.).

e) eine **Reallast** (§ 32 Abs. 1 UrkStG.). Die Steuer wird vom Kapitalwert der wieder- 109 kehrenden Leistungen berechnet; vgl. §§ 15ff., 78 RBewertungsG. u. Vorbem. 257 vor § 13. Ist der Wert des zu belastenden Grundstücks geringer, so ist dieser Wert maßgebend (§ 32 Abs. 2 a. a. O.). Die Steuer beträgt, soweit die wiederkehrenden Leistungen in Geld bestehen, 2 v. T., soweit sie nicht in Geld bestehen, 3 RM. (Abs. 3 a. a. O.). Die Steuerbefreiungsvorschrift des § 32 Abs. 4 Ziff. 1 UrkStG. entspricht derjenigen des § 28 Abs. 6 Ziff. 1; vgl. oben a α). Steuerfrei ist weiter die Bestellung einer Reallast, die zur Deckung von neu auszugebenden Rentenbriefen einer öffentlich-rechtl. Kreditanstalt dient.

f) ein **Vorkaufsrecht** (§ 33 Abs. 1 UrkStG.). Die Steuer beträgt 1 v. T. u. wird vom 110 Wert des Grundstücks berechnet (Abs. 2, 3 a. a. O.).

g) eine nachträgl. **Rangänderung**. Die Steuer beträgt 3 RM. (§ 34 UrkStG.). 111 Steuerfrei sind der Rangvorbehalt, die Rangbestimmung bei Abtretung eines Teilrechtes (nicht aber bei Teilung ohne Gläubigerwechsel) u. die abweichende Bestimmung des Rangverhältnisses bei der Bestellung eines Rechtes (§ 879 Abs. 3 BGB.). Tritt ein Gl. mit seiner Hyp. hinter die Hypotheken mehrerer anderer Gl. zurück, so ist die Steuer so oft fällig, als vortretende Gl. vorhanden sind. Das gleiche gilt, wenn mehrere Gl. hinter die Hyp. eines anderen Gl. zurücktreten. Eine einheitl., nur einmal zu versteuernde Erklärung liegt aber vor, wenn auf einer oder auf beiden Seiten ein Gl. mit mehreren Rechten beteiligt ist (Eiffler UrkStG. § 34 A. 1f). Auch auf die nachträgl. Änderung des Rangverhältnisses von Rechten an einem Grundstücksrecht ist § 34 UrkStG. anzuwenden (Ringelmann-Freudling § 34 A. I 1).

Die Steuerschuld entsteht mit der Errichtung der Urkunde über die EintrBew. des zurücktretenden Berechtigten (§ 34 Abs. 2 UrkStG.); sie ist also unabhängig von der in gewissen Fällen erforderl. Zustimmung des Grundstückseigtr. zur Rangänderung.

112 **h)** einen Nießbrauch an einem Grundstück oder einem Recht (§ 35 Abs. 1, 2 UrkStG.). Die Steuer wird vom Kapitalwert der Nutzungen unter Abzug der vom Nießbraucher zu tragenden Lasten u. Verbindlichkeiten berechnet. Ist der Wert des mit dem Nießbrauch belasteten Gegenstandes geringer, so ist dieser Wert maßgebend (§ 35 Abs. 3 a. a. O.). Die Steuer beträgt 3 v. T. (Abs. 4 a. a. O.). Die Befreiungsvorschrift des § 35 Abs. 5 UrkStG. entspricht derjenigen des § 28 Abs. 6 Ziff. 1 (vgl. oben a α).

§ 20.

Im Falle der Auflassung eines Grundstücks sowie im Falle der Bestellung, Änderung des Inhalts oder Übertragung eines Erbbaurechts darf die Eintragung nur erfolgen, wenn die erforderliche Einigung des Berechtigten und des anderen Teils erklärt ist.

Inhaltsübersicht.

1 **Vorbemerkung.** Die Worte „Änderung des Inhalts" sind durch § 37 ErbbRVO. v. 15. Jan. 1919 (RGBl. 72) mit Wirkung vom 22. Jan. 1919 eingeschaltet worden. Bis dahin war bestritten, ob auch die Änderung des Inhalts eines Erbbaurechts der Auflassungsform des § 925 BGB. bedarf. Diese ist nunmehr nach § 11 Abs. 1 ErbbRVO. auch für die Bestellung u. Übertragung des Erbbaurechts beseitigt, so daß die Streitfrage gegenstandslos ist. Dagegen muß nach der neuen Fassung des § 20 jetzt auch bei der Inhaltsänderung die Einigung dem GBA. nachgewiesen werden. S. auch unten A. 36.

Bei der Neufassung der GBO. im Jahre 1935 ist § 20 unverändert geblieben.

A. Allgemeine Bedeutung u. Zweck der Vorschrift. 2

§ 20 stellt eine Ergänzung u. Erweiterung des § 19 dar, ähnlich wie § 925 BGB. eine solche des § 873 BGB. bildet.

Nach § 873 BGB. ist zur Übertragung des Eigentums an einem Grundstück die Einigung des Veräußerers u. des Erwerbers über den Eintritt der Rechtsänderung (dingl. Vertrag) u. die Eintragung der Rechtsänderung in das GBuch erforderlich, soweit nicht das Gesetz ein Anderes vorschreibt; nach § 925 Abs. 1 BGB. muß aber die hienach zur Übertragung des Eigentums an einem Grundstück erforderl. Einigung (**Auflassung**) bei gleichzeitiger Anwesenheit beider Teile vor dem GBA. erklärt werden. Eine Auflassung, die unter einer Bedingung oder einer Zeitbestimmung erfolgt, ist unwirksam (§ 925 Abs. 2 BGB.). Während daher im allgem. in den Fällen des § 873 BGB. die formlose Einigung genügt, muß bei der Übertragung des Eigentums an einem Grundstück die im § 925 vorgeschriebene Form gewahrt werden; an diese Einigung werden also erhöhte Anforderungen gestellt.

Wie sonach § 925 BGB. eine Ausnahme von der sonst geltenden Form des materiellen Konsensprinzips des § 873 enthält, so stellt § 20 GBO. eine Ausnahme von der alleinigen Geltung des formellen Konsensprinzips im GBuchrecht dar, indem er für die von ihm erfaßten Fälle neben das formelle (§ 19) das materielle Konsensprinzip stellt. Zur Eintr. des Erwerbers als Eigtr. genügt die (formelle) EintrBew. des Veräußerers nicht, sondern es bedarf hiezu noch (außer den sonstigen EintrErfordernissen; s. u. A. 65, 66) des Nachweises der (materiellen) Einigung des Berechtigten u. des anderen Teiles. Durch § 20 soll die Übereinstimmung zwischen dem GBuchinhalt u. den wirklichen Eigentumsverhältnissen herbeigeführt u. bloßes Bucheigentum verhmdert werden.

Die formelle Vorschrift des § 20 läßt jedoch (ebenso wie § 925 BGB.) den Grundsatz unberührt, daß nach materiellem Recht die Einigung der Eintr. zeitlich nicht vorherzugehen braucht. Es kann also die Auflassung der Eintr. auch nachfolgen; dies ist insbes. von Bedeutung für Fälle, in denen eine frühere Auflassung nichtig war; eine neuerliche Eintr. nach der zweiten, gültigen Auflassung ist nicht erforderlich. Nur müssen sich natürlich nachträgl. Auflassung u. Eintr. auf die nämliche Rechtsänderung beziehen[1]) (OLG. 45, 186; JFG. 4, 329; RGRK. § 925 A. 5; Predari A. 1; nun auch Güthe-Triebel A. 2, 51; bestr.).

B. Anwendungsbereich des § 20.

I. § 20 setzt eine Auflassung, also eine Übertragung des Eigentums durch ein unmittelbar hierauf gerichtetes **Rechtsgeschäft** (§ 925 BGB.) voraus. 3

1. Er findet daher **keine Anwendung** in den Fällen, in denen sich der Erwerb des Eigentums oder des grundstücksgleichen Rechtes ohne Eintr. in das GBuch vollzieht, sei es daß der Eigentumsübergang kraft Gesetzes eintritt (z. B. Erbfolge, Abmeierung) oder daß er mittelbare Folge eines anderen Rechtsgeschäfts (z. B. der Erbanteilsübertragung) ist. In diesen Fällen erfolgt also die Eintr. des neuen Eigtr. nur zur Berichtigung des GBuchs (§ 22). Als solche Erwerbsgründe (meist handelt es sich um Fälle der Gesamtrechtsnachfolge) kommen in Betracht:

a) die **Erbfolge** u. die **Nacherbfolge** (§§ 1922, 1942, 2032, 2106, 2139 BGB.; § 19 Abs. 2 RErbhG.). Erwerb außerhalb des GBuchs liegt auch vor, wenn nach Beendigung der allgem. Gütergem. infolge des Todes des einen Ehegatten dessen Erben bis zur Auseinandersetzung des Gesamtguts an seine Stelle treten oder wenn vor der Auseinandersetzung der Erbschaft infolge des Todes eines Miterben dessen Erben in die Erbengemeinschaft eintreten[2]). 4

---

[1]) In solchen Fällen wird zweckmäßig im GBuch vermerkt, daß die Auflassung erst am Tage ihrer neuerl. Vornahme wirksam geworden ist (JFG. 4, 329).

[2]) Ohne Auflassung geht das Eigentum auch über, wenn bei fortges. GG. der überlebende Ehegatte nur von gemeinschaftl. Abkömmlingen beerbt wird (JFG. 1, 361).

Teilungsanordnungen des Erblassers, z. B. daß einer der Erben die Nachlaßgrundstücke um einen bestimmten Preis erhalten solle, entbehren der dingl. Wirkung; zur Übertragung des Eigentums bedarf es daher der Auflassung (KGJ. 22, 301); doch genügt es hier, wenn die EintrBew. von den übr. Miterben erteilt wird; auch genügt der EintrAntrag des Erwerbers (OLG. 14, 138). Gleiches gilt auch für sonstige Erbauseinandersetzungsverträge. Erwirbt nach Eintritt der Nacherbfolge der Vorerbe ein Nachlaßgrundstück vom Nacherben, so ist Auflassung u. erneute Eintr. des Vorerben notwendig (KGJ. 51, 187). Keiner Auflassung bedarf es, wenn ein fälschlich (s. § 3 A. 141) auf den Namen des Nachlaßkonkursverwalters oder Testamentsvollstreckers eingetragenes Grundstück auf die Erben umgeschrieben werden soll (vgl. LG. Bonn in JW. 1937, 2121).

Ist jemand auf einen bestimmten Gegenstand zum Erben eingesetzt, so bedarf es ebenfalls nicht der Auflassung; freilich wird in einer solchen Einsetzung regelmäßig die Anordnung eines Vermächtnisses zu erblicken sein (§ 2087 Abs. 2 BGB.; vgl. OLG. 2, 233; 3, 115; 7, 357; 8, 290; 39, 18; 44, 88; BayObLG. 3, 472; 14, 150). Wegen der sog. Vater- u. Muttergutsverträge vgl. BayObLG. 2, 191, 301, 531; 3, 667, 711; 5, 81; Arnold in SeuffBl. 67, 481, 517.

Der **Vermächtnisnehmer** erwirbt das ihm vermachte Grundstück nur durch Auflassung seitens des Beschwerten (u. Eintr.) (BayObLG. 7, 349)[1]; eine Ausnahme besteht lediglich bez. der sog. Vindikationslegate des bish. bayer. Rechtes (vgl. Art. 33 bayer. ÜG.). Soll der Erbe nach Anordnung des Erblassers mit dessen Vermögen eine Stiftung errichten, so geht mit deren Errichtung das für sie bestimmte Vermögen nicht kraft Gesetzes auf sie über; es bedarf der Auflassung (BayObLG. 12, 556).

5 **b)** der Vertrag über den **Erwerb des Anteils eines Miterben** am Nachlaß (§ 2033 Abs. 1 BGB.; vgl. § 22 A. 43 ff.). Durch einen solchen Vertrag geht das Anteilsrecht des Miterben am Nachlaßgrundstück auf den Erwerber ohne weiteres über; daher ist keine Auflassung erforderlich, wenn die Miterben ihre Erbanteile einem oder mehreren Miterben oder einem Dritten übertragen (OLG. 2, 242; 5, 426; 8, 104; RJA. 3, 262); der Erwerber sämtlicher Erbanteile wird ohne Auflassung Alleineigentümer des Nachlaßgrundstücks; das GBuch ist zu berichtigen (RG. 52, 177; KGJ. 53, 133; s. auch § 35 A. 3)[2]. Das gleiche gilt, wenn ein Miterbe aus der Erbengemeinschaft ausscheidet, hinsichtl. des den übrigen Miterben anwachsenden Erbteils; dagegen bedarf es der Auflassung, wenn dem Ausscheidenden, z. B. als Abfindung, das Alleineigentum oder das Miteigentumsrecht an einem Nachlaßgrundstück übertragen werden soll (OLG. 11, 230). Ebenso ist Auflassung notwendig, wenn die Miterben das Gesamthandsverhältnis in Miteigentum nach Bruchteilen umwandeln wollen (RG. 61, 139; 89, 57; 105, 251; OLG. 4, 435)[3]. Der Auflassung bedarf es auch, wenn das bestehende erbschaftl. Gesamthandsverhältnis in ein Gesamthandsverhältnis anderer Art umgewandelt werden soll, z. B. wenn Nachlaßgrundstücke auf eine von den Miterben gebildete off. HG. oder Kommanditges. überschrieben werden sollen (KGJ. 45, 230; 51, 180; Güthe-Triebel[6] A. 19; RGRK. § 925 A. 2; **a. M.** RJA. 16, 114; Predari A. 2; unentsch. RG. 117, 265)[4]. Weiter bedarf es der Auflassung, wenn die Miterben entweder zum Zwecke der Auseinandersetzung oder aus einem anderen Grunde das Eigentum an einem einzelnen

---

[1]) Dies gilt auch für den Miterben, der ein Vorausvermächtnis (§ 2150 BGB.) erhält; anders, wenn dem durch Nacherbeneinsetzung beschränkten Alleinerben ein Vorausvermächtnis zugewendet ist (OLG. 30, 202).

[2]) Eine Weiterveräußerung einzelner Erbteile ist in diesem Fall nicht mehr möglich (RG. 88, 116; KGJ. 46, 187).

[3]) Eine Teilauseinandersetzung unter Miterben in der Weise, daß ein Miterbe ausscheidet u. unter den verbleibenden Miterben die Erbengemeinschaft aufrecht erhalten bleibt, ist weder hinsichtlich der ganzen Erbschaft noch hinsichtlich eines einzelnen Nachlaßgegenstandes zulässig (BayObLG. 32, 381).

[4]) Zur Umwandlung der Erbengemeinschaft in eine off. HG. bedarf es stets eines Gesellschaftsvertrags (BayObLG. 30, 185; vgl. Staub HGB. § 105 A. 40).

Nachlaßgegenstand einem Miterben oder einem Dritten übertragen. Auflassung ist auch erforderlich im Falle der Bestätigung einer Vereinbarung oder Auseinandersetzung durch das NachlaßG. gem. §§ 96ff. FGG.[1]). Das gleiche gilt für den Fall der Bestätigung einer Vereinbarung über die Teilung des Fideikommißvermögens durch das Fideikommißgericht gem. § 2 der AusfVorschr. z. bayer. FKAufhG. v. 26. Sept. 1919, GVBl. 647 (Unzner in BayZ. 1920, 65).

Ebenso ist die Auflassung erforderlich im Falle des Erbschaftskaufs (§ 2374 BGB.), da dieser nur die schuldrechtl. Verpflichtung des Verkäufers begründet, dem Käufer das Eigentum an den Erbschaftsgegenständen zu verschaffen (OLG. 1, 348).

c) die **eheliche Gütergemeinschaft** (soweit nicht Vorbehalts- oder Sondergut vorliegt), 6
u. zwar die allgem. GG. nicht nur bez. der bei Abschluß des Ehevertrags jedem der Ehegatten schon gehörigen Grundstücke, sondern auch bez. derjenigen, die der Mann oder die Frau während der Gütergem. erwirbt (§ 1438 BGB.), die Errungenschafts- u. Fahrnisgem. bez. der während der Gemeinschaft von einem der Ehegatten erworbenen Grundstücke (§§ 1519, 1549 BGB.; Württemb. VerwGerH. in DJZ. 1911, 711); ferner die **fortgesetzte Gütergemeinschaft** bez. des Vermögens u. des Erwerbs des überl. Ehegatten (§§ 1483, 1485, 1487, 1557 BGB.).

Auflassung ist dagegen erforderlich, wenn Vorbehaltsgut in Gesamtgut umgewandelt wird (OLG. 7, 54) oder umgekehrt (BayObLG. 6, 295, 763; KGJ. 35 B 23)[2]); wenn bei der Fahrnisgem. ein bei deren Eintritt einem Ehegatten gehöriges Grundstück in das Gesamtgut übergeführt wird (KGJ. 52, 136); wenn ein Gesamtgutsgrundstück bei der Auseinandersetzung einem Ehegatten überwiesen wird (RG. 20, 256; BayObLG. 18, 71; KGJ. 50, 152); ferner bei der Auseinandersetzung einer fortges. Gütergem. (JFG. 3, 312, 410), auch wenn nach deren Beendigung gem. §§ 1492, 1493, 1495 BGB. der überl. Ehegatte das Gesamtgut gegen Abfindung der Kinder übernimmt (KGJ. 31, 373; 36, 200). Bei Einbringung eines Gesamtgutsgrundstücks in eine aus den Teilhabern einer ehel. oder fortges. Gütergem. gebildeten off. HG. oder Kommanditges. ist Auflassung notwendig (OLG. 29, 315)[3]).

d) das **Ausscheiden eines Abkömmlings aus der fortgesetzten Gütergemeinschaft** 7
(§§ 1490, 1491 BGB.).

e) der **Anfall des Vermögens einer juristischen Person** (eines Vereins oder einer 8
Stiftung) an den Fiskus (§§ 46, 88 BGB., Art. 5 bayer. AG. z. BGB.). Dagegen ist im Falle des § 45 BGB. Auflassung erforderlich (OLG. 5, 378; s. auch § 35 A. 2), ebenso, wenn das Grundstück einer aufgehobenen Stiftung an die Anfallsberechtigten fällt (OLG. 26, 34). Erlangt ein nicht rechtsfähiger Verein die Rechtsfähigkeit, so bedarf es nicht der Auflassung (Staud.-Riezler § 21 A. 34; vgl. RG. 85, 256).

f) der **Eintritt eines Gesellschafters in eine Gesellschaft**[4]) bez. der zum Gesellschafts- 9

[1]) Vgl. auch bayer. JMBek. vom 14. Aug. 1904 (JMBl. 211). Haben im Auseinandersetzungsverfahren die erschienenen Beteiligten einen Eigentumsübertragungsvertrag über ein Nachlaßgrundstück geschlossen, so erstreckt sich die Folge der Versäumnis auch auf die Eigentumsübertragung (BayObLG. 4, 1; Franz in DNotV. 6, 177; Recht 1906, 825 Nr. 47c). Wegen der Übereignung durch den Testamentsvollstrecker s. BayObLG. 7, 349; RJA. 3, 167; 4, 437; 6, 135; wegen der Befugnis des Testamentsvollstreckers, der zugleich Miterbe ist, zur Auflassung der den einzelnen Beteiligten gebührenden Bruchteile an dem Grundstück s. RG. 61, 139.

[2]) Die Überführung eines Gesamtgutsgrundstücks in das Alleineigentum eines Ehegatten setzt neben der Auflassung voraus, daß das Grundstück durch Ehevertrag zum Vorbehaltsgut erklärt wird; dies ist dem GBA. nachzuweisen (JFG. 15, 192).

[3]) Über die Formerfordernisse der Abschichtung vereinkindschafteter Kinder (Grundteilung) bei übergeleiteter allg. GG. nach Würzburger Recht vgl. BayObLG. 29, 296.

[4]) Als solche kommen in Betracht: die Gesellschaft nach BGB. (§ 715 BGB.), die off. HG. (§ 105 HGB.) u. die Kommanditges. (§ 161 HGB.). Auflassung ist erforderlich, wenn jemand in das Geschäft eines Einzelkaufmanns als persönlich haftender Gesellschafter eintritt (Güthe-Triebel[6] A. 18).

vermögen gehörenden Grundstücke, sofern die Gesellschaft als solche fortbesteht (OLG. 9, 255; 13, 24), also auch dann, wenn bei einer aus zwei Gesellschaftern bestehenden Ges. der eine austritt u. zugleich ein Dritter eintritt.

Dagegen ist bez. der Grundstücke, die ein Gesellschafter **einbringt**, die Auflassung erforderlich (RG. 65, 233), u. zwar selbst dann, wenn das einzubringende Grundstück im Miteigentum der sämtlichen Gesellschafter steht (RG. 54, 103; 56, 96; 57, 434; 65, 233; KGJ. 24, 110; RGRK. § 925 A. 2; Güthe-Triebel[6] A. 16; Staub HGB. § 105 A. 29; bestr.). Auflassung ist stets erforderlich bei der Einbringung eines Grundstücks in eine Gemeinschaft nach Bruchteilen (§ 741 BGB.) durch ein Mitglied der Gemeinschaft, da diese Einbringung nur Begründung des Miteigentums der anderen Mitglieder am Grundstück bedeutet (Güthe-Triebel[6] A. 15) u. bei Einbringung in eine juristische Person (G. m. b. H., AG., Genossenschaft usw.), auch wenn das Grundstück bisher im Eigentum ihrer sämtl. Mitglieder stand (RG. 64, 188).

10 **g)** das **Ausscheiden eines Gesellschafters** aus einer im übr. fortbestehenden Gesellschaft (§ 738 BGB.; BayObLG. 9, 103)[1]). Dagegen ist Auflassung erforderlich, wenn im Falle der Auflösung der Gesellschaft (§§ 723ff. BGB.) die Grundstücke auf einen Gesellschafter umgeschrieben werden sollen (RG. 65, 233; OLG. 9, 306; 10, 407; 13, 23; BayObLG. 4, 235), auch dann, wenn sie mehreren oder allen Gesellschaftern zu denselben Bruchteilen überwiesen werden, zu denen diese vor Einbringung Gesamteigentümer waren (RG. 65, 233; OLG. 9, 306; BayObLG. in JFG. 3, 410) u. auch dann, wenn die Auflösung durch den Tod eines Gesellschafters eintritt; anders, wenn bei der Auflösung einer aus zwei Gesellschaftern bestehenden off. HG. der eine das Geschäft gem. § 142 HGB. oder auf Gr. Vereinbarung mit Aktiven u. Passiven übernimmt u. unter der bish. Firma fortführt (RG. 65, 227; 68, 410; BayObLG. 12, 275; 14, 192; 22, 106; KGJ. 50, 194; Predari A. 2B; Güthe-Triebel[6] A. 18; **a. M.** OLG. 9, 254, 255; Staub HGB. § 142 A. 3; § 145 A. 9)[2]). In diesem Falle genügt zum Nachweis des Vermögensüberganges eine begl. Anmeldung zum Handelsregister (KG. in DNotZ. 1936, 736 = HRR. 1936 Nr. 1437).

Wird bei Auflösung einer Gesellschaft, die Rechtspersönlichkeit besitzt, ein Grundstück einem oder mehreren Gesellschaftern zugeteilt, so ist stets Auflassung notwendig, bei einer G. m. b. H. auch dann, wenn alle Geschäftsanteile in der Hand eines Gesellschafters vereinigt waren u. dieser das Grundstück übernimmt (vgl. RG. 68, 174). Soweit jedoch die Vermögensübernahme nach den Vorschriften des Ges. ü. d. Umwandlung von Kapitalgesellschaften v. 5. Juli 1934 (RGBl. I 569) erfolgt, was bis 31. März 1941 zulässig ist (vgl. im einzelnen unten A. 13), vollzieht sich der Eigentumsübergang ohne Auflassung (§§ 4, 8 Abs. 1, 12, 13, 14 a. a. O.; §§ 4ff. der 2. DurchfVO. v. 17. Mai 1935, RGBl. I 721). Wegen des Vereins- u. Stiftungsvermögens s. o. A. 8.

11 **h)** die **Verschmelzung**[3]) zweier (inländischer: BayObLG. 7, 505) Aktiengesellschaften

---

[1]) Die Vorschrift des § 738 BGB., daß der Anteil des Ausscheidenden allen übrigen Gesellschaftern zuwächst, kann durch den Gesellschaftsvertrag nicht abgeändert werden (BayObLG. 30, 246).

[2]) Ist in diesem Falle die off. HG. unter ihrer Firma als Eigtr. eingetragen, was nunmehr durch § 15 Abs. 1 Buchst. b GBVerf. vorgeschrieben ist (s. § 3 A. 150), so kann der nunmehrige Alleineigentümer vom GBA. gem. § 82 gezwungen werden, sich als Eigtr. u. zwar mit seinem bürgerl. Namen (s. § 15 Abs. 1 Buchst. a GBVerf. u. oben § 3 A. 144) eintragen zu lassen (OLG. München in JFG. 14, 498; **a. M.** Güthe-Triebel[6] A. 18).

[3]) Die Verschmelzung kann in ihren Wirkungen nicht schlechthin, wie das RG. in seiner früheren Rspr. (vgl. RG. 123, 289) annahm, dem Tode einer natürl. Person gleichgesetzt werden. Es erlöschen vielmehr nur solche Rechtsverhältnisse, die ihrer Natur nach oder kraft besonderer gesetzl. Vorschrift nicht auf den Gesamtrechtsnachfolger übergehen (RG. 136, 316; Schlegelberger-Quassowski AktienG. § 240 A. 12). Es bleibt daher z. B. ein Vorkaufsrecht bestehen. Hypotheken usw., die für die übernommene Gesellschaft als Treuhänderin bestellt sind, gehen auf die übernehmende Gesellschaft über (JFG. 7, 299; vgl. Frey in BayNotV. 1929, 387). Für den Nießbrauch u. die beschr. persönl. Dienstbarkeit gilt die Sonderregelung des Ges. ü. d. Veräußerung von Nießbrauchsrechten u. beschr. persönl. Dienst-

durch Aufnahme (§§ 233 Ziff. 1, 240 Abs. 3 AktienG.), die Verschmelzung zweier Aktiengesellschaften durch Neubildung (§§ 233 Ziff. 2, 247 Abs. 5 Satz 3 AktienG.), die Verschmelzung zweier KommanditGes. a. Aktien oder einer AG. mit einer KommanditGes. a. Aktien (§ 248 Abs. 2 mit § 240 Abs. 3 AktienG.), die Verschmelzung einer G. m. b. H. mit einer AG. oder einer KommanditGes. a. Aktien (§§ 249 Abs. 2, 250 Abs. 2 mit § 240 Abs. 3 a. a. O.) u. die Verschmelzung einer bergrechtl. Gewerkschaft mit einer AG. oder einer KommanditGes. a. Aktien (§§ 251 Abs. 2, 4, 252 Abs. 2 mit § 240 Abs. 3 a. a. O.). Dagegen ist bei einer Vermögensübertragung in anderer Weise (§ 255 AktienG.) Auflassung erforderlich. Abwicklungslose Verschmelzung (mit der Wirkung der Gesamtrechtsnachfolge) ist auch zulässig zwischen einem Versicherungsverein u. einer öffentlich-rechtl. Versicherungsanstalt (KGJ. 47, 125), nicht aber zwischen zwei Versicherungsvereinen auf Gegenseitigkeit (RG. 133, 102; BayObLG. 27, 262) u. nicht zwischen zwei G. m. b. H. Bei der Verschmelzung tritt der Vermögensübergang kraft Gesetzes mit der Eintr. der Verschmelzung in das Handelsregister des Sitzes der übertragenden Gesellschaft ein (§ 240 Abs. 3 Satz 1 AktienG.; s. jedoch auch § 251 Abs. 4 a. a. O. wg. der Gewerkschaft). Auf den Zeitpunkt der Eintr. bei der übernehmenden Gesellschaft kommt es nicht an, u. zwar auch dann nicht, wenn zur Durchführung der Verschmelzung das Grundkapital erhöht wird. Der Nachweis des Vermögensübergangs wird dem GBA. durch Vorlage eines Handelsregisterauszugs über die Eintr. der Verschmelzung erbracht. Der EintrBew. der übertragenden Gesellschaft bedarf es nicht (OLG. 11, 35). Der Berichtigungsantrag der übernehmenden Gesellschaft bedarf wegen § 22 Abs. 2 der Form des § 29.

Keiner Auflassung bedarf es bei Verschmelzung zweier Genossenschaften (§§ 93a bis 93d GenG. i. d. Fass. v. 1. Juli 1922, RGBl. I 567, u. v. 16. Dez. 1929, RGBl. I 219; JFG. 4, 287). Die Gesamtrechtsnachfolge tritt erst mit der Eintr. der Verschmelzung in das Genossenschaftsregister ein (§ 93a Abs. 4 GenG.; BayObLG. 24, 106). Wegen der Verschmelzung von Revisionsverbänden, die beide in der Rechtsform eines (eingetragenen) Vereins bestehen, vgl. §§ 60a ff., insbes. §§ 60b Abs. 2, 60c Abs. 2 GenG. i. d. Fass. v. 16. Dez. 1929 (RGBl. I 219).

Auflassung ist weiter nicht erforderlich bei der **Verstaatlichung** einer AG. oder einer KommanditGes. a. Aktien unter Ausschluß der Abwicklung (§ 253 Abs. 2 mit § 240 Abs. 3 AktienG.; RG. in JW. 1929, 2946) u. bei der Übertragung des Vermögens einer AG., die den Betrieb von Versicherungsgeschäften zum Gegenstand hat, auf einen Versicherungsverein auf Gegenseitigkeit unter Ausschluß der Abwicklung (§ 254 Abs. 2 mit § 240 Abs. 3 AktienG.). 12

Zu den bei einer Bestandsübertragung zwischen zwei Bausparkassen gem. §§ 14, 112 VersAufsG. kraft Gesetzes auf die übernehmende Bausparkasse übergehenden Rechten gehört nicht das Eigentum an einem Grundstück, mag dieses auch auf Gr. einer Hyp., die ein Recht aus einem Bausparvertrag darstellte, eingesteigert worden sein; es bedarf daher der Auflassung (JFG. 13, 154).

Bei **Umwandlung der Gesellschaftsform** ist bez. der Notwendigkeit der Auflassung entscheidend, ob die Identität der Gesellschaft gewahrt bleibt oder kraft bes. gesetzl. Vorschrift als fortdauernd anzusehen ist oder ob eine Neugründung stattfindet (vgl. Staud.-Kober § 925 A. 11). Deshalb ist **Auflassung nicht erforderlich** bei Umwandlung einer off. HG. in eine KommanditGes. oder einer Gesellschaft nach BGB. in eine off. HG. (RG. 55, 126; 13

---

barkeiten v. 13. Dez. 1935 (RGBl. I 1468) mit DurchfVO. v. 12. Juni 1936 (RGBl. I 489). Nach § 1 Ziff. 1 des Ges. geht, wenn das Vermögen einer juristischen Person auf dem Wege der Gesamtrechtsnachfolge auf einen anderen übergeht, auch der Nießbrauch oder die beschr. persönl. Dienstbarkeit auf den Rechtsnachfolger über, es sei denn, daß der Übergang ausdrücklich ausgeschlossen ist. Das gleiche gilt für den Anspruch auf Einräumung eines der genannten Rechte (§ 1 der DurchfVO.) Wegen der vor dem Inkrafttreten des Ges. (18. Dez. 1935) erfolgten Vermögensübergänge s. § 2 der DurchfVO.

KGJ. 39, 222; JFG. 1, 368; Staub § 105 A. 49) u. umgekehrt. Die Auflassung ist auch entbehrlich bei Umwandlung einer off. HG. — gleichgültig ob diese noch als solche oder ob sie als Liquidationsgesellschaft besteht — in eine aus denselben Personen bestehende Gesellschaft des BGB. (JFG. 12, 279; JFG. Erg. 11, 213). Auflassung ist ferner nicht erforderlich bei Umwandlung einer AG. in eine KommanditGes. a. Aktien u. umgekehrt (§§ 259, 262 AktienG.), einer AG. in eine G. m. b. H. u. umgekehrt (§§ 265, 274 a. a. O.), einer bergrechtl. Gewerkschaft in eine AG. (§ 279 a. a. O.), einer KommanditGes. a. Aktien in eine G. m. b. H. u. umgekehrt (§§ 281, 285 a. a. O.) u. einer bergrechtl. Gewerkschaft in eine KommanditGes. a. Aktien (§ 287 Abs. 2 mit § 285 a. a. O.); ferner bei Umwandlung einer Genossenschaft in eine andere Genossenschaftsform (§§ 143ff. GenG.). Dagegen ist **Auflassung erforderlich** bei Umwandlung einer off. HG. oder einer KommanditGes. in eine AG., eine KommanditGes. a. Aktien oder eine G. m. b. H. sowie bei Umwandlung einer Versicherungsgesellschaft a. G. in eine AG. (OLG. 6, 114). Grundsätzlich bedarf es auch bei der Umwandlung einer AG., einer KommanditGes. a. Aktien, einer G. m. b. H. oder einer bergrechtl. Gewerkschaft in eine off. HG., eine KommanditGes. oder eine Gesellschaft nach BGB. der Auflassung (Staub § 334 A. 7). Soweit jedoch die Umwandlung nach den Vorschriften des Ges. ü. d. Umwandlung von Kapitalgesellschaften v. 5. Juli 1934 (RGBl. I 569) mit DurchfVO. v. 14. Dez. 1934 (RGBl. I 1262), v. 17. Mai 1935 (RGBl. I 721), v. 2. Dez. 1936 (RGBl. I 1003) u. v. 30. Juni 1937 (RGBl. I 661) durchgeführt wird, was bis 31. März 1941 zulässig ist, gehen Grundstücke ohne Auflassung auf die neue Gesellschaft über, so daß das GBuch nur zu berichtigen ist (§§ 4, 9, 12, 13, 14 des Ges.; §§ 4ff. DurchfVO. v. 17. Mai 1935). Die Umschreibung im GBuch ist nicht an den Ablauf des Sperrhalbjahres gebunden. Dem GBA. ist die Eintr. des Umwandlungsbeschlusses in das Handelsregister durch Vorlage eines begl. Auszugs nachzuweisen. Der Berichtigungsantrag bedarf im Hinblick auf § 22 Abs. 2 der Form des § 29 (LG. Berlin in JW. 1936, 2365; Böttcher-Meilicke, UmwandlungsGes.[4] § 4 A. 3; Recke in JW. 1936, 1273; Saage in DJ. 1937, 1699; bestr.; vgl. insbes. Bosch in DJ. 1937, 1698)[1]).

Im Falle einer bloßen Firmenänderung bedarf es der Auflassung nicht, selbst wenn der Inhaber einer Firma ein weiteres Geschäft mit Firma erwirbt u. die Geschäfte unter Aufgabe der bisherigen Firma unter der neu erworbenen Firma weiterführt (OLG. 10, 407).

Auflassung ist nach jetzt herrschender Auffassung notwendig, wenn ein Grundstück von einer (bestehen bleibenden) off. HG. auf eine andere off. HG. oder eine Gesellschaft nach BGB. übertragen wird u. beide Gesellschaften aus denselben Personen bestehen (RG. 136, 402; KGJ. 28, 253; KG. in JW. 1933, 124; 1934, 989; Staud.-Kober § 925 A. 11; Güthe-Triebel[6] A. 19; Staub § 105 A. 21; **a. M.** KGJ. 53, 261; OLG. 35, 323; auch die früh. Aufl.). Wegen der Umwandlung der off. HG. s. o. A. 13 Abs. 1.

14 i) der rechtskräftige **Zuschlag**[2]) im Falle der Zwangsversteigerung (§§ 90, 130, 172, 176, 180 ZVG.). Dagegen ist bei freiwilliger Versteigerung (§ 181 FGG.) Auflassung erforderlich.

15 k) nach früherem Recht die Nachfolge in ein Familienfideikommiß[3]), ein Familiengut, ein Rentengut, ein Lehen oder ein landwirtschaftl. Erbgut (vgl. die Anm. zu § 117).

---

[1]) Für die Umschreibung des Grundbesitzes bei Umwandlung einer Kapitalgesellschaft in eine Personalgesellschaft nach dem Ges. v. 5. Juli 1934 fällt die Eintragungsgebühr des § 54 Abs. 1 KostenO. u. nicht diejenige des § 61 a. a. O. an (JFG. Erg. 17, 91, 94). Das gleiche gilt bei Übertragung des Vermögens einer Kapitalgesellschaft auf den Hauptgesellschafter (JFG. Erg. 17, 92).

[2]) Mit dem Zuschlag gehen kraft Gesetzes auf den Ersteher auch die Rechte über, die mit dem Eigentum am Grundstück verbunden sind u. als Bestandteile desselben (§ 96 BGB.) gelten, wie die subj.-dingl. Rechte (Vorkaufsrecht usw.); dies gilt auch für eine Auflassungsvormerkung, die zugunsten des jeweiligen Eigtr. des versteigerten Grundstücks eingetragen ist (Jäckel-Güthe ZVG. § 120 A. 2, 5; KG. in DNotV. 1931, 121).

[3]) Bei Teilung eines Familienfideikommisses nach § 2 der AusfVorschr. z. bayer. FideikommißaufhG. v. 26. Sept. 1919 (GVBl. 647, 698; JMBl. 359) ist Auflassung erforderlich (v. Unzner in

l) die (sog. große) **Abmeierung** (Entziehung des Eigentums am Erbhof) (§ 15 Abs. 3, 4 RErbhG.; §§ 95 ff. EHVfO.). Das Eigentum am Erbhof geht mit der Rechtskraft des anerbengerichtl. Übertragungsbeschlusses über. Die Eintr. des neuen Eigtr. im Wege der GBuchberichtigung erfolgt auf Ersuchen des AnerbenG. (§ 15 Abs. 4 Satz 1, 2 RErbhG.; §§ 96 Abs. 2, 97 Abs. 1 EHVfO.). Für die Benachrichtigung der Beteiligten von der Eintr. ist kein Auslagenersatz zu erheben, da es sich um eine im öffentl. Interesse erfolgende Maßnahme handelt (Vogels[4] § 97 EHVfO. A. 2). 16

m) der Austausch eines **Erbhofs** gem. § 22 Abs. 2, 3 RErbhG. u., wenn der Bauer mehrere Erbhöfe hinterläßt, die Wahlerklärung des Anerbenberechtigten gem. § 23 Abs. 2 a. a. O. Jeder Anerbenberechtigte erwirbt das Eigentum an dem von ihm gewählten Hof mit der Vollziehung der Wahl. Mit der Vollziehung der letzten Wahl erwirbt zugleich der Nächstberufene das Eigentum an dem übrigbleibenden Hof (§ 23 Abs. 3 RErbhG.). 17

n) die **Grundstücksumlegung**, d. h. das Verfahren zur Zusammenlegung zersplitterten ländl. Grundbesitzes (Feld- oder Flurbereinigung) nach der RUmlegungsO. v. 16. Juni 1937 (RGBl. I 629), die seit 1. Jan. 1938 an die Stelle der bisherigen landesrechtl. Umlegungs- u. Flurbereinigungsvorschriften getreten ist; Änderungen u. Ergänzungen s. VO. v. 27. April 1938 (RGBl. I 425). Mit der Ausführungsanordnung der Umlegungsbehörde (§ 65 Abs. 2 RUmlegungsO.) oder der vorzeitigen Ausführungsanordnung (§ 66 Abs. 1 a. a. O.) treten die rechtl. Wirkungen des Umlegungsplanes ein (§ 67 Satz 3 a. a. O.), die vor allem darin bestehen, daß die Landabfindung jedes Beteiligten (§§ 48 ff. a. a. O.) an die Stelle seiner alten Grundstücke u. Rechte tritt; die neuen Grundstücke werden an Stelle der alten Grundstücke Eigentum der Teilnehmer; die Gemeinde oder der im Umlegungsplan bestimmte andere Berechtigte werden Eigtr. der für sie neu ausgewiesenen Grundstücke (§ 68 Ziff. 1, 2 a. a. O.). Auflassung ist also nicht erforderlich. Das GBuch wird auf Ersuchen der Umlegungsbehörde nach dem Umlegungsplan berichtigt (§§ 84 ff. a. a. O.; vgl. die Anm. zu § 38 GBO.). In Bayern sind Umlegungsbehörden die Flurbereinigungsämter Ansbach, Bamberg, München, Neuburg a. D., Neustadt a. d. Weinstraße u. Würzburg (MinBek. v. 17. Dez. 1937, GVBl. 308). 18

Auch in der Zeit von der Planausführung bis zur Berichtigung des GBuchs kann der als Eigtr. Eingetragene sein Grundstück veräußern u. belasten mit der Folge, daß von dem Rechtsakt nicht der eingetragene Grundstücksbestand, sondern das Abfindungsland betroffen wird (RG. 11, 250; OLG. 4, 315; Güthe-Triebel[6] Art. 12 AG. A. 24). Zuständig zur Vornahme der Eintr. bleibt das GBA., in dessen Bezirk das alte Grundstück liegt, auch wenn das Abfindungsgrundstück zu dem Bezirk eines anderen GBA. gehört (OLG. 12, 179). Der eingetragene Eigtr. ist kraft des Surrogationsprinzips als eingetragener Eigtr. des Abfindungslandes i. S. des § 39 GBO. anzusehen (Güthe-Triebel a. a. O.). Soll von dem Abfindungsland nur ein Teil eines Grundstücks veräußert oder belastet werden, so kann, da bis zur Berichtigung des Liegenschaftskatasters der Umlegungsplan als amtl. Grundstücksverzeichnis i. S. des § 2 Abs. 2 GBO. dient (§ 86 RUmlegungsO.), die Abschreibung im GBuch nach § 2 Abs. 3 GBO. schon vor der Übernahme der Rechtsänderungen in das Kataster vorgenommen werden. Vgl. hiezu auch Hesse in DJ. 1937, 1751.

o) die **Enteignung**. Für das Enteignungsrecht ist im wesentl. noch Landesrecht maßgebend (vgl. Art. 32, 109 EG. z. BGB.). 19

α) In **Preußen** geht mit der Zustellung des Enteignungsbeschlusses das Eigentum an dem enteigneten Grundstück auf den Unternehmer über (§ 44 preuß. EnteignungsG. v. 11. Juni 1874, GS. 221). Die Berichtigung des GBuchs erfolgt auf Ersuchen der Beschlußbehörde (§ 33 a. a. O.; vgl. auch KGJ. 24, 114; 27, 255). 20

BayZ. 1920, 63). Sämtliche Beteiligte einschließlich der Anwärter müssen der Vereinbarung zustimmen; die Fideikommißbehörde kann zwar die Bestätigung der erfolgten Teilung verweigern, nicht aber die fehlende Zustimmung eines Beteiligten ersetzen (BayObLG. 25, 271; Bauer in BayZ. 1920, 96).

Auflassung ist erforderlich, wenn die Beteiligten sich über die Abtretung des Eigentums einigen (vgl. Art. 12 § 1 Abs. 2 preuß. AG. z. BGB.) u. nur die Festsetzung der Entschädigung einem weiteren Verfahren vorbehalten ist (§§ 16, 17 Abs. 1 EnteignungsG.).

Ein vereinfachtes Enteignungsverfahren sieht das preuß. Ges. v. 26. Juli 1922 (GS. 211) mit AusfBest. v. 24. Aug. 1923 (MBliV. 1091) vor. Vgl. hiezu JFG. 5, 334.

Ein besonderes Enteignungsverfahren ist in Siedlungsangelegenheiten auf Gr. §§ 15ff. RSiedlG. in §§ 1ff. preuß. AG. z. RSiedlG. v. 15. Dez. 1919 (GS. 31) vorgesehen. Enteignungsbehörde ist der Oberpräsident oder der ständige Ausschuß (Art. IX Ziff. 1 VO. v. 17. März 1933, GS. 43; vgl. JFG. 3, 268). Vollziehung u. Wirkungen der Enteignung richten sich nach den Bestimmungen des preuß. EnteignungsG. v. 11. Juni 1874 (§ 9 preuß. AG. z. RSiedlG.).

Vgl. auch §§ 10, 240, 292, 311 preuß. WasserG.; § 15 Ges. ü. d. Bildung von Bodenverbesserungsgenossenschaften v. 5. Mai 1920 (GS. 351); § 14 Abs. 1 preuß. FluchtlinienG. v. 2. Juli 1875 (GS. 561) i. d. Fass. v. 28. März 1918 (GS. 23) u. § 41 Abs. 5 FestungsrayonG. v. 21. Dez. 1871 (RGBl. 459); § 12 Ges. ü. d. Auflösung selbständiger Gutsbezirke v. 27. Dez. 1927 (GS. 211), ferner § 5 preuß. MarksteinG. v. 7. Okt. 1865 (GS. 1033) mit Ges. v. 3. Juni 1874 (GS. 239).

21 β) Für **Bayern** sind maßgebend Art. 22 bayer. AG. z. ZPO.; ZwangsabtretungsG. i. d. Fass. v. 13. Aug. 1910 (GVBl. 621), v. 9. Mai 1918 (GVBl. 289) u. v. 23. Juli 1931 (GVBl. 189); Art. 153ff. bayer. WasserG. Der Eigentumsübergang erfolgt ohne Auflassung in dem Zeitpunkt, in welchem an den Enteigneten die festgestellte Entschädigungssumme bezahlt oder zulässigerweise für ihn hinterlegt wird (Laforet ZwAbtrG. Art. 22 AG. z. ZPO. A. 1 b). Dem GBA. sind beide Tatsachen von dem Enteigner durch der Form des § 29 GBO. entspr. Urkunden (Ausfertigung des Urteils über die Feststellung der Entschädigung mit Rechtskraftzeugnis, öffentlich begl. Quittung, Bescheinigung der Hinterlegungsstelle) nachzuweisen (BayObLG. 8, 348, 552; Laforet a. a. O. A. 1 b, e). Das GBA. hat, da die Eintr. nicht auf Ersuchen einer Behörde gem. § 38, sondern auf Antrag des Enteigners erfolgt, zu prüfen, ob die Voraussetzungen für den Eigentumswechsel gegeben sind. Über die Auflassung im Falle gütl. Einigung vgl. u. A. 51.

22 γ) Für einige Sondergebiete sind **reichsrechtliche Enteignungsvorschriften** ergangen.

aa) Die Enteignung gem. § 3 der VO. zur Behebung der dringendsten Wohnungsnot v. 9. Dez. 1919 (RGBl. 1968) durch den Bezirkswohnungskommissar erfolgt ohne besonderes Verfahren durch formlosen Bescheid (§ 4 a. a. O.) u. wird mit der Zustellung dieses Bescheides an den Eigtr. oder dessen Bevollmächtigten wirksam (JFG. 4, 352 = OLG. 45, 100). Der Bezirkswohnungskommissar ersucht das GBA. um Eintr. des Erwerbers (§ 2 a. a. O.). Die §§ 4, 5 der VO. finden entspr. Anwendung auf Enteignungen zwecks vorstädtischer Kleinsiedlungen u. Kleingärten; an die Stelle des Bezirkswohnungskommissars tritt der RArbeitsMin. (Teil 4 Kap. II §§ 11, 22 der NotVO. v. 6. Okt. 1931, RGBl. I 537, 551; VO. v. 19. Febr. 1935, RGBl. I 341).

bb) Für die Enteignung von Grundstücken zwecks Landbeschaffung für Zwecke der Wehrmacht u. der damit zusammenhängenden Umsiedlung ist Enteignungsbehörde die Reichsstelle für Landbeschaffung (§ 2 des Ges. ü. d. Landbeschaffung für Zwecke der Wehrmacht v. 29. März 1935, RGBl. I 467; DurchfVO. v. 21. Aug. 1935, RGBl. I 1097). Der Eigentumsübergang tritt mit der Zustellung des Enteignungsbeschlusses an den Enteigneten ein (§ 17 DurchfVO.). Die Berichtigung des GBuchs erfolgt auf Ersuchen der Reichsstelle für Landbeschaffung (§ 17 Abs. 3 a. a. O.).

Die Abschreibung eines Grundstücksteils u. die Lastenverteilung sind in Abweichung von § 2 Abs. 3 GBO. schon zulässig, wenn die Grundstücksteile in dem amtl. Verzeichnis noch nicht ausgewiesen sind (§ 8 des Ges; vgl. oben § 2 A. 81).

Das Verfahren bei der Enteignung für Zwecke des Naturschutzes (§ 18 RNaturschutzG. v. 26. Juni 1935, RGBl. I 821, mit DurchfVO. v. 31. Okt. 1935, RGBl. I 1275) richtet sich nach §§ 2 bis 33 der DurchfVO. z. Ges. ü. d. Landbeschaffung für Wehrmachtzwecke. Enteignungsbehörde ist die Reichsstelle für Landbeschaffung in Naturschutzgebieten.

Auf die Beschaffung des Landes, das für die Errichtung der Reichswerke AG. für Erzbergbau u. Eisenhütten „Hermann Göring" sowie für ihre Nebenanlagen u. Wohnsiedlungen u. für die dadurch notwendige Umsiedlung erforderlich wird, finden das Ges. ü. d. Landbeschaffung für Zwecke der Wehrmacht u. seine DurchfVOen entspr. Anwendung (VO. v. 20. Dez. 1937, RGBl. I 1409).

cc) Soweit in sonstigen Reichsgesetzen Enteignungsbefugnisse ausgesprochen sind, richten sich Verfahren u. Wirkung der Enteignung nach den Enteignungsgesetzen der Länder. In Frage kommen insbes.:

1. Ges. ü. d. Enteignungsrecht von Gemeinden bei Aufhebung oder Ermäßigung von Rayonbeschränkungen v. 27. April 1920 (RGBl. 697). Vgl. preuß. Ges. v. 13. Jan. 1921 (GS. 303); Ausf.-Vorschr. v. 10. Mai 1921 (Volkswohlfahrt 310); VO. v. 29. Okt. 1932 (GS. 333).

2. §§ 3, 15, 24 RSiedlG.; vgl. oben A. 20. S. auch § 12 BeamtensiedlungsVO. v. 11. Febr. 1924 (RGBl. I 53).

3. § 28 RHeimstG. i. d. Fass. v. 25. Nov. 1937 (RGBl. I 1291).

4. § 38 Abs. 1, 2 RBahnG. v. 13. März 1930 (RGBl. II 369); §§ 9, 9a ff. Ges. ü. d. Errichtung eines Unternehmens „Reichsautobahnen" v. 27. Juni 1933 (RGBl. II 509) i. d. Fass. des Ges. v. 18. Dez. 1933 (RGBl. I 1081); § 14 RPostfinanzG. v. 18. März 1924 (RGBl. I 287).

5. §§ 9, 11 EnergiewirtschaftsG. v. 13. Dez. 1935 (RGBl. I 1451).

6. §§ 1 ff. des Ges. v. 3. Aug. 1920 (RGBl. 1613); Kap. XVIII Art. 2 der NotVO. v. 18. März 1933 (RGBl. I 109, 122) (Enteignungen auf dem Gebiete des Städtebaues u. des Baues von Wasserstraßen).

7. § 4 LuftschutzG. v. 26. Juni 1935 (RGBl. I 827).

8. § 15 G. ü. d. Reichsluftfahrtverwaltung v. 15. Dez. 1933 (RGBl. I 1077).

9. VO. ü. d. Vereinfachung der Genossenschaftsbildung u. Förderung der Ödlanderschließung v. 13. Febr. 1924 (RGBl. I 111) mit preuß. AusfAnw. v. 26. März 1924 (MBlLandwV. 339).

p) die **Ersitzung** (§§ 900, 927 BGB.; vgl. § 19 A. 30 unter g) u. die **Grenzfestsetzung** 23
(§ 920 BGB.). Bei letzterer wird der Nachweis der Unrichtigkeit des GBuchs durch das Urteil erbracht (OLG. 20, 405; Staud.-Kober § 920 A. 16).

q) die **Aneignung** eines herrenlosen Grundstücks (§ 928 BGB.; Art. 129 EG.z.BGB.). 24
Der Aneignungsberechtigte wird durch die Aneignung Eigtr. Soll das Eigentum auf einen anderen als den Aneignungsberechtigten übergehen, so ist (neben Abtretung des Aneignungsrechts) auch Auflassung durch einen gem. § 58 ZPO. zu bestellenden Vertreter oder durch einen Dritten mit Zustimmung des Aneignungsberechtigten möglich (OLG. 39, 209; Güthe-Triebel[6] A. 10). Im übr. s. § 19 A. 30 unter h.

r) die **Anlandung** oder **Neubildung einer Insel** (Art. 65 EG.z.BGB.; §§ 15 ff., 140 preuß. 25
WasserG.; Art. 8 ff., 21 ff. bayer. WasserG.; OLG. 6, 197).

s) die **Eingemeindung**, d. i. die Eingliederung einer Gemeinde in eine andere Gemeinde 26
oder die Bildung einer neuen Gemeinde aus mehreren bestehenden Gemeinden (vgl. RG. 87, 284; OLG. 23, 329). Der Übergang des Eigentums an den der betroffenen Gemeinde gehörigen Grundstücken wird kraft Gesetzes durch den Spruch der Aufsichtsbehörde über die Regelung der Auseinandersetzung bewirkt (§ 15 Abs. 2 Satz 2 DGO.). Die Berichtigung des GBuchs erfolgt auf Ersuchen der Aufsichtsbehörde. Diese ist auch befugt, Unschädlichkeitszeugnisse auszustellen (Satz 3, 4 a. a. O.). Vgl. auch Ziff. 4 b der Vorl. AusfAnw. z. § 15 DGO. v. 22. März 1935 (MBliV. 415).

Gesamtrechtsnachfolge bewirkte auch die mit dem Inkrafttreten der DGO. (1. April 1935) erfolgte Auflösung der Ortschaften, Teilgemeinden u. ähnlichen innerhalb einer Gemeinde bestehenden Verbände (Körperschaften) gemeinderechtlicher Art (§ 1 Abs. 1 Satz 1 der

1. Durchf.VO. z. DGO. v. 22. März 1935, RGBl. I 393). Rechtsnachfolger der Ortschaften usw. ist die Gemeinde (§ 1 Abs. 1 Satz 2 a. a. O.). Für Preußen vgl. § 1 der ÜberleitungsVO. v. 30. März 1935 (MBliV. 491), für Bayern § 1 der ÜberleitungsVO. v. 30. März 1935 (GVBl. 179). In Bayern erfolgt die Berichtigung des GBuchs in entspr. Anwendung des § 15 Abs. 2 Satz 3 DGO. auf Ersuchen der Aufsichtsbehörde (§ 1 Abs. 2 Satz 3 ÜberleitungsVO.). Zur Auflösung der bayer. Ortschaften vgl. auch Enders in DNotZ. BayB. 1935, 177.

Auch die Verschmelzung sonstiger Körperschaften des öffentl. Rechts wird in der Regel Gesamtrechtsnachfolge bewirken (vgl. z. B. § 231 des Ges. ü. Arbeitsvermittlung u. Arbeitslosenversicherung i. d. Fass. v. 12. Dez. 1929, RGBl. I 162).

Vgl. auch KG. in HRR. 1935 Nr. 1168: Grundstücke, die auf den Namen einer in Preußen unter Geltung des Preuß. ALR. errichteten öffentl. höheren Schulanstalt eingetragen sind, können nicht ohne Auflassung auf den Namen des Errichters (Staat oder Gemeinde) umgeschrieben werden. Wg. Umschreibung des Grundstücks einer Schule auf eine Schulgemeinde s. OLG. 8, 309.

27 t) die **Vermögenseinziehung** auf Gr. des Ges. ü. d. Einziehung kommunistischen Vermögens v. 26. Mai 1933 (RGBl. I 293) u. des Ges. ü. d. Einziehung volks- u. staatsfeindl. Vermögens v. 14. Juli 1933 (RGBl. I 479) u. die **Vermögensverfallerklärung** auf Gr. des Ges. über den Widerruf von Einbürgerungen u. die Aberkennung der deutschen Staatsangehörigkeit v. 14. Juli 1933 (RGBl. I 480) mit DurchfVO. v. 26. Juli 1933 (RGBl. I 538). Auf Gr. einer solchen Verfallerklärung kann der Fiskus, wenn der Betroffene Miteigtr. eines Grundstücks in Erbengemeinschaft ist, ebenfalls nur als Miteigtr. in Erbengemeinschaft, nicht aber als Miteigtr. zu einem dem Erbteil entspr. Bruchteil eingetragen werden (JFG. 16, 106). Vgl. auch Vorbem. 65 Abs. 1 vor § 13.

Ohne Auflassung vollzieht sich ferner der Übergang des Vermögens der früheren Arbeitgeber- u. Arbeitnehmervereinigungen einschließlich der Hilfs- u. Ersatzorganisationen, Vermögensverwaltungen, Pensionskassen u. sonstigen Sondervermögen in das Eigentum der Vermögensverwaltung der Deutschen Arbeitsfront, G. m. b. H. in Berlin (§ 24 des Ges. ü. d. Gewährung von Entschädigungen bei der Einziehung oder dem Übergang von Vermögen v. 9. Dez. 1937, RGBl. I 1327).

28 u) in Bayern die **Neueinteilung von Baugelände** nach dem G. über die Erschließung von Baugelände v. 4. Juli 1923 (GVBl. 273) mit VollzBek. v. 14. Sept. 1923 (GVBl. 317). Der Eigentumsübergang vollzieht sich kraft Gesetzes an dem Tage, den die Kreisregierung in der Vollziehbarkeitserklärung der Umlegungsübersicht bestimmt (Art. 36, 37 des Ges.). Die Eintr. im GBuch geschieht auf Ersuchen der Kreisregierung auf Gr. der Umlegungsübersicht (Art. 43 des Ges.).

29 v) in Bayern die **Übertragung des Eigentums an Ödlandgrundstücken** auf Zwangsberechtigte (Staat, Gemeinden, Ödlandgenossenschaften) nach Art. 41 ff. des ÖdlandG. v. 6. März 1923 (GVBl. 89) i. d. Fass. des Art. 11 VereinfachungsG. v. 23. Juli 1931 (GVBl. 189) mit AusfBest. v. 30. Juni 1923 (GVBl. 210). Der Eigentumswechsel tritt mit der Rechtskraft des die Rechtsänderung verfügenden Beschlusses der zuständigen Behörde ein (Art. 41, 48, 55 ÖdlandG., §§ 34 ff., 41 AusfBest.). Das Ersuchen an das GBA. um Eintr. stellt die Bezirksverwaltungsbehörde (Art. 82 ÖdlandG.).

30 w) in Bayern die rechtskräftig festgestellte **Verpflichtung des Bergwerkbesitzers zum Erwerb** eines Grundstücks (Art. 183 Abs. 2 BergG. i. d. Fass. v. 13. Aug. 1910, GVBl. 815, geändert durch Art. 3 VereinfachungsG. v. 23. Juli 1931, GVBl. 189). Der Erwerb des Eigentums vollzieht sich gem. Art. 191, 199, 200 BergG. kraft Gesetzes, sobald der Beschluß der Bezirksverwaltungsbehörde oder des VerwGerHofs (Art. 249 BergG.) über die Verpflichtung zum Erwerb rechtskräftig u. die Entschädigungssumme endgültig festgestellt ist, mit der Erfüllung der für den Eigentumserwerb festgesetzten Bedingungen (vgl. § 3 Ziff. 13 Abs. 2

FinMBek. v. 23. Febr. 1905, JMBl. 593). Wegen der zu führenden Nachweise u. der Prüfungspflicht des GBA. gilt das gleiche wie bei der Zwangsenteignung (s. o. A. 21).

Nach preußischem Recht (§§ 138, 142, 144 preuß. BergG.) setzt bei der Verpflichtung des Bergwerkseigentümers zum Erwerb der Eigentumsübergang die Eintr. im GBuch voraus, die auf Gr. des rechtskräftigen Beschlusses des Oberbergamtes u. des Regierungspräsidenten erfolgt. Es liegt also kein Fall der GBuchberichtigung vor, sondern der Beschluß hat die gleiche Wirkung wie ein zur Auflassung verurteilendes Urteil. Es bedarf demnach der Vorlegung des mit der Rechtskraftbescheinigung versehenen Beschlusses u. der Abgabe der EintrErklärung des bisherigen Eigtr. vor dem GBA. (Güthe-Triebel[6] Art. 22 AG. A. 7; vgl. unten A. 61). Im Falle der Grundstücksteilung müssen Auszug u. Karte (§ 2 Abs. 3 GBO.) vorgelegt werden (RG. 62, 215; KGJ. 46, 210). Im Falle gütlicher Einigung, die der Form des § 313 BGB. bedarf (RG. 56, 190), sind wie sonst Auflassung u. Eintr. erforderlich.

x) die Übertragung des Eigentums an einem nicht eingetragenen **buchungsfreien** 31 **Grundstück**, wenn dieses auch in der Hand des Erwerbers vom Buchungszwang befreit bleibt. Hiezu genügen die Einigung des Veräußerers u. des Erwerbers u. die öffentl. Beurkundung der Erklärungen (Art. 128 EG. z. BGB.; Art. 27 preuß. AG. z. BGB.; Art. 83 bayer. AG. z. BGB.; vgl. § 3 A. 241). Zuständig hiezu ist jedes Amtsgericht (§ 167 Abs. 1 FGG.) u. jeder Notar (§ 22 Abs. 1 RNotarO.), in Bayern jedoch nur die Notare (§ 77 Abs. 2 RNotarO.; Art. 15 Abs. 2 bayer. AG. z. GVG.). Für Preußen s. im Falle der Vertretung eines Beteiligten durch eine öffentl. Behörde Art. 27 Abs. 1 Satz 2 Halbs. 2 mit Art. 12 § 2 preuß. AG. z. BGB. Über die Bedeutung einer einer solchen Einigung nachfolgenden Auflassung zwischen den näml. Beteiligten u. Eintr. des Erwerbers im GBuch s. RG. 156, 122.

y) In einer Reihe von Sondergesetzen ist eine Gesamtrechtsnachfolge angeordnet, so 32 daß auch der Übergang des Eigentums an Grundstücken u. grundstücksgleichen Rechten sich kraft Gesetzes vollzieht. Die wichtigsten dieser Fälle eines gesetzl. Vermögensübergangs sind in Vorbem. 247 vor § 13 aufgezählt. Wg. des Übergangs des Eigentums an Justizgrundstücken auf das Reich (§ 3 des Ges. v. 24. Jan. 1934, RGBl. I 68) s. auch Schröder in DJ. 1935, 504.

2. a) Soll die Eintr. eines Eigtr. nur zum Zwecke der **Grundbuchberichtigung** erfolgen, z. B. 33 weil der als Eigtr. Eingetragene auf Gr. einer nichtigen Auflassung eingetragen wurde, so ist Rückauflassung nicht erforderlich (RG. in BayZ. 1911, 118). Doch steht nichts im Wege, daß an Stelle des Berichtigungsverfahrens eine Auflassung vorgenommen wird; denn diese genügt stets den Erfordernissen des § 22; auch hat der GBuchrichter nicht zu prüfen, zu welchem Zwecke die Auflassung erfolgt (OLG. 15, 344; Güthe-Triebel[6] § 22 A. 59). Dies gilt auch für die oben A. 4 ff. aufgeführten Fälle des Eigentumsübergangs ohne Auflassung.

Lediglich eine GBuchberichtigung, zu der eine Auflassung nicht erforderlich ist, liegt auch vor, wenn als Eigtr. fälschlich statt des Inhabers des Rechts derjenige eingetragen ist, der es wahrnimmt, z. B. der Konkursverwalter, Testamentsvollstrecker, Nachlaßpfleger usw. (vgl. § 3 A. 141) u. die Eintr. des tatsächl. Berechtigten erfolgen soll (vgl. LG. Bonn in JW. 1937, 2121).

b) Der Anspruch auf Berichtigung des GBuchs durch Eintr. des wahren Eigtr. 34 kann abgetreten, verpfändet u. gepfändet werden (vgl. § 22 A. 38). Die Abtretung bedarf nicht der Form des § 313 BGB. (RG. in HRR. 1936 Nr. 1356). Sie ist auch in der Weise möglich, daß der Abtretungsempfänger ermächtigt wird, den Anspruch im eigenen Interesse u. im eigenen Namen für sich geltend zu machen (RG. 78, 90). In diesem Falle bedarf es aber neben der Abtretung noch der Auflassung vom Zedenten an den Zessionar oder die Abtretung muß in der Form der Auflassung erfolgen; § 39 Abs. 1 steht der unmittelbaren Eintr. des Zessionars nicht entgegen (Güthe-Triebel[6] A. 23; **a. M.** RG. 53, 410; 62, 323; 78, 90; vgl. die Anm. zu § 39). Erfolgt die Abtretung des Berichtigungsanspruchs ohne Auflassung, so kann der Zessionar nur Eintr. des Zedenten verlangen (RG. 59, 293; Güthe-Triebel a. a. O.).

II. § 20 kommt zur Anwendung:

35 **a)** bei Auflassung eines **Grundstücks**, sei es des ganzen oder eines **reellen Teils.** Im letzteren Falle ist der Grundstücksteil gem. § 2 Abs. 3 — gegebenenfalls nach Vermessung — abzuschreiben u. als selbständiges Grundstück einzutragen (s. § 7 A. 8). Die Auflassung eines wegzumessenden Teilstücks kann schon vor der Vermessung erfolgen (BayObLG. 7, 49; 10, 43; 24, 293); doch ist die Eintr. erst nach Vermessung zulässig. Auflassung von Grundstücksteilen, welche keine selbständige rechtl. Existenz haben, ist unzulässig, z. B. Auflassung eines Grundstücks ohne die daraufstehenden Gebäude oder der Gebäude ohne das Grundstück (OLG. 6, 211).

§ 20 gilt nicht für die Eintr. einer Vormerkung zur Sicherung des Anspruchs auf Übertragung des Eigentums usw.; deren Eintr. erfolgt, wie auch sonst, auf Gr. einer einstw. Verfügung oder auf Gr. Bewilligung des Betroffenen (s. § 25 A. 11 ff.).

Auch zur Übertragung des **Bruchteilseigentums** ist Auflassung erforderlich[1]). Diese setzt voraus, daß die Anteile ziffernmäßig feststehen u. im GBuch als solche eingetragen sind (§ 47); die Vermutung des § 742 BGB. findet im GBuchverkehr keine Anwendung (OLG. 2, 86; 9, 336; 6, 488; vgl. auch RG. 68, 213, 370; BayObLG. 6, 466; BayZ. 1905, 495). Eine Ausnahme hievon gilt nur dann, wenn ein Miteigentümer seinen Anteil auf den anderen überträgt, so daß dieser nunmehr Alleineigentümer wird (BayObLG. 4, 703; OLG. 8, 154; Güthe-Triebel[6] § 47 A. 10). Die Auflassung des Anteils eines Gesamthänders ist unzulässig (§ 719 Abs. 1, § 1442 Abs. 1, § 1471 Abs. 2, § 1487 Abs. 1, § 1519 Abs. 2, § 1546 Abs. 1, §§ 1549, 2033 Abs. 2 BGB.).

Über buchungsfreie Grundstücke s. o. A. 31.

36 **b)** bei Bestellung, Änderung des Inhalts oder Übertragung eines **Erbbaurechts** (§ 37 ErbbRVO. v. 15. Jan. 1919, RGBl. 72)[2]). Hiezu bedarf es jetzt (seit 22. Jan. 1919) nicht mehr der strengen Auflassungsform des § 925 BGB. (gleichz. Anwesenheit usw.), sondern nur der (an sich formlosen) Einigung (§ 11 ErbbRVO.)[3]), die dem GBA. in der Form des § 29 nachzuweisen ist (KGJ. 53, 150). Neben der Einigung ist auch EintrBew. (§ 19) erforderlich. Für die Übertragung eines altrechtlichen (vor dem 22. Jan. 1919 eingetragenen) Erbbaurechts gilt weiter gem. § 38 ErbbRVO., §§ 1015, 1017 BGB. die Auflassungsform des § 925 BGB., ebenso für die Inhaltsänderung eines solchen (Güthe-Triebel[6] A. 24; Hesse-Saage-Fischer A. II 2; III 2 b; bestr., vgl. Staud.-Kober ErbbRVO. § 11 A. 13; § 37 A. 1).

37 **c)** bei Übertragung eines Erbpachtrechtes, eines Bündnerrechtes oder eines Häuslerrechtes (§ 118 Abs. 1 GBO.; vgl. Art. 63 EG. z. BGB. u. oben § 3 A. 15).

38 **d)** bei Bestellung oder Übertragung eines Abbaurechtes an nicht bergrechtl. Mineralien (§ 118 Abs. 1 GBO.; Art. 68 EG. z. BGB.; § 36 ErbbRVO.).

39 **e)** in **Preußen** bei Übertragung des Bergwerkseigentums, des bergrechtlichen Gewinnungsrechtes, der unbeweglichen Bergwerksanteile (Kuxe älteren Rechts), der Kohlen- u. Salzabbaugerechtigkeiten u. sonstigen selbständigen Gerechtigkeiten (Art. 28 preuß. AG. z.

---

[1]) Auflassung ist auch erforderlich, wenn die Miteigentümer eines Grundstücks ihre Bruchteile gegenseitig ändern (Güthe-Triebel[6] A. 19; vgl. RG. 56, 101; 57, 432; BayObLG. 10, 239), ferner bei Teilung eines Grundstücks gem. § 752 BGB. (Staudinger § 752 A. B II b).

[2]) Vgl. Zeitler in BayNotZ. 1919, 137.

[3]) Da der Inhalt des Erbbaurechts nicht (wie z. B. beim Nießbrauch) vom Gesetz bestimmt ist, genügt es bei der Bestellung nicht, wenn die Parteien lediglich erklären, daß der Berechtigte auf dem Grundstück ein „Bauwerk jeder Art" haben dürfe; vielmehr muß in der Einigung der nähere Inhalt der Benutzungsbefugnis (insbes. auch etwaige Erweiterungen des Erbbaurechts gem. § 1 Abs. 2 ErbbRVO.) im einzelnen zum Ausdruck kommen (BayObLG. 20, 139; Staud.-Kober ErbbRVO. § 11 A. 10, α).

GBO.; § 4 des Ges. v. 4. Aug. 1904, GS. 235). Vgl. die Anm. zu § 117. Die Bestellung einer Kohlenabbaugerechtigkeit (für den Eigtr. oder einen Dritten) fällt nicht unter § 20.

f) in **Bayern** bei Übertragung eines Bergwerks u. eines unbeweglichen Kuxes u. bei Bestellung u. Übertragung der in Art. 17 Abs. 2 bayer. AG. z. GBO. bezeichneten grundstücksgleichen Rechte (Fischereirechte, Realgewerbeberechtigungen u. Nutzungsrechte) (Art. 18 bayer. AG. z. GBO.; vgl. § 3 A. 14). Wg. der Fischereirechte vgl. Art. 9, 13, 14 bayer. FischereiG., § 6 bayer. JMBek. v. 15. März 1909 (JMBl. 431). Vgl. auch die Anm. zu § 117. 40

Art. 18 bayer. AG. z. GBO. nimmt auf § 20 GBO. in seiner ursprüngl. Fassung (s. o. A. 1) Bezug, in der nur die Rede war von der Bestellung u. Übertragung, nicht auch von der Änderung des Inhalts eines Erbbaurechts. Auf Änderungen des Inhalts grundstücksgleicher Rechte i. S. des Art. 17 Abs. 2 bayer. AG. z. GBO. ist also § 20 nicht anwendbar (vgl. Bay.-ObLG. 31, 323).

g) Soweit vor dem 1. Jan. 1900 begründetes Stockwerkseigentum noch besteht (vgl. Art. 182 EG. z. BGB. u. die Anm. zu § 117), findet auf seine Übertragung § 20 Anwendung. In Bayern ist das Stockwerkseigentum durch Art. 42 ÜG. in Miteigentum nach Bruchteilen übergeleitet worden, das jeweils durch die besonderen ausschließl. Benutzungsrechte der anderen Berechtigten an bestimmten Gebäudeteilen beschränkt ist. Der Anspruch auf Aufhebung der Gemeinschaft ist ausgeschlossen; die Ausschließung wird in das GBuch nicht eingetragen. 41

Dadurch allein, daß mehrere Stockwerksrechte an einem Haus in einer Hand zusammentreffen, entsteht nicht ein einheitl. Stockwerkseigentum. Solange die einzelnen Rechte als besondere Rechte nebeneinander bestehen, steht der Veräußerung eines dieser Rechte ein Hindernis nicht entgegen; anders, wenn die mehreren Stockwerksrechte durch eine darauf gerichtete Willenserklärung zu einer rechtl. Einheit vereinigt worden sind (BayObLG. 11, 713; Henle-Schmitt Vorbem. vor § 82 S. 232; Henle-Schn.-Manglkammer Vorbem. vor Art. 42 ÜG.). Vgl. auch § 3 A. 9.

Das frühere Kellereigentum ist seit 1. Jan. 1900 nicht mehr Eigentum, sondern ein Recht am Grundstück, nämlich Dienstbarkeit oder Erbbaurecht (RG. 56, 258). Nur soweit es als Erbbaurecht zu erachten ist, findet § 20 Anwendung.

C. Die Erklärung der Einigung vor dem Grundbuchamt.

I. Die Einigung. 42

Einigung ist die auf die Rechtsänderung unmittelbar gerichtete übereinstimmende Erklärung der Beteiligten (vgl. OLG. 39, 217 u. unten A. 53).

Die „erforderliche Einigung" muß vor dem GBA. erklärt werden. Das bedeutet, daß die Einigung so erklärt werden muß, wie das materielle Recht es zur Herbeiführung der Rechtsänderung erfordert (Güthe-Triebel[6] A. 29). Die Erfordernisse der Einigung sind in § 925 BGB. niedergelegt. Der GBuchbeamte genügt seiner Pflicht nicht, wenn er vor der Bewirkung der Eintr. nur das Vorhandensein der formellen Einigung feststellt, sondern seine Prüfung hat sich darauf zu erstrecken, ob den Vorschriften des § 925 BGB. genügt u. ob die Einigung nach dem materiellen Recht (Geschäftsfähigkeit, Verfügungsbefugnis usw.) wirksam ist (Bay.-ObLG. 19, 183). Diese Nachweise sind in der Form des § 29 zu führen. S. im übr. A. 82.

1. a) Die Einigung muß **vor dem Grundbuchamt** erklärt werden, u. zwar vor dem zuständigen GBA. Das ist grundsätzlich dasjenige, in dessen Bezirk das aufzulassende Grundstück gelegen ist (§ 1 Abs. 1 Satz 2 GBO.). Im übr. s. ü. d. örtl. Zuständigkeit des GBA. § 1 A. 56; wg. der Zuständigkeit im Falle der Vereinigung oder Zuschreibung von Grundstücken vgl. § 5 A. 15; § 6 A. 12. Auflassung vor einem unzuständigen GBA. bewirkt Nichtigkeit, ausgenommen den Fall, daß das an sich unzuständige GBA. tatsächlich das GBuch für das aufgelassene Grundstück führt (Güthe-Triebel[6] A. 33; § 1 A. 28; Predari § 1 A. 3). Nicht erfordert 43 wird, daß die Einigung gerade in den Diensträumen des GBA. erklärt wird (RGRK. § 925 A. 12; Staud.-Kober § 925 A. 45; Güthe-Triebel[6] A. 33; Predari A. 4 u. a.; **a. M.** Henle im Recht 1900, 434); doch wird der GBuchbeamte nur in dringenden Fällen, z. B. bei Krankheit eines Beteiligten, außerhalb der Gerichtsstelle die Auflassung entgegennehmen. In jedem Fall muß der GBuchbeamte zur Entgegennahme der Auflassung bereit sein (RG. 132, 406). Wg. der Gerichtstage s. § 1 A. 70.

Über die Entgegennahme der Auflassung durch den Rechtspfleger s. § 1 A. 33, 40.

Zuständig zur Entgegennahme der Auflassung ist jeder Richter (Rechtspfleger) des GBA. (s. § 1 A. 14). Die Beurkundung der Auflassung durch einen geschäftsplanmäßig nicht zuständigen GBuchrichter berührt die Wirksamkeit der Auflassung nicht (KGJ. 44, 236).

44 **b) Ausnahmen.** Von der Regel, daß die Auflassung oder sonstige Einigung vor dem GBA. erklärt werden muß, bestehen verschiedene Ausnahmen. Die Zuständigkeiten zur Entgegennahme u. Beurkundung der Auflassung auf Gr. der nachbezeichneten Vorschriften bestehen neben der Zuständigkeit des GBA.

α) **Reichsrechtliche Ausnahmen.**

45 **aa)** Nach § 1 der VO. über Auflassungen, landesrechtliche Gebühren u. Mündelsicherheit v. 11. Mai 1934 (RGBl. I 378; s. auch § 22 Abs. 2 RNotarO.) kann die Auflassung auch vor einem **Notar** erklärt werden. Ob das Grundstück in dem Amtsbezirk des Notars (§ 12 Abs. 1 RNotarO.) liegt, ist gleichgültig. Jeder deutsche Notar kann die Auflassung jedes deutschen Grundstücks entgegennehmen.

46 **bb)** Zur Entgegennahme der Auflassung sind weiter zuständig die **Berufskonsuln** des Reichs u. zwar für alle in Deutschland gelegenen Grundstücke (§ 16 Abs. 1 Satz 2 Ges. v. 8. Nov. 1867 i. d. Fass. d. Art. 1 Ziff. III d. Ges. z. Vereinfachung des Verfahrens der deutschen Auslandsbehörden bei Beurkundungen u. Beglaubigungen v. 14. Mai 1936, RGBl. I 447). Dies gilt auch für die Konsuln mit Gerichtsbarkeit nach dem KonsulargerichtsbarkeitsG. v. 7. April 1900 (Hesse-Saage-Fischer A. III 2 a).

47 **cc)** Zur Beurkundung der Auflassung von Grundstücken in Angelegenheiten der Reichsbank sind auch die **Urkundsbeamten der Reichsbank** u. ihrer Zweiganstalten zuständig (§ 8 Abs. 3 BankG. v. 30. Aug. 1924, RGBl. II 235; Erlaß v. 22. Nov. 1924, RGBl. I 762; vgl. auch OLG. 45, 103 = JFG. 4, 255).

48 **dd)** Bei Begründung von Eigenheimen als Rentenstellen für ländliche Arbeiter u. Handwerker nach der VO. zur beschleunigten Förderung des Baues von Heuerlings- u. Werkwohnungen sowie von Eigenheimen für ländl. Arbeiter u. Handwerker v. 10. März 1937 (RGBl. I 285) ist zur Entgegennahme u. Beurkundung der Auflassung auch die Durchführungsbehörde (d. i. in Preußen der Regierungspräsident, in den übrigen Ländern die oberste Landesbehörde) zuständig (§ 8 Abs. 1 Satz 3 mit § 4 Abs. 1 a. a. O.). Die Durchführungsbehörde beauftragt mit der Beurkundung einen in ihrem Geschäftsbereich tätigen Beamten. Die von diesem aufgenommenen Verhandlungen müssen unter Bezugnahme auf den erteilten Auftrag als Angelegenheit zur Begründung einer Rentenstelle für ländl. Arbeiter u. Handwerker i. S. der genannten VO. bezeichnet werden (§ 8 Abs. 1 Satz 4, 5 a. a. O.).

48a **ee)** Beim freiwilligen Erwerb von zu einem Wasser- u. Bodenverband gehörenden Grundstücken durch den Verband ist die von den Fachministern (s. u.) bestimmte Behörde zur Entgegennahme der Auflassung befugt. Auf die Beurkundung sind die §§ 168 Satz 2, 169 bis 180 FGG. entspr. anzuwenden. Die Niederschrift der Behörde hat die Kraft einer gerichtl. oder notariellen Urkunde (§ 37 der Ersten WasserverbandVO. v. 3. Sept. 1937, RGBl. I 933). Das gleiche gilt beim freiwilligen Erwerb des Eigentums an Grundstücken, die durch das Unternehmen des Wasser- u. Bodenverbandes eine unwirtschaftl. Form erhalten, wenn der Erwerb für eine zweckmäßige Flureinteilung nötig ist u. die Niederschrift der Behörde als Flureinteilungssache des Wasser- u. Bodenverbandes bezeichnet wird. Dies gilt auch für

Grundstücke, die, ohne von dem Unternehmen unmittelbar betroffen zu sein, zur zweckmäßigen Gestaltung der betroffenen Grundstücke zugezogen werden (§ 38 a. a. O.). Fachminister i. S. der genannten Bestimmungen sind die in der Angelegenheit zuständigen Reichsminister. Sie können ihre Aufgabe auf andere Behörden übertragen (§ 189 a. a. O.).

ff) Zur Entgegennahme der Auflassung sind die Leiter der Entschuldungsämter u. die beigeordneten Beamten im gleichen Umfange befugt wie die Amtsgerichte ihres Bezirks, auch soweit diese, wie z. B. in Bayern (s. u. A. 51 unter *ββ*) nur als GBuchämter zuständig sind (Art. 11 Abs. 1 der 9. DurchfVO. z. SchRegG. v. 24. Nov. 1937, RGBl. I 1305). Die Beurkundung der Auflassung soll aber durch das Entschuldungsamt nur in Angelegenheiten vorgenommen werden, die mit einer landwirtschaftl. Schuldenregelung in unmittelbarem Zusammenhang stehen (Abs. 3 a. a. O.). Vor dem Inkrafttreten der 9. DurchfVO. entgegengenommene Auflassungen sind wegen des etwaigen Mangels der Zuständigkeit nicht unwirksam (Art. 11 Abs. 4 a. a. O.). 48b

gg) In einem **Prozeßvergleich** (§ 794 Abs. 1 Ziff. 1 ZPO.) kann die Auflassung vor jedem deutschen Gericht erklärt werden (KG. in JFG. 14, 355; Hesse-Saage-Fischer A. III 2 a; Staud.-Kober § 925 A. 43; Hunn in JW. 1937, 792; Recke a. a. O. 1045; Greiser in DFG. 1937, 179; abw. Güthe-Triebel[6] A. 34; Kutzner in JW. 1937, 442, nach denen nur ein in Preußen gelegenes Grundstück durch einen Prozeßvergleich vor einem preuß. Amtsgericht aufgelassen werden kann). Auch der vor dem Versteigerungsrichter geschlossene Vergleich ist ein Prozeßvergleich i. S. des § 794 Abs. 1 Ziff. 1 ZPO. (KG. a. a. O.). Sonst aber sind die Gerichte auf Gr. Reichsrechts nicht zur Beurkundung der Auflassung zuständig; wegen der landesrechtl. Ausnahmebestimmungen s. u. A. 50, 51. 49

β) **Landesrechtliche Ausnahmen.** 50

Sie beruhen auf Art. 143 Abs. 1 EG. z. BGB., nach dem die Zuständigkeit zur Entgegennahme der Auflassung landesrechtlich anderweitig geregelt werden kann. Die auf Gr. dieses Vorbehalts erlassenen Bestimmungen sind weiterhin in Kraft (vgl. Hesse-Saage-Fischer A. III 2 a).

aa) Preußen.

αα) Zur Entgegennahme der Auflassung über ein in Preußen gelegenes Grundstück zuständig ist jedes preußische **Amtsgericht** (Art. 26 § 1 Satz 1 preuß. AG. z. BGB.; Ges. v. 13. Mai 1918, GS. 51, u. v. 11. Jan. 1929, GS. 5). Die Auflassung in Preußen gelegener Grundstücke kann auch vor Amtsgerichten einiger anderer deutscher Länder erklärt werden (Art. 26 § 1 Satz 2 preuß. AG. z. BGB.; VO. v. 29. Okt. 1928, GS. 205). Es sind dies Sachsen, Thüringen, Anhalt u. Braunschweig (s. GS. 1929, 20; 1933, 317; 1934, 401).

ββ) Siedlungsgrundstücke, d. h. Grundstücke, die zur Schaffung neuer Ansiedlungen oder zur Hebung bestehender Kleinbetriebe (§ 1 Abs. 1 RSiedlG.) bestimmt sind, können vor dem vom Oberpräsidenten (Landeskulturabteilung) beauftragten Vorsteher eines Kulturamtes oder sonstigen Beamten der Landeskulturbehörde aufgelassen werden (§ 34 Abs. 1 Satz 2 preuß. AG. z. RSiedlG. v. 15. Dez. 1919, GS. 1920, 31).

bb) Bayern. 51

αα) Die **Bezirksverwaltungsbehörde** ist zur Entgegennahme der Auflassung im **Zwangsenteignungsverfahren** zuständig, wenn eine gütliche Einigung der Beteiligten zustande kommt (Art. 26 bayer. AG. z. ZPO.). Diese Zuständigkeit bezieht sich nicht nur auf die Auflassung von dem Abtretungspflichtigen an den Abtretungsberechtigten, sondern erstreckt sich, wenn die Entschädigung ebenfalls in Grundstücken geleistet wird, wenn also ein Grundstückstausch stattfindet, auch auf die Auflassung der von dem Abtretungsberechtigten an den Abtretungspflichtigen als Entschädigung zu übereignenden Grundstücke (BayObLG. 6, 536; 34, 302). Auch Grundstücke des Abtretungspflichtigen, auf die sich zwar das anhängige Enteignungsverfahren nicht erstreckt, bei denen aber die Möglichkeit besteht, daß sie bei Vorliegen der gesetzl.

Voraussetzungen in das Verfahren einbezogen werden, können vor der Bezirksverwaltungsbehörde aufgelassen werden (BayObLG. 34, 302). Voraussetzung ist, daß ein rechtswirksames Zwangsenteignungsverfahren eingeleitet u. im Zeitpunkt der Auflassung noch nicht beendet ist (Laforet, ZwAbtrG. Art. 26 A. III 3a; Staudinger in SeuffBl. 51, 401). Die Auflassung muß vor der zuständigen Bezirksverwaltungsbehörde erfolgen, sonst ist sie nichtig. Die Vorschriften des § 925 BGB. müssen auch bei der Auflassung vor der Bezirksverwaltungsbehörde beachtet werden. Das GBA. hat auch hier nur die Wirksamkeit der Auflassung zu prüfen (s. u. A. 82, 83), nicht auch, ob eine gütl. Einigung i. S. des Art. 26 bayer. AG. z. ZPO. tatsächlich vorliegt oder ob eine etwaige Entschädigung geleistet ist (BayObLG. 8, 344).

ββ) Eine Zuständigkeit anderer bayerischer Behörden für die Entgegennahme der Auflassung besteht nicht. Insbes. ist die Beurkundung der Auflassung durch das Vormundschafts- oder Nachlaßgericht ausgeschlossen (**a. M.** Staud.-Kober § 925 A. 43). Deshalb bestimmt auch Art. 6 bayer. NachlG., daß das NachlaßG. nach Feststellung der Teilungsmasse, wenn ein Grundstück (oder ein Erbbaurecht oder ein grundstücksgleiches Recht) zum Nachlaß gehört, die Vermittlung der Auseinandersetzung einem Notar übertragen soll (s. auch § 120 bayer. NachlO.). Wg. des Prozeßgerichts s. o. A. 49.

γγ) Für die Auflassung außerbayerischer Grundstücke sind die bayer. Gerichte im allgem. nicht zuständig. Eine Ausnahme gilt nur für in Sachsen u. in Thüringen gelegene Grundstücke; bez. der sächsischen Grundstücke sind nur die Amtsgerichte zuständig (§ 13 sächs. AG. z. BGB.; §§ 59ff. thür. AV. z. BGB. v. 16. Mai 1923).

52 2. Die Einigung muß **vor** dem GBA. oder der sonst zur Entgegennahme der Auflassung zuständigen Stelle erklärt werden. Eine Erklärung gegenüber dem GBA., z. B. in der Weise, daß die Beteiligten vor dem GBA. erscheinen u. die ihre Erklärungen enthaltende Urkunde überreichen, genügt nicht. Daß die Urkundsperson persönlich mit den Beteiligten verhandelt u. bei dem Beurkundungsgeschäft unausgesetzt mitwirkt, ist nicht erforderlich. Es genügt ihre bloße Anwesenheit (RG. 61, 95; vgl. auch RG. in JR. 1928 Nr. 834 = JW. 1928, 2519 über den Fall, daß Urkundsperson u. Beteiligte sich in verschiedenen Zimmern befinden). Die Erklärung der Auflassung vor dem Notar kann nur durch notarielle Beurkundung, nicht durch notarielle Beglaubigung nachgewiesen werden (KG. in DNotZ. 1934, 283 = HRR. 1934 Nr. 652).

Über die bei der Beurkundung zu beachtenden Formvorschriften s. d. Erläuterungen zu § 29.

53 3. Die Einigung muß **erklärt** werden.

α) Die Erklärung muß ausdrücklich erfolgen. Stillschweigende Erklärungen genügen nicht (BayObLG. 12, 833; 14, 439; RG. in JR. 1928 Nr. 834 = JW. 1928, 2519); insbes. kann allein die Mitanwesenheit des Erwerbers u. die Unterzeichnung der Urkunde durch ihn die Erklärung nicht ersetzen (BayObLG. 12, 833; 22, 272; vgl. jedoch RG. a. a. O.). Der Gebrauch bestimmter Worte ist nicht vorgeschrieben (RG. 54, 378; BayObLG. 3, 35; 12, 833; 25, 214); die Vorschrift des § 133 BGB. findet auch auf die Auflassung Anwendung (RG. 152, 189; BayObLG. 12, 733; 32, 479; vgl. Vorbem. 37 vor § 18 u. § 19 A. 15). So genügt es, wenn der Veräußerer bewilligt, daß der Erwerber als neuer Eigtr. eingetragen werde, u. der Erwerber seine Eintr. beantragt (RG. 54, 378; BayObLG. 7, 391; 12, 833; 22, 272; OLG. 4, 311; 5, 420; 26, 36) oder wenn der Veräußerer erklärt, daß er das Eigentum dem Erwerber übertrage, u. der Erwerber diese Erklärung annimmt (RGRK. § 925 A. 13). Kommt der Wille, Eigentum zu übertragen u. entgegenzunehmen, erkennbar zum Ausdruck, so ist es auch unschädlich, wenn von „Berichtigung" gesprochen wird (BayObLG. 25, 214). Auch § 140 BGB. ist anwendbar; vgl. RG. 129, 122, wo eine genügende Auflassung in den Erklärungen über den Verkauf u. die Übertragung eines Erbanteils u. in der Bewilligung der Eintr. des Erwerbers als Eigtr. gefunden wurde. Vgl. auch BayObLG. 32, 477 (die notwendigen Auflassungserklärungen sind in einer Urkunde enthalten, die lediglich dahin lautet, der Notar beurkunde auf Gr. der Erklärungen der vor ihm erschienenen Miterben, daß von den Grundstücken der Erbengemeinschaft bestimmte Grundstücke einzelnen Miterben im Wege der Auseinandersetzung zu Alleineigentum zugeteilt werden sollen).

Die Erklärungen der Beteiligten müssen sich inhaltlich decken. Die Reihenfolge der Erklärungen ist unerheblich (RG. in JW. 1895, 214 Nr. 60).

β) Die Einigungserklärung muß den Gegenstand der Auflassung eindeutig bezeichnen. Eine gbuchmäßige Bezeichnung des aufzulassenden Grundstücks kann jedoch nicht verlangt werden; dieses Erfordernis besteht nach § 28 Satz 2 nur für die EintrBew. (OLG. Darmstadt in DNotZ. 1936, 571).

Die unrichtige Bezeichnung des aufgelassenen Grundstücks (z. B. Bezeichnung mit einer nicht bestehenden Parzellen- oder PlanNr.) ist unschädlich, wenn der Gegenstand der Auflassung trotzdem einwandfrei zu bestimmen ist. Die sog. Parzellenverwechslung, also die Bezeichnung mit einer unrichtigen (in Wirklichkeit bestehenden) Parzellen- oder PlanNr. (veräußert werden soll die Parz. Nr. 441, versehentlich wird aber die Parz. Nr. 414 aufgelassen), ist bedeutungslos, wenn feststeht, daß tatsächlich nur eine sog. falsa demonstratio vorliegt. Diese setzt voraus, daß der Wille der Parteien von keiner unrichtigen Vorstellung getrübt war u. der von beiden Parteien klar vorgestellte Vertragsgegenstand bei Abgabe der Erklärung lediglich aus Versehen von beiden Teilen unrichtig bezeichnet wurde (RG. 60, 338; 78, 376; 109, 336; BayObLG. 20, 78; 25, 214; Staud.-Kober § 925 A. 23).

Ist auf Gr. einer solchen Parzellenverwechslung der Erwerber als Eigtr. des irrtümlich bezeichneten, von den Vertragsteilen aber nicht gemeinten Grundstücks eingetragen worden, so tritt kein Eigentumswechsel ein; der neueingetragene Eigtr. ist nur Bucheigentümer (RG. 60, 338; BayObLG. 20, 78). Ebenso tritt natürlich bei dem von den Vertragsteilen tatsächlich gemeinten, aber nicht bezeichneten Grundstück kein Eigentumsübergang ein. In diesem Falle können auf Antrag die richtigen Eintr. unter Löschung der unrichtigen vorgenommen werden, wenn durch Urteil oder durch eine berichtigende Nachtragserklärung der sämtl. Beteiligten in der Form des § 29 der wahre Wille der Parteien festgestellt worden ist (RG. 133, 279; BayObLG. 11, 20; 20, 78; Staud.-Kober § 925 A. 23 unter b *δ*). Eine solche Richtigstellung durch die Beteiligten ist stets genügend, da sie neben der Berichtigungsbewilligung des Bucheigentümers (§ 22 Abs. 1) auch die Zustimmung des wahren Berechtigten (§ 22 Abs. 2) enthält (RG. 73, 154; BayObLG. 20, 85; vgl. § 22 A. 29). Zur Frage der Anwendbarkeit des § 39 bei Berichtigung einer doppelten Parzellenverwechselung (zwei Erwerber von Teilflächen desselben Veräußerers werden auf Gr. irrtüml. Bezeichnung je als Eigtr. des von dem anderen erworbenen Grundstücks eingetragen) s. RG. 133, 279; BayObLG. 20, 78.

Deckt sich die Auflassungserklärung nur zum Teil mit dem Willen der Beteiligten, sind also in ihr versehentlich auch Grundstücke oder Grundstücksteile aufgeführt, die nach dem übereinstimmenden Parteiwillen von der Auflassung nicht erfaßt werden sollten, so erstreckt sich der Eigentumsübergang auf diese Grundstücke nicht; das GBuch wird durch die Eintr. unrichtig (BayObLG. 31, 406; Staud.-Kober § 925 A. 23 unter *β*). Umfaßt die auf Gr. der Auflassung erfolgte Eintr. des Eigentumswechsels eine Parzelle, die mitveräußert werden sollte, nicht, so kann auf Gr. Erklärung der Beteiligten in der Form des § 29, daß die Auflassung sich auch auf diese Parzelle erstrecken sollte, der Erwerber als deren Eigtr. eingetragen werden, ohne daß eine neue Auflassung erforderlich ist (RG. 73, 154).

γ) Wenn auch für die Auflassungserklärung die Aufnahme einer Niederschrift durch das GBA., den Notar usw. vorgeschrieben ist (§ 175 FGG.), die von den Beteiligten unterschrieben werden muß[1]), so ist die Auflassungserklärung gleichwohl eine **mündliche u.**

---

[1]) Eine Ausnahme von dem Erfordernis der Unterschrift besteht für die bei einer freiwilligen gerichtl. oder notariellen Versteigerung beurkundete Auflassung dann, wenn ein an sein Gebot gebundener Bieter sich vor Schluß der Verhandlung entfernt; in diesem Falle genügt nach § 181 Satz 2

nicht eine schriftliche Erklärung (RG. 99, 65; 132, 406; RGRK. § 925 A. 13; Staud.-Kober § 925 A. 47; Planck § 925 A. 3 c; Hesse-Saage-Fischer A. III 2 a; Meikel in SeuffBl. 71, 474 u. a.; **a. M.** RG. 54, 195; OLG. 25, 371; RJA. 16, 275; Güthe-Triebel[6] A. 35; Predari A. 4 C; Henke-Mönch A. 3 B d α u. a.; vgl. auch Hesse in DJ. 1937, 327 u. unten § 29 A. 17). Aus diesem Grunde muß, wenn nach der Satzung eines Vereins Urkunden schon durch die Unterzeichnung eines Vorstandsmitgliedes gültig sind, die Auflassung gleichwohl von dem Gesamtvorstand erklärt werden. Ferner ist die Auflassung auch dann wirksam, wenn die Aufnahme oder die Unterzeichnung der Niederschrift unterbleibt oder diese fehlerhaft ist (RG. 99, 65; 132, 406; Staud.-Kober a. a. O.).

54 **4.** Die Auflassung muß **bei gleichzeitiger Anwesenheit beider Teile** erklärt werden.

a) Beide Teile, d. h. der Veräußerer u. der Erwerber, müssen anwesend sein. Unter dem Veräußerer ist nicht der buchmäßige, sondern der wirkl. Eigtr. zu verstehen (OLG. 8, 188). Die Feststellung der gleichzeitigen Anwesenheit in der Niederschrift ist nicht erforderlich (vgl. BayNotZ. 1915, 8).

55 **b) Auflassung durch einen Nichteigentümer.** Die Auflassung ist auch gültig u. ihre Entgegennahme darf deshalb vom GBA. nicht abgelehnt werden (s. auch unten A. 73ff.), wenn der Veräußerer nicht oder noch nicht im GBuch als Eigtr. eingetragen ist (OLG. 4, 33; 6, 473; 21, 32; Güthe-Triebel[6] A. 31, 43, 45; Staud.-Kober § 925 A. 59); denn durch die Vorschriften des § 925 BGB. u. des § 20 GBO. wird die Anwendung des § 185 BGB. nicht ausgeschlossen (vgl. § 19 A. 90; RG. 54, 36). Die Zustimmung des wahren Eigtr. ist also genügend. In diesem Falle gelten die für die Auflassung vorgeschriebenen Erfordernisse für die Auflassungserklärung des Nichtberechtigten (OLG. 5, 418). Erklärt daher ein Nichtberechtigter im eigenen Namen die Auflassung, so ist diese wirksam, wenn sie mit Einwilligung (§§ 185 Abs. 1, 183 BGB.) des wirkl. Eigtr. erfolgt (RG. 129, 286), u. sie wird wirksam, wenn der wirkl. Eigtr. sie nachträglich genehmigt oder wenn der Auflassende das Eigentum nachträglich erwirbt oder wenn er von dem wirkl. Eigtr. beerbt wird u. dieser für die Nachlaßverbindlichkeiten unbeschränkt haftet (§ 185 Abs. 2 BGB.; RG. 152, 382); einer neuen Auflassung bedarf es in diesem Fall nicht (OLG. 5, 418). Über die rückwirkende Kraft der Genehmigung (§ 184 BGB.) vgl. RG. 69, 263 (der Zeitpunkt der Auflassung ist maßgebend für die Frage des gutgläubigen Erwerbs) u. RG. in LZ. 1924, 292. Der nachträgl. Erwerb i. S. des § 185 Abs. 2 BGB. hat keine rückwirkende Kraft (RG. 89, 158; 135, 378).

§ 185 Abs. 1 u. 2 BGB. sind auch anwendbar im Falle der Auflassung eines Nachlaßgrundstücks durch einen von mehreren Miterben; denn § 2040 BGB. erfordert nicht die rechtl. Gleichartigkeit der Verfügung aller Beteiligten. Die nachträgl. Gen. der übrigen Miterben bedarf nicht der Form des § 925 BGB. (RG. 152, 380; KGJ. 53, 133; JFG. 13, 97; 14, 345; 16, 296; RGRK. § 2040 A. 1 u. a.). Das gleiche gilt bei der Auseinandersetzungsgemeinschaft für die Auflassung eines Gesamtgutsgrundstücks durch einen einzelnen Gesamthänder (JFG. 14, 345).

Die Auflassungserklärung des Alleineigtr., die er als vermeintlicher Miteigtr. zusammen mit den übrigen angeblichen Miteigtrn. abgibt, ist rechtswirksam (RG. 125, 131).

Erforderlich ist die Zustimmung (Einwilligung, Genehmigung) zur Auflassung. Die Zustimmung zu dem zugrunde liegenden Kausalgeschäft genügt nicht. Diese Zustimmung muß ausdrücklich erklärt werden. Doch findet auch auf sie § 133 BGB. Anwendung (vgl. Vorbem. 37 vor § 18 u. § 19 A. 15), so daß auch in einem allgemeinen Ausdruck (z. B. Gen.

FGG., der auch auf die Auflassung anzuwenden ist (BayObLG. 13, 298; Josef in ZBlFG. 14, 454; **a. M.** Keidel FGG. § 181 A. 2; Schlegelberger FGG. § 181 A. 6), an Stelle der Unterschrift des Bieters die Angabe des Grundes, aus dem sie unterblieben ist, in der Niederschrift. Diese Angabe ersetzt auch die Verlesung u. Genehmigung der Niederschrift. Im übr., insbes. hinsichtl. der sonstigen Erfordernisse der Niederschrift, vgl. BayObLG. a. a. O., Keidel § 181 A. 3, Güthe-Triebel[6] § 29 A. 79.

der „Veräußerung") die Gen. des dingl. Vertrags gefunden werden kann (vgl. RJA. 3, 59); auch wird meist die Gen. des schuldrechtl. Vertrags diejenige der Auflassung umfassen.

Die Zustimmung bedarf nicht der für die Auflassung vorgeschriebenen Form (Güthe-Triebel[6] A. 31, 45; KG. in JW. 1937, 3230); sie muß aber dem GBA. in der Form des § 29 Abs. 1 Satz 2 nachgewiesen werden. Ferner bedarf es des Nachweises, daß die Zustimmung rechtswirksam erfolgt ist, also entweder dem Veräußerer oder dem Vertragsgegner gegenüber erklärt wurde (§ 182 Abs. 1 BGB.; OLG. 5, 415; KGJ. 34, 253); zur Entgegennahme der Genehmigung können die Beteiligten auch den beurkundenden Notar (vgl. § 19 A. 88) oder einen Dritten ermächtigen (OLG. 4, 33; 5, 415). Ist der Fall des § 15 GBO. gegeben, so daß der Notar als ermächtigt gilt, EintrAnträge zu stellen, so gilt er auch als ermächtigt, namens der Beteiligten Genehmigungserklärungen entgegenzunehmen, die zum Vollzug der beantragten Eintr. erforderlich sind (JFG. 11, 24). Unwirksam ist die Abgabe der Genehmigungserklärung unmittelbar dem GBA. gegenüber (RG. 64, 153; 85, 51; BayObLG. 18, 300; KGJ. 36, 199; RGRK. § 925 A. 7; Güthe-Triebel[6] A. 43; **a. M.** Staud.-Kober § 925 A. 65).

Die nach § 185 Abs. 2 BGB. die Gen. ersetzenden Tatsachen sind gleichfalls in der Form des § 29 Abs. 1 Satz 2 nachzuweisen.

c) Nicht erfordert wird, daß die unmittelbar Beteiligten persönlich erscheinen; **Vertretung** ist zulässig. Hiebei genügt eine allgem. Vollmacht. Die Vollmacht zum Abschluß des Kausalgeschäfts umfaßt auch die Bevollmächtigung zur Auflassung (RGRK. § 925 A. 11). Vertretung beider Vertragsteile durch dieselbe Person ist unter Beachtung des § 181 BGB. zulässig (RG. 89, 367; BayObLG. 25, 214); auch bei gesetzl. Vertretung ist § 181 BGB. anwendbar (OLG. 42, 160); Erfüllung einer Verbindlichkeit ist auch die Auflassung eines durch formgerechten Vertrag (§ 313 BGB.) gekauften Grundstücks (OLG. 8, 32). Dem beurkundenden Notar kann Auflassungsvollmacht nicht erteilt werden (§ 171 FGG.; § 17 RNotarO.; OLG. 23, 380; RGRK. § 925 A. 11; Güthe-Triebel[6] § 29 A. 55; **a. M.** RG. 121, 30; vgl. Fuchs in ZBlFG. 6, 489; Kreß in BayNotZ. 1919, 66). Die Nichtigkeit eines notariellen Grundstücksveräußerungsvertrags hat nicht die Nichtigkeit der in der Urkunde erteilten Auflassungsvollmacht zur Folge (RG. 103, 300; 104, 102; 114, 351; JFG. 1, 322). Die Vollmacht muß bestehen zur Zeit der Erklärung der Auflassung (OLG. 6, 17; KGJ. 37, 221), darf also nicht später ausgestellt sein; auf den Zeitpunkt ihrer Beurkundung oder Beglaubigung kommt es dagegen nicht an. Die Auflassungsvollmacht ermächtigt regelmäßig auch zum Antrag auf Löschung einer nicht übernommenen Hyp. (OLG. 23, 327). Zur Auflassung an einen Dritten, an den der Käufer die Rechte aus dem Kaufvertrag abgetreten hat, berechtigt die Auflassungsvollmacht regelmäßig nicht (KGJ. 51, 202). Die Vollmacht zur Auflassung muß immer uneingeschränkt lauten, so daß der GBuchrichter nicht genötigt ist, das innere Auftragsverhältnis u. dessen Erfüllung nachzuprüfen (ZBlFG. 2, 537; 3, 6). Die Prokura u. die Handlungsvollmacht ermächtigen regelmäßig nicht zur Auflassung (§ 49 Abs. 2 HGB.). 56

Die Vertretungsmacht des Bevollmächtigten u. des gesetzl. Vertreters usw. ist in gbuchmäßiger Form nachzuweisen. Bei der rechtsgeschäftl. Vollmacht genügt öffentl. Beglaubigung (BayObLG. 10, 424)[1]); § 29 Abs. 1 Satz 2 findet auf sie keine Anwendung, wohl aber

[1]) Die (an sich formlose, § 167 Abs. 2 BGB.) Auflassungsvollmacht unterliegt der Form des § 313 BGB., wenn sie Teil eines nach § 313 formbedürftigen einheitl. Geschäfts oder nur das äußere Gewand ist, unter dem eine Verpflichtung zur Eigentumsübertragung verborgen ist. Ob dies zutrifft, ist nach den Umständen des Einzelfalles zu entscheiden, wobei es insbes. auf den Willen der Beteiligten u. den Zweck, der mit der Vollmachtserteilung verfolgt wird, ankommt. Die genannten Voraussetzungen sind regelmäßig gegeben, wenn der Verkäufer den Käufer nach § 181 BGB. ermächtigt, den Vertrag mit sich selbst abzuschließen oder wenn die Vollmacht für bestimmte Zeit unwiderruflich ist (s. RG. 50, 168; 79, 212; 81, 51; 104, 236; 108, 125; 110, 320; RG. in DNotZ. 1933, 642; vgl. aber auch RG. in JW. 1930, 1300, 3474). Auch bei Befreiung von den Beschränkungen des § 181

auf den Nachweis der Vertretungsbefugnis des gesetzl. Vertreters, des Testamentsvollstreckers, des Konkursverwalters usw. Der Umstand, daß ein Beteiligter nicht in der Lage ist, seine Vertretungsmacht sofort formgerecht nachzuweisen, berechtigt den GBuchrichter nicht, die Entgegennahme der Auflassung zu verweigern (s. u. A. 73).

57 **d)** Von dem Fall, daß der Vertreter seine Vertretungsmacht nicht nachzuweisen vermag, ist der Fall zu unterscheiden, daß der Vertreter (auch der des Erwerbers) seine Erklärung in fremdem Namen abgibt, ohne von dem Vertretenen dazu ermächtigt zu sein (**Vertreter ohne Vertretungsmacht;** § 177 BGB.). In diesem Falle hängt die Wirksamkeit der Auflassung von der Genehmigung des Vertretenen ab. Erfolgt diese, so ist eine Wiederholung der Auflassung nicht notwendig (RG. 104, 359; OLG. 2, 321; 41, 56; 43, 212; RGRK. § 925 A. 7; Staud.-Kober § 925 A. 65; Güthe-Triebel[6] A. 31, 43; **a. M.** Eccius in DJZ. 1902, 61, 95; vgl. auch BayObLG. 15, 111). Für diese Genehmigung, insbes. hinsichtl. rückwirkender Kraft, Form u. Nachweis derselben, gilt das oben A. 55 Ausgeführte. Auch hier darf das GBA. die Entgegennahme der Auflassung nicht ablehnen. Es kann ferner nicht den Nachweis verlangen, daß der andere Vertragsteil nicht von sich aus nach § 177 Abs. 2 BGB. vorgegangen ist (BayObLG. 20, 386; Staud.-Kober a. a. O.; **a. M.** OLG. 6, 477; Güthe-Triebel[6] A. 43).

Wegen der von einem einzelnen Miterben erklärten Auflassung s. o. A. 55; das dort Ausgeführte gilt auch, wenn ein Miterbe auch für die übrigen die Auflassung erklärt, ohne bevollmächtigt zu sein.

58 **e)** Ist der Auflassende **in der Verfügung beschränkt,** z. B. die Ehefrau[1]) gem. §§ 1396, 1448, 1487 Abs. 1, 1519 Abs. 2, 1549 BGB. oder der Erbe durch einen Testamentsvollstrecker, oder **in der Geschäftsfähigkeit beschränkt** (§§ 106, 114 BGB.), so wird gleichfalls die Auflassung durch die Genehmigung desjenigen, zu dessen Gunsten die Verfügungsbeschränkung besteht, oder des gesetzl. Vertreters voll wirksam[2]). Die Entgegennahme der Auflassung kann vom GBA. nicht abgelehnt werden (OLG. 2, 1; BayObLG. 22, 285; Güthe-Triebel[6] A. 31, 42; s. u. A. 73). Ein Nachweis, daß die Vorschriften der §§ 108 Abs. 2, 1396 Abs. 2, 1448 Abs. 2 BGB. beachtet wurden, ist nicht erforderlich (vgl. oben A. 57 wg. § 177 Abs. 2 BGB.). Im übrigen gilt für die Genehmigung das oben A. 55 Gesagte. Ein Minderjähriger bedarf gem. § 107 BGB. zur Entgegennahme der Auflassung eines ihm wirksam geschenkten Grundstücks nicht der Einwilligung seines gesetzl. Vertreters (BayObLG. in OLG. 18, 212; RGRK. § 107 A. 2; Planck § 107 A. I 3 u. a.). Auch wenn Schenker der gesetzl. Vertreter selbst ist, kann der Minderjährige — jedenfalls, wenn das Grundstück unbelastet ist — die Auflassung wirksam entgegennehmen; ein Pfleger braucht nicht bestellt zu werden (JFG. 13, 300).

Erfolgt die Auflassung des Grundstücks eines beschränkt Geschäftsfähigen durch dessen gesetzl. Vertreter ohne die erforderl. **Genehmigung des Vormundschaftsgerichts** (§§ 1821

BGB. ist die Vollmacht formfrei, wenn sie nur eine die Geschäftsabwicklung erleichternde Ermächtigung bezweckt (JFG. 16, 158). Sie unterliegt der Formvorschrift des § 313 BGB. jedenfalls dann, wenn sie den Bevollmächtigten ermächtigt, ohne Rücksicht auf etwaige abweichende Willensentschlüsse des Vollmachtgebers u. selbst bei Nichtzustandekommen oder Unwirksamkeit des schuldrechtl. Grundgeschäftes das Eigentum an sich selbst oder einen Dritten zu übertragen (RG. 108, 125; 110, 318). Dies gilt insbes., wenn zur Zeit der Erteilung der Vollmacht der Eigtr. ein Kaufsangebot gemacht hat, aber nicht feststeht, ob das Angebot angenommen werden wird (RG. in JW. 1932, 1370).

[1]) Wegen Entgegennahme der Auflassung durch einen Ehegatten bei ehelicher Gütergem. s. § 33 A. 31 ff., beim gesetzl. Güterstand s. OLG. 18, 263.

[2]) Das gleiche gilt in dem Falle, daß eine juristische Person (e. V., AG., GmbH., Genossenschaft usw.) durch zwei (oder mehr) Personen vertreten wird oder eine rechtsgeschäftl. Gesamtvertretung vorliegt (s. Vorbem. 7 vor § 18) u. nur einer der Vertreter die Auflassungserklärung abgibt, für die Genehmigung durch den anderen Gesamtvertreter.

Abs. 1 Ziff. 1, 1643 BGB.; s. Vorbem. 14, 24 vor § 18)[1]), so ist ihre Wirksamkeit von der nachträgl. Gen. abhängig; durch diese wird die Auflassung rückwirkend wirksam (OLG. 2, 1). Die Gen. kann nur dem gesetzl. Vertreter gegenüber erteilt werden (§ 1828 BGB.), der sie dem Vertragsgegner gem. § 1829 Abs. 1 Satz 2 BGB. mitteilen muß; letztere Bestimmung gilt auch für die Auflassung (BayObLG. 19, 183). Die Mitteilung kann auch durch schlüssige Handlungen erfolgen, z. B. durch Erklärung der Auflassung an den anderen Teil unter Bezugnahme auf die zur Auflassung bereits erteilte Genehmigung (RG. 121, 30; JFG. 2, 118). Die Erteilung der Gen. an den gesetzl. Vertreter u. ihre Mitteilung durch diesen sind dem GBA. in der Form des § 29 Abs. 1 Satz 2 nachzuweisen (Güthe-Triebel[6] A. 43; RGRK. A. 7; Staudinger § 1829 A. 9; Kreß in BayNotZ. 1919, 65; **a. M.** Bourier in DNotV. 1918, 201; 1919, 268; s. auch § 19 A. 88). Wegen Bevollmächtigung des Notars zur Entgegennahme der Gen. s. Fußn. bei A. 88 zu § 19. Dagegen ist ein Nachweis, daß eine Aufforderung des anderen Vertragsteils gem. § 1829 Abs. 2 BGB. nicht ergangen ist, ebensowenig erforderlich wie in den entspr. Fällen der §§ 108, 177, 1396, 1448 BGB. (s. o. A. 57).

f) Aus dem Erfordernis der Anwesenheit beider Teile ergibt sich weiter, daß nur an eine **bereits existierende Person** aufgelassen werden kann. Doch ist mit Rücksicht auf die Sondervorschrift des § 22 Abs. 1 AktienG. (früher § 188 Abs. 1 HGB.) die Auflassung von Grundstücken an eine bereits gegründete, aber im Handelsregister noch nicht eingetragene Aktiengesellschaft durch die Gründer zulässig, wenn diese sämtliche Aktien übernommen haben (OLG. 6, 486; vgl. Staub HGB. § 200 A. 6; Schlegelberger-Quassowski AktienG. § 22 A. 4; § 34 A. 2; Lutter in DNotZ. 1934, 651)[2]). Das gleiche gilt für eine noch nicht in das Handelsregister eingetragene G. m. b. H. u. für eine Gewerkschaft (Lutter a. a. O.; Güthe-Triebel[6] A. 41; **a. M.** 3. Aufl.; vgl. auch JFG. 14, 332). 59

Wegen des Eigentumserwerbs durch eine Erbengemeinschaft s. o. § 19 A. 93.

g) Wenn bei der Auflassung **mehrere** als Berechtigte nach Bruchteilen beteiligt sind, also Miteigtr. auflassen oder an Miteigtr. aufgelassen wird, so ist nicht erforderlich, daß sämtliche Beteiligten gleichzeitig anwesend sind. Es genügt vielmehr, wenn zuerst der Miteigtr. A u. dann der Miteigtr. B das Grundstück dem C aufläßt; A u. C, u. B u. C müssen jeweils gleichzeitig anwesend sein (OLG. 9, 342). Sind dagegen auf einer Seite mehrere Gesamtberechtigte (Erben, Gesellschafter) beteiligt, so ist gleichzeitige Anwesenheit aller Berechtigten notwendig (Güthe-Triebel[6] A. 31; **a. M.** OLG. 41, 156; RGRK. § 925 A. 10; zweifelnd Staud.-Kober § 925 A. 76). Selbstverständlich kann aber ein Gesamtberechtigter den anderen (mit oder ohne Vertretungsmacht) vertreten; s. o. A. 55, 57. 60

5. Ausnahmen von dem Erfordernis gleichzeitiger Anwesenheit beider Teile bestehen: 61

a) im Falle der **rechtskräftigen Verurteilung** des Schuldners zur Erteilung oder Entgegennahme der Auflassung (§ 894 ZPO.). Diese Bestimmung gilt nur für Urteile, nicht auch für vollstreckb. Prozeßvergleiche (RG. 55, 57; Staud.-Kober § 925 A. 74). Ist das Urteil nur für vorläufig vollstreckbar erklärt, so kann nur eine Auflassungsvormerkung eingetragen (§ 895 ZPO.) oder nach § 887 ZPO. vorgegangen werden (RG. 53, 80; 55, 57). Dagegen begründet es keinen Unterschied, ob ein gewöhnl. Urteil vorliegt (auch Anerkenntnisurteil genügt) oder ein Vollstreckungsurteil, das die Zulässigkeit der Zwangsvollstreckung aus einem Schiedsspruch oder aus einem ausländischen Urteil ausspricht (§§ 772, 1042 ZPO.; Predari A. 4).

Durch das rechtskräftige Urteil wird nur die Erklärung des Verurteilten vor dem GBA. (oder Notar) ersetzt; er braucht daher nicht zu erscheinen (RG. 76, 411). Dagegen genügt

[1]) Vormundschaftsgerichtl. Gen. ist nicht erforderlich bei Auflassung eines Grundstücks für einen Minderjährigen an dessen gesetzl. Vertreter (RGRK. § 925 A. 7; OLG. 14, 61; 39, 262; vgl. auch BayObLG. 7, 388).

[2]) Die Eintr. der Auflassung kann jedoch erst nach Registrierung der Gesellschaft erfolgen, die durch einen Handelsregisterauszug nachzuweisen ist (s. auch unten A. 64).

der bloße Antrag des Klägers unter Vorlage des Urteils nicht; es muß vielmehr er (persönlich oder sein Vertreter [mit begl. Vollmacht; Prozeßvollmacht genügt nicht]) mit dem Urteil vor dem GBA. (Notar) erscheinen u. vor diesem seine mündl. Auflassungserklärung abgeben, also die Auflassung erklären oder entgegennehmen, da vom Gesetz fingiert wird, daß der Verurteilte freiwillig erscheint u. seine Erklärung abgibt (RG. 31, 360; 76, 411; Staud.-Kober § 925 A. 74)[1]). Die Auflassungsform (also Beurkundung, nicht bloß öffentl. Beglaubigung der Einigungserklärung) muß auch hier gewahrt werden (KG. in HRR. 1936 Nr. 137 = JW. 1936, 678). Nachträgl. Einreichung des Urteils genügt nicht (KGJ. 49, 183). Vorzulegen ist eine mit dem Rechtskraftzeugnis (§ 706 ZPO.) versehene Urteilsausfertigung; nicht notwendig ist eine vollstreckb. Ausfertigung (§ 724 ZPO.) oder der Nachweis der Zustellung (Güthe-Triebel[6] § 19 A. 94; bestr.). Nur im Falle des § 894 Abs. 1 Satz 1 ZPO. (Verurteilung zur Auflassung Zug um Zug gegen eine Gegenleistung) bedarf es der Vorlegung einer vollstreckb. Urteilsausfertigung (vgl. RG. in JR. 1928 Nr. 215).

Der Inhalt des Urteils muß den bei Vornahme der Auflassung vor dem GBA. zu stellenden Anforderungen entsprechen (RG. 76, 412). Verurteilung zur „Bewilligung" der Eintr. des Erwerbers ist genügend (RGRK. § 925 A. 13). Sind mehrere Personen zur Entgegennahme der Auflassung verurteilt, so muß das Urteil dem § 47 GBO. entsprechen (RG. 76, 409). Die Auflassungserklärung des Verurteilten wird durch das Urteil mit der Wirkung ersetzt, daß sie in sich alles enthält, was zur Eintr. notwendig ist (Güthe-Triebel[6] § 19 A. 97). Deshalb wird auch die vormundschaftsgerichtl. Genehmigung durch das Urteil ersetzt (OLG. 29, 258; RGRK. § 925 A. 11), ebenso die Einwilligung der Ehefrau bei Verurteilung des Mannes zur Auflassung eines Gesamtgutsgrundstücks (§ 740 ZPO.; OLG. 9, 113; KGJ. 40, 159; Güthe-Triebel[6] § 19 A. 98; bestr., unentsch. RG. 108, 285). Nicht entbehrlich werden durch die Verurteilung zur Auflassung die anerbengerichtl. Gen., die devisenrechtl. Gen., die Gen. nach der Grundstückverkehrsbekanntmachung, dem Wohnsiedlungs Ges. u. ähnl. behördl. Genehmigungen (s. u. A. 95ff.).

Ist der zur Auflassung Verurteilte noch nicht als Eigtr. eingetragen, so muß der Kläger nach § 14 vorgehen. Veränderungen in der Geschäfts- u. Verfügungsfähigkeit des Verurteilten zwischen Rechtskraft des Urteils u. Abgabe der Auflassungserklärung durch den Kläger (Tod, Entmündigung, Konkurseröffnung usw.) sind vom GBuchrichter nicht zu berücksichtigen (Güthe-Triebel[6] § 19 A. 97).

Wegen der Auflassung im Prozeßvergleich s. o. A. 49.

62 b) im Falle der **Auflassung im Versteigerungstermin.** Kraft Landesrechts, das auf dem Vorbehalt des Art. 143 Abs. 2 EG. z. BGB. beruht, ist die gleichzeitige Anwesenheit beider Teile nicht erforderlich,

α) in Preußen bez. der im bisherigen Geltungsbereich des rheinischen Rechts belegenen Grundstücke, wenn das Grundstück durch ein Amtsgericht oder einen Notar versteigert wird u. die Auflassung noch im Versteigerungstermin stattfindet (Art. 26 § 2 preuß. AG. z. BGB.);

β) in Bayern, wenn Grundstücke durch einen Notar versteigert werden u. die Auflassung noch in dem Versteigerungstermin stattfindet (Art. 82 bayer. AG. z. BGB.).

Diese Vorschriften gelten auch für grundstücksgleiche Rechte, soweit deren Übertragung sich in der Form der Auflassung vollzieht (s. o. A. 37ff.), ferner auch für das Erbbaurecht, soweit bei diesem noch die erschwerte Auflassungsform des § 925 BGB. Platz greift (s. o. A. 36). Voraussetzung ist, daß die Versteigerung durch einen Notar erfolgt, der seinen Amtssitz in dem betreffenden Land hat. Gleichgültig ist, ob die Versteigerung freiwillig oder im Weg der Zwangsvollstreckung erfolgt (Henle-Schn.-Manglkammer Art. 82 AG. A. 2; Meikel, BayAusfG., Art. 82 AG. z. BGB. A. 2; Oertmann, Bayer. Landesprivatr. S. 297; **a. M.**

[1]) Lautet das Urteil auf Auflassung an einen Dritten, so muß dieser zusammen mit dem Kläger die Auflassungserklärung vor dem GBA. abgeben (KGJ. 44, 221).

KG. im Recht 1906 Nr. 2371). Die Auflassung muß noch im Versteigerungstermin stattfinden; die Ausnahme gilt daher nicht, wenn sich der Versteigerer die Erteilung des Zuschlags für einen anderen Zeitpunkt vorbehält (Henle-Schn.-Manglkammer a. a. O. A. 3; Steinert AG. z. BGB. A. 3; Oertmann a. a. O.).

c) Bei der Übertragung des Eigentums an einem buchungsfreien Grundstück, 63
das auch nach der Übereignung in das GBuch nicht eingetragen zu werden braucht, ist nicht notwendig, daß die zum Eigentumswechsel erforderl. gerichtl. oder notarielle Beurkundung der Einigung (Art. 27 preuß. AG. z. BGB.; Art. 83 bayer. AG. z. BGB.) bei gleichzeitiger Anwesenheit beider Teile erfolgt. Vgl. oben A. 31.

II. Die Auflassung darf nicht unter einer **Bedingung** oder einer **Zeitbestimmung** er- 64
folgen (§ 925 Abs. 2 BGB.). Diese Bestimmung gilt auch für die Übertragung eines vor dem 22. Jan. 1919 eingetragenen Erbbaurechts (§ 1017 Abs. 2 BGB.; § 38 ErbbRVO.; s. o. A. 36). Gem. § 11 Abs. 2 Satz 2 ErbbRVO. gilt das gleiche auch für die Übertragung eines neurechtl. Erbbaurechts. Wegen der Bestellung eines Erbbaurechts unter Bedingungen s. § 1 Abs. 4 ErbbRVO. § 925 Abs. 2 BGB. gilt weiter auch für grundstücksgleiche Rechte, soweit ihre Bestellung oder Übertragung im Wege der Auflassung erfolgt (vgl. oben A. 37ff.).

§ 925 Abs. 2 bezieht sich nur auf rechtsgeschäftliche Bedingungen (§ 158 BGB.), nicht auf sog. Rechtsbedingungen, also auf Umstände, die kraft Gesetzes Voraussetzung der Wirksamkeit der Auflassung sind, z. B. die vormundschaftsgerichtl. Gen., die Gen. des Ehemannes, die Gen. nach dem WohnsiedlungsG., nach der Grundstückverkehrsbek., nach den Devisenbestimmungen usw. Ferner ist eine Rechtsbedingung bei Verfügungen durch einen Nichtberechtigten die Zustimmung des Berechtigten (OLG. 4, 33; 5, 419), bei Auflassung an die Gründer einer noch nicht eingetragenen AG. die Entstehung der AG. durch Eintr. (OLG. 6, 486). Hierher gehört auch die vorherige Eintr. des Veräußerers (§ 39), wenn dieser das Grundstück selbst erst aufgelassen erhalten hat, aber noch nicht eingetragen ist (OLG. 2, 2; RG. in JW. 1930, 133). Wird jedoch eine solche Rechtsbedingung, z. B. die Genehmigung des Berechtigten, von den Beteiligten ausdrücklich zu einer rechtsgeschäftl. Bedingung gemacht, also nicht nur die kraft Gesetzes notwendige Voraussetzung des Eigentumsüberganges im Vertrag wiederholt, so ist die Auflassung nichtig (OLG. 20, 69; RGRK. § 925 A. 14). Unanwendbar ist § 925 Abs. 2, wenn zwar die Auflassung selbst bedingungslos, die hierzu erforderliche Zustimmung aber nur bedingt erteilt ist (KGJ. 44, 191). Zulässig ist auch, daß zwar die Auflassung unbedingt erklärt, der Antrag auf deren Eintr. aber gem. § 16 Abs. 2 GBO. vom gleichzeitigen Vollzug einer anderen Eintr. (insbes. einer Kaufpreishyp.) abhängig gemacht wird (BayObLG. 9, 164; JFG. 1, 335; Güthe-Triebel[6] A. 37, 39; § 16 A. 15; Predari A. 4). Zulässig ist weiter auch eine Auflassung unter Übernahme der schuldrechtl. Verpflichtung zur Hypothekenregelung u. demnächstigen Rückübertragung (OLG. 18, 200).

Eine bedingt oder betagt erklärte Auflassung ist nichtig; ihre Entgegennahme ist daher vom GBuchrichter abzulehnen. Eine bedingte Auflassung wird auch nicht wirksam, wenn vor der Eintr. die Bedingung eintritt (OLG. 41, 157). Wird einem Kaufvertrag, der die Vereinbarung enthält, daß er mit dem Eintritt einer Bedingung als nicht geschlossen gelten soll, die Auflassung angefügt, so ist anzunehmen, daß auch diese von der Bedingung betroffen wird (BayObLG. 12, 733). Die Wirkung der bedingten Eigentumsübertragung kann erreicht werden bei aufschiebender Bedingung durch Eintr. einer Vormerkung für den Erwerber zur Sicherung seines Anspruchs auf Eigentumsübertragung, bei auflösender Bedingung durch gleichzeitige Eintr. der Auflassung u. einer Vormerkung für den Veräußerer zur Sicherung seines Rückübertragungsanspruchs (Staud.-Kober § 925 A. 81; Güthe-Triebel[6] A. 39; vgl. Rößner in BayNotZ. 1919, 151, 275).

III. a) Außer der Einigung ist weitere Voraussetzung für die Eintr. des Eigentumsüber- 65
ganges der (formlose) **Antrag** (§ 13; vgl. OLG. 26, 35). Der Eintr.Antrag braucht nicht gleichzeitig mit der Auflassung gestellt zu werden (OLG. 11, 159; 26, 35; **a. M.** RG. 54, 383).

Mängel des EintrAntrags sind auf die Wirksamkeit der Auflassung ohne Einfluß, soferne nicht im Einzelfalle der Antrag Bestandteil der Einigung ist (KGJ. 43, 200; Güthe-Triebel[6] A. 49). In dieser ist der EintrAntrag aber nicht notwendig enthalten (RG. 129, 6). Der GBuchrichter hat zu prüfen, ob die beantragte Eintr. auf Gr. der Auflassung erfolgen kann (s. u. A. 82).

66 b) Sehr bestritten ist die Frage, ob neben der Einigung noch eine **Eintragungsbewilligung** erforderlich ist. Da das materielle u. das formelle Konsensprinzip sich nicht gegenseitig ausschließen u. auch das erstere nicht das letztere umfaßt, da ferner weder der Wortlaut des § 20 noch sein Zweck (Verhinderung von bloßem Bucheigentum, s. o. A. 1) die Ausschließung des formellen Konsensprinzips rechtfertigen, ist an dem Erfordernis der EintrBew. auch für die Fälle des § 20 festzuhalten (Güthe-Triebel[6] A. 50; Hesse-Saage-Fischer A. I Abs. 3; du Chesne in BayNotZ. 1917, 41; **a. M.** die Rspr., insbes. RG. 89, 32; 141, 374; KGJ. 48, 160; KG. in HRR. 1930 Nr. 1507; 1931 Nr. 1458; JFG. 15, 155; OLG. München in JFG. 15, 284; Predari A. 1; RGRK. § 925 A. 13; Staud.-Kober § 925 A. 83; Henke-Mönch A. 1 A b). Die Bew. der Eintr. braucht jedoch nicht ausdrücklich ausgesprochen zu werden (s. § 19 A. 15); es muß nur außer der Einigung auch das Einverständnis des Veräußerers mit deren Eintr. unzweideutig zum Ausdruck kommen (vgl. Güthe-Triebel[6] A. 50 a. E.). EintrAntrag u. EintrBew. brauchen sich hier nicht zu decken (vgl. § 13 A. 13); das gilt insbes. dann, wenn ein in allgem. Gütergem. lebender Ehemann, an den allein aufgelassen wurde, die Eintr. der Ehefrau als Miteigentümerin beantragt (s. § 33 A. 31).

Stirbt der Auflassungsempfänger vor seiner Eintr., so bedarf es zur Eintr. der Erben als Eigtr. keiner neuen Auflassung oder EintrBew.; erforderlich ist lediglich der Nachweis der Erbfolge (§ 35) u. ein Antrag (JFG. 7, 325; BayObLG. 33, 299; vgl. § 19 A. 93).

Der Tod des Auflassungsgebers vor dem gbuchamtl. Vollzug der Auflassung ist auf diese ohne Einfluß (§ 130 Abs. 2 BGB.). Auch der Umstand, daß inzwischen schon der Erbe des Veräußerers als Eigtr. eingetragen worden ist, steht der Eintr. der Auflassung nicht entgegen; es bedarf keiner neuen EintrBew. des Erben (BayObLG. 34, 68). Diese Grundsätze gelten auch im Falle der Übertragung eines Erbhofes auf den Anerben (Übergabe). War beim Tode des Übergebers die Hofübergabe noch nicht anerbengerichtlich genehmigt, so ist zur Eigentumsumschreibung die nachträgl. Gen. des AnerbenG. erforderlich u. genügend; der Nachweis der Anerbenfolge oder eine sonstige Mitwirkung des Übernehmers ist nicht notwendig (KG. in DNotZ. 1936, 726 = JW. 1936, 608; Vogels[4] § 37 A. 173; vgl. REHGer. in JW. 1937, 2722; LEHGer. Celle a. a. O. 2740; Bergmann in ZAkDR. 1936, 422, sowie oben Vorbem. 168 vor § 13).

67 IV. Liegen **mehrere aufeinanderfolgende Auflassungen** (z. B. A an B, B an C) vor, so kann ohne vorherige Zwischeneintragung des Ersterwerbers (B) die unmittelbare Eintr. des letzten Auflassungsempfängers (C) erfolgen, wenn, was regelmäßig der Fall sein wird, in der ersten Auflassung die (einseitig nicht widerrufliche: JFG. 2, 319) Einwilligung des eingetragenen Eigtr. in Weiterverfügungen des Auflassungsempfängers (§ 185 Abs. 1 BGB.) erblickt werden kann (RG. 54, 368; 129, 153; 135, 382; RG. in JW. 1929, 742; OLG. 41, 147; KGJ. 53, 114; JFG. 2, 316; 4, 311; REHG. 1, 277). Hat der erste Auflassungsempfänger Rechte an dem Grundstück bestellt u. deren Eintr. bewilligt u. beantragt, so kann die Einwilligung in weitere Verfügungen über das Grundstück nur mit der Maßgabe als erteilt gelten, daß diese Rechte auch bei unmittelbarer Eintr. des späteren Erwerbers zur Eintr. kommen u. zwar, wenn nichts anderes ausdrücklich zugelassen ist, mit dem Rang vor später bewilligten Rechten. In diesem Falle muß, damit die unmittelbare Eintr. des zweiten Erwerbers möglich wird, dieser die Eintr. der von dem ersten Auflassungsempfänger bestellten Rechte erneut bewilligen u. beantragen oder gem. § 185 Abs. 2 BGB. die von dem nichtberechtigten Ersterwerber vorgenommenen Verfügungen genehmigen (JFG. 2, 316; Güthe-Triebel[6] A. 45 a. E.; RGRK. § 925 A. 8). § 39 Abs. 1 steht der unmittelbaren Eintr. des

letzten Auflassungsempfängers nicht entgegen (vgl. § 39 A. 9, 10). Diese ist auch dann noch zulässig, wenn der Veräußerer bereits die Eintr. des ersten Auflassungsempfängers beantragt hat; dieser Antrag muß nur bei der Antragstellung zugunsten des letzten Auflassungsempfängers zurückgenommen werden (Güthe-Triebel a. a. O.). Die Konkurseröffnung über das Vermögen des ersten Auflassungsempfängers nach der Stellung des EintrAntrags (u. der Widerruf der EintrBew. durch den Konkursverwalter) hindert nicht die Eintr. des zweiten Auflassungsempfängers (KG. in DNotZ. 1934, 284). Wird ein im Miteigentum stehendes erbhoffähiges Grundstück an eine bauernfähige Einzelperson aufgelassen u. von dieser, ohne daß sie sich als Eigtr. eintragen läßt, an einen Dritten weiterveräußert, so bedarf die Auflassung an diesen nicht der anerbengerichtl. Gen. nach § 37 REErbhG. (KG. in JW. 1937, 2988 = HRR. 1937 Nr. 1662).

V. Wiederaufhebung der Auflassung. 68

Die Auflassung kann, solange sie nicht durch Eintr. im GBuch vollzogen ist, durch Vereinbarung der Beteiligten wieder aufgehoben werden (JFG. 1, 286; 2, 319) u. zwar formlos (OLG. 41, 147; vgl. RG. 65, 392; Mürl in BayNotV. 1932, 268); dem GBuchrichter muß jedoch die Vereinbarung der Aufhebung in der Form des § 29 nachgewiesen werden; sonst ist sie für ihn unbeachtlich (JFG. 1, 286; **a. M.** KG. in DNotV. 1930, 366, wonach der GBuchrichter, wenn er auf Gr. offenkundiger oder ihm mitgeteilter Tatsachen Bedenken hat, ob die Auflassung noch wirksam ist, diesen Zweifel von Amts wegen nachzugehen u. auf ihre Beseitigung durch Zwischenverfügung hinzuwirken hat).

Seitens des Veräußerers allein kann der Vollzug der Auflassung durch bloßen Widerruf derselben u. der EintrBew. nicht mehr gehindert werden (BayObLG. 22, 214, 312), wohl aber durch eine einstw. Verfügung des Prozeßgerichtes, die dem Erwerber gebietet, seinen EintrAntrag zurückzuziehen oder die Urkunde dem GBA. nicht vorzulegen. Der GBuchrichter ist an eine solche einstw. Verfügung gebunden (RG. 117, 287; 120, 118; BayObLG. 22, 164, 214, 312; OLG. 43, 65; JFG. 1, 379, 383; 2, 320; Staud.-Kober § 925 A. 91; vgl. RG. 108, 329; Fuchs in JW. 1923, 763; Rößner in BayNotZ. 1920, 161; s. o. § 18 A. 17), u. zwar auch dann, wenn bei ihrem Erlaß der EintrAntrag bereits gestellt war (RG. 117, 287; JFG. 1, 379). Eine solche einstw. Verfügung ist auch gegenüber dem Antragsrecht des Notars (§ 15) wirksam (BayObLG. 22, 164).

VI. Abtretung des Auflassungsanspruchs. 69

Die Abtretung des rechtswirksam u. in der Form des § 313 BGB. begründeten Anspruchs auf Übertragung des Eigentums (Auflassungsanspruchs) gegen den eingetragenen Eigtr. bedarf nicht der Form des § 313 BGB. (RG. 108, 114; 111, 300; 155, 176). Auf Gr. der Abtretung kann der Abtretungsempfänger sich an Stelle des Abtretenden die Auflassung erteilen u. sich als Eigtr. im GBuch eintragen lassen (RG. in WarnRspr. 1928 Nr. 128).

VII. Pfändung des Auflassungsanspruchs. 70

1. Wird der Anspruch auf Übertragung des Eigentums (Auflassungsanspruch) gepfändet, was auch auf Gr. eines Arrestbefehls zulässig ist, so hat das VollstreckungsG. gleichzeitig mit der Erlassung des Pfändungsbeschlusses anzuordnen, daß das Grundstück an einen auf Antrag des Pfändungsgl. vom Amtsgericht der belegenen Sache zu bestellenden Sequester herauszugeben ist (§ 848 Abs. 1 ZPO.). Der Sequester wird durch den Bestellungsbeschluß zur Abgabe der Auflassungserklärung ermächtigt. Der Beschluß ist in Ausfertigung dem GBA. vorzulegen; der Vorlegung des Pfändungsbeschlusses u. der Zustellungsurkunden sowie des Vollstreckungstitels des Gl. bedarf es nicht (Güthe-Triebel[6] § 14 A. 4). Die Auflassung hat von dem zur Übertragung des Eigentums Verpflichteten an den Sequester zu erfolgen (§ 848 Abs. 2 Satz 1 ZPO.; vgl. JFG. 1, 298); nötigenfalls muß der Pfändungsgl. sich den Auflassungsanspruch gem. §§ 846, 835 ZPO. überweisen lassen u. sodann den Verpflichteten auf Abgabe der Auflassungserklärung verklagen (§ 894 ZPO.). Als Eigtr. ist der Pfändungs-

schuldner, nicht der Sequester als solcher einzutragen (OLG. 43, 160). Auch wenn die Auflassung bereits an den Pfändungsschuldner erfolgt ist, ist der Sequester berechtigt, den Antrag auf Eintr. des Schuldners zu stellen (JFG. 3, 297; 4, 341).

Mit der Eintr. des Eigentumswechsels erlangt der Pfändungsgl. kraft Gesetzes eine Sicherungshypothek für seine Forderung an dem aufgelassenen Grundstück, die vom Sequester zur Eintr. zu bewilligen ist (§ 848 Abs. 2 Satz 2, 3 ZPO.); die Eintr. der Sicherungshyp. ist GBuchberichtigung (RG. 71, 430; OLG. 43, 160). Die Beschränkung des § 866 Abs. 3 ZPO. (Forderung über 300 Reichsmark) findet auf diese Sicherungshyp. keine Anwendung (OLG. 1, 206; 5, 458; Stein-Jonas ZPO. § 848 A. 2; **a. M.** Güthe-Triebel[6] § 14 A. 4). Haben mehrere Gl. den Anspruch gepfändet, so richtet sich der Rang ihrer Sicherungshypotheken nach der Zeitfolge der Pfändungen (Güthe-Triebel a. a. O.). Welcher Gl. die Bestellung des Sequesters beantragt hat, ist für die Rangfolge der Pfändungen unerheblich (OLG. Braunschweig in HRR. 1935 Nr. 1711). Ist gleichzeitig mit der Auflassung eine Kaufpreishyp. einzutragen, so geht diese der Sicherungshyp. nach § 848 ZPO. im Range vor (JFG. 4, 339). Die Sicherungshyp. kann ohne Zustimmung des Vollstreckungsschuldners mit dem Vorrang vor einer bereits bestehenden Hyp. eingetragen werden, wenn deren Gl. die Eintr. bewilligt hat oder zur Abgabe einer solchen Erklärung rechtskräftig verurteilt ist. Unter der gleichen Voraussetzung bedarf es auch der Zustimmung des Eigtr. zu einer nachträgl. Rangänderung nicht (JFG. 12, 304). War der gepfändete Auflassungsanspruch durch Vormerkung gesichert, so kann der Pfändungsgl. von den Inhabern der nach Eintr. der Vormerkung anspruchswidrig eingetragenen Rechte die Zustimmung dazu verlangen, daß seine Sicherungshyp. Rang vor ihren Rechten erhält; das GBA. darf diesen Vorrang aber nur eintragen, wenn die Zustimmung nachgewiesen ist (JFG. 8, 318). Ist auf Gr. eines wertbeständigen Schuldtitels gepfändet worden, so entsteht die Sicherungshyp. als Höchstbetragshyp. auf Gr. einer Berechnung im Pfändungsbeschluß; nur wenn die zu vollstreckende Forderung in der Art wertbeständig bestimmt ist, daß eine wertbeständige Hyp. eingetragen werden kann (s. § 28 A. 12ff.), entsteht die Sicherungshyp. als wertbeständige Hyp. (§§ 10, 12, 13 der Bek. zur Entlastung der Gerichte v. 13. Mai 1924, RGBl. I 552).

Ist die Auflassung von dem Veräußerer an den Sequester erfolgt u. hat dieser auch die Eintr. der Sicherungshyp. für den Pfändungsgl. bewilligt und beantragt, so darf ein zweiter Erwerber, an den der Schuldner das Grundstück aufgelassen hat, erst eingetragen werden, nachdem nicht nur der Antrag auf Eintr. des Pfändungsschuldners als Eigtr., sondern auch der Antrag auf Eintr. der Sicherungshyp. erledigt ist; die zeitliche Folge der EintrAnträge ist belanglos (JFG. 7, 335).

Auch wenn der Auflassungsanspruch auf Gr. eines Arrestes gepfändet ist, ist nach § 848 ZPO. zu verfahren; der Pfändungsgl. erlangt alsdann mit dem Eigentumsübergang eine Arresthyp. (§ 932 ZPO.), also eine Höchstbetragshyp. in Höhe der Arrestabwendungssumme (OLG. 33, 112).

71 **2.** Das aus der (bereits erfolgten) Auflassung sich ergebende **Recht des Erwerbers auf Eintragung** im GBuch kann nach § 857 ZPO. **gepfändet** werden. Die Pfändung berechtigt den Gl., an Stelle des Erwerbers die Umschreibung des Grundstücks auf dessen Namen zu beantragen. Zur Wirksamkeit der Pfändung des Rechts auf Umschreibung bedarf es nicht der Zustellung des Pfändungsbeschlusses an den Veräußerer als Drittschuldner. Mit der Umschreibung erlangt der Gl. kraft Gesetzes eine Sicherungshyp. an dem Grundstück für seine Forderung. Die Eintr. der Hyp. ist GBuchberichtigung (JFG. 4, 339; 9, 233; Güthe-Triebel[6] § 14 A. 4). Diese Sicherungshyp. ist nicht diejenige nach § 848 Abs. 2 ZPO. (s. o. A. 70); sie ist aber nach den gleichen Grundsätzen zu behandeln. Sie kann auch auf Gr. eines Arrestbefehls eingetragen werden u. ist dann Arresthyp. nach § 932 ZPO. Eine vom Erwerber bewilligte Kaufpreisresthyp. geht dieser Sicherungshyp. im Range vor (JFG. 4, 339). Der

Gl. hat außer dem Pfändungsbeschluß u. der Auflassungsverhandlung den vollstreckb. Titel oder den Arrestbefehl zum Nachweis seiner Forderung vorzulegen. Der Pfändungsbeschluß ist unwirksam, wenn er nicht das Gebot an den Schuldner, sich jeder Verfügung über das gepfändete Recht zu enthalten (§§ 957, 929 ZPO.), enthält (JFG. 14, 131). Der Pfändungsschuldner kann nach erfolgter Pfändung seine Eintr. ohne Mitwirkung des Pfändungsgl., also gleichzeitige Eintr. der Sicherungshyp. nicht verlangen (BayObLG. 32, 133 = JFG. 9, 234).

3. Hat der Schuldner bereits auf Gr. der an ihn erklärten Auflassung den Antrag auf 72
Eintr. des Eigentumsüberganges beim GBA. gestellt, so bedarf es keiner Pfändung des Auflassungsanspruchs. Der Gl. kann unmittelbar die Eintr. einer Zwangshyp. für sich beantragen. Ist die Eintr. des Schuldners als Eigtr. noch nicht erfolgt, so ist Zwischenverfügung zu erlassen (JFG. 2, 448; 4, 341; Güthe-Triebel[6] § 14 A. 4).

D. Ablehnung der Entgegennahme der Auflassung und der Eintragung.

I. Ablehnung der Entgegennahme der Auflassung.

Der GBuchrichter muß die Auflassung auch dann entgegennehmen, wenn ihrem so- 73
fortigen Vollzug ein Hindernis, das noch behoben werden kann, entgegensteht (BayObLG. 18, 258)[1]). Insbes. berechtigt der Umstand, daß der Veräußerer oder der Erwerber in der Geschäftsfähigkeit oder in der Verfügungsbefugnis beschränkt ist (OLG. 6, 473), daß die Vollmacht nicht vorgelegt werden kann oder ein Vertreter ohne Vertretungsmacht auftritt (OLG. 2, 321; 5, 418), daß der Veräußerer als Eigtr. im GBuch nicht eingetragen ist (s. o. A. 55ff.) oder daß das aufzulassende Grundstück, z. B. im Falle der Auflassung eines Teilstückes, noch keine eigene katastermäßige Bezeichnung (Parzellen-Nr., Plan-Nr.) besitzt oder das Ergebnis der Vermessung noch nicht vorliegt, den GBuchrichter nicht, die Entgegennahme der Auflassung zu verweigern. Das gleiche gilt, wenn die Beteiligten die Beurkundung der Auflassung ohne den Antrag auf Eintr. verlangen (s. o. A. 65), ferner, wenn die Auflassung an eine in allgem. Gütergem. lebende Ehefrau ohne Zustimmung des Mannes zum Kaufvertrag u. zur Auflassung erfolgt (KGJ. 30, 207).

Dagegen ist der GBuchrichter berechtigt u. verpflichtet, die Entgegennahme der Auflassung zu verweigern:

a) wenn die Auflassung **nichtig** wäre, z. B. wegen Geschäftsunfähigkeit, Verstoßes gegen 74
die guten Sitten oder ein Verbotsgesetz (§§ 134, 138 BGB.), wegen Scheines (§ 117 BGB., vgl. auch § 116), wegen Verstoßes gegen § 925 Abs. 2 BGB. (s. o. A. 64) usw.; (vgl. RG. 78, 376; OLG. 23, 323)[2]). Deshalb hat das GBA. die Rechtsgültigkeit der Einigung zu prüfen (Bay.-ObLG. 9, 523; 18, 280; OLG. 43, 210) u. gegebenenfalls Zweifel unter Fristsetzung nach § 18 klarstellen zu lassen. Wegen Wiederaufhebung der Auflassung s. o. A. 68. Die Nichtigkeit des schuldrechtl. Grundgeschäfts hat regelmäßig nicht die Nichtigkeit der dingl. Einigung zur Folge (RG. 63, 179; 75, 74; 78, 285; 104, 102; 111, 246; BayObLG. 9, 524; 11, 392; JFG. 1, 372; Staud.-Kober § 873 A. 65), auch dann nicht, wenn beide Verträge in einer Urkunde zusammengefaßt sind (OLG. 43, 219; Güthe-Triebel[6] A. 52; vgl. RG. 78, 44; 104, 296; 108, 150). Eine Auflassung, die trotz Genehmigungspflicht nach der Grundstückverkehrsbekanntmachung v. 26. Jan. 1937 ohne Genehmigung erfolgt, ist nicht nichtig (RG. 108, 94; 123, 327; s. u. A. 95ff.).

---

[1]) Nur wenn sofortige Eintragung verlangt wird, kann die Entgegennahme der Auflassung auch bei behebbaren Hindernissen abgelehnt werden (KGJ. 50, 156).

[2]) Wird eine nichtige Auflassung wiederholt, nachdem der Eigentumswechsel auf Gr. derselben im GBuch bereits eingetragen ist, so ist diese Eintr. dahin zu berichtigen, daß die Auflassung erst zu jenem Zeitpunkte wirksam vorgenommen worden ist. Ein solcher Vermerk, der keine GBuchberichtigung im eigentl. Sinne ist, ist zulässig (JFG. 4, 334, 335). Eine steuerl. Unbedenklichkeitserklärung (s. u. A. 91ff.) ist zu dieser Eintr. nicht erforderlich (KG. in DNotV. 1927, 174).

Die Bestimmungen der VO. ü. d. Verbot von Preiserhöhungen v. 26. Nov. 1936 (RGBl. I 955) gelten auch für Grundstücksveräußerungsverträge (vgl. RdErlaß des Reichskommissars für die Preisbildung Nr. 155/37 v. 6. Okt. 1937, abgedruckt JW. 1937, 2757 u. DNotZ. 1937, 787; Lampe in JW. 1937, 2343). Die Erteilung von Ausnahmebewilligungen auf Gr. § 3 der genannten VO. obliegt den unteren Verwaltungsbehörden, in Preußen den Landräten u. Oberbürgermeistern (Anordnung v. 6. Okt. 1937, abgedruckt JW. 1937, 2760; DNotZ. 1937, 791). Ein Verstoß gegen das Preiserhöhungsverbot hat nur die Nichtigkeit der Preisvereinbarung, die dem Verbot zuwiderläuft, zur Folge, während im übr. der Kaufvertrag gültig bleibt. Auch die Wirksamkeit der Auflassung wird durch einen Verstoß nicht berührt (Lampe in JW. 1937, 2343). Bei Entgegennahme der Auflassung braucht der GBuchrichter also nicht zu prüfen, ob das Preiserhöhungsverbot beachtet worden ist. Das gleiche gilt bei Eintr. des Eigentumswechsels auf Gr. einer von einer anderen Stelle beurkundeten Auflassung. Dagegen ist das Preiserhöhungsverbot bei der Beurkundung des Grundstücksveräußerungsvertrags zu beachten. Die Beurkundung von Geschäften, die erkennbar einen Verstoß gegen die VO. v. 26. Nov. 1936 enthalten, hat der GBuchrichter abzulehnen (AV. v. 14. Juni 1937, DJ. 954). Vgl. auch AV. v. 15. Jan. 1938 (DJ. 131).

75 **b)** im Falle der **Nichtvorlegung des Veräußerungsvertrags.** Die Erklärung einer Auflassung soll nur entgegengenommen werden, wenn die nach § 313 BGB. erforderl. Urkunde über das Veräußerungsgeschäft vorgelegt oder gleichzeitig errichtet wird (§ 2 der VO. ü. Auflassungen, landesrechtl. Gebühren u. Mündelsicherheit vom 11. Mai 1934, RGBl. I 378).

76 *α*) Diese Vorschrift hat den Zweck, die Rechtssicherheit im Grundstücksverkehr zu fördern u. die Beachtung der Formvorschrift des § 313 Satz 1 BGB. zu sichern, die ihrerseits die Beteiligten vor der überstürzten u. unüberlegten Veräußerung eines Grundstücks bewahren soll. Sie ist an die Stelle der auf Gr. der Ermächtigung in § 98 GBO. a. F. erlassenen landesrechtl. Vorschriften über den Vorlegungszwang (z. B. Art. 12 Abs. 1 bayer. AG. z. GBO.) getreten. Obwohl es sich um eine Sollvorschrift handelt, muß sie in allen Fällen beachtet werden u. ist ihre Anwendung nicht in das Ermessen des GBuchrichters gestellt. Daß die Bestimmung in die Form einer Sollvorschrift gekleidet ist, bedeutet nur, daß ihre Nichtbeachtung die Gültigkeit der Auflassung nicht berührt (AV. v. 11. Juli 1934, DJ. 884; Pätzold in DNotZ. 1934, 574; KG. in DNotZ. 1934, 862 = HRR. 1934 Nr. 1367 = DJ. 1934, 1511).

Die Bestimmung gilt nicht nur für das GBA., sondern für alle Stellen, die nach Reichs- oder Landesrecht zur Entgegennahme der Auflassung befugt sind (s. o. A. 44ff.), insbes. also auch für die Notare (vgl. AV. v. 31. Mai 1934, DJ. 724). Auch der Notar darf die Auflassung nur beurkunden, wenn ihm die Urkunde nach § 313 BGB. vorgelegt wird oder er den schuldrechtl. Vertrag selbst beurkundet hat. Bez. seiner Prüfungspflicht gilt das unten A. 80 für das GBA. Bemerkte. Das GBA. kann, wenn die Auflassung von einem Notar oder einer sonstigen Stelle beurkundet ist, nicht verlangen, daß ihm gleichfalls die Urkunde nach § 313 BGB. vorgelegt wird (AV. v. 11. Juli 1934, DJ. 884; vgl. BayObLG. 11, 392). Das GBA. hat auch nicht nachzuprüfen, ob der Notar usw. die Vorschrift des § 2 der VO. v. 11. Mai 1934 befolgt hat (BayObLG. 11, 392; 18, 203).

77 *β*) Der Vorlegungszwang gilt nur für die Auflassung eines Grundstücks, nicht auch für die Bestellung u. Übertragung eines Erbbaurechts (ebenso Staud.-Kober ErbbRVO. § 11 A. 10 unter *γ*; vgl. Güthe-Triebel[5] § 98 A. 2; RGRK. § 11 ErbbRVO. A. 1). Die Vorschrift ist ferner nicht anwendbar auf die Bestellung eines dingl. Vorkaufsrechtes, obwohl der schuldrechtl. Vertrag hierüber nach RG. 110, 328 der Form des § 313 BGB. bedarf.

§ 2 der VO. v. 11. Mai 1934 verlangt die Vorlage der nach § 313 BGB. erforderlichen Veräußerungsurkunde, bezieht sich also nur auf Verträge, die in den räumlichen u. zeitlichen Geltungsbereich des § 313 BGB. fallen, kommt daher nicht zur Anwendung, wenn u. soweit die Auflassung nicht auf Gr. eines Vertrages nach § 313 BGB. zu erfolgen braucht (vgl. BayObLG. 18, 258; OLG. Nürnberg in BayZ. 1929, 334). So kann z. B., wenn der Veräußerungsvertrag im Auslande abgeschlossen wurde (vgl. hiezu Art. 11 EG. z. BGB.; RG. 79, 78; JW. 1926, 2860), die Vorlage des Vertrags nicht verlangt werden. Die Vorschrift gelangt weiter dann nicht zur Anwendung, wenn die Auflassung nicht auf Gr. eines Veräußerungsvertrages erfolgt, sondern die Veräußerung auf einem anderen Rechtsgrunde, z. B. einem Vermächtnis oder einer Wandelung[1]) beruht. In diesen Fällen wird der GBuchrichter die Angabe des der Veräußerung zugrunde liegenden Rechtsverhältnisses u., wenn er Anlaß zu Bedenken gegen die Richtigkeit der Angabe hat, deren Glaubhaftmachung verlangen.

γ) Es muß eine der Vorschrift des § 313 Satz 1 BGB. entspr. Urkunde vorgelegt werden. 78
Der Veräußerungsvertrag muß also formgerecht, d. h. gerichtlich oder notariell beurkundet sein[2]). Die Vorlage eines privatschriftl. Veräußerungsvertrags genügt nicht (AV. v. 11. Juli 1934, DJ. 884). Ebensowenig ist ausreichend die Vorlegung einer Bescheinigung, daß ein rechtsverbindlicher Kaufvertrag in der Form des § 313 BGB. abgeschlossen worden sei; es muß der Vertrag selbst vorgelegt werden (vgl. das in DNotZ. 1934, 806 abgedruckte Schreiben des RJustizMin. v. 27. Sept. 1934).

δ) Soweit nach Landesrecht auf Gr. des Vorbehalts in Art. 142 EG. z. BGB. außer den 79
Gerichten u. Notaren auch andere Behörden und Beamte zur Beurkundung des Grundstücksveräußerungsvertrags zuständig sind, steht die von ihnen errichtete Urkunde einem gerichtl. oder notariellen Veräußerungsvertrag gleich u. stellt die „nach § 313 BGB. erforderl. Urkunde" i. S. des § 2 der VO. v. 11. Mai 1934 dar. Ihre Vorlage muß also vom GBA. verlangt werden. Anderseits ist durch ihre Vorlage der genannten Vorschrift Genüge getan u. es darf nicht die Vorlage einer gerichtl. oder notariellen Urkunde verlangt werden (AV. v. 9. Aug. 1934, DJ. 1018).

In Preußen ist, wenn einer der Vertragschließenden durch eine öffentl. Behörde vertreten ist, für die Beurkundung des Veräußerungsvertrags neben den Gerichten u. Notaren auch der Beamte zuständig, der von dem Vorstand der zur Vertretung berufenen Behörde oder von der vorgesetzten Stelle bestimmt ist (Art. 12 § 2 preuß. AG. z. BGB.; RG. 72, 412)[3]). Ferner sind im vormaligen Herzogtum Nassau an Orten, die nicht Sitz eines Amtsgerichts sind, neben den Gerichten u. Notaren die Ortsgerichte zuständig, Kauf- u. Tauschverträge über Grundstücke ihres Amtsgerichtsbezirks zu beurkunden, wenn der Kaufpreis oder der Wert der eingetauschten Grundstücke nicht mehr als 500 RM. beträgt (Art. 122 Abs. 1 Satz 3 preuß. FGG.; Art. 12 § 3 preuß. AG. z. BGB.). Wg. der Rentengutsverträge s. Art. 12 § 1 a. a. O. In Siedlungs- u. Ödlandssachen sind zur Beurkundung von Veräußerungsverträgen die von dem Oberpräsidenten beauftragten Beamten zuständig (§ 34 Abs. 2 preuß. AG. z. RSiedlG.; § 10 Abs. 2 Ges. ü. Landeskulturbehörden v. 3. Juni 1919, GS. 101; vgl. JFG. 5, 286); s. auch § 3 der VO. v. 29. März 1933 (GS. 79). Wg. der Zuständigkeit der Fideikommißauflösungsbehörden s. § 222 Abs. 1, 2 ZwangsauflösungsG. v. 22. April 1930 (GS. 125).

In Bayern sind zur Beurkundung des schuldrechtl. Veräußerungsvertrags nur die

---

[1]) Die Vollziehung der Wandelung in Bezug auf ein bereits übereignetes Grundstück bedarf nicht der Form des § 313 BGB. (RG. 137, 294).

[2]) Der Grundstücksveräußerungsvertrag kann bis zur Auflassung formlos aufgehoben werden, sofern nur die Aufhebung schlechthin, nicht auch eine inhaltliche Abänderung vereinbart wird (RG. 65, 392; LZ. 1925, 147; JW. 1931, 2721).

[3]) Art. 12 preuß. AG. z. BGB. gilt nur für entgeltliche Grundstücksveräußerungsverträge. Die unentgeltl. Verfügung über ein Grundstück bedarf gem. § 518 Abs. 1 Satz 1 BGB. in allen Fällen der gerichtl. oder notariellen Beurkundung (KGJ. 34, 51; OLG. 13, 420; Güthe-Triebel[6] § 29 A. 32). Die Formvorschrift ist aber auch gewahrt, wenn ein zwischen zwei Behörden in eigenen Angelegenheiten abgeschlossener Vertrag von den vertretungsberechtigten Vertretern der Behörden unterzeichnet wird (KG. in DFG. 1937, 186 = HRR. 1937 Nr. 1494).

Notare, nicht auch die GBuchämter zuständig (Art. 15 Abs. 2 bayer. AG. z. GVG.; § 77 Abs. 2 RNotarO.).

Die nach § 313 BGB. erforderl. Beurkundung wird schließlich durch ein Urteil oder einen Prozeßvergleich ersetzt (RG. 48, 183; BayObLG. 4, 232).

80 ε) Das GBA. (der Notar usw.) hat nur zu prüfen, ob die nach § 313 BGB. erforderl. Urkunde vorgelegt ist u. ob sie einen den Formvorschriften dieser Bestimmung genügenden Vertrag enthält. Dagegen hat es nicht zu prüfen, ob der Vertrag materielle Rechtswirksamkeit erlangt hat oder ob er etwa nachträglich wieder aufgehoben wurde; denn es muß nur das Kausalgeschäft, nicht auch die Rechtswirksamkeit desselben nachgewiesen werden (vgl. BayObLG. 11, 396; 18, 258, 280; Jung in BayNotZ. 1912, 12). Überhaupt unterliegt der Inhalt des schuldrechtl. Vertrags in keiner Hinsicht der Prüfung des GBA.; denn die Zweiteilung in schuldrechtl. u. dingl. Vertrag besteht auch deshalb, um die Prüfungspflicht des GBA. dadurch zu erleichtern, daß es nicht auch das Grundgeschäft, sondern nur die abstrakte Auflassung zu prüfen braucht (BayObLG. 9, 523; 12, 478; 22, 214; RJA. 7, 55; vgl. Vorbem. 34 vor § 18). Auf Bedenken gegen den materiellen Inhalt des schuldrechtl. Vertrags kann daher die Ablehnung der Auflassung niemals gestützt werden. Vgl. auch oben A. 74.

Dem § 2 der VO. v. 11. Mai 1934 genügt auch ein Vertrag, der auf einer Seite von einer anderen Person als der die Auflassung erklärenden abgeschlossen ist (z. B. wenn der Vorkaufsberechtigte in den Kaufvertrag eingetreten ist: § 505 BGB.; § 8 RSiedlG.; Art. 4 bayer. GüterZertrG.; BayObLG. 18, 258; Dittmar in BayNotV. 1929, 114). Eine unrichtige Bezeichnung des veräußerten Grundstücks (mit einer falschen Parzellen-Nr. [Parzellenverwechslung, s. o. A. 53 unter β] oder mit einer überhaupt nicht existierenden Parzellen-Nr.) in dem schuldrechtl. Vertrag berechtigt nicht, die Entgegennahme der Auflassung abzulehnen (vgl. RG. 60, 338); es muß jedoch in der Form des § 29 nachgewiesen werden, daß lediglich eine falsa demonstratio vorliegt (BayObLG. 9, 356). Nicht erforderlich ist, daß in dem schuldrechtl. Vertrag das Grundstück nach Maßgabe des § 28 Satz 1 bezeichnet ist (vgl. BayObLG. 3, 39).

81 ζ) Die Vorlage der Veräußerungsurkunde entfällt, wenn sie gleichzeitig mit der Erklärung der Auflassung errichtet wird. Dies braucht nicht unbedingt in derselben Urkunde zu geschehen.

Zur Beurkundung des schuldrechtl. Veräußerungsvertrags ist das GBA. in Preußen als Amtsgericht zuständig (Art. 31 Abs. 1 preuß. FGG.), nicht aber in Bayern (s. o. A. 79 a. E.).

82 **II. Ablehnung der Eintragung.**

a) Die Tatsachen, die nach dem unter I Ausgeführten den GBuchrichter zur Verweigerung der Entgegennahme der Auflassung berechtigen, geben ihm (abgesehen von der Nichtvorlegung des Veräußerungsvertrags) auch das Recht, die Eintr. zu verweigern, wenn ihm die von einem Notar oder einer anderen Behörde beurkundete Auflassung vorgelegt wird. Die Eintr. muß weiter stets dann verweigert werden, wenn der Eintr. der Auflassung Hindernisse entgegenstehen, die zwar die Ablehnung ihrer Beurkundung nicht rechtfertigen, aber zur Folge haben, daß die Auflassung vorerst nicht wirksam ist (z. B. fehlende Genehmigung) oder die im formellen GBuchrecht ihren Grund haben (z. B. Nichteingetragensein des Veräußerers, fehlender Nachweis der Vertretungsmacht usw.). Die Eintr. darf hier erst erfolgen, wenn die Beseitigung dieser Hindernisse in der durch § 29 vorgeschriebenen Form nachgewiesen ist.

Zu beachten sind insbesondere:

1. das Erfordernis der steuerlichen Unbedenklichkeitsbescheinigung; s. u. A. 91 ff.;

2. bei Erbhofgrundstücken das Erfordernis der anerbengerichtlichen Genehmigung (§ 37 RErbhG.); s. Vorbem. 144 ff. vor § 13;

3. die Genehmigungspflicht nach der Grundstückverkehrsbekanntmachung v. 26. Jan. 1937; s. u. A. 95 ff.;

4. die Genehmigungspflicht nach dem Wohnsiedlungsgesetz; s. u. A. 106ff.;

5. die Genehmigungspflicht nach der VO. ü. d. Veräußerung von Entschuldungsbetrieben v. 6. Jan. 1937; s. u. A. 115ff.;

6. die Genehmigungspflicht nach der 1. DurchfVO. z. Ges. ü. d. Sicherung der Reichsgrenze u. über Vergeltungsmaßnahmen v. 17. Aug. 1937; s. u. A. 126ff.;

7. die Genehmigungspflicht nach dem Ges. ü. d. Neugestaltung deutscher Städte v. 4. Okt. 1937 (RGBl. I 1054). Nach § 4 Abs. 2 a. a. O. können die DurchfVorschr. bestimmen, daß die Teilung u. die Veräußerung von Grundstücken zu ihrer Wirksamkeit der Gen. bedürfen. Solche Vorschriften sind bisher ergangen für die Reichshauptstadt Berlin (§§ 6ff. VO. v. 5. Nov. 1937, RGBl. I 1162; §§ 3, 4 VO. v. 25. Jan. 1938, RGBl. I 46; 1. Anordnung v. 4. Nov. 1937, RMBl. 645, DJ. 1838; 2. Anordnung v. 30. Nov. 1937, RMBl. 720, DJ. 1944; 3. bis 11. Anordnung, je vom 1. Febr. 1938, RMBl. 40ff.).

8. bei Reichsheimstätten das Erfordernis der Zustimmung des Ausgebers zur Abveräußerung einzelner Grundstücke oder Grundstücksteile u. der behördl. Zustimmung zur Veräußerung der Heimstätte sowie zur Abveräußerung einzelner Grundstücke oder Grundstücksteile (§§ 9, 22 RHeimstG. i. d. Fass. v. 25. Nov. 1937, RGBl. I 1289; vgl. Vorbem. 91ff. vor § 13), ferner der Nachweis der Nichtausübung des gesetzl. Vorkaufsrechtes des Heimstättenausgebers bei Veräußerung der Heimstätte im ganzen; Näheres s. u. A. 138.

9. Bei Eigenheimen (Rentenstellen für ländl. Arbeiter u. Handwerker) nach §§ 8ff. der VO. zur beschleunigten Förderung des Baues von Heuerlings- u. Werkwohnungen sowie von Eigenheimen für ländl. Arbeiter u. Handwerker v. 10. März 1937 (RGBl. I 292) das Erfordernis der Zustimmung der Durchführungsbehörde (in Preußen des Regierungspräsidenten, in den übrigen Ländern der obersten Landesbehörden) oder der von ihnen bestimmten Stellen zur Veräußerung u. zur Abveräußerung von Teilen des Eigenheimes (§ 11 Abs. 1 der genannten VO.).

10. der Nachweis der Nichtausübung des Vorkaufsrechts nach dem RSiedlungsgesetz; s. u. A. 132ff.;

11. etwaige Erwerbsbeschränkungen; hierüber s. § 19 A. 94ff.;

12. das Erfordernis der devisenrechtlichen Genehmigung; s. hierüber Vorbem. 50ff. vor § 18;

13. das Erfordernis der staatsaufsichtlichen Genehmigung; s. Vorbem. 66 ff. vor § 18;

14. das Erfordernis der Gen. der höheren Verwaltungsbehörde bei Veräußerung eines gewerbl., land- oder forstwirtschaftl. Betriebs, wenn ein Jude als Vertragschließender beteiligt ist (§ 1 Anordnung v. 26. April 1938, RGBl. I 415). Näheres s. Vorbem. 47b vor § 18.

15. das Erfordernis der Gen. der Aufsichtsbehörde bei einem zu einem Familienfideikommiß, einem Familiengut usw. gehörigen Grundstück; vgl. hierüber die Anm. zu § 117;

16. in Preußen das Erfordernis der Gen. des Oberpräsidenten (Landeskulturabteilung) zur Abveräußerung von Teilen einer Ansiedlungs- oder Zukaufstelle (§ 35 preuß. AG. z. RSiedlG.) u. der Gen. des Vorstehers des Kulturamtes zur Veräußerung eines Rentengutsgrundstücks (§ 23 Abs. 4 preuß. LandesrentenbankGes. v. 29. Dez. 1927 i. d. Fass. v. 1. Aug. 1931, GS. 134). Vgl. Vorbem. 48 vor § 13.

S. auch § 4 preuß. Ges. ü. d. Auseinandersetzungsverfahren v. 2. April 1887 (GS. 105) wegen der Veräußerung von sog. Zweckgrundstücken (Wirtschaftswegen usw.).

17. in Bayern das Erfordernis der Gen. der Bezirksverwaltungsbehörde nach dem Almgesetz v. 28. April 1932 (GVBl. 237). Vgl. Vorbem. 49 vor § 18.

b) Zur Prüfung des schuldrechtlichen Grundgeschäftes ist der GBuchrichter auch 83
dann nicht berechtigt, wenn die Auflassung vor einer anderen Stelle erklärt worden ist (vgl. auch Vorbem. 34 vor § 18). Auch darf er die Eintr. der Eigentumsänderung nicht davon ab-

hängig machen, daß ihm der der Auflassung zugrunde liegende Veräußerungsvertrag vorgelegt wird (AV. v. 11. Juli 1934, DJ. 884). S. auch oben A. 76 a. E.

In gewissen Fällen kann sich aber die Unwirksamkeit des schuldrechtl. Verpflichtungsgeschäftes auch auf die Auflassung erstrecken. Insoweit ist sie auch vom GBuchrichter zu beachten. Wenn er aus den ihm vorgelegten Urkunden oder aus beim GBA. offenkundigen Tatsachen die sichere Überzeugung gewinnt, daß die Auflassung unwirksam, insbes. unsittlich ist, so muß die Eintr. abgelehnt werden (vgl. Vorbem. 34 vor § 18). Eine Auflassung ist nicht schon deshalb unsittlich u. unwirksam (§ 138 BGB.), weil der Auflassende durch die Eigentumsübertragung schuldrechtl. Ansprüche eines anderen verletzt. Deshalb darf das GBA. eine Eigentumsumschreibung von A auf C nicht deshalb ablehnen, weil es weiß, daß A das Grundstück vorher an B verkauft hat (KG. in HRR. 1935 Nr. 1373; vgl. auch RG. 81, 68; BayObLG. 23, 167).

84 E. Die Eintragung des Eigentumswechsels.

Wenn alle auf einem GBuchblatt eingetragenen Grundstücke auf einen neuen Eigtr. übergehen, erfolgt dessen Eintr. in Form einer selbständigen Eintr. in den Spalten 1 bis 4 der ersten Abt.; s. im einzelnen § 3 A. 103ff.; Muster 1, lfde. Nr. 2. Wenn nur eines oder einzelne der auf einem GBuchblatt gem. § 4 eingetragenen Grundstücke den Eigtr. wechseln, erfolgt die Eintr. des Eigentumsübergangs unter Aufhebung des gemeinschaftl. Blattes, u. zwar entweder durch Belassung der veräußerten Grundstücke auf dem bisherigen Blatt u. Übertragung der dem Veräußerer verbleibenden Grundstücke auf ein anderes Blatt oder durch Übertragung der veräußerten Grundstücke samt den eingetragenen Rechten auf ein neues Blatt oder durch deren Übertragung samt den eingetragenen Rechten auf ein schon bestehendes Blatt des Erwerbers; im einzelnen s. § 3 A. 220ff. Entsprechendes gilt für den Übergang eines Grundstücksteils auf einen neuen Eigtr.; der Teil muß zunächst abgeschrieben werden (§ 7 A. 8), was gem. § 2 Abs. 3 regelmäßig Vorlage von Katasterauszug u. Karte voraussetzt (s. § 2 A. 72ff.).

85 F. Verletzung des § 20.

§ 20 ist nur eine Ordnungsvorschrift. Denn er stellt nur eine Erweiterung des § 19 dar, der seinerseits Ordnungsvorschrift ist (Güthe-Triebel[6] A. 2). Die Eintr. des Eigentumswechsels usw. ist daher auch wirksam, wenn die Einigung nicht vor der Eintr. erklärt ist, sondern ihr erst nachfolgt (JFG. 4, 329; RGRK. § 925 A. 5; Planck § 925 A. 1; Güthe-Triebel a. a. O.; Hesse-Saage-Fischer A. I Abs. 2). Vgl. auch oben A. 2.

G. Gebühren.

86 1. a) Für die **Beurkundung der Auflassung** oder einer sonstigen unter § 20 fallenden Einigung wird die doppelte Gebühr erhoben (§ 29 Abs. 2 KostenO.). Die Gebühr ermäßigt sich jedoch auf die Hälfte der vollen Gebühr, wenn das zugrunde liegende Verpflichtungsgeschäft (Kauf, Auseinandersetzung usw.) bereits (gerichtlich oder notariell) beurkundet ist (§ 31 Abs. 1 Ziff. 6 KostenO.; vgl. Beushausen in DNotZ. 1937, 120). Ein gerichtl. Vergleich ist kein „beurkundetes Rechtsgeschäft" i. S. dieser Vorschrift. Werden Verpflichtungsgeschäft u. Auflassung in einer Verhandlung beurkundet, so fällt die Gebühr des § 29 Abs. 2 KostenO. nur einmal an (§ 38 Abs. 1 a. a. O.). Wegen der Beurkundung eines Grundstückstauschvertrags mit gleichzeitiger Auflassung s. JFG. Erg. 17, 34.

87 **b) Urkundensteuerpflichtig** ist die Auflassungserklärung als solche nicht; in Frage kommt nur die Feststeuer (Protokollsteuer) des § 45 UrkStG. Der Steuerpflicht unterliegen gem. § 12 UrkStG. Kauf- u. Tauschverträge, also der schuldrechtl. Veräußerungsvertrag. Da jedoch nach § 4 Abs. 1 Ziff. 6 UrkStG. Rechtsvorgänge, die unter das GrunderwerbsteuerG.

fallen, steuerfrei sind, fällt für den Kauf oder Tausch des Grundstücks selbst regelmäßig keine Urkundensteuer an. Der Steuer unterworfen sind aber mitverkaufte Zubehörstücke. Bestandteile des Grundstücks werden von der Grunderwerbsteuer miterfaßt, sind also nicht urkundensteuerpflichtig. Dies gilt aber nicht für Maschinen u. sonstige Vorrichtungen, die einer Betriebsanlage dienen, auch wenn sie wesentl. Bestandteile (§ 93 BGB.) sind, da der Wert dieser Gegenstände gem. § 11 Abs. 1 GEStG. mit § 11 Abs. 2 RBewG. bei der Berechnung der Grunderwerbsteuer abgesetzt wird. Vgl. hiezu Witte in JW. 1937, 1526 u. Krause a. a. O. 1938, 569.

2. a) Für die **Eintragung des Eigentumswechsels** wird die volle Gebühr erhoben (§ 54 88
Abs. 1 KostenO.). Die Gebühr wird auch bei Eintr. von Miteigentümern von dem Wert des ganzen Grundstücks, nicht von dem Wert jedes einzelnen Miteigentumsanteils berechnet (Jonas-Melsheimer-H.-St. § 54 A. II 2). Die EintrGebühr ist auch zu entrichten, wenn die Auflassung vom GBA. beurkundet worden ist. Umgekehrt muß die Beurkundungsgebühr auch dann erhoben werden, wenn die Auflassung vor dem GBA. erklärt wird. Denn Beurkundung u. Eintr. stehen zueinander nicht in dem Verhältnis des Hauptgeschäftes zum gebührenfreien Nebengeschäft.

Die Eintragungsgebühr ermäßigt sich auf die Hälfte bei Eintr. des Ehegatten oder von Abkömmlingen des eingetragenen Eigtr. einschließlich der an Kindes Statt angenommenen Personen, auch wenn die Genannten infolge der Auseinandersetzung des Gesamtgutes einer Gütergem. oder eines Nachlasses oder wenn sie nachträglich als Miteigtr. von Grundstücken eingetragen werden, die zu einer Gütergem. gehören; bei der Eintr. infolge einer Erbauseinandersetzung oder der Auseinandersetzung einer Gütergem. macht es keinen Unterschied, ob inzwischen die Erben oder diejenigen, die die Gütergem. fortgesetzt haben, im GBuch eingetragen worden sind oder nicht (§ 54 Abs. 2 KostenO.). Begünstigt sind also sowohl die Eintr. der ungeteilten Erbengemeinschaft als auch die später auf Gr. Auseinandersetzung erfolgende Eintr. von Bruchteilseigentum. Überträgt aber nach der Auseinandersetzung ein Miterbe seinen Bruchteil auf einen anderen Miterben, so findet § 54 Abs. 2 keine Anwendung. Wird einem Miterben, dem ein Grundstück vermacht ist, das Eigentum auf Gr. des Vermächtnisses übertragen, so ist § 54 Abs. 2 anzuwenden (OLG. München in DFG. 1938, 81 o. Gr.). Unerheblich ist für die Anwendung der Ermäßigungsvorschrift, ob der bisherige Eigtr. (Ehegatte, Elternteil usw.) noch Miteigtr. bleibt oder völlig ausscheidet. Voraussetzung ist aber stets, daß das Eigentum unmittelbar von dem eingetragenen Berechtigten erworben wird. Es ist daher die volle Gebühr zu erheben, wenn ein Abkömmling des eingetragenen Eigtr., ohne Miterbe zu sein, von dem Erben ein Nachlaßgrundstück erwirbt (KG. in HRR. 1938 Nr. 482). Die Gebührenermäßigung greift nicht Platz, wenn ein Grundstück auf eine off.HG. umgeschrieben wird, deren sämtl. Gesellschafter Abkömmlinge des bisherigen Eigtr. sind (vgl. JFG. Erg. 13, 95). Werden volle u. ermäßigte EintrGebühren nebeneinander erhoben, so wird zunächst die volle Gebühr nach dem Gesamtwert berechnet; die so berechnete Gebühr mindert sich um die Hälfte des Anteils der Personen, deren Eintr. nur die halbe Gebühr erfordert (§ 54 Abs. 3 KostenO.). Diese Bestimmung ist entspr. anzuwenden, wenn nur eine Person erwirbt u. die Voraussetzungen für die Gebührenermäßigung nur bez. eines Teiles des erworbenen Grundbesitzes vorliegen, wenn also z. B. die eine Grundstückshälfte dem Vater des Erwerbers, die andere Hälfte einem Dritten gehörte (Jonas-Melsheimer-H.-St. § 54 A. IV).

Werden auf Gr. eines gleichzeitig gestellten Antrags derselbe Eigtr. oder dieselben Miteigtr. bei mehreren Grundstücken eingetragen, über die das GBuch bei demselben GBA. geführt wird, so werden die Gebühren nur einmal nach dem zusammengerechneten Wert erhoben (§ 54 Abs. 4 KostenO.). Die Anträge brauchen nicht in demselben Schriftstück enthalten zu sein. Gleichzeitigkeit des Antrags i. S. dieser Vorschrift ist auch dann anzunehmen, wenn der Antrag auf eine weitere Eintr. vor Erledigung des ersten Antrags beim GBA. eingeht

(KG. in HRR. 1938 Nr. 482; Jonas-Melsheimer-H.-St. § 54 A. V.). Ob auch die Eintr. gleichzeitig erfolgt, ist belanglos.

Geht ein Grundstück, das für mehrere als Eigtr. zur gesamten Hand eingetragen war, auf einen oder mehrere der Mitberechtigten oder auf eine aus denselben Personen bestehende andere Gesamthandgemeinschaft über, so wird die Gebühr so berechnet, als ob die Beteiligten nach Bruchteilen berechtigt wären; die Anteile der Erwerber bleiben unberücksichtigt. Geht ein Grundstück von einem oder mehreren eingetragenen Eigtrn, die in einer Gesamthandgemeinschaft stehen, auf diese Gemeinschaft über, so wird die Gebühr so berechnet, als ob es sich um eine Gemeinschaft nach Bruchteilen handle; die Anteile der Veräußerer bleiben unberücksichtigt. Treten sonst Änderungen in der Person der an der gesamten Hand Berechtigten ein, so wird der Anteil des ausscheidenden oder neu eintretenden Mitberechtigten zugrunde gelegt. Die Anteile sind entspr. der Beteiligung an dem Gesamthandvermögen zu bemessen. Mindestens sind die Gebühren nach dem kleinsten Anteil zu berechnen. Für off. HG. u. Komm.-Ges. gelten diese Vorschriften nicht (§ 55 KostenO.). Voraussetzung für diese Gebührenermäßigung ist stets, daß das Eigentum der Erbengemeinschaft, das gütergemeinschaftl. Eigentum usw. bereits aus dem GBuch ersichtlich ist (vgl. JFG. Erg. 14, 51).

Wegen des Geschäftswertes s. Vorbem. 217 vor § 13. Vgl. hiezu auch LG. Saarbrücken in DNotZ. 1937, 827 mit Anm. Müller.

89 b) Für die **Eintragung der Übertragung eines Erbbaurechtes** oder eines sonstigen **grundstücksgleichen Rechtes** auf einen anderen Berechtigten sind die nämlichen Gebühren zu erheben wie für die Eintr. eines Eigentumswechsels an einem Grundstück (§ 70 Abs. 1 KostenO.). Wg. der Berechnung des Geschäftswertes s. Vorbem. 218 vor § 13 sowie (wg. des Erbbaurechts) § 8 A. 64 u. Beushausen in DNotZ. 1937, 124.

90 c) Über die Gebührenberechnung in den Fällen der Eintr. eines neuen Eigtr. im Wege der GBuchberichtigung s. § 22 A. 40ff.

Wg. der Bewertung der Messungsanerkennung in Bayern vgl. Ackermann in DNotZ. BayB. 1936, 223.

H. Anhang.

I. Die steuerliche Unbedenklichkeitsbescheinigung.

91 1. Der Erwerber eines Grundstücks oder grundstücksgleichen Rechts darf in das GBuch erst dann eingetragen werden, wenn eine Bescheinigung des zuständigen Finanzamtes vorgelegt wird, daß der Eintr. steuerl. Bedenken nicht entgegenstehen (§ 189d Abs. 1 RAbgO. i. d. Fass. des § 48 Nr. 11 UrkStG. v. 5. Mai 1936, RGBl. I 407; § 8 Abs. 1 DurchfBest. z. GEStG. v. 22. Jan. 1935, RMBl. 38, i. d. Fass. der VO. v. 14. Juni 1935, RMBl. 577). In Preußen stellt die Bescheinigung an Stelle des Finanzamtes in Stadtkreisen der Oberbürgermeister, in Landkreisen der Kreisausschuß, in Berlin der Bezirksbürgermeister aus (§ 1 Abs. 1 Ziff. 1a, Abs. 2 DurchfBest. z. GEStG.).

92 2. Die Vorschrift betrifft jede Eintragung einer Eigentumsänderung ohne Ausnahme. Es ist gleichgültig, ob die Eintr. rechtsändernder oder berichtigender Natur ist u. ob der Rechtsvorgang der Grunderwerbsteuer unterliegt oder nicht; die Vorschrift gilt daher auch z. B. bei Eintr. des Erben oder des Erstehers (KGJ. 52, 152; JFG. 1, 404; 13, 233; vgl. Recke in JW. 1936, 1804). § 189d RAbgO. ist auch zu beachten, wenn die Eintr. auf Ersuchen einer Behörde erfolgt; hier ist die Beschaffung der Bescheinigung Sache der Behörde u. nicht des GBA. (JFG. 1, 404; Güthe-Triebel[6] § 38 A. 47). § 189d RAbgO. ist anwendbar bei Übertragung eines Erbbaurechts (JW. 1930, 857), dagegen nicht anwendbar bei Bestellung eines Erbbaurechts (JW. 1930, 334; vgl. auch RG. 116, 71 oben), auch nicht bei Eintr. einer Auflassungsvormerkung (RJA. 17, 120). Voraussetzung ist immer, daß der einzutragende Rechtsvorgang unter das GEStG. fällt, daß also insbes. ein rechtlicher Eigentumsübergang an einem Grundstück vorliegt (§ 1 GEStG.); deshalb ist keine Bescheinigung erforderlich zur

Eintr. einer Erbanteilsübertragung (KGJ. 52, 151), auch nicht, wenn sämtl. Erbanteile an mehrere Nichterben übertragen werden, da hier nur ein Wechsel im Personenstand der Gesamthandgemeinschaft eintritt (KG. in DNotV. 1929, 31). Gehen dagegen sämtl. Erbanteile in die Hand eines einzigen Erwerbers, der nicht Miterbe ist, über, so ist die Steuerpflicht gegeben (KG. in DNotV. 1927, 175). Das GBA. darf eine Bescheinigung der Steuerbehörde auch dann nicht verlangen, wenn in das GBuch lediglich die Änderung der Firma u. die Sitzverlegung einer GmbH. eingetragen werden soll u. das GBA. aus den eingereichten Unterlagen ersieht, daß die sämtl. Geschäftsanteile auf einen Gesellschafter übergegangen sind; denn hier spielt sich der steuerpflichtige Vorgang (§ 3 GEStG.) unabhängig von der GBucheintragung ab; diese selbst hat nicht die Eintr. eines Erwerbers i. S. des § 189d RAbgO. zum Gegenstand (KGJ. 52, 157). Die Bescheinigung ist auch erforderlich beim Übergang von Gesamthandseigentum in Bruchteilseigentum u. umgekehrt, sowie bei realer Teilung eines bisher im Miteigentum stehenden Grundstücks (vgl. RFH. 5, 19). Im GBuchanlegungsverfahren bedarf es keiner steuerl. Unbedenklichkeitsbescheinigung (JFG. 13, 127).

Nur zu einer Eintragung ist die Bescheinigung erforderlich; sie ist daher entbehrlich, wenn der Erwerber bereits eingetragen ist, diese Eintr. aber wegen eines Mangels der Auflassung nicht zum Rechtserwerb geführt hat, dieser hierauf durch eine neue rechtswirksame Auflassung herbeigeführt wird und dann diese Tatsache (Umwandlung des Bucheigentums in wahres Eigentum) im GBuch vermerkt wird (KG. in DNotV. 1927, 174; vgl. RFH. in DVR. 1929, 128). Vgl. auch BayObLG. in JFG. 4, 326: Bei Nichtigkeit einer Auflassung kann die für diese erfolgte Sicherstellung der Grunderwerbsteuer nach der Absicht der Beteiligten u. des Notars auf eine zweite Auflassung bezogen werden.

3. Prüfungspflicht des GBuchrichters. Er hat nur zu prüfen, ob der Rechtsvor- **93**
gang seiner Art nach unter das GEStG. fällt u. ob die Eintr. unmittelbar durch den steuerpflichtigen Rechtsvorgang veranlaßt wird. Wird nach dem Gesetz (z. B. § 8 GEStG.) die Steuer nicht erhoben, so ist die Beibringung einer Bescheinigung nicht entbehrlich. Dies gilt auch, wenn die Steuerfreiheit offenkundig ist.

Wird dem GBA. eine Bescheinigung nach § 189d RAbgO. vorgelegt, so hat es nur zu prüfen, ob sie von der zuständigen Stelle erteilt ist u. ob sie formell in Ordnung ist. In eine sachl. Prüfung hat das GBA. nicht einzutreten. Ist die Bescheinigung einmal erteilt, so kann sie nachträglich nicht mehr zurückgenommen oder abgeändert werden (§ 96 RAbgO.).

Aus der Bescheinigung muß sich nur ergeben, daß der Eintr. des Erwerbers steuerl. Bedenken nicht entgegenstehen. Es kann nicht verlangt werden, daß die Bescheinigung sich auch auf bestimmte bei dem Eigentumsübergang noch in Betracht kommende Rechtsvorgänge, z. B. eine Vollmachtserteilung (§ 6 GEStG.) erstreckt (KGJ. 52, 147).

4. Wird trotz Vorliegens der Voraussetzungen des § 189d RAbgO. die Bescheinigung **94**
nicht beigebracht, so steht der Eintr. ein Hindernis entgegen. Regelmäßig ist hiewegen Zwischenverfügung nach § 18 zu erlassen, auch wenn der Mangel dem Antragsteller bei Einreichung seines Antrags bekannt war. Eine sofortige Zurückweisung ist bei Kenntnis des Mangels nur dann veranlaßt, wenn besondere Umstände vorliegen (RG. 126, 107; OLG. 41, 23; KGJ. 52, 149; **a. M.** OLG. 43, 178; KG. in DNotV. 1928, 707, wonach bei Kenntnis des Mangels Zwischenverfügung in keinem Falle am Platze ist). Vgl. § 18 A. 19, 20.

Gegenüber einer Entscheidung, die die Notwendigkeit der steuerl. Unbedenklichkeitsbescheinigung zu Unrecht verneint, ist auch die Grunderwerbsteuerbehörde (Finanzamt usw.) beschwerdeberechtigt (JFG. 13, 233).

II. Die Genehmigungspflicht nach der Grundstückverkehrsbekanntmachung.

1. Die Bekanntmachung über den Verkehr mit landwirtschaftl. oder forstwirtschaftl. **95**
Grundstücken (Grundstückverkehrsbekanntmachung) v. 26. Jan. 1937 (RGBl. I 35) ist aus der Bek. ü. d. Verkehr mit landwirtschaftl. Grundstücken v. 15. März 1918 (RGBl. 123) hervor-

gegangen; vgl. Ges. v. 26. Jan. 1937 (RGBl. I 32) u. VO. v. gleichen Tage (RGBl. I 34). Begründung s. DJ. 1937, 217. Zu der Bek. sind die AusfVO. v. 22. April 1937 (RGBl. I 534) u. die ErgänzungsVO. v. 29. März 1938 (RGBl. I 361) ergangen. Vgl. auch AV. v. 4. Febr. 1937 (DJ. 217), Richtlinien v. 26. Jan. 1937 (LwRMBl. 74; DJ. 218); RdErlaß v. 31. Jan. 1938 (LwRMBl. 101; DJ. 446); Hopp in DNotZ. 1937, 215 (mit Angabe des einschläg. Schrifttums); v. Spreckelsen in DJ. 1937, 311; Nonhoff in RdRN. 1937, 661.

96 **2. a)** Der Genehmigung der zuständigen Behörde (Genehmigungsbehörde, s. u. A. 100) unterliegt grundsätzlich die Auflassung eines land- oder forstwirtschaftlichen Grundstücks im Umfang von 2 ha aufwärts. Genehmigungspflichtig ist auch die Verpflichtung zur Übereignung eines solchen Grundstücks (§ 1, § 2 Abs. 1 GVerkBek.; s. u. A. 98)[1]. Die allgemein maßgebende Grundstücksgröße von 2 ha kann gem. § 12 GVerkBek. vom RMin. f. Ernährung u. Landwirtschaft abweichend bestimmt werden. Dies ist in § 2 der DurchfVO. v. 22. April 1937 (RGBl. I 534) geschehen. Hienach fallen unter die Vorschriften der GVerkBek.:

α) Grundstücke im Umfange von **5 ha** aufwärts in den preuß. Regierungsbezirken Lüneburg, Potsdam u. Stettin;

β) Grundstücke im Umfange von **1 ha** aufwärts in den Ländern Hamburg, Oldenburg, Thüringen, Württemberg u. in den preuß. Regierungsbezirken Aachen, Allenstein, Aurich, Düsseldorf, Kassel, Koblenz, Köln, Marienwerder, Oppeln, Schleswig, Schneidemühl, Sigmaringen, Trier u. Wiesbaden.

γ) Grundstücke im Umfange von **½ ha** aufwärts in den Ländern Baden u. Hessen, im Saarland u. im bayer. Regierungsbezirk Pfalz.

δ) Soweit hienach eine abweichende Bestimmung nicht getroffen ist, z. B. für das rechtsrheinische Bayern, verbleibt es bei der in § 1 GVerkBek. bestimmten Größe von **2 ha**.

Der Begriff Grundstück ist im wirtschaftl. Sinne zu verstehen u. umfaßt jeden einheitlich bewirtschafteten land- oder forstwirtschaftl. Grund u. Boden. Als ein Grundstück gelten daher auch mehrere zusammen bewirtschaftete, eine Wirtschaftseinheit bildende Grundstücke im Rechtssinne (KGJ. 53, 139; RG. in HRR. 1931 Nr. 676; Richtlinien zu § 1 Abs. 2). Dies gilt auch dann, wenn ein Anwesen aus einer Mehrzahl räumlich voneinander getrennter Grundstücke besteht, wenn diese nur zusammen eine wirtschaftl. Einheit bilden u. von einer Hofstelle aus bewirtschaftet werden; der Begriff Grundstück ist in diesem Falle gleichbedeutend mit „Anwesen" (vgl. auch Kiefersauer in BayNotV. 1924, 314).

Ob ein Grundstück land- oder forstwirtschaftl. Art ist, ist darnach zu beurteilen, ob es seiner Natur nach den üblicherweise land- oder forstwirtschaftlich zu nutzenden Grundstücken zuzurechnen ist; die katastermäßige Bezeichnung ist unerheblich. Ebenso ist ohne Belang, ob das Grundstück im Zeitpunkt der Vornahme des Rechtsgeschäftes tatsächlich land- oder forstwirtschaftlich genutzt wird (vgl. Richtlinien zu § 1 Abs. 1). Im Zweifelsfalle trifft die endgültige Entscheidung die Genehmigungsbehörde (s. u. A. 102).

97 **b)** Die Vorschriften der GVerkBek. beziehen sich auch auf (reale) **Teile** von land- u. forstwirtschaftl. Grundstücken, wenn diese die festgesetzten Mindestgrößen erreichen u. die Teile selbst einen bestimmten Mindestumfang haben (§ 1 der AusfVO. v. 22. April 1937, RGBl. I 534). Dieser beträgt gem. § 1, § 2 Abs. 2 a. a. O.

α) für die oben A. 96 unter *β* u. *γ* genannten Länder u. Regierungsbezirke: ¼ ha,

β) für die übrigen Länder u. Bezirke: ½ ha.

Wird in Ausführung einer nach einem einheitl. Plan angelegten Zerschlagung eines landwirtschaftl. Grundstücks ein an sich nicht unter die Genehmigungspflicht fallender Teil

[1]) Genehmigungspflichtig ist ferner die Veräußerung im Wege der Zwangsversteigerung, die Bestellung eines dingl. Rechts, das zum Genusse der Erzeugnisse eines unter die GVerkBek. fallenden Grundstücks berechtigt u. jede Vereinbarung, die den Genuß der Erzeugnisse zum Gegenstand hat (§ 2 Abs. 1, 3 a. a. O.; vgl. Vorbem. 42 vor § 18).

aufgelassen, so ist auch dies genehmigungspflichtig, wenn die Gesamtfläche dieses Teils u. der anderen bereits aufgelassenen oder noch aufzulassenden Teile den festgesetzten Mindestumfang übersteigt (RG. im Recht 1925, 54; KGJ. 51, 157; JFG. 2, 328; Richtlinien zu § 1 Abs. 3). Genehmigungspflichtig ist ferner der Erwerb eines eine wirtschaftl. Einheit bildenden land- oder forstwirtschaftl. Grundstücks in der Form, daß der Erwerber die einzelnen unter der auch für Teilstücke geltenden Mindestgröße liegenden Parzellen in verschiedenen Rechtsgeschäften erwirbt (Riecke-v. Manteuffel § 1 A. III 4 e).

Genehmigungspflichtig ist auch die Auflassung eines ideellen Miteigentumsanteils sowie die Umwandlung von Alleineigentum in Bruchteilseigentum.

c) Genehmigungspflichtig ist grundsätzlich sowohl das schuldrechtl. Veräußerungsgeschäft als auch die Auflassung. Auch Tauschverträge bedürfen der Gen. Für den GBuchrichter kommt regelmäßig nur die Gen. der Auflassung in Betracht. Wird das Verpflichtungsgeschäft genehmigt, so gilt die Gen. auch für das diesem entspr. Erfüllungsgeschäft (Auflassung) als erteilt (§ 2 Abs. 2 GVerkBek). Umgekehrt schließt die Gen. des Erfüllungsgeschäftes die des Verpflichtungsgeschäftes in sich. Ist der Kaufvertrag wegen Formmangels oder Nichtaufnahme einer wesentl. Nebenabrede nichtig (§ 313 BGB.), so ist die auf Gr. desselben erfolgte Auflassung nicht in Erfüllung eines wirksamen Verpflichtungsgeschäftes vorgenommen u. deshalb selbst genehmigungspflichtig; fehlt also die Gen., so kann eine solche Auflassung den Eigentumsübergang trotz Eintr. nicht herbeiführen; denn § 313 Satz 2 BGB. setzt eine ordnungsmäßige Auflassung voraus (RG. 111, 239). Genehmigungspflichtig ist nur die der Übertragung des Eigentums unmittelbar dienende Auflassung, nicht auch die in der Form der Auflassung erklärte Zustimmung des Verfügungsberechtigten zu der von einem Nichtberechtigten erklärten Auflassung. Liegen daher mehrere aneinander anschließende Auflassungen vor, so bedarf keiner Gen. eine Zwischenauflassung, die nicht als Einigung i. S. der §§ 873, 925 BGB., sondern nur als Einwilligung in weitere Verfügungen des Auflassungsempfängers verwertet wird, auf Gr. deren der letzte Erwerber unmittelbar eingetragen wird (KG. in DNotV. 1930, 40 = HRR. 1930 Nr. 45; **a. M.** RG. 129, 150; vgl. auch RG. 118, 113). Nicht genehmigungspflichtig ist die Bestellung eines Erbbaurechts (BayObLG. 20, 139; Staud.-Kober § 11 ErbbRVO. A. 12; **a. M.** OLG. Kiel in JW. 1932, 1977) oder einer Kohlenabbaugerechtigkeit (RG. in HRR. 1936 Nr. 995 = JW. 1936, 2404; KG. in HRR. 1926 Nr. 2154 = DNotV. 1926, 579), auch nicht die Bewilligung einer Auflassungsvormerkung (RJA. 17, 120) u. die Erteilung einer unwiderrufl. Vollmacht zum Grundstücksverkauf. Die Genehmigungspflicht entfällt auch immer dann, wenn der neue Eigtr. im Wege der Grundbuchberichtigung eingetragen wird (KG. in DNotV. 1928, 148), so beim Erbfall oder beim Erwerb sämtl. Erbanteile (OLG. 46, 225). Die Veräußerung eines Erbanteils an einem Nachlaß, zu dem landwirtschaftl. Grundstücke gehören, ist nur genehmigungspflichtig, wenn ein Umgehungsgeschäft vorliegt (JFG. 17, 74; Hopp in DJ. 1937, 1344). Zu dem Fall der Übernahme eines Nachlaßgrundstücks durch einen Miterben vgl. auch KG. in DNotZ. 1936, 873 = HRR. 1936 Nr. 1440 = JW. 1936, 2757. 98

d) Die Gen. ist nicht erforderlich (§ 3 GVerkBek.): 99

1. bei Rechtsgeschäften des Reichs, der Länder u. der sonstigen öffentl. Gebietskörperschaften (Gemeinden, Gemeindeverbände usw.) u. ihrer Zweckverbände; genehmigungspflichtig sind aber die Rechtsgeschäfte der öffentlich-rechtl. Körperschaften, die nicht Gebietskörperschaften sind, z. B. der Stiftungen, der Kirchen u. kirchl. Organisationen usw.;

2. bei Rechtsgeschäften der Nationalsozialistischen Deutschen Arbeiterpartei einschl. ihrer Gliederungen, nicht aber der ihr angeschlossenen Verbände (Hopp, GVerkBek. § 3 A. V 2; vgl. Vorbem. 250 Ziff. 2 vor § 13);

3. bei Rechtsgeschäften der Deutschen Reichsbahn u. des Unternehmens „Reichsautobahnen";

4. bei Rechtsgeschäften, die nach anderen Vorschriften der Gen. eines Reichsministers oder einer obersten Landesbehörde bedürfen u. diese erhalten haben, z. B. die staatsaufsichtl. Gen. nach den Bestimmungen der DGO. oder die staatl. Gen. für den Grunderwerb durch die evangel. oder kathol. Kirche gem. Art. 7 preuß. AG. z. BGB. (vgl. § 19 A. 96 unter bb). Die Genehmigungspflicht nach der GVerkBek. entfällt aber nicht deshalb, weil der RMin. für Ernährung u. Landwirtschaft die Gen. nach der VO. ü. d. Veräußerung von Entschuldungsbetrieben v. 6. Jan. 1937 (RGBl. I 5; s. u. A. 115ff.) erteilt oder die Bescheinigung nach Art. 4 Abs. 2 dieser VO. ausgestellt hat (Art. 1 der VO. v. 26. Jan. 1937, RGBl. I 34).

Die Gen. eines Rechtsgeschäftes durch eine andere Verwaltungsbehörde u. die gerichtl. Gen. (z. B. durch das VormundschaftsG.) machen die Gen. nach der GVerkBek. nicht entbehrlich; ein Ausnahme gilt nur für die anerbengerichtl. Gen. (s. u. Ziff. 10).

5. bei Rechtsgeschäften zwischen Ehegatten oder Personen, die untereinander in gerader Linie verwandt oder verschwägert oder in der Seitenlinie im zweiten Grade verwandt sind, sofern es sich nicht um die Veräußerung eines Grundstücks handelt;

6. bei Rechtsgeschäften, die der Durchführung eines Verfahrens zur Neubildung deutschen Bauerntums (Neusiedlungs- oder Anliegersiedlungsverfahren) auf Gr. des RSiedlG. v. 11. Aug. 1919 (RGBl. 1429) u. des Ges. ü. die Neubildung deutschen Bauerntums v. 14. Juli 1933 (RGBl. I 517) dienen;

7. bei Rechtsgeschäften, die der Errichtung von Kleinsiedlungen nach den hierfür geltenden Bestimmungen des Reichs dienen;

8. bei Rechtsgeschäften, die der Errichtung von Kleinwohnungen oder Kleingärten durch eine öffentlich-rechtl. Körperschaft oder ein gemeinnütziges Wohnungs- oder Kleingartenunternehmen dienen;

9. wenn ein Grundstück innerhalb einer Fläche, die in einem auf gesetzl. Grundlage beruhenden Verfahren (z. B. einem Verfahren zur Aufstellung des Wirtschaftsplans auf Gr. des WohnsiedlungsG. v. 22. Sept. 1933, RGBl. I 659, oder einem Planfeststellungsverfahren gem. § 37 RBahnG.) für andere als land- u. forstwirtschaftl. Zwecke bestimmt ist, Gegenstand des Rechtsgeschäftes ist u. das Rechtsgeschäft diesem anderen Zweck dient. Die Gen. ist jedoch erforderlich, wenn das Grundstück nur teilweise innerhalb der Fläche liegt u. der außerhalb der Fläche liegende Grundstücksteil einen Umfang von 2 ha u. mehr oder den in der VO. v. 22. April 1937 anderweit festgesetzten Mindestumfang (s. o. A. 96) hat;

10. wenn das Grundstück zu einem Erbhof gehört (vgl. auch § 34 EHRV.);

11. wenn das Rechtsgeschäft mit Ermächtigung der Fideikommißbehörde vorgenommen oder von dieser genehmigt oder bestätigt ist;

12. bei der Veräußerung eines Grundstücks für die Bildung eines Eigenheimes nach der VO. zur beschleunigten Förderung des Baues von Heuerlings- u. Werkwohnungen sowie von Eigenheimen für ländl. Arbeiter u. Handwerker v. 10. März 1937, RGBl. I 292 (§ 10 Abs. 1 dieser VO.).

100 **3. Genehmigungsbehörde** ist in Preußen der Landrat (in Stadtkreisen der Oberbürgermeister) des Kreises, in dem das Grundstück liegt.

In Bayern ist Genehmigungsbehörde die Bezirksverwaltungsbehörde (Bezirksamt; in Stadtkreisen der Bürgermeister), in deren Bezirk das Grundstück gelegen ist.

Liegt eine oder liegen mehrere zu einem Grundstück gehörende Flächen, die Gegenstand eines genehmigungsbedürftigen Rechtsvorgangs sind, in den Bezirken mehrerer Genehmigungsbehörden, so ist jede von diesen für die Gen. des ganzen Rechtsvorgangs zuständig. Die Entscheidung *soll* aber von der Genehmigungsbehörde getroffen werden, in deren Bezirk der größte Teil der Grundflächen liegt. Hat eine zuständige Behörde entschieden, so sind spätere Entscheidungen anderer Genehmigungsbehörden unwirksam (Art. 1 der VO. v.

29. März 1938, RGBl. I 361). Bedarf der Rechtsvorgang auch der Gen. nach der 1. Durchf.-VO. z. G. über die Sicherung der Reichsgrenze u. über Vergeltungsmaßnahmen v. 17. Aug. 1937 (RGBl. I 905; s. u. A. 126ff.), so ist die Gen. von der nach dieser VO. zuständigen Genehmigungsbehörde zu erteilen. Ist auch insoweit die Zuständigkeit mehrerer Genehmigungsbehörden gegeben, so gilt Art. 1 der VO. v. 29. März 1938 sinngemäß (Art. 2 a. a. O.). Sind Genehmigungsbehörden verschiedener Länder zuständig, so bestimmt in Zweifelsfällen der RMin. f. Ernährung u. Landwirtschaft, welche Genehmigungsbehörde die Entscheidung treffen soll (Art. 3 a. a. O.).

4. Die Genehmigung. 101

Die Gen. wird mit ihrer (formlosen) Bekanntmachung an die Beteiligten wirksam (RG. 103, 107; RG. in GruchotsBeitr. 67, 673). Über die Ermächtigung des Notars zur Entgegennahme der Entscheidung der Genehmigungsbehörde s. RG. 110, 356 u. Hopp in DNotZ. 1937, 229. Die Gen. darf nur aus bestimmten Gründen versagt werden (§ 5 GVerk.-Bek.). Eine vorgängige allgem. Gen. ist ausgeschlossen (Schanz in BayNotZ. 1920, 83). Nicht erforderlich ist, daß die Erklärung der Genehmigungsbehörde gerade den Ausdruck „Genehmigung" gebraucht; auch auf sie ist § 133 BGB. anzuwenden (KG. in JW. 1931, 3454). Die Gen. kann nach ihrer Bekanntmachung von der Behörde selbst von Amts wegen oder auf Beschwerde nicht *zurückgenommen* werden; die Behörde kann auch eine wirksam gewordene, die Gen. ablehnende Entscheidung nicht selbst abändern; hiezu ist nur die Beschwerdeinstanz befugt (RG. 102, 1; 103, 104; JFG. 2, 324; Riecke-v. Manteuffel § 7 A. IV).

In *Wohnsiedlungsgebieten* können die Gen. nach der GVerkBek. u. die Gen. nach dem WohnsiedlG. (s. u. A. 106ff.) einheitlich erteilt werden. Wird letztere Gen. erteilt, so müssen auch die Voraussetzungen für die Gen. nach der GVerkBek. vorliegen u. diese braucht dann nicht gesondert erteilt zu werden (§ 4 Abs. 2 WohnsiedlG.).

Die Gen. kann auch unter *Auflagen* erteilt werden (§ 2 Abs. 4 GVerkBek.; vgl. BayOb.-LG. 22, 325). Diese dürfen aber nur öffentlich-rechtl. Natur sein. In die privatrechtl. Bestimmungen des Vertrags selbst dürfen sie nicht eingreifen, z. B. nicht die Auflassung an einen Dritten statt an den Käufer anordnen (RG. 126, 132). Zulässig sind nur Auflagen, *nicht Bedingungen*; es kann also die Wirksamkeit der Gen. nicht von der Erfüllung der angeordneten Maßnahmen abhängig gemacht werden (BayObLG. 22, 331; **a. M.** Krautwig in DNotZ. 1938, 7). Die Auflagen sind für die Tätigkeit des GBA. also ohne Bedeutung. Die Erfüllung der Auflagen kann durch Strafeinschreitung nach § 9 Abs. 1 Ziff. 2 GVerkBek. oder durch Klagestellung erzwungen werden.

Über die *Beschwerde* gegen die Entscheidung der Genehmigungsbehörde s. § 7 GVerk.-Bek.; RG. 110, 356; RG. in JW. 1922, 491 Nr. 14; BayObLG. 22, 329.

5. Prüfungspflicht des Grundbuchrichters.

a) Ob die Gen. nach der GVerkBek. erforderlich ist, entscheidet die Genehmigungsbehörde. Deren Entscheidung ist, wie für alle Gerichte u. Verwaltungsbehörden (§ 4 Abs. 1 GVerkBek.), auch für den GBuchrichter bindend, auch wenn er sie für unrichtig hält (vgl. RG. im Recht 1926 Nr. 668). Die Entscheidungsbefugnis steht der Genehmigungsbehörde aber nur dann zu, wenn die GVerkBek. überhaupt Anwendung findet, erstreckt sich also nur auf die Fälle, in denen zweifelhaft ist, ob im Rahmen des Anwendungsbereichs der GVerk.-Bek. ein Fall der Genehmigungspflicht vorliegt oder nicht. Dagegen ist die Genehmigungsbehörde nicht befugt darüber zu entscheiden, ob die GVerkBek. überhaupt Anwendung findet (OLG. Kassel in DJ. 1937, 1363). Das GBA. hat sich auch darüber selbst ein Urteil zu bilden, ob ein seiner Gattung nach nicht in den Geltungsbereich fallender Rechtsvorgang, z. B. eine Erbanteilsübertragung, deshalb genehmigungspflichtig ist, weil eine Umgehung der Vorschriften der GVerkBek. bezweckt wird. Kommt es zu der Überzeugung, daß eine Gen. nicht notwendig ist, so braucht es eine Entscheidung der Genehmigungsbehörde nicht einzuholen; bleiben aber Zweifel bestehen, so hat die Genehmigungsbehörde nach § 4 GVerk.-Bek. zu entscheiden, ob ein Umgehungsgeschäft vorliegt (KG. in JFG. 17, 74).

Hält die Genehmigungsbehörde die Gen. nicht für notwendig, so hat sie auf Antrag ein Zeugnis darüber zu erteilen, daß die Gen. nicht erforderlich ist (§ 4 Abs. 2 GVerkBek.).

Der GBuchrichter muß in allen Fällen, in denen nicht zweifelfrei feststeht, daß die Voraussetzungen der Genehmigungspflicht nicht gegeben sind, eine Erklärung der Genehmigungsbehörde verlangen, sei es den Genehmigungsbescheid oder die Negativbescheinigung nach § 4 Abs. 2 GVerkBek. Von der Beibringung der letzteren kann er absehen, wenn offenkundig ist, daß die Gen. entbehrlich ist, mag auch die GVerkBek. an sich Anwendung finden. Der Nachweis dafür, daß die Voraussetzungen für die Genehmigungsfreiheit nach § 3 Abs. 1 Ziff. 6 bis 9 GVerkBek. gegeben sind (s. o. A. 99), u. der Nachweis dafür, daß es sich nicht um ein land- oder forstwirtschaftl. Grundstück handelt, sind, soweit das nicht beim GBA. offenkundig ist, durch eine Bescheinigung der Genehmigungsbehörde zu führen (§ 4 Abs. 3 GVerkBek.). Auch bei Vorliegen dieser Bescheinigung hat das GBA. selbständig zu prüfen, ob die Genehmigungspflicht nicht gegeben ist. Bestehende Zweifel (z. B. daß der Inhalt der Bescheinigung mit den Tatsachen nicht übereinstimmt) darf es aber nicht selbständig entscheiden, sondern muß die Beibringung eines Negativzeugnisses der Genehmigungsbehörde verlangen (v. Spreckelsen in DJ. 1937, 312). Bei der Veräußerung im Wege der Zwangsversteigerung (s. § 2 Abs. 3 GVerkBek.) hat der Versteigerungsrichter dafür zu sorgen, daß der Zuschlag ohne die erforderl. Gen. nicht erteilt wird. Der GBuchrichter braucht sich bei Eintr. des Erstehers mit der Genehmigungspflicht nicht zu befassen.

103 **b)** Die Beibringung der erforderl. Gen., des Negativzeugnisses oder der Bescheinigung nach § 4 Abs. 3 GVerkBek. ist durch Zwischenverfügung nach § 18 herbeizuführen (OLG. 44, 143; vgl. § 18 A. 20). Wird mit der Zwischenverfügung der Nachweis der Gen. verlangt, so muß der GBuchrichter von seinen Bedenken auch dann Abstand nehmen, wenn ihm ein Zeugnis der Genehmigungsbehörde vorgelegt wird, daß die Gen. nicht erforderlich ist, da deren Entscheidung für ihn bindend ist (s. o. A. 102 Abs. 1).

104 **6.** Die Genehmigung kann sowohl vor als auch nach der Auflassung erteilt werden[1]). Die ohne behördl. Genehmigung erklärte Auflassung ist daher nicht nichtig, sondern nur schwebend unwirksam u. kann durch nachträgl. Gen. voll wirksam werden, da diese auf den Zeitpunkt der Vornahme des Rechtsgeschäfts zurückwirkt (RG. 108, 94; 123, 327; 128, 372; RG. in JW. 1924, 810; BayObLG. 22, 325; OLG. 44, 143; Güthe-Triebel[6] S. 1865; Riecke-v. Manteuffel § 2 A. IV; Predari in GruchotsBeitr. 62, 441; Schanz in BayNotZ. 1920, 16; Ricks 174). Auch nach Eintr. des Eigentumsübergangs kann die Auflassung noch genehmigt werden (RG. 111, 239). Die Eintr. einer Auflassungsvormerkung ist schon vor Erteilung der Gen. zulässig (RG. 108, 91).

Ist die Gen. endgültig versagt, also auch nicht fristgerecht Beschwerde eingelegt oder diese zurückgewiesen worden, so verliert der Kaufvertrag usw. seine Rechtswirksamkeit. Eine Erteilung der Gen. kommt dann nur auf Gr. eines neuen Kaufvertrags in Betracht (RG. 103, 104; 106, 142).

105 **7.** Ist auf Gr. einer genehmigungspflichtigen, aber nicht genehmigten Auflassung ein Eigentumsübergang in das GBuch eingetragen worden, so ist das GBuch unrichtig; unter den Voraussetzungen des § 53 Abs. 1 Satz 1 ist ein Amtswiderspruch einzutragen (vgl. OLG. 45, 204). Außerdem kann die Genehmigungsbehörde das GBA. um die Eintr. eines Widerspruchs ersuchen, wenn nach ihrem Ermessen auf Gr. eines nichtgenehmigten Rechtsgeschäfts zu Unrecht eine Eintr. erfolgt ist (§ 6 Abs. 1 GVerkBek.). Dieser Widerspruch unter-

[1]) Wird in der Auflassungserklärung die Genehmigung ausdrücklich vorbehalten, so verstößt dieser Vorbehalt nicht gegen § 925 Abs. 2 BGB., da es sich nicht um eine rechtsgeschäftl. Bedingung handelt (vgl. oben A. 64; Schanz in BayNotZ. 1920, 259).

liegt den allgem. Vorschriften (s. § 25 A. 7ff.), muß also insbes. zugunsten einer bestimmten Person eingetragen werden. Als solche kommt nur der Veräußerer, nicht die ersuchende Behörde in Betracht. Ob der Widerspruch eingetragen werden soll, steht im Ermessen der Genehmigungsbehörde; dem GBA. steht ein Nachprüfungsrecht nicht zu (OLG. 44, 167). Es hat den Vollzug des EintrErsuchens jedoch abzulehnen, wenn ihm bekannt ist, daß die Auflassung inzwischen, d. h. bis zum Eingang des Ersuchens genehmigt worden ist. Unzulässig ist die Eintr. eines Widerspruchs nach § 6 GVerkBek. gegen die Eintr. des Erstehers; denn der Widerspruch kann nur im Falle eines nicht genehmigten Rechtsgeschäfts eingetragen werden.

Der Widerspruch nach § 6 GVerkBek. ist zu löschen entweder auf Ersuchen der zuständigen Behörde oder von Amts wegen, wenn die Gen. erteilt ist (§ 6 Abs. 2 GVerkBek.). Eine Löschung auf Bewilligung der Beteiligten kommt nicht in Frage (JFG. 1, 392; Ricks 174; Güthe-Triebel[6] S. 1867). An das Löschungsersuchen der Genehmigungsbehörde ist das GBA. gebunden, unbeschadet seiner Befugnis, einen Amtswiderspruch nach § 53 einzutragen. Ist ein Widerspruch trotz vorliegender Gen. eingetragen worden, so ist er von Amts wegen zu löschen (vgl. KG. in HRR. 1935 Nr. 131).

Die Genehmigungsbehörde kann ihre Rechte nur durch das Ersuchen um Eintr. eines Widerspruchs wahren; ein Beschwerderecht kommt ihr nicht zu (KG. in DNotV. 1928, 148).

III. Die Genehmigungspflicht nach dem Wohnsiedlungsgesetz[1]).

1. a) In Gebieten, die durch die Oberste Landesbehörde (d. i. in Preußen der RArbeitsMin., in Bayern das Staatsmin. des Innern) oder den RArbeitsMin. zu **Wohnsiedlungsgebieten** erklärt sind, bedarf die Auflassung eines Grundstücks oder Grundstücksteiles der Genehmigung der unteren Verwaltungsbehörde (§§ 1, 4 Ges. ü. d. Aufschließung von Wohnsiedlungsgebieten v. 22. Sept. 1933, RGBl. I 659; § 1 AusfVO. v. 25. Febr. 1935, RGBl. I 292)[2]). **106**

Zuständige untere Verwaltungsbehörde ist in Preußen der Landrat (in Stadtkreisen der Oberbürgermeister) des Kreises, in dem das Grundstück oder dessen größter Teil gelegen ist; erstreckt sich das Grundstück über den Bereich eines Regierungsbezirks hinaus, so bestimmt der RArbeitsMin. die zuständige Behörde (Abschn. II preuß. VO. v. 4. Nov. 1933, GS. 394). In Bayern wird die Gen. von der Bezirksverwaltungsbehörde, also dem Bezirksamt, in Stadtkreisen dem Bürgermeister erteilt. In Zweifelsfällen entscheidet, wenn das Grundstück in mehreren Amtsbezirken liegt, die Kreisregierung, wenn es in mehreren Regierungsbezirken liegt, das Staatsmin. des Innern (Ziff. 3 Abs. 1 bayer. VollzBek. v. 22. Dez. 1934, MABl. 1935, 2).

Wg. der Form der Genehmigungserklärung vgl. KG. in JW. 1937, 896 = HRR. 1937 Nr. 383. Das Grundstück oder der Grundstücksteil muß in der Genehmigungserklärung eindeutig, wenn auch nicht gem. § 28 GBO. bezeichnet sein. Handelt es sich um einen noch nicht vermessenen Grundstücksteil, so kann dessen katasteramtl. Bezeichnung nicht verlangt werden (KG. a. a. O.). Eine den Beteiligten bekanntgegebene Entscheidung der Genehmigungsbehörde kann von dieser nicht mehr abgeändert werden.

Genehmigungspflichtig ist auch die Übertragung eines ideellen Miteigentumsanteils. Der Genehmigungspflicht unterliegen sowohl unbebaute wie auch bereits bebaute Grundstücke (JFG. 14, 162; KG. in JW. 1935, 2846).

b) Soweit das Erfordernis der Gen. besteht, gilt es nicht nur für die Auflassung, sondern **107**

---

1) Vgl. hiezu Pütz in DNotZ. 1934, 825; 1935, 455; Cammerer in DNotZ. 1935, 76, 276; Jansohn a. a. O. 279; Heilmann in JW. 1935, 1121; Hagedorn u. Seibert in JW. 1934, 3117.

2) Genehmigungspflichtig sind weiter die Teilung eines Grundstücks (s. hierüber § 2 A. 88ff.) u. jede Vereinbarung, durch die einem anderen ein Recht zur Nutzung oder Bebauung eines Grundstücks oder Grundstücksteils eingeräumt wird (§ 4 Abs. 1 WohnsiedlG.).

auch für das zugrunde liegende schuldrechtl. Verpflichtungsgeschäft (Kauf, Tausch usw.). Wird letzteres genehmigt, so gilt damit auch das Erfüllungsgeschäft (die Auflassung) als genehmigt (§ 5 Abs. 1 AusfVO.). Voraussetzung ist, daß sich beide Geschäfte inhaltlich decken, was dem GBA. nötigenfalls in der Form des § 29 nachgewiesen werden muß. Ist bei Inkrafttreten der AusfVO. v. 25. Febr. 1935 für ein genehmigungspflichtiges Verpflichtungsgeschäft die Gen. nicht eingeholt, dagegen das Erfüllungsgeschäft genehmigt worden, so gilt mit der Gen. des Erfüllungsgeschäftes auch das Verpflichtungsgeschäft als genehmigt (§ 5 Abs. 2 a. a. O.). Im übr. aber schließt die Gen. des Erfüllungsgeschäftes nicht die des Verpflichtungsgeschäftes in sich. Vgl. hiezu auch Cammerer in DNotZ. 1935, 276.

Die Genehmigungspflicht tritt für ein Gebiet jeweils in dem Zeitpunkt in Wirksamkeit, in dem es zum Wohnsiedlungsgebiet erklärt wird; vgl. hierüber Fußn. 1 S. 63 sowie JFG. 14, 162. Ist in dem maßgebenden Zeitpunkt nur das Verpflichtungsgeschäft, nicht aber das Erfüllungsgeschäft (die Auflassung) abgeschlossen, so bedarf letzteres der Gen. (§ 6 AusfVO.). Ist auch die Auflassung vor dem Zeitpunkt erfolgt, in dem das Gebiet Wohnsiedlungsgebiet geworden ist, so kann der Eigentumsübergang ohne Gen. eingetragen werden (JFG. 11, 357; vgl. Cammerer in DNotZ. 1935, 84, 276).

108 c) Keiner Genehmigung bedürfen das Reich u. die Länder (§ 4 Abs. 4 WohnsiedlG.). Die Gen. ist ferner nach § 5 a. a. O. nicht erforderlich:

α) wenn das Grundstück oder der Grundstücksteil dem Inhaber eines landwirtschaftl., forstwirtschaftl. oder gärtnerischen Betriebs oder einer vorstädtischen Kleinsiedlung zu Zwecken des Betriebs oder der Kleinsiedlung, nicht aber zum Zwecke der Bebauung überlassen werden soll;

β) wenn für das Grundstück oder den Grundstücksteil bereits früher eine Teilungsgenehmigung nach § 4 WohnsiedlG. erteilt war;

γ) bei Rechtsgeschäften, die im Rahmen eines Siedlungsverfahrens i. S. des RSiedlG. v. 11. Aug. 1919 (RGBl. 1429) u. des Ges. ü. d. Neubildung deutschen Bauerntums v. 14. Juli 1933 (RGBl. I 517) vorgenommen werden.

In diesen Fällen ist dem GBA. ein Negativzeugnis nach § 11 WohnsiedlG. vorzulegen (JFG. 14, 162).

Genehmigungsfrei sind weiter Rechtsvorgänge, die im Rahmen eines Umlegungsverfahrens (Zusammenlegung, Feld- u. Flurbereinigung, Baulandumlegung) erfolgen (§ 3 AusfVO.), u. Rechtsgeschäfte, die die Umwandlung von Bruchteilseigentum in Gesamthandseigentum (z. B. Einbringung eines Grundstücks in eine aus den bisherigen Miteigtrn. gebildete off. HG.) oder das Umgekehrte zum Gegenstand haben (§ 4 AusfVO.). Dagegen sind sowohl die Übertragung eines Miteigentumsanteils auf einen oder mehrere der bisherigen Miteigtr. als auch die Begründung von Miteigentum an einem bisher im Alleineigentum stehenden Grundstück genehmigungspflichtig.

Keiner Gen. bedarf es endlich zur Übertragung eines Erbanteils, wenn ein zum Nachlaß gehöriges Grundstück in einem Wohnsiedlungsgebiet liegt (JFG. 13, 71), wie überhaupt in allen Fällen, in denen der Eigentumswechsel ohne Auflassung erfolgt u. die Eintr. im GBuch nur der Berichtigung dient. Auch der Eigentumsübergang im Wege der Enteignung unterliegt der Genehmigungspflicht nicht.

Eine Auflassungsvormerkung kann vor Erteilung der Gen. in das GBuch eingetragen werden (JFG. 14, 123; Cammerer in DNotZ. 1935, 279; **a. M.** Jansohn a. a. O. 286).

109 d) Bedarf die Auflassung auch der Gen. nach der GVerkBek. v. 26. Jan. 1937 (s. o. A. 95ff.), so müssen die Voraussetzungen für die Gen. auch nach dieser Bek., die dann nicht gesondert erteilt zu werden braucht, erfüllt sein (§ 4 Abs. 2 WohnsiedlG.). Sachlich liegen in diesem Falle zwei Entscheidungen vor, die nur aus Zweckmäßigkeitsgründen miteinander verbunden werden. In der Entscheidung soll zum Ausdruck gebracht werden, daß sie sowohl

auf Gr. des WohnsiedlG. wie auch auf Gr. der GVerkBek. ergeht (RdErlaß d. RArbeitsMin. v. 26. Febr. 1935, RArbeitsBl. I 99, zu § 8).

Die anerbengerichtl. Gen. nach § 37 RErbhG. wird durch die Gen. nach dem WohnsiedlG. nicht entbehrlich gemacht u. umgekehrt.

2. Das GBA. darf auf Gr. einer genehmigungspflichtigen Auflassung oder eines sonstigen genehmigungspflichtigen Rechtsvorgangs eine Eintr. im GBuch erst vornehmen, wenn der Genehmigungsbescheid vorgelegt oder durch eine Bescheinigung der Genehmigungsbehörde (Negativzeugnis) nachgewiesen ist, daß es einer Gen. nicht bedarf (§ 11 Abs. 1 WohnsiedlG.). Hinsichtlich der Prüfungspflicht des GBuchrichters gilt das oben § 2 A. 91 Bemerkte entsprechend. Darüber, ob ein Grundstück in einem Wohnsiedlungsgebiet liegt, hat das GBA. selbst zu entscheiden (JFG. 11, 357). 110

3. a) Die Gen. nach dem WohnsiedlG. kann sowohl vor als auch nach der Auflassung erteilt werden. In letzterem Falle ist die Auflassung bis zur Erteilung der Gen. schwebend unwirksam; die Gen. wirkt auf den Zeitpunkt der Auflassung zurück (vgl. oben A. 104). Auch nach ihrem Vollzug im GBuch kann die Auflassung noch wirksam genehmigt werden. Wg. der Auflassungsvorm. s. u. A. 114. 111

b) Die Gen. kann auch unter Auflagen erteilt werden (§ 7 WohnsiedlG.). Die Wirksamkeit der Gen. ist aber von ihrer Erfüllung unabhängig, so daß letztere vom GBA. nicht nachgeprüft zu werden braucht (§ 9 Abs. 1 AusfVO.; KG. in JW. 1937, 895 = HRR. 1937 Nr. 515; vgl. Hagedorn u. Seibert in JW. 1934, 3117). 112

4. a) Die Eintr. eines Eigentumswechsels auf Gr. einer nach dem WohnsiedlG. genehmigungspflichtigen Auflassung ohne die erforderl. Gen. macht das Grundbuch unrichtig. Das GBA. hat einen Amtswiderspruch nach § 53 Abs. 1 einzutragen. Daneben kann die Genehmigungsbehörde, falls nach ihrem Ermessen die Gen. erforderlich war, das GBA. um die Eintr. eines Widerspruchs ersuchen. Dieser Widerspruch ist zu löschen, wenn die Genehmigungsbehörde darum ersucht oder wenn die Gen. erteilt ist (§ 11 Abs. 2, 3 WohnsiedlG.). Im übr. ist auf die Ausführungen oben A. 105 über den Widerspruch nach der GVerkBek. zu verweisen; diese gelten hier entsprechend. Vgl. auch Recke in JW. 1935, 2781; Neugebauer a. a. O. 2783. 113

b) Wird die erforderl. Gen. (oder ein Negativzeugnis) dem GBA. nicht mit dem Eintr.-Antrag vorgelegt, so ist regelmäßig Zwischenverfügung nach § 18 zu erlassen (vgl. § 18 A. 20). 114

Eine Auflassungsvormerkung darf schon vor Erteilung der Gen. eingetragen werden.

IV. Die Genehmigungspflicht bei der Veräußerung von Entschuldungsbetrieben.

1. Rechtsquellen sind die VO. ü. d. Veräußerung von Entschuldungsbetrieben v. 6. Jan. 1937 (RGBl. I 5) mit DurchfVO. v. 19. April 1937 (RGBl. I 466) u. 2. DurchfVO. v. 19. Aug. 1937 (RGBl. I 909). Vgl. hiezu Erlaß des RMin. f. Ernährung u. Landwirtschaft v. 29. April 1937 (AME. Heft 254 S. 86); v. Rozycki-v. Hoewel in DNotZ. 1937, 393, 547, 799 u. in JW. 1938, 785; Mellwitz in JW. 1937, 2562, 2951; Schneble in DFG. 1937, 159; Piller in DNotZ. 1937, 863. 115

2. Der Gen. der zuständigen Behörde (s. u. A. 120) unterliegt die Veräußerung eines zu einem **Entschuldungsbetrieb** gehörigen Grundstücks (Art. 1 Abs. 1 VeräußerungsVO.). 116

a) Unter die Genehmigungspflicht fallen: 117

α) Grundstücke, auf denen im GBuch ein Entschuldungsvermerk (§§ 80, 81 SchRegG., § 19 Abs. 3, § 29 Abs. 1 OsthilfeabwicklungsVO. v. 21. Dez. 1934, RGBl. I 1280; vgl. Vorbem. 132 ff. vor § 13) eingetragen ist (Art. 1 Abs. 1 Satz 1 VeräußerungsVO.). Gleichgültig ist, ob die Eintr. dieses Vermerks auf ein gewöhnl. Entschuldungsverfahren, ein Pächterentschuldungsverfahren oder eine Selbstentschuldung (§ 81 SchRegG.) zurückgeht. Der Entschuldungsvermerk kann außer auf landwirtschaftl. auch auf sonstigen (z. B. gewerbl.) Grundstücken eingetragen sein (Nebenbetriebe, gemischte Betriebe). Auch deren Veräußerung ist dann genehmigungspflichtig. Die Wirkungen des Entschuldungsvermerks erstrecken sich auch auf Grundstücke, die einem zu einem Entschuldungsbetrieb gehörigen Grundstück lastenfrei als Bestandteil zugeschrieben werden. Ferner kann das Entschuldungsamt (der Kommissar für die Osthilfe [Landstelle]) anordnen, daß sich die Wirkungen des Entschuldungsvermerks auch auf Grundstücke erstrecken, die der Betriebsinhaber erwirbt, ohne sie einem betriebszugehörigen Grundstück lastenfrei als Bestandteil zuschreiben zu lassen; in diesem Falle ersucht das Entschuldungsamt (der Kommissar für die Osthilfe) das GBA. um die Eintr. des Entschuldungsvermerks (Art. 10 Abs. 6 mit Art. 41 der 9. DurchfVO. z. SchRegG. v. 24. Nov. 1937, RGBl. I 1305). Ein zu Unrecht eingetragener Entschuldungsvermerk macht zwar die Veräußerung nicht genehmigungspflichtig; das GBA. darf den Eigentumswechsel aber erst eintragen, wenn die Gen. beigebracht oder vorher der Vermerk auf Ersuchen des Entschuldungsamtes gelöscht wird.

β) Grundstücke, die ohne Eintr. eines Entschuldungsvermerks mit einer Hyp. für ein Darlehen der Bank für deutsche Industrie-Obligationen (Industriebank) oder für ein Darlehen des Reichs aus Betriebssicherungsmitteln belastet sind (Art. 1 Abs. 3 VeräußerungsVO.). Bei Belastung mit einer Hyp. für die Industriebank werden nur die Fälle betroffen, in denen diese Hyp. im Rahmen der Osthilfeentschuldung zur Sicherung eines Osthilfeentschuldungsdarlehens der Industriebank begründet worden ist (Ziff. 5 Abs. 1 AV. v. 5. Okt. 1937, DJ. 1598). Wg. der Feststellung, ob eine Hyp. für die Industriebank im Zuge der Osthilfeentschuldung begründet worden ist, s. Ziff. 5 Abs. 2 dieser AV.

γ) Grundstücke, für deren Eigtr. das Schuldenregelungsverfahren erfolgreich, d. h. durch Bestätigung eines Entschuldungsplans oder Zwangsvergleichs durchgeführt, auf denen aber der Entschuldungsvermerk noch nicht eingetragen ist (Art. 1 Abs. 3 VeräußerungsVO.). Wg. der Selbstentschuldung vgl. v. Rozycki-v. Hoewel in DNotZ. 1937, 394. Vgl. auch RG. 156, 89.

δ) Grundstücke, die mit dem Veräußerungssperrvermerk nach Abs. 2 der 2. Durchf.-VO. v. 19. Aug. 1937 belastet sind (Satz 2 a. a. O.); vgl. unten A. 124.

118 **b)** Genehmigungspflichtig ist sowohl die **Veräußerung** wie auch das schuldrechtl. Verpflichtungsgeschäft. Ist das der Veräußerung zugrunde liegende Rechtsgeschäft (Kauf, Tausch, Übergabe usw.) genehmigt worden, so gilt auch die Veräußerung als genehmigt (Art. 1 Abs. 1 Satz 2, 3 VeräußerungsVO.). Die Gen. der Veräußerung umfaßt aber nicht die Gen. des Verpflichtungsgeschäftes. Dieses muß also in jedem Fall genehmigt werden. Wird auf Gr. mehrerer hintereinander liegender Kaufverträge die Auflassung unmittelbar vom ersten Verkäufer an den letzten Käufer erteilt, so bedürfen auch sämtliche dazwischen liegenden Kaufverträge der Gen. (v. Rozycki-v. Hoewel in DNotZ. 1937, 397).

Für die Genehmigungspflicht ist es gleichgültig, ob der ganze Entschuldungsbetrieb oder nur eines oder einzelne Grundstücke aus ihm veräußert werden. Genehmigungspflichtig ist auch die Veräußerung eines realen Grundstücksteils oder eines ideellen Miteigentumsanteils. Unter Veräußerung fällt weiter die Begründung von Miteigentum an Stelle des bisherigen Alleineigentums sowie die Begründung von Gesamthandseigentum an Stelle von Allein- oder Bruchteilseigentum u. umgekehrt.

Genehmigungspflichtig ist weiter jedes Rechtsgeschäft, durch das ein der Veräußerung ähnlicher wirtschaftlicher Erfolg herbeigeführt wird (Art. 1 Abs. 1 Satz 2 VeräußerungsVO.). Welche Rechtsgeschäfte hierunter fallen, richtet sich nach den Umständen des Einzelfalles. Genehmigungspflichtig können sein (vgl. Wiedemann in RdRN. 1937, 46; v. Rozycki-v. Hoewel in DNotZ. 1937, 395) die Bestellung eines Erbbaurechts, einer Kohlenabbaugerechtigkeit (JFG. 16, 222), eines Nießbrauchs, die Erteilung einer unwiderrufl.

Auflassungsvollmacht, die Übertragung eines Erbanteils, der Abschluß eines Ehevertrags, durch den allgem. Gütergem. begründet wird usw. Die endgültige Entscheidung über die Genehmigungsbedürftigkeit steht in diesen Fällen der Genehmigungsbehörde zu (s. u. A. 120).

Die Eintr. eines neuen Eigtr. im Wege der **Grundbuchberichtigung** ist genehmigungsfrei. Als genehmigungspflichtig ist dagegen der Verzicht auf das Eigentum (§ 928 BGB.) zu erachten (v. Rozycki-v. Hoewel a. a. O.). Das gleiche gilt für den Eigentumsübergang durch Enteignung (Meyer in AMK. Heft 305 S. 64).

Genehmigungspflichtig ist schließlich auch die Abtretung u. Verpfändung des **Auflassungsanspruchs**, nicht aber dessen Pfändung (v. Rozycki-v. Hoewel a. a. O. 397).

Genehmigungspflichtig ist auch ein Rechtsgeschäft, das vor Eintr. des Entschuldungsvermerks usw. vorgenommen worden ist, wenn die Eintr. erst nach diesem Zeitpunkt erfolgen soll. Eine Ausnahme gilt nur für Fälle, in denen der schuldrechtl. Vertrag im Interesse der Durchführung des Entschuldungsverfahrens, z. B. zur Landabgabe abgeschlossen worden ist (v. Rozycki-v. Hoewel in DNotZ. 1937, 398).

Wird ein Grundstück, das durch ein nach der VeräußerungsVO. genehmigungspflichtiges u. genehmigtes Rechtsgeschäft erworben worden ist, weiter veräußert, so ist auch diese u. jede weitere Veräußerung genehmigungspflichtig u. zwar solange, bis das Grundstück durch Löschung des Entschuldungsvermerks auf Ersuchen des Entschuldungsamtes (Kommissars für die Osthilfe) von den Beschränkungen nach §§ 91 ff. SchRegG. u. nach der VeräußerungsVO. befreit wird (Art. 10 Abs. 1 bis 4 mit Art. 41 der 9. DurchfVO. z. SchRegG. v. 24. Nov. 1937, RGBl. I 1305; vgl. auch Wiedemann in RdRN. 1937, 46).

c) **Genehmigungsfrei** ist die Veräußerung eines Grundstücks, das für die Bildung **eines Eigenheimes** als Rentenstelle für ländl. Arbeiter u. Handwerker erforderlich ist (§ 10 Abs. 1 der VO. v. 10. März 1937, RGBl. I 292). Dagegen unterliegt auch eine Veräußerung auf Gr. des Ges. ü. d. Landbeschaffung für Zwecke der Wehrmacht v. 29. März 1935 (RGBl. I 467) dem Genehmigungszwang; auf Gr. der 2. DurchfVO. v. 19. Aug. 1937 bestehen jedoch gewisse Erleichterungen; s. auch unten A. 124. **119**

3. Genehmigungsbehörde ist **120**

a) wenn Erbhöfe oder Betriebe mit weniger als 7,5 ha Eigenland ganz oder teilweise veräußert werden, gem. Art. 1 Abs. 1 Satz 1 DurchfVO. v. 19. April 1937 das zuständige **Entschuldungsamt**, bei Osthilfeentschuldungsbetrieben der zuständige **Kommissar für die Osthilfe** (Landstelle). Diese Zuständigkeit besteht für Erbhofgrundstücke ohne Ausnahme, also gleichgültig, ob der Erbhof weniger oder mehr als 7,5 ha umfaßt (Wiedemann in AMK. Heft 263 S. 101; Mellwitz in JW. 1937, 2562; Piller in DNotZ. 1937, 863; **a. M.** v. Rozycki-v. Hoewel SchRegG. II 340). Im übr. kommt es auf die Größe des Entschuldungsbetriebs, nicht auf die des veräußerten Teiles an. Das Entschuldungsamt (der Kommissar für die Osthilfe) ist ferner — u. zwar ohne Rücksicht auf die Größe des Betriebs — zuständig, wenn Grundstücke auf Gr. einer dem Betriebsinhaber im Entschuldungsplan oder Vergleichsvorschlag auferlegten Verpflichtung veräußert werden (Art. 1 Abs. 1 Satz 2 a. a. O.).

b) in allen sonstigen Fällen, also bei der ganzen oder teilweisen Veräußerung von Nicht-Erbhöfen mit 7,5 ha Eigenland u. mehr der **RMinister für Ernährung u. Landwirtschaft** (Art. 1 Abs. 1 Satz 1 VeräußerungsVO.). Er kann die Entscheidungsbefugnis auf andere Stellen übertragen (Art. 8 VeräußerungsVO.; Art. 1 Abs. 1 Satz 4 DurchfVO. v. 19. April 1937; vgl. Wiedemann in AMK. Heft 263 S. 101).

Eine auf Gr. der VeräußerungsVO. ergangene Entscheidung des RMin. f. Ernährung u. Landwirtschaft, des Entschuldungsamtes oder des Kommissars für die Osthilfe (Landstelle) ist nicht deshalb unwirksam, weil für die Entscheidung eine andere dieser Stellen zuständig war (Art. 1 Abs. 3 DurchfVO. v. 19. April 1937).

121 **4.** Die Gen. wird mit ihrer (formlosen) Bekanntgabe an die Beteiligten wirksam. Nach diesem Zeitpunkt kann sie nicht mehr zurückgenommen werden. Die Gen. darf nur aus bestimmten Gründen versagt werden (Art. 3 VeräußerungsVO.). Sie kann auch unter einer Auflage erteilt werden (Art. 1 Abs. 2, Art. 3 Abs. 2 a. a. O.). Die Wirksamkeit der Gen. ist von der Erfüllung der Auflage nicht abhängig, so daß der GBuchrichter diese nicht nachzuprüfen braucht (vgl. oben A. 101). Ob neben einer Auflage auch eine Bedingung im eigentl. Sinne, von deren Erfüllung die Wirksamkeit der Gen. abhängt, zulässig ist, ist zweifelhaft. Das Gesetz spricht nur von der Auflage; für eine bedingte Gen. ist also an sich kein Raum. Die Praxis arbeitet aber auch mit Bedingungen; vgl. insbes. das Genehmigungsformblatt des RMin. f. Ernährung u. Landwirtschaft AME. Heft 254 S. 87; v. Rozycki-v. Hoewel in DNotZ. 1937, 402 u. in JW. 1938, 785; Mellwitz in JW. 1937, 2951). Jedenfalls darf der GBuchrichter, wenn aus der Genehmigungserklärung ersichtlich ist, daß die Gen. mit aufschiebend bedingter Wirkung erteilt werden sollte, die Eintr. erst vornehmen, wenn die Erfüllung der Bedingung in der Form des § 29 nachgewiesen ist (vgl. Vorbem. 167 vor § 13). Ein ohne die erforderl. Gen. geschlossenes Rechtsgeschäft ist schwebend unwirksam, kann also durch nachträgl. Erteilung der Gen. wirksam werden, wobei diese auf den Zeitpunkt der Vornahme des Rechtsgeschäftes zurückwirkt. Die Auflassung kann also vor oder nach Erteilung der Gen. erklärt werden. Die Gen. kann auch noch nach Eintr. der Auflassung wirksam erteilt werden. Im übr. s. u. A. 125.

Die Gen. nach der VeräußerungsVO. hat nicht die Wirkung, daß die nach §§ 91ff. SchRegG. bestehenden Belastungsbeschränkungen (s. Vorbem. 132ff. vor § 13) wegfallen (v. Rozycki-v. Hoewel in RdRN. 1936, 843; Schlosser in DNotZ. 1937, 728; Knauer in AME. Heft 183 S. 56; vgl. Mattern in DJ. 1936, 965). Diese bestehen fort, bis gem. Art. 10, 41 der 9. DurchfVO. z. SchRegG. v. 24. Nov. 1937 (RGBl. I 1305) auf Ersuchen des Entschuldungsamtes (Osthilfekommissars) der Entschuldungsvermerk gelöscht oder für einen einzelnen Beleihungsfall vom Entschuldungsamt (Kommissar für die Osthilfe) Freistellung von der Beschränkung des § 91 SchRegG. gewährt wird. Vgl. auch Schneble in DJG. 1937, 159; Piller in DNotZ. 1937, 863 u. die Anm. zu § 38.

122 **5.** Ob die Gen. nach der VeräußerungsVO. erforderlich ist, entscheidet die Genehmigungsbehörde endgültig. Die Entscheidung ist für Gerichte u. Verwaltungsbehörden, also auch für das GBA. bindend (Art. 2 Abs. 1 VeräußerungsVO.; Art. 1 Abs. 1 Satz 1 DurchfVO. v. 19. April 1937). Die Genehmigungsbehörde entscheidet nicht nur darüber, ob ein Rechtsgeschäft seinem Inhalt nach unter die VeräußerungsVO. fällt (vgl. oben A. 115ff.), sondern auch darüber, ob Gegenstand des Rechtsgeschäftes ein Entschuldungsbetrieb ist (v. Rozycki-v. Hoewel in DNotZ. 1937, 400).

Der Grundbuchrichter darf bei Entschuldungsbetrieben Eintr. in das GBuch auf Gr. von Rechtsgeschäften, die möglicherweise unter die Genehmigungspflicht fallen, nur vornehmen, wenn entweder die Gen. beigebracht oder eine Bescheinigung der Genehmigungsbehörde vorgelegt wird, daß die Gen. nicht erforderlich ist. Nötigenfalls ist die Beibringung dieser Nachweise dem Antragsteller durch Zwischenverfügung (§ 18) aufzuerlegen.

123 **6.** Durch die Gen. nach der VeräußerungsVO. werden etwa erforderl. Genehmigungen anderer Behörden nicht ersetzt (Art. 2 Abs. 2 VeräußerungsVO.). Dies gilt insbes. von der anerbengerichtl. Gen. (§ 37 RErbhG.), der Gen. nach der Grundstückverkehrsbekanntmachung, nach dem WohnsiedlG. usw.

124 **7.** Wird ein zu einem Entschuldungsbetrieb gehöriges Grundstück auf Gr. des Ges. ü. d. Landbeschaffung für Zwecke der Wehrmacht v. 29. März 1935 (RGBl. I 467) (durch Rechtsgeschäft, nicht im Wege der Enteignung) erworben u. wird dem Veräußerer der nach Art. 3 Abs. 1 Ziff. 2 VeräußerungsVO. einbehaltene Teil des Verkaufserlöses ganz oder teilweise wieder zur Verfügung gestellt, so wird auf den vom Veräußerer erworbenen Er-

satzgrundstücken auf Ersuchen des Entschuldungsamtes (bei Osthilfeentschuldungsbetrieben des Kommissars für die Osthilfe [Landstelle]) der **Veräußerungssperrvermerk** eingetragen. Grundstücke, die mit diesem Vermerk belastet sind, sind den gleichen Veräußerungsbeschränkungen unterworfen wie Entschuldungsbetriebe (Abs. 2, 3 der 2. DurchfVO. v. 19. Aug. 1937). Eine Veräußerung für Zwecke der Wehrmacht liegt auch bei Beschaffung des für eine Umsiedlung nötigen Landes vor.

8. Ist auf Gr. eines genehmigungspflichtigen, aber nicht genehmigten Rechtsgeschäftes eine Rechtsänderung in das GBuch eingetragen worden, so ist dieses unrichtig. Das GBA. hat, wenn die Voraussetzungen des § 53 Abs. 1 Satz 1 vorliegen, von Amts wegen einen Widerspruch einzutragen. Daneben ist die Genehmigungsbehörde (s. o. A. 120) befugt, das GBA. um die Eintr. eines Widerspruchs zu ersuchen (Art. 2 Abs. 3 Satz 1 VeräußerungsVO.; Art. 1 Abs. 1 Satz 1, 2 der DurchfVO. v. 19. April 1937). Der Widerspruch wird entweder auf Ersuchen der Genehmigungsbehörde gelöscht oder von Amts wegen, wenn die Gen. erteilt wird; Löschung auf Bewilligung der Beteiligten kommt nicht in Frage (Art. 2 Abs. 3 Satz 2 VeräußerungsVO.). Im übr. gilt das oben A. 105 für den Widerspruch nach der Grundstückverkehrsbekanntmachung Bemerkte entsprechend. **125**

V. Die Genehmigungspflicht nach der VO. über die Sicherung der Reichsgrenze.

1. Nach § 2 Abs. 1 der 1. DurchfVO. z. Ges. ü. d. Sicherung der Reichsgrenze u. über Vergeltungsmaßnahmen v. 17. Aug. 1937, RGBl. I 905 (vgl. hiezu Hopp in DJ. 1937, 1344) bedarf die Auflassung eines Grundstücks in den in § 11 der VO. aufgeführten Bezirken an der Ostgrenze des Reichs zu ihrer Wirksamkeit der Genehmigung der zuständigen Behörde (Genehmigungsbehörde, s. u. A. 128)[1]). **126**

Dem Genehmigungszwang unterliegen in den bezeichneten Gebieten sämtliche Grundstücke ohne jede Ausnahme u. ohne Rücksicht auf die Größe des Grundstücks u. auf seine Nutzungsbestimmung u. tatsächl. Nutzungsart. Auch der Zweck der Veräußerung usw. ist belanglos, so daß auch die Veräußerung zu Siedlungszwecken, zur Landbeschaffung für Zwecke der Wehrmacht, zwecks Bildung eines Eigenheimes für ländl. Arbeiter u. Handwerker usw. genehmigungspflichtig ist. Auch Erbhofgrundstücke unterliegen der Genehmigungspflicht. Die Veräußerung eines realen Grundstücksteils ist gleichfalls genehmigungspflichtig, ebenso die Veräußerung von (ideellen) Grundstücksanteilen (§ 2 Abs. 1 Satz 2 SicherungsVO.). Als Grundstücksanteil gilt auch der Anteil an einer Erbschaft, zu der ein Grundstück gehört (Abs. 1 Satz 3 a. a. O.), so daß ein solcher Erbanteil nur mit Gen. übertragen werden kann. Als Veräußerung hat auch die Begründung von Miteigentum an Stelle von Alleineigentum u. die Umwandlung von Bruchteilseigentum in Gesamthandseigentum u. umgekehrt zu gelten. Auch die Auseinandersetzung unter Miterben in Bezug auf ein Nachlaßgrundstück ist genehmigungspflichtig. Die Eintr. eines neuen Eigtr. im Wege der GBuchberichtigung ist nicht genehmigungspflichtig, u. zwar auch nicht etwa im Hinblick auf die Vorschrift der §§ 3 bis 5 SicherungsVO. die Eintr. des Erben oder Anerben. Auch die Veräußerung eines Nachlaßgrundstücks, die der Erbe vorzunehmen hat, wenn ihm die Gen. zum Behalten des ererbten Grundstücks endgültig versagt wird (§ 3 Abs. 2 SicherungsVO.), ist genehmigungspflichtig, ebenso die Veräußerung eines Erbhofes durch einen Treuhänder nach § 5 a. a. O. (Hopp in DJ. 1937, 1346).

Irgendwelche Befreiungsvorschriften bestehen nicht. Die Gen. ist auch dann erforderlich, wenn Veräußerer oder Erwerber das Reich, ein Land oder eine sonstige öffentlich-rechtl. Körperschaft ist.

---

[1]) Genehmigungspflichtig ist ferner die Bestellung eines dingl. Rechts, das zum Genuß von Erzeugnissen eines Grundstücks berechtigt (z. B. eines Nießbrauchs) sowie jede Vereinbarung, die den Genuß der Erzeugnisse, die Verwaltung oder die Verpflichtung zur Übereignung eines Grundstücks betrifft. Hierunter fällt auch die Abtretung oder Verpfändung des Auflassungsanspruchs.

127 2. Genehmigungspflichtig ist sowohl die Veräußerung als auch das schuldrechtl. Verpflichtungsgeschäft (Kauf, Tausch, Auseinandersetzung usw.). Wird letzteres genehmigt, so gilt die Gen. auch für das diesem Verpflichtungsgeschäft entspr. Erfüllungsgeschäft (Auflassung) als erteilt (§ 2 Abs. 3 SicherungsVO.). Dagegen umfaßt die Gen. des Erfüllungsgeschäftes nicht auch die Gen. des Verpflichtungsgeschäftes. Wird auf Gr. mehrerer aneinander anschließender Kaufverträge die Auflassung unmittelbar an den letzten Erwerber erteilt, so bedürfen auch alle dazwischen liegenden Kaufverträge der Gen. Eine vor dem Inkrafttreten der SicherungsVO. (1. Sept. 1937) erklärte Auflassung ist nicht genehmigungspflichtig, auch wenn die Eintr. erst nach diesem Zeitpunkt erfolgt (JFG. 17, 140).

128 3. **Genehmigungsbehörde** ist (§ 9 SicherungsVO.):

α) in Preußen der Landrat in Landkreisen, der Oberbürgermeister in Stadtkreisen;

β) in Bayern der Bezirksoberamtmann in Landkreisen, der Oberbürgermeister in Stadtkreisen.

Wegen der Zuständigkeitsregelung in den Fällen, in denen die betroffenen Grundstücke in den Bezirken mehrerer Genehmigungsbehörden liegen, s. Art. 2 der VO. v. 29. März 1938 (RGBl. I 361).

129 4. Die **Genehmigung** kann auch unter Auflagen erteilt werden (§ 2 Abs. 6 SicherungsVO.). Ihre Wirksamkeit ist jedoch von der Erfüllung der Auflage nicht abhängig, so daß sich der GBuchrichter mit ihr nicht zu befassen braucht (vgl. oben A. 101). Eine besondere Form für die Gen. ist nicht vorgeschrieben. Sie kann jedoch nach ihrer Bekanntgabe an die Beteiligten nicht mehr zurückgenommen werden. Wg. der Beschwerde s. § 7 SicherungsVO.

Bedarf das Rechtsgeschäft auch der Gen. nach der Grundstückverkehrsbekanntmachung v. 26. Jan. 1937 (s. o. A. 95ff.) oder nach dem WohnsiedlG. (s. o. 106ff.), so müssen die Voraussetzungen für die Gen. auch nach diesen Vorschriften erfüllt sein; ist dies der Fall, so kann die Gen. einheitlich erteilt werden (§ 2 Abs. 5 SicherungsVO.).

Auch sonstige behördl. Genehmigungen, z. B. die des AnerbenG. oder die Gen. nach der VO. ü. d. Veräußerung von Entschuldungsbetrieben v. 6. Jan. 1937 (s. o. A. 115ff.), werden durch die Gen. nach der SicherungsVO. nicht entbehrlich gemacht.

Die Gen. kann vor oder nach der Auflassung erteilt werden. Letzterenfalls ist diese bis zur Gen., die dann auf den Zeitpunkt der Auflassung zurückwirkt, schwebend unwirksam. Auch nach Eintr. der Rechtsänderung im GBuch kann die Gen. noch wirksam erteilt werden. Ein Rechtsgeschäft, dem die Gen. endgültig versagt worden ist, ist nichtig.

130 5. **a)** Der GBuchrichter darf eine nach der SicherungsVO. genehmigungspflichtige Rechtsänderung erst eintragen, wenn ihm die Gen. nachgewiesen ist. Nötigenfalls ist Zwischenverfügung nach § 18 GBO. zu erlassen.

131 **b)** Wird auf Gr. eines nicht genehmigten genehmigungspflichtigen Rechtsgeschäftes eine Rechtsänderung in das GBuch eingetragen, so wird das Grundbuch unrichtig. Unter den Voraussetzungen des § 53 Abs. 1 ist ein Widerspruch von Amts wegen einzutragen. Daneben kann die Genehmigungsbehörde (s. o. A. 128), wenn nach ihrem Ermessen die Gen. des Rechtsgeschäftes erforderlich gewesen wäre, das GBA. um die Eintr. eines Widerspruchs ersuchen (§ 6 Abs. 1 SicherungsVO.). Der auf Ersuchen der Genehmigungsbehörde eingetragene Widerspruch ist zu löschen, wenn die Genehmigungsbehörde darum ersucht oder (u. zwar von Amts wegen) wenn die Gen. erteilt ist (§ 6 Abs. 2 SicherungsVO.). Auf Bewilligung des Betroffenen darf dieser Widerspruch nicht gelöscht werden. Im übr. gilt das oben A. 105 für den Widerspruch nach der Grundstückverkehrsbekanntmachung Ausgeführte hier entsprechend. Für einen Widerspruch ist kein Raum, wenn der Erbe schon vor Ablauf der in § 3 Abs. 1 Satz 2 SicherungsVO. bezeichneten Frist als Eigtr. in das GBuch eingetragen wird; denn die Erbfolge als solche bedarf keiner Gen. (vgl. oben A. 126; Hopp in DJ. 1937, 1346).

VI. Das gesetzliche Vorkaufsrecht nach dem Reichssiedlungsgesetz.

1. Rechtsquellen: RSiedlG. v. 11. Aug. 1919 (RGBl. 1429), abgeändert durch Ges. v. 7. Juni 1923 (RGBl. I 364), v. 8. Juli 1926 (RGBl. I 398) u. v. 4. Jan. 1935 (RGBl. I 1); VO. ü. d. Vorkaufsrecht nach dem RSiedlG. v. 15. April 1937 (RGBl. I 546); AusfBest. v. 26. Sept. 1919 (ZBlDR. 1143), v. 15. Juni 1923 (RMBl. 521) u. v. 18. Aug. 1923 (RMBl. 897). Vgl. Reichardt in DNotV. 1925, 110; 1936, 12, 88; 1937, 308. **132**

2. a) Nach § 10 RSiedlG. soll das GBA. die Eintr. des Eigentumsübergangs so lange aussetzen, bis ihm die Nichtausübung des Vorkaufsrechtes des gemeinnützigen Siedlungsunternehmens (§ 4 RSiedlG.) nachgewiesen wird. Dieses gesetzl. Vorkaufsrecht, das der Eintr. in das GBuch nicht bedarf (§ 5 Satz 2 RSiedlG.), steht in Preußen den provinziellen Siedlungsgesellschaften als gemeinnützigen Siedlungsunternehmen zu (3. AusfAnw. v. 7. Febr. 1920, LwMBl. 48). Das Vorkaufsrecht auf alle großen Güter, d. s. solche von 100 ha u. mehr landwirtschaftl. Nutzfläche, wird an Stelle der prov. Siedlungsgesellschaft vom Landlieferungsverband ausgeübt (§ 14 RSiedlG.). Bei Landerwerb des gemeinnützigen Siedlungsunternehmens zu Siedlungszwecken steht aber dem Landlieferungsverband das Vorkaufsrecht nicht zu (JFG. 5, 294). In Bayern wird das Vorkaufsrecht für das ganze Landesgebiet von der Bayer. Bauernsiedlung G. m. b. H. in München als gemeinnützigem Siedlungsunternehmen ausgeübt (§ 1 Abs. 2 der MinBek. über Ansiedlung v. 5. Sept. 1919, MABl. 209, i. d. Fass. der MinBek. v. 16. März 1925, GVBl. 96, u. der VO. v. 11. April 1935, GVBl. 360). **133**

b) Das Vorkaufsrecht erstreckt sich in Preußen auf alle im Bezirk des Siedlungsunternehmens gelegenen landwirtschaftl. Grundstücke im Umfange von 5 ha aufwärts u. auf Teile von solchen Grundstücken, soferne der Grundstücksteil selbst mindestens 1 ha groß ist (§ 4 RSiedlG.; RdErlaß v. 26. Nov. 1935, LwMBl. 534, mitgeteilt durch AV. v. 16. Dez. 1935, DJ. 1853; Art. 3 der VO. v. 15. April 1937). In Bayern unterliegen bis zum Erlaß abweichender reichsrechtl. Bestimmungen dem Vorkaufsrecht alle landwirtschaftl. Grundstücke in der Größe von mehr als 3 ha, ferner Teile von Grundstücken im Umfange von 25 ha aufwärts, soferne das Teilgrundstück mindestens 1 ha groß ist (§ 3 Abs. 1 MinBek. ü. Ansiedlung v. 5. Sept. 1919, MABl. 209, i. d. Fass. der MinBek. v. 16. März 1925, GVBl. 96, der VO. v. 11. April 1935, GVBl. 360, u. der MinBek. v. 5. Febr. 1937, GVBl. 47, mit Art. 2, 3 der VO. v. 15. April 1937, RGBl. I 546). Das Vorkaufsrecht besteht auch an Erbhofgrundstücken (§ 35 Abs. 3 EHRV.). **134**

Der Begriff Grundstück ist im wirtschaftl. Sinne zu verstehen. Es ist nicht entscheidend, wie das Grundstück im GBuch, insbes. ob es auf einem oder mehreren GBuchblättern eingetragen ist; maßgebend ist allein die wirtschaftl. Zusammengehörigkeit. Es gilt also jeder einheitlich bewirtschaftete landwirtschaftl. Grundbesitz als ein Grundstück (AusfBest. v. 26. Sept. 1919, zu § 4; RG. in HRR. 1926 Nr. 1396; OLG. 44, 144).

Die Ausübung des Vorkaufsrechts ist ausgeschlossen, wenn der Eigtr. das Grundstück an eine Körperschaft des öffentl. Rechts, an seinen Ehegatten oder an eine Person verkauft, die mit ihm in gerader Linie oder bis zum dritten Grade der Seitenlinie verwandt oder bis zum zweiten Grade verschwägert ist (§ 6 Abs. 2 RSiedlG.). Zur Beschaffung des bei der Landbeschaffung für Zwecke der Wehrmacht für die Umsiedlung notwendigen Landes kann das Vorkaufsrecht auch dann ausgeübt werden, wenn der Eigtr. das Grundstück an eine Körperschaft des öffentl. Rechts verkauft hat (§ 1 Abs. 1 der 2. DurchfVO. z. Ges. ü. d. Landbeschaffung für Zwecke der Wehrmacht v. 13. Febr. 1937, RGBl. I 253).

c) Das Vorkaufsrecht kann ausgeübt werden, sobald der Eigtr. mit einem Dritten einen Kaufvertrag oder einen anderen auf Veräußerung gegen Entgelt gerichteten Vertrag (z. B. einen Erbauseinandersetzungsvertrag) über das Grundstück abgeschlossen hat (§ 6 Abs. 1 RSiedlG.). Bei Abschluß eines Tauschvertrages greift das gesetzl. Vorkaufsrecht jedoch **135**

nicht Platz, da ein Vorkaufsrecht gegenüber einem Tauschvertrag begrifflich ausgeschlossen ist (vgl. RG. 88, 364; Staud.-Ostler § 504 A. 4; ebenso OLG. Naumburg in JW. 1924, 2055 auf Gr. der Entstehungsgeschichte; vgl. Mayer in BayNotZ. 1921, 367; **a. M.** KG. in JFG. 1, 417; OLG. 43, 50; Güthe-Triebel[6] S. 2010; Reichardt in DNotZ. 1936, 19). Die Ausübung des Vorkaufsrechts setzt den Abschluß eines wirksamen Kaufvertrages voraus (vgl. RG. in WarnRspr. 1927 Nr. 12). Voraussetzung ist weiter, daß eine nach der Grundstückverkehrsbekanntmachung v. 26. Jan. 1937 (s. o. A. 95ff.) erforderl. Gen. erteilt ist (RG. 106, 320; 108, 94). Die Ausübung des Vorkaufsrechts ist jedoch nicht davon abhängig, daß das Rechtsgeschäft, auf das es sich bezieht, anerbengerichtlich genehmigt worden ist (§ 33 Abs. 3 EHRV.). Die Frist zur Ausübung des Vorkaufsrechts beträgt sechs Wochen von dem Tage ab, an dem der Vorkaufsberechtigte die (formlose: OLG. 41, 172) Mitteilung des Eigtr. oder eines Dritten von dem Inhalt des abgeschlossenen Vertrages empfangen hat (§ 7 Abs. 1 RSiedlG.; Art. 4 VO. v. 15. April 1937; vgl. BayObLG. 21, 305). Die Mitteilung des Eigtr. oder des Dritten wird durch die Mitteilung des GBA. ersetzt (§ 7 Abs. 2 RSiedlG.; vgl. preuß. AV. v. 12. April 1919, JMBl. 260), nicht aber durch die Mitteilung einer anderen Person oder Behörde (RG. in JW. 1924, 1985; vgl. auch RG. 108, 66, 91). Der Notar, der den Kaufvertrag beurkundet hat, ist nicht ohne weiteres zur Abgabe der Mitteilung ermächtigt. Über den Inhalt der Mitteilung vgl. RG. 108, 66, 91. Wenn der Kaufvertrag auch der Gen. nach der Grundstückverkehrsbekanntmachung v. 26. Jan. 1937 (s. o. A. 95ff.) oder einer sonstigen behördl. Gen. bedarf, beginnt die Frist erst mit dem Zeitpunkt der Erteilung dieser Gen. zu laufen, da die Ausübung des Vorkaufsrechtes einen wirksamen Kaufvertrag voraussetzt (RG. 106, 320; 114, 158; OLG. 41, 172; Gutmann in BayNotV. 1924, 108; Reichardt in DNotZ. 1936, 17 u. a.). Das Vorkaufsrecht auf Gr. einer nach § 4 Satz 2 RSiedlG. erlassenen VO. erstreckt sich auch auf einen im Zeitpunkt des Inkrafttretens der VO. bereits beurkundeten, aber noch nicht behördlich genehmigten Kaufvertrag (RG. 154, 304; **a. M.** KG. in JFG. 16, 284).

136 d) Dem Grundbuchrichter obliegt die Prüfung, ob das Vorkaufsrecht nach dem Gesetz u. den Ausführungsvorschriften besteht, ob das Siedlungsunternehmen darauf verzichtet hat oder die Frist für die Ausübung abgelaufen ist. Der Nachweis der Nichtausübung bedarf nicht der Form des § 29; auch die Vorlegung eines Handelsregisterauszugs kann nicht verlangt werden (Gutachten des KG. v. 3. Juli 1919, preuß. JMBl. 457, auch abgedruckt BayNotZ. 1919, 320; OLG. 41, 172; JFG. 6, 295; Güthe-Triebel[6] A. 55; § 29 A. 8; bestr.). Nötigenfalls ist auf die Erbringung des Nachweises durch Zwischenverfügung nach § 18 hinzuwirken.

137 3. Wird das Vorkaufsrecht ausgeübt, so bedarf es, da der Vorkaufsberechtigte hiedurch nur in den schuldrechtl. Vertrag eintritt, noch der Auflassung vom Verkäufer an das Siedlungsunternehmen (BayObLG. 21, 305). Der Antrag auf Eintr. des ursprüngl. Erwerbers ist in diesem Falle abzulehnen (OLG. 41, 172; 44, 141; Güthe-Triebel[6] A. 55; Ricks 175). Eine Abtretung der dem Siedlungsunternehmen durch die Ausübung des Vorkaufsrechtes erwachsenen Ansprüche, insbes. des Rechts auf Auflassung, an einen Dritten ist zulässig, soferne sie dem Siedlungszweck nicht zuwiderläuft (RG. 108, 113).

Wird in Ausübung des Vorkaufsrechtes ein Grundstück oder Grundstücksteil vom Siedlungsunternehmen oder Landlieferungsverband erworben, so erlöschen kraft Gesetzes die eingetragenen Vorkaufsrechte u. Vormerkungen, die ein Recht auf Auflassung erhalten sollen, in Bezug auf das Grundstück oder den Grundstücksteil (§ 9 Abs. 1 RSiedlG.). Ihre Löschung kann gem. § 22 GBO. erfolgen, sobald dem GBA. die Ausübung des Vorkaufsrechtes in der Form des § 29 nachgewiesen ist. § 9 RSiedlG. findet entspr. Anwendung auf Vorkaufsrechte u. Auflassungsvormerkungen, die in dem Kaufvertrag bestellt sind, der zur Ausübung des Vorkaufsrechtes geführt hat (Ponfick-Wenzel RSiedlG. S. 150).

VII. Das gesetzliche Vorkaufsrecht nach dem Reichsheimstättengesetz. 138

Nach § 11 RHeimstG. v. 10. Mai 1920 i. d. Fass. v. 25. Nov. 1937 (RGBl. I 1291) steht dem Heimstättenausgeber (s. § 4 A. 25) ein gesetzl. Vorkaufsrecht für den Fall zu, daß der Heimstätter die Heimstätte im ganzen veräußert; das Vorkaufsrecht wird nicht in das GBuch eingetragen. Die Ausübung des Vorkaufsrechts ist ausgeschlossen, wenn die Veräußerung an den Ehegatten des Heimstätters oder an eine Person erfolgt, die mit ihm in gerader Linie oder bis zum dritten Grade der Seitenlinie verwandt oder bis zum zweiten Grade verschwägert ist. Für die Ausübung des Vorkaufsrechts gilt § 510 BGB.

Das GBA. soll die Eintr. des Eigentumsübergangs so lange aussetzen, bis ihm die Nichtausübung des Vorkaufsrechtes nachgewiesen wird (§ 11 Abs. 3 RHeimstG.). Es hat daher zu prüfen, ob ein Fall des Vorkaufsrechts gegeben ist, ob auf seine Ausübung verzichtet oder ob es rechtzeitig ausgeübt worden ist. Der Nachweis der Nichtausübung bedarf nicht der Form des § 29 (Güthe-Triebel[6] S. 1875; s. o. A. 136).

VIII. Über das **gesetzliche Vorkaufsrecht nach dem Ges. über die Neugestaltung deutscher** 139
Städte v. 4. Okt. 1937 (RGBl. I 1054) s. § 5 dieses Ges., §§ 11 ff. der VO. ü. d. Neugestaltung der Reichshauptstadt Berlin v. 5. Nov. 1937 (RGBl. I 1162), § 4 der VO. v. 25. Jan. 1938 (RGBl. I 46).

§ 21.

Steht ein Recht, das durch die Eintragung betroffen wird, dem jeweiligen Eigentümer eines Grundstücks zu, so bedarf es der Bewilligung der Personen, deren Zustimmung nach § 876 Satz 2 des Bürgerlichen Gesetzbuchs zur Aufhebung des Rechtes erforderlich ist, nur dann, wenn das Recht auf dem Blatte des Grundstücks vermerkt ist.

1. Anwendungsgebiet u. Zweck der Vorschrift. 1

§ 21, der bei der Neufassung der GBO. i. J. 1935 sachlich unverändert geblieben ist, behandelt die **Eintragungen bei subjektiv-dinglichen Rechten**, d. h. bei Rechten, die dem jeweiligen Eigtr. eines Grundstückes zustehen. Darüber, für welche Rechte dies zutrifft, s. § 9 A. 3. § 21 hat vor allem für die Grunddienstbarkeiten Bedeutung. Zu Eintr., durch die ein solches subjektiv-dingl. Recht betroffen wird, ist in erster Linie die EintrBew. des Berechtigten (des Eigtr. oder Erbbauberechtigten) als unmittelbar Betroffenen erforderlich (§ 19). An diesem Erfordernis ändert § 21 nichts (Güthe-Triebel[6] A. 8).

Ist das herrschende Grundstück selbst wieder mit dem Rechte eines Dritten belastet, so ist nach dem materiellen Recht zur Aufhebung des subjektiv-dingl. Rechtes (§ 876 Satz 2 BGB.), sowie zur Änderung des Ranges (§ 880 Abs. 3 BGB.) oder des Inhalts (§ 877 BGB.) des Rechtes auch die Zustimmung des Dritten als mittelbar Berechtigten erforderlich, es sei denn, daß das Recht des Dritten durch die Rechtsänderung nicht berührt wird. Das gleiche gilt, wenn der Reallastberechtigte im Falle der Teilung seines Grundstückes bestimmt, daß die Reallast nur mit einem der Teile verbunden sein soll (§ 1109 Abs. 2 BGB.). An sich dürfte daher, wenn das Recht des Dritten durch die Rechtsänderung berührt wird, die Eintr. der Rechtsänderung nur erfolgen, wenn die Zustimmung des Dritten als mittelbar Betroffenen in gbuchmäßiger Form nachgewiesen wird. Im Interesse des Verkehrs u. der Erleichterung der GBuchführung bestimmt aber § 21 eine Ausnahme von dem formellen Konsensprinzip des § 19.

2. Die Vorschrift des § 21 bezieht sich nicht nur auf die Fälle des § 876 Satz 2 BGB. 2
(Aufhebung eines Rechts), sondern auch auf alle Fälle, in denen die Vorschrift des § 876 Satz 2 BGB. Anwendung findet, also auch auf die Fälle der Änderung des Inhaltes (§ 877 BGB.)

oder des Ranges des Rechtes (§ 880 Abs. 3 BGB.) sowie der Beschränkung einer Reallastberechtigung auf einen Teil des herrsch. Grundstücks (§ 1109 Abs. 1 BGB.)[1]).

3. Voraussetzung für die Anwendung des § 21 ist demnach:

3 **a)** daß ein Recht in Frage steht, das dem **jeweiligen Eigentümer** eines Grundstücks zusteht (vgl. § 9 A. 3).

4 **b)** daß dieses Recht durch die Eintr. **betroffen** wird. § 21 findet daher keine Anwendung, wenn der Berechtigte von der Eintr. überhaupt nicht berührt wird oder durch sie nur gewinnt (vgl. § 19 A. 71). Ob die Eintr. zum Zwecke der Rechtsänderung oder der GBuchberichtigung erfolgen soll, ist gleichgültig (Güthe-Triebel⁶ A. 3). Soweit jedoch die GBuchberichtigung nicht auf Gr. einer Bewilligung, sondern auf Gr. des Nachweises der Unrichtigkeit des GBuches erfolgt, findet § 21 keine Anwendung, weil dann eine Zustimmung Dritter nicht erforderlich ist (s. § 22 A. 17).

5 **c)** daß das **herrschende Grundstück** selbst **mit dem Rechte eines Dritten belastet** ist, insbes. mit einer Hyp. Daß das Recht des Dritten eingetragen ist, wird nicht erfordert. Wenn freilich der GBuchrichter von dessen Bestehen keine Kenntnis hat, so kommt die Bewilligung des Dritten für ihn nicht weiter in Frage (Güthe-Triebel⁶ A. 8). Gleichgültig ist, ob das Recht des Dritten oder das subjektiv-dingl. Recht zeitlich früher zur Entstehung gelangte (Fuchs § 876 A. 2a; Güthe-Triebel⁶ A. 8).

6 **d)** daß auch dieses Recht **durch die Eintragung berührt** wird. Ob dies zutrifft, kann nur nach Lage des einzelnen Falles entschieden werden. Hypotheken u. Nießbrauch werden von allen auf das subjektiv-dingl. Recht bezüglichen Eintr. berührt. Wird das Recht des Dritten durch die Eintr. nicht berührt oder kann es durch diese nur gewinnen, so ist die Bew. des Dritten entbehrlich u. findet § 21 keine Anwendung. Aber auch dann, wenn an sich das Recht des Dritten von der Eintr. berührt würde, bedarf es seiner Bew. nicht, wenn ein Unschädlichkeitszeugnis erteilt ist (s. hierüber § 27 A. 39ff.).

Ist das Recht des Dritten selbst wieder mit einem Rechte (Pfandrecht, Nießbrauch) **belastet,** so ist beim Vorliegen der Voraussetzungen des § 21 auch die Bew. desjenigen erforderlich, zu dessen Gunsten die Belastung besteht (**a. M.** Güthe-Triebel⁶ A. 8).

7 **e)** Während unter diesen Voraussetzungen nach dem materiellen Recht zur Rechtsänderung die Zustimmung des Dritten stets erforderlich ist, bedarf es nach formellem GBuchrecht zur Vornahme der Eintr. der Bew. des Dritten (u. zwar in der Form des § 29) **nur** dann, **wenn das Recht auf dem Blatte des Grundstücks vermerkt ist;** andernfalls kann die Eintr. lediglich auf Gr. der Bew. des Eigtr. des herrsch. Grundstücks erfolgen. Wegen der Eintragung des Vermerks vgl. § 9. Daß die im § 9 Abs. 2 vorgeschriebene Berichtigung des Vermerks versehentlich unterblieben ist, schließt die Anwendung des § 21 nicht aus. Ist dagegen die Eintr. des Vermerks unterblieben, so bedarf es der Bew. des Dritten selbst dann nicht, wenn der GBuchrichter von dem Rechte des Dritten Kenntnis hat.

8 **4. a)** Soweit hiernach die Bew. Dritter erforderlich ist, ist es gleichgültig, ob sie der Erklärung der Beteiligten über die Aufhebung oder Änderung des Rechtes vorangeht oder nachfolgt. Sie wirkt aber immer nur unter den unmittelbar Beteiligten. Geht daher das Recht des Dritten vor der Eintr. der Rechtsänderung in andere Hände über, so darf die Eintr. nur bewirkt werden, wenn der **Rechtsnachfolger** eine neue Bew. erteilt. Dem steht nicht entgegen, daß § 876 Satz 3 BGB. die Zustimmung für unwiderruflich erklärt.

9 **b)** Im Falle der Versteigerung des herrschenden Grundstücks darf das subjektiv-dingl. Recht auf Bewilligung des Erstehers erst gelöscht werden, wenn das EintrErsuchen des VollstreckungsG. vollzogen ist (JFG. 10, 200).

[1]) In den Fällen der §§ 1116 Abs. 2, 1132, 1168, 1180 BGB. ist zwar die Vorschrift des § 876 BGB. schlechthin für anwendbar erklärt; da aber die Anwendung von Satz 2 nach der Natur der Sache ausgeschlossen ist, entfällt auch die Anwendbarkeit des § 21.

5. Über das **Verhältnis des § 21 GBO. zu § 876 Satz 2 BGB.** besteht Streit. Nach der 10
einen Meinung (Fuchs § 876 A. 6a; Güthe-Triebel[6] A. 9; Achilles-St. § 8 A. 3; Hesse-Saage-Fischer A. III; Henke-Mönch A. 1; Eccius in GruchotsBeitr. 46, 466 u. a.) ist § 21 lediglich eine Verfahrensvorschrift, die sich bloß auf die rein formelle Zulässigkeit der Eintr. bezieht, keinesfalls aber die im § 876 BGB. aufgestellten materiellen Voraussetzungen der Rechtsänderung beseitigt. Nach dieser Ansicht kann daher auf Gr. des § 21 zwar die Eintr. der Rechtsänderung zulässig sein, weil mangels eines Vermerks die Bew. Dritter nicht erforderlich ist; die Rechtsänderung tritt aber gleichwohl nicht ein, wenn die nach dem materiellen Recht erforderliche Zustimmung des Dritten fehlt. Das GBuch ist dann unrichtig geworden u. es kann dessen Berichtigung verlangt werden.

Nach der anderen Ansicht (Staud.-Kober § 876 A. 5; Predari A. 1; Turnau-F. A. 1; Henle-Schmitt A. 3) enthält die Vorschrift des § 21 nicht bloß eine Verfahrensvorschrift, sondern eine materiellrechtliche, die §§ 876, 877, 880, 1109 Abs. 2 BGB. dahin ergänzende Vorschrift, daß die Zustimmung des Dritten zur Aufhebung oder Änderung des belasteten Rechtes nur dann erforderlich ist, wenn dieses auch auf dem Blatte des herrsch. Grundstücks vermerkt ist. Aus Zweckmäßigkeitsgründen dürfte diese Ansicht den Vorzug verdienen. Wenn daher der Dritte Wert darauf legt, bei der Aufhebung oder Änderung des Rechtes gehört zu werden, so muß er die Eintr. des Vermerks nach § 9 betreiben.

6. **Verletzung des § 21.** Die Vorschrift ist lediglich eine Ordnungsvorschrift, deren 11
Nichtbeachtung an sich weder die Nichtigkeit der Eintr. noch die Unrichtigkeit des GBuchs zur Folge hat.

7. **Verfahren.** Nach Eintr. der Rechtsänderung ist gegebenenfalls der Vermerk von 12
Amts wegen zu berichtigen (§ 9 Abs. 2); vgl. oben § 9 A. 11ff.

§ 22.

(1) Zur Berichtigung des Grundbuchs bedarf es der Bewilligung nach § 19 nicht, wenn die Unrichtigkeit nachgewiesen wird. Dies gilt insbesondere für die Eintragung oder Löschung einer Verfügungsbeschränkung.

(2) Die Berichtigung des Grundbuchs durch Eintragung eines Eigentümers oder eines Erbbauberechtigten darf, sofern nicht der Fall des § 14 vorliegt, nur mit Zustimmung des Eigentümers oder des Erbbauberechtigten erfolgen.

Inhaltsübersicht.

A. Inhalt u. Zweck der Vorschrift des § 22 Abs. 1.

1 § 22, der bei der Neufassung der GBO. i. J. 1935 sachlich unverändert geblieben ist, bestimmt die Voraussetzungen für Eintr. zum Zweck der **Grundbuchberichtigung.** Auch für diese Eintr. gilt das formelle Konsensprinzip; auch diese Eintr. erfolgen auf Gr. der Bewilligung desjenigen, dessen Recht von der Eintr. betroffen wird (§ 19). Um jedoch den Verkehr nicht über Gebühr zu erschweren, insbes. in den Fällen, in denen der ursprünglich richtige Inhalt des GBuchs durch Rechtsänderungen, die sich außerhalb des GBuchs vollziehen, nachträglich unrichtig wird, läßt § 22 Abs. 1 die Berichtigung des GBuchs auch ohne die Bew. desjenigen, dessen Recht durch die Berichtigung betroffen wird, dann zu, wenn die Unrichtigkeit des GBuchs nachgewiesen wird (Denkschr.). Der Antragsteller hat die Wahl, ob er die EintrBew. vorlegen oder die Unrichtigkeit des GBuchs nachweisen will (OLG. 9, 332; **a. M.** Kretzschmar in ZBlFG. 2, 631; 4, 363; s. auch unten A. 17). Doch gibt es Fälle, in denen aus tatsächl. Gründen nur der eine der beiden Wege gangbar ist; so kann die Umschreibung von Nachlaßgegenständen auf den Erben nur auf Gr. des Nachweises der Unrichtigkeit erfolgen[1]).

Ausnahmen von der Regel stellen die §§ 22 Abs. 2, 23, 24, 25, 27 auf.

B. Die Unrichtigkeit des Grundbuchs.

Eine Berichtigung des GBuchs setzt voraus, daß das GBuch unrichtig ist.

2 **I. Unrichtig** ist das GBuch dann, wenn sein Inhalt in Ansehung eines Rechtes an einem Grundstück, eines Rechtes an einem solchen Rechte, einer Verfügungsbeschränkung der im § 892 Abs. 1 BGB. bezeichneten Art, einer Vormerkung oder eines Widerspruchs (s. u. A. 6) mit der wirklichen (d. i. materiellen: RG. 51, 418) Rechtslage nicht im Einklang steht (§ 894 BGB.). Die GBuchberichtigung ist auch dann erforderlich, wenn eine Eintr. undeutlich, also an sich richtig, aber unklar gefaßt ist (Recht 1905 Nr. 757; vgl. RG. 53, 412).

a) Nicht jede noch so **unwesentliche Unrichtigkeit** begründet auch eine Unrichtigkeit des GBuchs i. S. des Gesetzes. Die Beseitigung von offensichtlichen Versehen, insbes. von bloßen Schreibfehlern, von unzutreffenden oder schiefen Bezeichnungen, einer unrichtigen Beschreibung des Grundstücks u. dgl. kann, da diese Richtigstellung lediglich die Form der Eintr. betrifft u. da die Änderung für den Inhalt des eingetragenen Rechtes u. für den Rechtserwerb von keiner Bedeutung ist, auch ohne die Voraussetzungen des § 22 von Amts wegen erfolgen (RG. 53, 412; OLG. 7, 197; 18, 210; 45, 225; JFG. 8, 243; Hesse-Saage-Fischer A. II 1 d). Unerhebliche Schreibversehen, die weder den Sinn ändern noch das Verständnis beeinträchtigen, können unberichtigt bleiben (OLG. 8, 219). Vgl. auch § 25 A. 10 wegen der Verwechslung in der Bezeichnung von Vormerkung u. Widerspruch.

Ist jedoch auch bei einem offensichtl. Versehen nach Lage des einzelnen Falles die Möglichkeit nicht ausgeschlossen, daß insbes. im Hinblick auf die Wirkungen des öffentl. Glaubens des GBuchs aus der unrichtigen Eintr. für die Beteiligten oder andere Personen Rechte entstanden sind, die durch die Vornahme der Berichtigung gefährdet oder verletzt würden, so darf die Berichtigung vorbehaltlich der Vorschriften des § 53 nur auf Antrag der Beteiligten[2]) unter Beachtung des § 22 erfolgen (BayObLG. 12, 605; OLG. 8, 211; vgl. OLG. 8, 311). Der GBuchbeamte wird deshalb, wenn er die Unrichtigkeit entdeckt, bei den Beteiligten darauf hinwirken, daß die zur Berichtigung erforderl. Anträge gestellt u. entweder eine Berichtigungsbew. oder der Nachweis der Unrichtigkeit beigebracht wird; ferner hat er,

---

[1]) Eine Berichtigungsbew. der Erben ist hier ausgeschlossen, ebenso eine solche des Testamentsvollstr.; denn Betroffener ist nur der Erblasser (OLG. 26, 131; BayObLG. 34, 181; KG. in JW. 1938, 122 = DFG. 1938, 15 = HRR. 1938 Nr. 314; Güthe-Triebel[6] A. 28).

[2]) Nicht im Weg der Beschwerde (OLG. 2, 258).

soweit § 53 Anwendung findet, einen Widerspruch von Amts wegen einzutragen. Vgl. auch Woerle in JW. 1934, 3172.

Im übr. ist zur Beseitigung von offensichtl. Versehen u. Ungenauigkeiten ein einfacher Antrag erforderlich u. genügend; die §§ 22, 29 finden keine Anwendung (OLG. 23, 357).

b) Diese Grundsätze gelten auch bei der **Berichtigung der Bezeichnung des Berechtigten.** 3
Richtigstellung auf formlosen Antrag ist zulässig bei nachträgl. Änderung des Wohnorts (Sitzes) oder des Standes (Berufs) des Berechtigten oder seiner sonstigen Bezeichnung (KG. i. Recht 1909 Nr. 3839; s. auch OLG. 7, 197; JFG. 1, 368; 8, 243). Diese Berichtigung kann auch von Amts wegen vorgenommen werden (JFG. 1, 372; Güthe-Triebel[6] A. 4, 7). Wenn aber auch ein Unrichtigkeitsnachweis hier nicht erforderlich ist, muß die Unrichtigkeit der eingetragenen Bezeichnung usw. doch in zuverlässiger u. zweifelsfreier Weise erkennbar sein. Zur Feststellung der Unrichtigkeit können auch Erhebungen von Amts wegen vorzunehmen sein (JFG. 8, 241). Vgl. auch § 3 A. 152.

Dagegen kann eine Änderung der Schreibweise des Namens des Berechtigten regelmäßig nur auf Gr. eines Nachweises nach § 22 vorgenommen werden (**a. M.** OLG. 20, 397). Dieser ist auch erforderlich bei Namensänderungen (§§ 1355, 1575, 1577, 1586, 1706 Abs. 2, 1719, 1736, 1758, 1772 BGB.; Ges. ü. d. Änderung von Familiennamen u. Vornamen v. 5. Jan. 1938, RGBl. I 9, mit DurchfVO. v. 7. Jan. 1938, RGBl. I 12; vgl. auch RdErlaß v. 8. Jan. 1938, RMBliV. 69) u. bei der Firmenänderung einer Handelsgesellschaft, Genossenschaft usw. (**a. M.** LG. III Berlin in JW. 1930, 1431). § 22 findet auch Anwendung bei der Eintr. der Auflösung einer Handelsgesellschaft, einer Genossenschaft oder eines eingetr. Vereins. Um eine bloß tatsächl. Unrichtigkeit u. nicht um eine unter § 22 fallende eigentl. GBuchunrichtigkeit handelt es sich, wenn eine als Berechtigte eingetragene off. HG. unter Beibehaltung der Firma in eine Kommanditgesellschaft umgewandelt wird (JFG. 1, 368). Dagegen findet § 22 Anwendung, wenn ein für eine Handelsgesellschaft unter der Firma ihrer Hauptniederlassung eingetragenes Recht auf die davon abweichende Firma einer Zweigniederlassung umgeschrieben werden soll (JFG. 15, 104). Keine unrichtige Bezeichnung des Berechtigten liegt vor, wenn für eine G.m.b.H., die nicht in das Handelsregister eingetragen u. somit nicht entstanden ist, eine Hyp. eingetragen wurde. Berechtigter ist nicht etwa der bei der HypBestellung für die künftige Gesellschaft Handelnde; die Hyp. ist vielmehr nichtig u. gem. § 22 zu löschen (BayObLG. 24, 9; vgl. RG. 83, 83).

Keine GBuchberichtigung im eigentl. Sinne liegt schließlich vor, wenn eine nichtige Auflassung wiederholt u. die auf Gr. derselben bereits vorgenommene Eintr. des Eigentumsübergangs durch den Vermerk ergänzt wird, daß die wirksame Auflassung erst an einem bestimmten späteren Tage erfolgt ist (JFG. 4, 334, 335).

Über die Durchführung der Berichtigung s. § 3 A. 152. Die Berichtigung muß stets durch Einschreibung eines neuen selbständigen EintrVermerks vorgenommen werden (s. § 53 A. 5).

c) Auch für die **Berichtigung der rein tatsächlichen Angaben über das Grundstück** 4
(Bestandsangaben, nämlich Benennung, Wirtschaftsart, Lage, Hausnummer- u. Straßenbezeichnung, Größe) gilt § 22 nicht. Auch eine Berichtigungsbewilligung ist hier ausgeschlossen. Unrichtige Angaben dieser Art werden von Amts wegen berichtigt. Näheres s. § 3 A. 98 ff. Für Preußen s. § 7 der AV. v. 18. Febr. 1911 (JMBl. 91).

Voraussetzung für eine Berichtigung von Amts wegen ist aber stets, daß die zu berichtigende Angabe rein **tatsächlicher Natur,** also rechtlich bedeutungslos ist u. nicht in irgendeiner Weise die Grundlage für einen gutgläubigen Rechtserwerb bilden kann (vgl. KGJ. 27, 86). Liegt der Berichtigung einer Bestandsangabe z. B. eine Grenzänderung zugrunde, so fällt sie unter § 22. Das gleiche gilt für eine Grenzunrichtigkeit. Diese liegt vor, wenn die Grenzen eines Grundstücks infolge eines Irrtums in der Katasterkarte abweichend von der Wirklichkeit dargestellt sind. Die Vorschrift des § 22 darf nur insoweit außer acht gelassen werden, als das Grundstück selbst das gleiche bleibt u. nur seine Bezeichnung usw. sich ändert. Änderungen der Benennung des Grundstücks, der Wirtschaftsart u. Lage, der Angaben über die Bebauung des Grundstücks usw. werden hiernach, wenn sie mit einer Änderung der Grenzen des Grundstücks nicht zusammenhängen, in der Regel unbedenklich von Amts wegen im GBuch vollzogen werden können, ohne daß ein Antrag oder die Zustimmung des Eigtr. oder eines anderen Berechtigten erforderlich wäre. Das gleiche gilt für die Flächenangabe jedenfalls dann, wenn von der Richtigkeit weder die Zugehörigkeit ganzer Parzellen zu dem Grundstück noch der Umfang der Parzellen betroffen wird, vielmehr die Grenzen des Grundstücks in der Örtlichkeit unberührt bleiben. Berichtigung von Amts wegen ist daher zulässig, wenn aus den von der Vermessungsbehörde dem GBA. übermittelten Unterlagen sich ergibt, daß der Zugang oder der Abgang auf einer Vermessung ohne Änderung der Grenzen beruht, die Berichtigung der Flächenangabe also dadurch veranlaßt ist, daß die Vermessungsbehörde die Unrichtigkeit der bisherigen Flächenberechnung erkannt hat (OLG. 8, 312)[1]), oder wenn es sich um Flächenänderungen handelt, die durch Elementarereignisse[2]) bewirkt u. nicht mehr rückgängig zu machen sind. Mitunter kann es zweifelhaft sein, ob die Änderung des auf den Flächeninhalt sich beziehenden GBuchinhalts nur eine Änderung tatsächlicher, die Beschreibung des Grundstücks betreffender Angaben in sich schließt oder ob ihr eine rechtl. Bedeutung für den Umfang des Rechtes des Eigtr. oder dritter Personen zukommt, z. B. wenn eine Parzelle von dem Bestandsverzeichnis eines Grundstücks abgeschrieben u. als zu einem anderen Grundstücke gehörend in das Bestandsverzeichnis des letzteren eingetragen werden soll (OLG. 5, 1; 6, 12; vgl. aber auch OLG. 3, 33 u. BayObLG. 16, 153, wonach jede Änderung des Bestandes eines GBuchblattes rechtl. Wirkungen hat u. unter § 22 fällt; s. auch Neumann in GruchotsBeitr. 48, 49). Steht der sofortigen Eintr. der Änderung in das GBuch ohne Antrag des Eigtr. u. ohne Bew. der Berechtigten ein Bedenken nicht entgegen, so ist das GBA. verpflichtet, die Änderung auf Gr. der Mitteilungen der Vermessungsbehörde ohne weiteres in das GBuch einzutragen (vgl. OLG. 8, 311; 9, 312; 42, 161). Andernfalls wird der GBuchbeamte die Beteiligten zur Stellung der zur Berichtigung des GBuchs erforderl. Anträge oder zur Abgabe der EintrBew. u. der sonstigen Erklärungen veranlassen. Insoweit kommt auch § 53 zur Anwendung. Über den Fall der Doppelbuchung eines Grundstücks s. § 3 A. 246ff.

Von der Berichtigung der unrichtig in das GBuch aufgenommenen Bestandsangaben ist die Übernahme der Veränderungen, die sich im Liegenschaftskataster ergeben, in das GBuch (Fortschreibung) zu unterscheiden; hierüber s. § 2 A. 22ff.

Sind zwei Grundstücke versehentlich vereinigt oder ist eines einem anderen versehentlich als Bestandteil zugeschrieben worden oder wurde statt der Vereinigung die Zuschreibung vorgenommen oder umgekehrt, so handelt es sich nicht um eine rein tatsächl. Unrichtigkeit, sondern eine solche rechtl. Natur i. S. des § 22 (OLG. 12, 145; Güthe-Triebel[6] A. 4; vgl. oben § 5 A. 23; § 6 A. 15). Dagegen ist die Anlegung eines gemeinschaftl. GBuchblattes nach § 4 eine Einschreibung tatsächl. Natur, die jederzeit von Amts wegen rückgängig gemacht werden kann (vgl. § 4 A. 14, 22). Eine eigentl. GBuchberichtigung i. S. des § 22 liegt vor, wenn ein im Anlegungsverfahren als Eigentum der Gemeinde gebuchtes Gewässer als Anliegergewässer (Art. 21 bayer. WasserG.) eingetragen werden soll (BayObLG. in Bay.-NotV. 1931, 265).

5 **d) Unzulässige Eintragungen.** Man hat zu unterscheiden zwischen den ihrem Inhalte nach unzulässigen Eintr. (s. Vorbem. 14ff., 59ff. vor § 13) u. den übrigen Eintr., die das GBA. unter Verletzung einer gesetzl. Vorschrift vorgenommen hat. Erstere hat das GBA.

---

[1]) Anders, wenn die Messungsbehörde feststellt, daß die im Messungsverzeichnis dargestellte Grenze mit der Örtlichkeit nicht übereinstimmt (OLG. 7, 213).

[2]) Anders, wenn geltend gemacht wird, daß eine bestimmte Fläche infolge Abspülung (OLG. 10, 428) oder infolge Trockenlegung (OLG. 6, 197) in das Eigentum eines Dritten übergegangen ist.

von Amts wegen zu löschen (§ 53 Abs. 1 Satz 2), gleichviel ob durch die Eintr. der Inhalt des GBuchs unrichtig wurde oder nicht; § 22 kommt daher nicht in Frage. Eine etwaige Berichtigungsbew. oder ein Unrichtigkeitsnachweis hat daher nur die Bedeutung einer Anregung des GBA. zur Tätigkeit von Amts wegen (Güthe-Triebel[6] A. 5). Bei letzteren ist, wenn durch die Eintr. das GBuch unrichtig geworden ist, von Amts wegen ein Widerspruch einzutragen, um die Wirkungen des öffentl. Glaubens des GBuchs auszuschließen (§ 53 Abs. 1 Satz 1). Für die GBuchberichtigung selbst gelten die gewöhnl. Vorschriften, insbes. die §§ 14, 22. Ohne Eintr. eines Widerspruchs nach § 53 kann eine solche Unrichtigkeit nur auf Gr. einer Berichtigungsbewilligung, nicht aber auf Gr. des Nachweises der Unrichtigkeit beseitigt werden.

II. Die Unrichtigkeit des Grundbuchs ist entweder eine ursprüngliche (das Recht ist von Anfang an unrichtig eingetragen worden) oder eine nachträgliche (das eingetragene Recht hat nachträglich eine außerhalb des GBuchs wirksam gewordene Veränderung erfahren). § 22 gilt für beide Arten der Unrichtigkeit. 6

Die Unrichtigkeit kann darin bestehen (§ 894 BGB.),

α) daß ein ohne Eintr. in das GBuch entstandenes **Recht**[1]) oder eine eintragungsfähige **Verfügungsbeschränkung** (OLG. 40, 54) in das GBuch nicht eingetragen ist,

β) oder daß ein eingetragenes Recht oder eine Verfügungsbeschränkung zu Unrecht gelöscht wurde,

γ) oder daß ein Recht nicht richtig eingetragen wurde; es ist z. B. eine Hyp. zu 2000 RM. eingetragen statt der bewilligten zu 1000 RM.[2]), oder eine Dienstbarkeit, ein Erbbaurecht usw. mit einem anderen Inhalt als dem sich aus der EintrBew. ergebenden; oder die Eintr. entspricht nicht der Vorschrift des § 47 (RG. 54, 85; KGJ. 50, 151); oder Miterben sind als Bruchteilseigtr. bezeichnet (KGJ. 51, 220); oder eine Eintr. entspricht nicht dem Inhalt des ihr zugrunde liegenden Zuschlagsbeschlusses (RG. 86, 258); oder die Nacherben sind im Nacherbenvermerk unrichtig bezeichnet (vgl. § 51 A. 22); oder ein Recht ist mangels Einigung über eine Rangänderung nicht mit dem ihm zustehenden Rang eingetragen u. dgl.,

δ) oder daß ein eingetragenes Recht in Wirklichkeit nicht entstanden ist, z. B. wegen Fehlens materiell-rechtl. Voraussetzungen, insbes. der Einigung (s. u. A. 7),

ε) oder daß ein im GBuch eingetragenes Recht inzwischen erloschen ist[3]),

ζ) oder daß ein Recht einem anderen als dem eingetragenen Berechtigten zusteht (insbes. Erwerb außerhalb des GBuchs, s. u. A. 8).

Das GBuch ist auch unrichtig, wenn der einer **Vormerkung** zugrunde liegende Anspruch nicht entstanden oder erloschen ist oder eine Vormerkung zu Unrecht gelöscht wurde (RG. 129, 184; 132, 419; RJA. 11, 60; KGJ. 52, 164; Güthe-Triebel[6] A. 7; Staud.-Kober § 883 A. 52; § 886 A. 7; Planck § 886 A. 1b; **a. M.** OLG. 30, 21; JFG. 5, 317; RGRK. § 886 A. 2, 3 u. a.; vgl. insbes. Güthe in GruchotsBeitr. 57, 94); ebenso, wenn ein **Widerspruch** zu Unrecht eingetragen oder gelöscht ist (Güthe-Triebel[6] A. 7; Staud.-Kober § 894 A. 9, 27;

---

[1]) Ein schuldrechtl. Anspruch auf Rechtsänderung genügt zur Berichtigung nicht (RG. 53, 375; 60, 264); deshalb können rechtsbegründende Eintragungen (z. B. Nachholung der versehentlich unterbliebenen Eintr. der Verzinsung einer Hyp.) niemals im Wege der Berichtigung verlangt werden (OLG. 21, 412; vgl. Güthe-Triebel[6] A. 3).

[2]) Wurde dagegen versehentlich ein geringerer Betrag eingetragen, so liegt keine Unrichtigkeit vor; ob die Hyp. in dem geringeren Umfang entstanden ist, ist nach § 139 BGB. zu entscheiden (KGJ. 53, 169; Güthe-Triebel[6] A. 3; vgl. RG. 108, 149). Das Gesagte gilt auch, wenn der Zinsfuß höher oder niedriger als bewilligt eingetragen wurde. Nach § 139 BGB. ist auch zu beurteilen, ob eine Belastung entstanden ist, wenn die Unrichtigkeit nicht deren Umfang, sondern ihren Inhalt (Zahlungsbedingungen, Kündigungs- u. Zinszahlungsbestimmungen usw.) betrifft (Güthe-Triebel a. a. O.). Vgl. auch Vorbem. 60ff. vor § 13 u. KG. in HRR. 1934 Nr. 169.

[3]) Auch infolge einer Änderung der Gesetzgebung (OLG. 6, 203; vgl. auch OLG. 6, 492).

a. M. KJA. 15, 238; RGRK. § 899 A. 2 a. E.) u. wenn eine Vormerkung oder ein Widerspruch unrichtig eingetragen ist. Vgl. auch § 887 BGB.

Keine GBuchunrichtigkeit besteht dagegen, wenn eine Verfügung relativ unwirksam ist, weil sie einer eingetragenen Vormerkung zuwiderläuft; die hier erforderl. Zustimmung des Dritterwerbers (§ 888 Abs. 1 BGB.) ist rechtsändernder Natur (vgl. RG. 132, 424; JFG. 5, 325; s. auch § 25 A. 39). Ebensowenig wird das GBuch unrichtig, wenn eine eingetragene Verfügung einer relativen Verfügungsbeschr. widerspricht (§ 888 Abs. 2 BGB.; s. Vorbem. 71 vor § 13); anders bei absoluten Verfügungsbeschränkungen (vgl. Vorbem. 68 vor § 13).

Unrichtigkeit des GBuchs besteht auch dann, wenn die Bezeichnung eines Grundstücks mit der Bezeichnung im amtlichen Grundstücksverzeichnis (§ 2 Abs. 2) nicht übereinstimmt.

Ist im EintrVermerk auf eine Urkunde Bezug genommen u. weicht die bei den Grundakten befindl. Ausfertigung oder begl. Abschrift dieser Urkunde von der Urschrift inhaltlich ab, so ist das GBuch in gleicher Weise unrichtig, wie wenn der EintrVermerk selbst fehlerhaft wäre (JFG. 15, 85; s. o. § 3 A. 160 unter b).

III. **Aus welchen Gründen** das GBuch unrichtig geworden ist, ist gleichgültig.

7 1. Die Unrichtigkeit kann darin ihren Grund haben, daß die zum Erwerb oder zur Entstehung des Rechtes erforderl. Einigung nicht zustande gekommen (RG. 88, 89; RG. in BayZ. 1911, 118) oder wegen Fehlens einer erforderl. Zustimmung, behördl. Genehmigung usw. unwirksam geblieben ist (RG. 82, 20; OLG. 40, 274; JW. 1926, 1025) oder daß sie nichtig ist (z. B. als Scheingeschäft [RG. 51, 418; 79, 265; OLG. 42, 174; JW. 1902, Beil. 202, 222] oder wegen Geschäftsunfähigkeit) oder infolge Anfechtung[1]) als von Anfang an nichtig anzusehen ist, ferner darin, daß Einigung u. Eintr. nicht übereinstimmen, mag letztere auch der EintrBew. entsprechen (RG. 53, 412; OLG. 39, 245; vgl. § 19 A. 6). Über nachträgl. Entstehung eines wirksamen Rechts aus einer unwirksamen Eintr. durch Nachholung der Einigung vgl. RG. 108, 148; 139, 129; RGRK. § 873 A. 7c, 10; s. auch § 20 A. 2, 85.

8 2. a) Hauptsächlich kommen aber die Fälle in Betracht, in denen sich der **Erwerb eines Rechts außerhalb des Grundbuchs** vollzieht, wie beim Erwerb durch Gesamtrechtsnachfolge, insbes. durch Erbgang, kraft allgem. Gütergem. usw. Über diese Fälle, sowie über weitere Fälle, in denen das Eigentum ohne Eintr. erworben wird, s. § 20 A. 4ff. Hieher gehören weiter die Fälle, in denen der Rechtserwerb unmittelbar auf einem Sondergesetz beruht. Vgl. z. B. § 3 des Dritten Ges. zur Überleitung der Rechtspflege auf das Reich v. 24. Jan. 1935 (RGBl. I 68) mit §§ 1 bis 4 der DurchfVO. v. 8. März 1935 (RGBl. I 358); § 3 des Ges. ü. d. Landespolizei v. 29. März 1935 (RGBl. I 460) mit §§ 6 bis 9 der Durchf.-VO. v. 22. Juli 1935 (RGBl. I 1037); §§ 2ff. der 4. VO. ü. d. Aufbau der Reichsluftfahrtverwaltung v. 27. Aug. 1936 (RGBl. I 703); §§ 4, 6 Abs. 1 des Ges. ü. Finanzmaßnahmen auf dem Gebiete der Polizei v. 19. März 1937 (RGBl. I 325) mit Art. 9 Abs. 1, 2 der Durchf.-VO. v. 30. März 1937 (RGBl. I 429). S. auch unten A. 11.

Erwerb außerhalb des GBuchs liegt ferner vor: bei Abtretung u. Belastung (Verpfändung u. Nießbrauchbestellung) sowie bei Pfändung u. Überweisung einer Briefhypothek usw. (§§ 1154, 1069 Abs. 1, 1274 Abs. 1 BGB.; §§ 830, 837 ZPO.), bei Abtretung u. Belastung einer Sicherungshyp. für eine Inhaberschuldverschreibung usw. (§ 1187 Satz 3 BGB.), bei Abtretung, Belastung u. Pfändung eines Erbanteils (RG. 90, 232; s. u. A. 43ff.) oder eines eingetragenen Nacherbenrechts (RG. 83, 437; s. § 51 A. 25), in den Fällen der §§ 1075 Abs. 1, 1287 Satz 2 BGB. u. des § 848 Abs. 2 ZPO. Hieher gehört auch

[1]) Anfechtung auf Gr. des AnfechtungsG. wegen Gläubigerbenachteiligung oder gemäß §§ 29ff. KO. bewirkt keine Nichtigkeit, also auch keine Unrichtigkeit (RG. 67, 41; 71, 178; KGJ. 49, 200).

die mit der Aufhebung der Fideikommisse in Bayern kraft Gesetzes ohne Eintr. in das GBuch erfolgte Entstehung der Reallasten an den Fideikommißgrundstücken für die Gehalts- u. Versorgungsansprüche der Fideikommißbeamten u. ihrer Hinterbliebenen (§ 32 Abs. 2 der AusfVorschr. z. bayer. FKAufhG. v. 26. Sept. 1919, GVBl. 647) sowie der aus den Fideikommißschulden umgewandelten Sicherungshypotheken an dem Fideikommißgrundbesitz (§ 25 AusfVorschr.); Näheres s. i. d. Anm. zu § 117.

Insbes. gehören hieher die Fälle, in denen eine Hypothek kraft Gesetzes auf den Eigtr. (§§ 1143, 1163, 1168, 1170, 1171, 1173, 1175, 1177, 1182 BGB., §§ 868, 932 Abs. 2 ZPO.)[1][2]), den persönlichen Schuldner (§§ 1164, 1174, 426 Abs. 2 BGB.) oder einen Dritten (§§ 268 Abs. 1 Satz 1, 774 Abs. 1 Satz 1, 1150 BGB.) übergeht (vgl. RG. 80, 319; 86, 240; 101, 233). S. hiezu, insbes. wegen des Unrichtigkeitsnachweises, A. 21 ff.

b) § 22 ist auch anwendbar, wenn nicht ein Wechsel des Berechtigten außerhalb des GBuchs stattgefunden hat, sondern nur die Richtigstellung einer ungenauen oder unklaren Bezeichnung des in Wahrheit von vorneherein als eingetragen anzusehenden wirkl. Berechtigten erfolgt. Hier handelt es sich weniger um eine Berichtigung als um eine **Klarstellung**. Ein solcher Fall liegt z. B. vor, wenn ein Recht zugunsten einer zur Zeit der Eintr. bereits verstorbenen Person eingetragen wurde u. deren Erben ohne weiteres an die Stelle des eingetragenen Berechtigten treten, ferner wenn die Firma einer off. HG. oder Kommanditges. erloschen u. ihr Vermögen einem Gesellschafter zugewachsen ist (vgl. § 738 BGB.) u. ein Recht nach diesem Zeitpunkt auf den Namen der Firma eingetragen wurde; dieses Recht gelangt unmittelbar in der Person des Gesellschafters zur Entstehung u. kann im Wege der Klarstellung auf ihn umgeschrieben werden (KG. in DNotZ. 1936, 961). **9**

3. Als Gründe der Unrichtigkeit können weiter in Betracht kommen: das Ausfallen der Bedingung bei Rechten, die als aufschiebend bedingt eingetragen sind (ZBlFG. 1, 767) u. der Eintritt einer auflösenden Bedingung (§ 158 BGB.); das Erlöschen des Vorkaufsrechts gem. § 1097 BGB. (OLG. 41, 21), das Erlöschen der eingetragenen Vorkaufsrechte u. Auflassungsvormerkungen, wenn ein Siedlungsunternehmen in Ausübung des gesetzl. Vorkaufsrechts ein Grundstück erwirbt (§ 9 Abs. 1 RSiedlG.; s. § 20 A. 137; vgl. auch § 13 Abs. 4 VO. ü. d. Neugestaltung der Reichshauptstadt Berlin v. 5. Nov. 1937, RGBl. I 1162; dagegen macht sonst die Ausübung des Vorkaufsrechts das GBuch nicht unrichtig: KGJ. 53, 162); das Erlöschen der Hyp. durch Befriedigung (§ 1181 BGB.); das Erlöschen von Rechten durch den Zuschlag (§ 91 ZVG.); das Erlöschen von Nießbrauch u. Pfandrecht an einem Grundstücksrecht sowie von Vormerkungen im Falle der Vereinigung von Eigentum u. Recht in einer Person (BayObLG. 13, 172; OLG. 6, 123; Staud.-Kober § 889 A. 2); das Erlöschen der auf Lebenszeit des Berechtigten oder einen sonstigen Zeitraum beschränkten Rechte (Nießbrauch, beschr. pers. Dienstbarkeit, subj.-dingl. Vorkaufsrecht, s. §§ 23, 24 m. Anm.); das Erlöschen einer Dienstbarkeit oder Reallast bei Teilung eines Grundstücks (§§ 1025, 1026, 1109 Abs. 2 u. 3 BGB.) sowie im Falle des § 1028 BGB.; die Erstreckung eines Pfändungspfandrechts u. eines Vertragspfandrechtes auf die nach der Pfändung oder Verpfändung für die Forderung eingetragene Hyp. (JFG. 4, 413; BayObLG. 32, 23); die Beschränkung einer Gesamthyp. durch inhaltslos gewordene Eventualberechtigungsver- **10**

[1]) Eine im Zeitpunkt der GBuchanlegung erloschene, aber noch nicht gelöschte Hyp. ist nicht EigtrHyp. nach §§ 1163, 1177 BGB. geworden. Die Frage, wem der durch die erloschene Hyp. eingenommene Rang zusteht, ist nach Landesrecht zu entscheiden (BayObLG. 13, 357). Vgl. Art. 184, 194 EG. z. BGB.; § 84 bayer. HypG.; Art. 59 bayer. ÜG.; Art. 33 § 3 Ziff. 3 preuß. AG. z. BGB. Bayern hat von der Ermächtigung des Art. 194 EG. z. BGB. keinen Gebrauch gemacht.

[2]) Eine an einer Heimstätte eingetragene Hyp. oder Grundschuld erlischt mit dem Erlöschen der Forderung; es entsteht keine EigtrGrundschuld. Dagegen ist die Entstehung einer vorläufigen EigtrGrundschuld infolge Nichtvalutierung auch an einer Heimstätte nicht ausgeschlossen (§ 17 Abs. 2 Satz 2 RHeimstG. i. d. Fass. v. 25. Nov. 1937, RGBl. I 1291).

merke nach § 123 ZVG. (OLG. 34, 169); das Eingetragensein von Rechten, die nach jetzigem Recht nicht mehr eintragungsfähig sind (RG. 48, 61); die Nichteintragung einer vor dem Zeitpunkt der GBuchanlegung entstandenen Grunddienstbarkeit (OLG. 8, 129); die versehentl. Nichtmitübertragung eines auf dem Hauptgrundstück eingetragenen Rechts bei Abschreibung eines Trennstücks (s. § 46); das Erlöschen der auf einem Siedlungs- oder Rentengutsverfahren beruhenden Wiederkaufs-, Ankaufs- u. Heimfallrechte sowie ähnlicher auf einem solchen Verfahren beruhenden Beschränkungen des Eigentums an einem Erbhof gem. § 35 Abs. 1 EHRV. (wg. der Löschung dieser Rechte usw. s. § 35 Abs. 2, wg. der Wiedereintr. des Anerbengutsvermerks § 46 Abs. 2 a. a. O.). Wegen Parzellenverwechselung s. § 20 A. 53 unter β, wegen Doppelbuchung § 3 A. 246ff.

Schließlich vollzieht sich die Entstehung, Änderung u. Aufhebung aller Verfügungsbeschränkungen (s. Vorbem. 65ff. vor § 13) außerhalb des GBuchs (§ 22 Abs. 1 Satz 2; OLG. 40, 54; Güthe-Triebel[6] A. 12, e; vgl. BayObLG. 22, 147).

Auch die Eintr. der Aufwertung ist GBuchberichtigung (s. Vorbem. 174 vor § 13).

11 4. Auf Gr. neuerer gesetzl. Bestimmungen tritt Unrichtigkeit des GBuchs ein:

aa) in den Fällen der gesetzlichen Zinssenkung u. der damit verbundenen gesetzl. Änderungen der Zahlungsbestimmungen; im einzelnen s. § 19 A. 30 unter s. Auch die Kapitalerweiterung (Entstehung einer Zusatzforderung) nach §§ 7ff. der VO. ü. Zinsen f. d. landwirtschaftl. Realkredit v. 27. Sept. 1932 (RGBl. I 480) gehört hieher.

bb) im Falle der Erhöhung einer im Zins gesenkten Hyp. oder Grundschuld einer Realkreditanstalt um die Konvertierungskosten von 1¾% gem. Art. 5 Abs. 3 der 2. Durchf.-VO. z. Ges. ü. d. Durchführung einer Zinsermäßigung bei Kreditanstalten v. 26. März 1935 (RGBl. I 470; vgl. Vorbem. 41 vor § 13 unter dd). Wg. der Durchführung der GBuchberichtigung s. Gutachten des KG. in JW. 1936, 825 = DJ. 1936, 101; wg. der Gebührenfreiheit vgl. Vorbem. 237 vor § 13.

Soweit bei einer derart erhöhten Hyp. oder Grundschuld eine Löschungsvormerkung nach § 1179 BGB. eingetragen ist, gilt diese auch für den Betrag, um den die Hyp. oder Grundschuld sich erhöht hat. Die Berichtigung des GBuchs erfolgt gebührenfrei auf formlosen Antrag (5. DurchfVO. v. 13. Sept. 1936, RGBl. I 734). Antragsberechtigt sind der Grundstückseigtr. u. derjenige, zu dessen Gunsten die Erweiterung der Löschungsvormerkung erfolgt ist, nicht aber der Gl. der erhöhten Hyp. (Recke in JW. 1936, 3104). Ist die Löschungsvorm. bei einem Briefrecht eingetragen, so bedarf es der Vorlage des Briefs. Hiefür hat der Antragsteller zu sorgen; das GBA. ist nicht berechtigt, die Vorlage des Briefs von dessen Inhaber zu erzwingen (vgl. Recke a. a. O.). Wg. der Fassung der Eintr. s. Recke a. a. O.

Vgl. ferner Art. 11 der 4. DurchfVO. v. 22. Sept. 1935 (RGBl. I 1179).

cc) bei der Zinserhöhung gem. Art. 7 der VO. ü. d. Veräußerung von Entschuldungsbetrieben v. 6. Jan. 1937 (RGBl. I 5).

dd) beim Übergang eines Nießbrauchs oder einer beschr. persönl. Dienstbarkeit von einer juristischen Person auf eine andere gem. § 1 Ziff. 1 des Ges. ü. d. Veräußerung von Nießbrauchsrechten u. beschr. persönl. Dienstbarkeiten v. 13. Dez. 1935 (RGBl. I 1468).

ee) bei dem Erlöschen von dingl. Rechten an eingezogenen oder dem Reich für verfallen erklärten Grundstücken, Grundstücksrechten usw. nach §§ 2, 19, 26 des Ges. ü. d. Gewährung von Entschädigungen bei der Einziehung oder dem Übergang von Vermögen v. 9. Dez. 1937 (RGBl. I 1333). Wegen der Durchführung der GBuchberichtigung s. § 1 der 2. DurchfVO. v. 18. März 1938 (RGBl. I 317).

ff) beim Übergang von Rechten durch die Übertragung des Versicherungsbestandes eines Versicherungsunternehmens oder des Bestandes einer Bausparkasse an Bausparverträgen auf eine andere Bausparkasse (§§ 14, 112 VersAufsG. v. 6. Juni 1931,

RGBl. I 315). Zu den bei Übertragung des Bestands einer Bausparkasse kraft Gesetzes übergehenden Rechten gehören auch die Hyp. u. Grundschulden, die der übertragenden Bausparkasse von ihren Sparern zur Sicherung für gewährte Baudarlehen bestellt sind (Bausparhypotheken) (JFG. 12, 260; 13, 152). Nicht zu den übergehenden „Rechten aus einem Bausparvertrag" gehört ein Grundstück, das die Bausparkasse auf Gr. einer Bausparhyp. eingesteigert hat (JFG. 13, 154).

Für die Vereinbarung der Übertragung genügt einfache Schriftform; außerdem ist die Gen. des Reichsaufsichtsamtes für Privatversicherung notwendig. Zur Umschreibung einer Bausparhyp. ist in der Form des § 29 nachzuweisen, daß eine wirksame Bestandsübertragung i. S. des § 14 Abs. 1 VersAufsG. stattgefunden hat u. daß die umzuschreibende Hyp. eine Bausparhyp. ist (JFG. 12, 260; 13, 152). Letzteres wird sich meist aus der bei den Grundakten befindl. Bestellungsurkunde ergeben.

gg) Vgl. auch § 2 der VO. ü. d. Umstellung der Schuldverhältnisse im Saarland vom franz. Franken auf Reichsmark v. 22. Febr. 1935 (RGBl. I 250).

5. a) In gewissen Fällen dürfen Rechtsänderungen, die sich außerhalb des GBuchs vollzogen haben, nicht in das GBuch eingetragen werden. Die GBuchberichtigung ist also unzulässig. Hier handelt es sich auch nicht um eine eigentl. Unrichtigkeit des GBuchs, sondern um eine Durchbrechung des Eintragungsgrundsatzes. Hieher gehören 12

α) die Fälle, in denen gewisse dingl. Rechte kraft besonderer Vorschrift von der Eintr. in das GBuch ausgeschlossen sind; s. hierüber Vorbem. 15 vor § 13;

β) die Fälle, in denen ein gesetzl. Rangverhältnis im GBuch nicht vermerkt wird; vgl. hierüber die Erläuterungen zu § 45.

b) In anderen Fällen ist zwar die Eintr. einer außerhalb des GBuchs eingetretenen Rechtsänderung nicht unzulässig; sie ist aber auch nicht notwendig, da zur Erhaltung der Wirksamkeit der Rechtsänderung gegenüber dem öffentl. Glauben auf Gr. besonderer gesetzl. Vorschrift ihre Aufnahme in das GBuch nicht erforderlich ist. Hieher gehören:

α) die verschiedenen Zinssenkungsvorschriften; vgl. § 19 A. 30 unter s sowie oben A. 11. Insbes. bedarf auch nach § 10 Abs. 1 des Ges. ü. Hypothekenzinsen v. 2. Juli 1936 (RGBl. I 533) eine vom Richter bestimmte Änderung der Verzinsung einer Hyp. oder Grundschuld nicht der Eintr. in das GBuch. Dagegen müssen freiwillige Zinsermäßigungen, um gegenüber dem öffentl. Glauben des GBuchs wirksam zu bleiben, im GBuch verlautbart werden; sie werden gem. § 10 Abs. 2 a. a. O. in der Zeit bis zum 30. Juni 1939 auf Antrag kostenfrei eingetragen. Vgl. ferner § 7 des Ges. z. Regelung von Kapitalfälligkeiten gegenüber dem Auslande v. 27. Mai 1937 (RGBl. I 600);

β) die Abrundung der Tilgungsleistungen bei Überleitung in einen neuen Tilgungsplan auf Gr. der Herabsetzung des Zinssatzes nach dem Ges. ü. d. Durchführung einer Zinsermäßigung bei Kreditanstalten v. 24. Jan. 1935 (Abs. 1 Satz 2 der 6. DurchfVO. v. 13. April 1937, RGBl. I 455). Vgl. auch Art. 2 Abs. 2 Satz 3 der 2. VO. ü. d. Zinsen f. d. landwirtschaftl. Auslandskredit v. 22. März 1937 (RGBl. I 425);

γ) die Abänderung der Darlehensbedingungen bei Hypotheken der Industriebank an Osthilfeentschuldungsbetrieben gem. § 7 OsthilfeschlußVO. v. 20. Juni 1936 (RGBl. I 499).

IV. § 22 bezieht sich auch auf solche Fälle, in denen durch ein **Versehen des GBuchrichters** etwas objektiv Unrichtiges eingetragen wurde (vgl. § 53 Abs. 1 Satz 1 u. die Anm. zu § 53). Dagegen bezieht § 22 sich nicht auf solche Unrichtigkeiten des GBuchs, die darin ihren Grund haben, daß der GBuchbeamte bei der Eintr. die ihm bekannte Rechtslage unrichtig beurteilt hat (RG. 55, 404; RJA. 3, 258; BayObLG. 9, 328; 10, 90; 28, 202; Henle-Schmitt A. 1), z. B. bei unrichtiger Auslegung der vorgelegten Urkunden (KGJ. 26, 80); in diesem Falle kann nur nach § 53 vorgegangen werden (vgl. auch BayObLG. in BayZ. 1922, 21). 13

C. Die Berichtigungsbewilligung.

14 **1. a)** Die Berichtigungsbew. ist eine Unterart der EintrBew. Auch sie ist ein Ausfluß des formellen Konsensprinzips (s. § 19 A. 5) u. nicht etwa ein Beweismittel oder Beweisersatzmittel für die GBuchunrichtigkeit. Der Betroffene hat die Möglichkeit, durch seinen bloßen Willen die Berichtigung des GBuchs herbeizuführen (Güthe-Triebel[6] A. 31; vgl. BayObLG. 34, 181).

Deshalb gelten auch für die Berichtigungsbew. die Vorschriften des § 19. Insbes. ist auch hier die Bew. desjenigen erforderlich, dem das Verfügungsrecht über das betroffene Recht zusteht (s. § 19 A. 84ff.). Betroffener ist hier jedoch nicht, wie im Falle des § 19 (s. § 19 A. 70), stets der materiell Berechtigte (dieser ist es z. B. bei Eintr. des Pfandrechts an einer Briefhyp., der Änderung des durch Vormerkung gesicherten Anspruchs, bei Richtigstellung des Ranges zweier Rechte); Betroffener kann auch derjenige sein, dem ein bloßes Buchrecht zusteht, wenn nämlich durch die Berichtigung sein Recht nicht bloß geändert oder eingeschränkt, sondern vollständig in Wegfall gebracht werden soll, z. B. der eingetragene HypGl., dessen Hyp. gelöscht werden soll oder der eingetragene Eigtr., wenn ein anderer Eigtr. eingetragen werden soll. Regelmäßig ist der Eingetragene Betroffener. Eine Ausnahme besteht nur bez. des Erben des Eingetragenen; zum Vollzug der Berichtigung bedarf es dessen Eintr. nicht, weil dadurch das GBuch wieder unrichtig werden würde (Güthe-Triebel[6] A. 32). Vgl. auch § 19 A. 72. Nicht erforderlich ist, daß in der Bewilligung zum Ausdruck gebracht wird, daß sie zum Zwecke der Berichtigung des GBuchs erteilt wird. Es genügt auch hier, wenn der Buchberechtigte „die Eintragung" bewilligt (RG. 73, 154; BayObLG. 11, 19; OLG. 18, 111; **a. M.** Kretzschmar in ZBlFG. 2, 631; 4, 363). Eine Ausnahme gilt nur für den Fall, daß die Berichtigung durch Eintr. eines Eigentümers erfolgen soll; denn wenn hier der Berichtigungszweck nicht ausdrücklich genannt wird, muß der GBuchbeamte mit der Möglichkeit rechnen, daß mit der Bewilligung der Zweck einer Rechtsänderung verfolgt wird, u. dann hat er auf der Einhaltung der Vorschriften des § 20 zu bestehen. Die Ansicht aber, daß in diesem Falle auch noch der Nachweis der Unrichtigkeit erforderlich sei (so OLG. 2, 411; 14, 76), findet im Gesetz keine Stütze. Von einer Umgehung des § 20 kann keine Rede sein; denn die Rechtsänderung tritt nur ein, wenn mit der Bewilligung nicht eine bloße Berichtigung, sondern eine Rechtsänderung bezweckt wird (RG. 73, 154; BayObLG. 11, 19; OLG. 9, 332; RJA. 9, 59). Deshalb darf sich auch der GBuchrichter mit der Berichtigungsbew. nicht begnügen, wenn er aus dem Inhalt der ihm vorgelegten Urkunden oder aus dem Vorbringen der Beteiligten ersieht, daß deren Angaben unrichtig sind u. etwa den Zweck verfolgen, eine Auflassung zu umgehen (BayObLG. 34, 182). Die Auflassung ersetzt stets die Berichtigungsbew. (RJA. 9, 59).

Genügt die EintrBew. allein nicht, weil die Zustimmung Dritter, z. B. des Grundstückseigtr. nach § 880 Abs. 2 Satz 2 BGB. oder nach § 27 GBO., die staatsaufsichtl. Genehmigung (vgl. KGJ. 40, 60), die Gen. des VormundschaftsG. u. dgl. noch erforderlich ist, so gilt das gleiche für die Berichtigungsbew., selbst wenn sie ausdrücklich als solche bezeichnet ist (RJA. 11, 75; OLG. 25, 390; vgl. Güthe in ZBlFG. 13, 181).

15 **b)** Die gleichen Grundsätze kommen zur Anwendung, wenn die Bewilligung durch **Urteil** ersetzt wird (§ 894 ZPO.; vgl. § 19 A. 47ff.); denn das Urteil als solches erbringt nicht den Nachweis der Unrichtigkeit (Güthe-Triebel[6] A. 34). Ein Urteil, das zur Abgabe einer Berichtigungsbewilligung verurteilt oder eine darauf gerichtete Klage abweist, ist, da es rechtsgestaltend wirkt, für den GBuchrichter bindend, wenn er über einen in gleicher Weise begründeten Berichtigungsantrag zu entscheiden hat (JFG. 11, 219).

16 **2. Prüfungspflicht des GBuchrichters.**

Liegt eine genügende Berichtigungsbew. vor, so braucht der GBuchrichter nicht zu prüfen, ob das GBuch tatsächlich unrichtig ist; es kann also neben der Berichtigungsbew. nicht noch der Nachweis der Unrichtigkeit verlangt werden (RG. 73, 154; OLG. 18, 179; KGJ.

40, 153; Güthe-Triebel[6] A. 29; bestr.; s. auch oben A. 14). Nur dann ist der Nachweis notwendig, wenn der GBuchrichter weiß, daß die Angaben der Beteiligten unrichtig sind (RG. 73, 154; BayObLG. 11, 19; OLG. 43, 180; JFG. 3, 407; Güthe-Triebel[6] A. 29); bloße Zweifel rechtfertigen aber die Ablehnung des Antrags nicht (RJA. 11, 237; KGJ. 48, 186; BayObLG. 34, 181). Wird sowohl eine Berichtigungsbew. als auch der Unrichtigkeitsnachweis vorgelegt, so ist letzterer für das GBA. maßgebend (Güthe-Triebel[6] A. 34 a. E.). Der Berichtigungsantrag ist zurückzuweisen, wenn sich aus den mit der Berichtigungsbew. vorgelegten Urkunden ergibt, daß durch die der Bew. entspr. Eintr. das GBuch gerade unrichtig würde (BayObLG. 11, 19).

D. Der Nachweis der Unrichtigkeit des Grundbuchs.

1. Dieser Nachweis ersetzt die Berichtigungsbewilligung (s. o. A. 1). Wenn daher die Unrichtigkeit nachgewiesen wird, so kann nicht noch daneben die Bew. desjenigen gefordert werden, dessen Recht von der Berichtigung betroffen wird. Der Unrichtigkeitsnachweis muß lückenlos erbracht sein (RG. 48, 55; BayObLG. 11, 493). Ist dies nicht der Fall, so ist der Antrag auf GBuchberichtigung zurückzuweisen. Besteht jedoch Aussicht, daß die fehlenden Belege oder die Berichtigungsbew. nachgebracht werden können, so ist Zwischenverfügung gem. § 18 zu erlassen (RG. 55, 408; BayObLG. 9, 328, 654; 11, 493). Der Antragsteller kann aber dann, statt den Nachweis der Unrichtigkeit zu ergänzen, die Berichtigungsbew. des von der Berichtigung Betroffenen vorlegen. **17**

2. Die Unrichtigkeit des GBuchs muß **nachgewiesen** sein. Die bloße Glaubhaftmachung genügt nicht. Eines Nachweises bedarf es nicht, wenn die Unrichtigkeit bei dem GBA. offenkundig ist. Im übr. muß der Nachweis durch Vorlage von öffentl. oder öffentlich begl. Urkunden geführt werden (§ 29 Abs. 1 Satz 1; OLG. 7, 28; BayObLG. 12, 537). Eine eingetragene Vormerkung ist kein genügender Nachweis (BayObLG. 22, 322). An die Führung des Nachweises sind strenge Anforderungen zu stellen (JFG. 11, 221). S. auch unten A. 24, 25. **18**

a) Als Nachweis kommen hauptsächlich in Betracht: der Erbschein oder die in einer öffentl. Urkunde enthaltene letztwillige Verfügung nebst Eröffnungsprotokoll zum Nachweis der Erbfolge (§ 35); zum Nachweise des Bestehens eines vertragsmäßigen Güterstandes der Ehevertrag oder das Zeugnis über die Eintr. in das Güterrechtsregister (§ 33), zum Nachweise der fortges. Gütergem. das Zeugnis nach § 1507 BGB.; die Ausfertigung des Ausschlußurteils in den Fällen der §§ 1170 Abs. 2, 1171 Abs. 2 BGB.; ein rechtskr. Urteil zum Nachweis, daß die Auflassung nichtig war; ein Handelsregisterauszug bei Firmenänderung, Sitzverlegung, Verschmelzung, Umwandlung der Gesellschaftsform usw.; Vorlage einer einstw. Verfügung, wenn auf Gr. derselben ein Veräußerungsverbot eingetragen werden soll (der Nachweis der Zustellung an den Schuldner ist hiebei nicht erforderlich; s. § 19 A. 65); im Falle des § 932 Abs. 2 mit § 868 ZPO. (Arresthypothek) die Vorlage des den Arrestbefehl aufhebenden Urteils (§§ 925, 926, 927 ZPO.) oder des den Arrest aufhebenden Beschlusses (§ 934 ZPO.); zum Nachweise des Erlöschens eines Pfändungspfandrechts entweder der Nachweis des Verzichts des Gl. auf das Pfandrecht (§ 843 ZPO.) oder die Vorlage des den Pfändungsbeschluß aufhebenden Beschlusses des VollstreckungsG. (§§ 775, 776 ZPO.; vgl. Predari § 25 A. 1); das gleiche gilt für die Zwangshypothek im Falle des § 868 ZPO. Über die erforderl. Nachweise in den Fällen des Eigentumserwerbs außerhalb des GBuchs s. auch § 20 A. 4ff.; über Löschung des Rechts des Nacherben u. der Testamentsvollstreckung s. § 51 A. 20; § 52 A. 11. **19**

b) Bei Briefrechten wird die außerhalb des GBuchs erfolgte Abtretung oder Verpfändung (§§ 1154, 1274 Abs. 1 BGB.) durch Vorlage des Briefs u. der in der Form des § 29 erteilten Abtretungs- (Verpfändungs-) Erklärung nachgewiesen; bei mehrfacher Abtretung bedarf es auch der Abtretungserklärungen sämtlicher Zwischengläubiger (vgl. § 1117 Abs. 3 **20**

BGB.)[1]). Die Pfändung u. Überweisung eines Briefrechts wird nachgewiesen durch Vorlage des Briefs u. des Überweisungsbeschlusses des VollstreckungsG. (§§ 830, 837 ZPO.; vgl. auch § 857 Abs. 6 ZPO. u. oben § 19 A. 54).

21 c) Das Entstehen der Eigentümergrundschuld (§ 1177 Abs. 1 BGB.)[2]) wird, wenn die Forderung nicht entstanden ist (§ 1163 Abs. 1 Satz 1 BGB.)[3]), regelmäßig durch Anerkenntnis des Gl. (in der Form des § 29) oder Urteil nachgewiesen. Daneben kann im Einzelfalle sich auch aus dem Zusammenwirken tatsächlicher u. rechtlicher Verhältnisse ein schlüssiger Nachweis für die Unrichtigkeit des GBuchs ergeben (BayObLG. 33, 12). Bei der Höchstbetragshyp. bedarf zwar die endgültige Feststellung der Forderung eines Vertrages zwischen Gl. u. Schuldner; dem GBA. gegenüber genügt aber die einseitige Erklärung des Gl., daß die Feststellung stattgefunden u. einen geringeren Forderungsbetrag als den eingetragenen Höchstbetrag ergeben habe (vgl. KG. in HRR. 1933 Nr. 199). Im Falle des Erlöschens der HypForderung durch Befriedigung[4]) seitens des Eigtr., der zugleich persönl. Schuldner ist (§ 1163 Abs. 1 Satz 2 BGB.) erfolgt der Nachweis durch Vorlage einer Quittung in der Form des § 29 oder einer Hinterlegungsbescheinigung (BayObLG. 12, 537)[5]). Gleiches gilt bez. der EigtrHyp. (§ 1177 Abs. 2 BGB.) bei Befriedigung durch den Eigtr., der nicht persönl. Schuldner ist (§§ 1143 ff. BGB.)[6]). Darüber, daß die Quittung ersehen lassen muß, wer gezahlt hat, s. § 27 A. 24; vgl. hiezu auch OLG. 4, 79; 8, 141, 210; KGJ. 40, 294. Über Quittung des Vormunds vgl. OLG. 20, 417. Erforderlich ist im Falle der Befriedigung durch den Eigtr., der persönl. Schuldner ist, weiter der Nachweis der persönlichen Haftbarkeit des Eigtr., z. B. durch die aus den Grundakten sich ergebende Tatsache, daß er die Hyp. für eine eigene Schuld bestellt oder in Anrechnung auf den Kaufpreis übernommen hat (OLG. 2, 320; 14, 113; Planck § 1144 A. 4b, § 1177 A. 5; Fuchs § 1163 A. 7; Güthe-Triebel[6] A. 43; **a. M.** OLG. 1, 416; RJA. 9, 218). Zum Nachweis des Übergangs einer gepfändeten Hyp. oder Grundschuld auf den Eigtr. bedarf es neben der löschungsfähigen Quittung des Pfandgl., wonach der Eigtr. an ihn bezahlt hat, des Nachweises der Fälligkeit der HypForderung (Grundschuld) u. des Nachweises des Bestandes u. der Fälligkeit der Forderung des Pfandgl. (KG. in JW. 1935, 1641 = HRR. 1935 Nr. 738). Hat der Vorerbe die Hyp. aus eigenen Mitteln bezahlt, so gehört die EigtrGrundschuld nicht zum Nachlaß u. kann ohne Zustimmung des Nacherben auf den Vorerben umgeschrieben werden (KGJ. 50, 210). Wenn eine Nachlaßhyp. an den nicht befreiten Vorerben bezahlt wird oder dieser das Nichtbestehen der Schuld anerkennt, entsteht keine EigtrGrundschuld (KGJ. 50, 217). Die Umschreibung einer Hyp. als EigtrGrundschuld aus Anlaß der Tilgung der Forderung durch den noch nicht eingetragenen

---

[1]) Kommt es auf den Zeitpunkt der Briefübergabe an, z. B. weil inzwischen über das Vermögen des bisherigen Gl. der Konkurs eröffnet worden ist, so muß auch dieser Zeitpunkt nachgewiesen werden (RJA. 6, 66; KGJ. 40, 278; RGRK. § 1154 A. 4).

[2]) Die Nichtvalutierung einer Grundschuld berührt das dingl. Recht des Gl. nicht; es entsteht keine EigtrGrundschuld (RG. 78, 60; 85, 91; RG. in JW. 1929, 248; in DNotV. 1931, 730; KGJ. 53, 219; RGRK. § 1191 A. 1 u. a.; **a. M.** Güthe-Triebel[6] S. 1854; Staud.-Kober § 1192 A. 9).

[3]) Bewilligt der Eigtr. die Eintr. der Umwandlung der Hyp. in eine Grundschuld nach § 1177 Abs. 1 BGB., so bedarf es nicht des Nachweises, daß er die Hyp. tatsächlich ohne die Forderung erworben hat (OLG. 18, 179).

[4]) Die HypForderung kann weiter erlöschen durch Vereinigung von Recht u. Verbindlichkeit in einer Person in den Fällen der Erbfolge u. der rechtsgeschäftl. Übertragung an den Schuldner (§§ 398, 414, 419 BGB.; vgl. jedoch §§ 2143, 2175, 2377 BGB.), durch Rücktritt vom Vertrag (§§ 346 ff. BGB.) u. durch Eintritt der auflösenden Bedingung oder des Endtermins (§§ 158 Abs. 2, 163 BGB.).

[5]) Wird der Gl. einer Hyp. an einem im Bruchteilseigentum stehenden Grundstück von sämtl. Miteigtrn. befriedigt, so fällt diesen die entstehende EigtrGrundschuld nicht zu realen Teilen, sondern gemeinschaftlich u. zwar regelmäßig nach dem Verhältnis der Eigentumsbruchteile zu. Über seinen Anteil an der EigtrGrundschuld kann jeder Miteigtr. frei verfügen; die Verfügung über das Recht im ganzen steht nur den Miteigtrn. gemeinschaftlich zu (JFG. 16, 345).

[6]) In diesem Falle ist außerdem der durch eine entspr. Erklärung des Gl. zu erbringende Nachweis erforderlich, daß der Eigtr. nicht persönl. Schuldner ist (Güthe-Triebel[6] A. 48).

Grundstückserwerber ist zulässig, wenn sie ersichtlich in Erwartung der Eigentumsumschreibung beantragt u. die Eintr. des Erwerbers erfolgt ist (OLG. 9, 315; ZBlFG. 6, 339). Ist der eingetragene HypGl. nicht der materiell Berechtigte, so genügt seine Quittung nicht, um den mit einer gutgläubigen Zahlung verbundenen Übergang der Hyp. auf den zahlenden Eigtr. darzutun (RJA. 11, 62). Über Zahlung einer Nachlaßhypothekforderung durch den Testamentsvollstr., der zugleich Grundstückseigtr. ist, s. OLG. 8, 31; RJA. 4, 63. Wegen der Umwandlung der EigtrGrundschuld in eine Fremdhyp. usw. s. § 3 A. 182, 184.

Steht die Briefhyp. dem Eigtr. zu, weil dem Gl. der Brief nicht ausgehändigt wurde (§ 1163 Abs. 2 BGB.), so genügt die Vorlage des Briefs durch den Eigtr. nicht; es muß vielmehr auch eine Erklärung des Gl. in der Form des § 29 beigebracht werden, daß ihm der Brief noch nicht übergeben worden ist (OLG. 3, 362; 14, 132; Planck § 1117 A. 3c; Güthe-Triebel[6] A. 44).

d) Erfolgt Befriedigung durch den persönl. Schuldner, der nicht Eigtr. ist (§ 1164 BGB.), so ist außer dem Nachweis der Befriedigung (s. o. A. 21) darzutun, daß der Befriedigende persönl. Schuldner ist u. daß ihm dem Eigtr. gegenüber ein Ersatzanspruch zusteht. Dies wird in der Regel nur durch eine Anerkennungserklärung des Eigtr. bewiesen werden können; diese darf keinen Zweifel darüber lassen, daß das Rechtsverhältnis im Zeitpunkt der Befriedigung noch bestand. Die Umschreibungsbewilligung des Eigtr. ersetzt diese Erklärung (Bay.ObLG. 11, 31; Staud.-Kober § 1164 A. 7; s. auch SeuffBl. 66, 300; 75, 325). Vgl. auch Bückle in DNotZ. 1933, 699. Ebenso ist, wenn der persönl. Schuldner nicht ersatzberechtigt ist u. deshalb die Hyp. auf den Eigtr. übergeht, dies durch eine Erklärung des Schuldners nachzuweisen[1]). 22

Erfolgt Befriedigung (u. damit Erwerb der Hyp.) durch einen Dritten (§§ 268 Abs. 1 Satz 1, 1150, 774 Abs. 1 Satz 1 BGB.), so ist außer der Befriedigung nachzuweisen, daß der Dritte ablösungsberechtigt oder Bürge ist. Soweit die Ablösungsberechtigung sich nicht aus dem GBuch ergibt, ist sie durch Urteil gegen den Gl. festzustellen (Güthe-Triebel[6] A. 50). Will der Bürge wegen Zahlung der HypForderung durch ihn die Hyp. auf sich umschreiben lassen, so hat er das Vorliegen des Bürgschaftsvertrags (§ 765 BGB.) nachzuweisen, also nicht nur die vom Bürgen erteilte Bürgschaftserklärung, sondern auch die Annahmeerklärung des Gl., beides in der Form des § 29, vorzulegen (BayObLG. 12, 537).

e) Erlischt eine Gesamthypothek auf einzelnen Grundstücken (§§ 1173 Abs. 1, 1174 Abs. 1 BGB.), so ist außer der Befriedigung das Nichtbestehen eines Ersatzanspruchs durch Erklärung des Eigtr. oder des persönl. Schuldners oder durch Urteil nachzuweisen (OLG. 9, 318; KGJ. 47, 214; vgl. auch Meikel in SeuffBl. 68, 112). Die Grundsätze der §§ 1173 ff. BGB. gelten auch, wenn mehrere Miteigentümer gemeinschaftlich eine Hyp. am ganzen Grundstück bestellt haben, ebenso wenn ein zuerst im Alleineigentum des HypSchuldners stehendes Grundstück später auf mehrere Bruchteilseigentümer übergegangen ist (RG. 146, 363; BayObLG. 23, 50; RJA. 11, 283; Staud.-Kober § 1132 A. 24; Güthe-Triebel[6] A. 13; **a. M.** für den ersteren Fall RGRK. § 1132 A. 4; vgl. auch KG. in JW. 1938, 230). 23

3. Durch die Bezugnahme auf dieselbe Urkunde, auf Gr. deren die Eintr. erfolgte, kann der Nachweis der Unrichtigkeit nicht erbracht werden; es kann z. B. nicht geltend gemacht werden, daß infolge falscher Auslegung des Testaments die Kinder als Erben eingetragen worden seien, während bei richtiger Auslegung die Mutter als Vorerbin u. die Kinder als Nacherben hätten eingetragen werden sollen (OLG. 2, 258; 5, 295; 7, 28). Die Vorlegung 24

---

[1]) Hat nach dem Kaufvertrag der Eigtr. die Hyp. nicht übernommen u. der Schuldner sich zur Herbeiführung der Löschung verpflichtet, so ergibt sich auch daraus, daß der persönl. Schuldner nicht ersatzberechtigt ist (Güthe-Triebel[6] A. 43). Auch für die Frage, ob eine persönl. Schuld des Zahlenden vorliegt, kann der Umstand, ob die Hyp. übernommen wurde oder nicht u. ob die Schuldübernahme genehmigt wurde oder nicht, beweiskräftig sein.

der Urkunden ist Sache des Antragstellers; das GBA. hat nicht die Aufgabe, Ermittlungen über das Vorhandensein solcher Urkunden anzustellen u. sie gegebenenfalls herbeizuschaffen (BayObLG. 8, 236; 22, 187). Bei der GBuchberichtigung hat auch grundsätzlich der Antragsteller alle Möglichkeiten auszuräumen, die der beantragten Eintr. entgegenstehen würden, z. B. die Möglichkeit gutgläubigen Erwerbs (JFG. 2, 406).

25 4. Der GBuchrichter muß immer im Auge behalten, daß die Berichtigung des GBuchs im Wege des § 22 ohne Wissen u. Willen des von ihr Betroffenen erfolgt; er hat deshalb mit doppelter Vorsicht vorzugehen u. darf den Nachweis der Unrichtigkeit nur dann als erbracht ansehen, wenn eine Verletzung der Rechte des von ihr Betroffenen ausgeschlossen erscheint (ebenso BayObLG. 22, 185); doch darf er sich bei der Prüfung an das Regelmäßige des Lebens halten, wenn nicht im Einzelfalle besondere Umstände auf das Gegenteil hinweisen (BayObLG. 23, 50). Aus diesen Gründen kann der Nachweis, daß das GBuch unrichtig geworden ist, nicht genügen, sondern es wird der Nachweis erfordert, daß es noch unrichtig ist; denn wenn auch ursprünglich der Inhalt des GBuchs unrichtig war, so kann er doch nachträglich richtig geworden sein, sei es, daß die ursprünglich fehlende Einigung nachträglich erfolgte oder daß auf Gr. des öffentl. Glaubens des GBuchs der eingetragene Berechtigte oder ein Dritter Rechte erwarb. Dies gilt insbes., wenn eine Grundstücksparzelle auf einem falschen GBuchblatt vorgetragen ist; hier ist die Möglichkeit eines gutgläubigen Rechtserwerbs nicht nur des Eigtr., sondern auch anderer Berechtigter, insbes. von HypGläubigern zu berücksichtigen. Gegebenenfalls müssen die Bewilligungen dieser Berechtigten beigebracht oder durch Urteil ersetzt werden (OLG. 5, 1; 10, 428; 18, 208).

E. Grundbuchberichtigung durch Eintragung des Eigentümers oder Erbbauberechtigten (§ 22 Abs. 2).

26 **1. a) Inhalt u. Zweck der Vorschrift.**

Abs. 2 des § 22 stellt strengere Vorschriften für den Fall auf, daß die Berichtigung des GBuchs durch die Eintr. eines Eigtr. (die hauptsächlichsten Fälle s. § 20 A. 4ff.) oder Erbbauberechtigten erfolgen soll. Zweck dieser Vorschrift ist zu verhüten, daß jemand, der nicht anerkennt, Eigtr. zu sein, als solcher im GBuch eingetragen wird. Diese Sonderstellung des Eigentums hat darin ihren Grund, daß dieses nicht nur Rechte gewährt, sondern auch Pflichten öffentlichrechtlicher Natur, insbes. in steuerlicher u. polizeilicher Hinsicht, auferlegt.

Für die Anwendung des § 22 Abs. 2 ist es gleichgültig, ob die Berichtigung des GBuchs auf Gr. des Unrichtigkeitsnachweises oder auf Gr. einer Berichtigungsbew. erfolgt.

27 **b)** § 22 Abs. 2 gilt nicht nur für die Eintr. eines neuen Eigtr. oder Erbbauberechtigten im Wege der Berichtigung, sonden findet gem. § 118 Abs. 1 GBO. auf die sonstigen grundstücksgleichen Rechte, nämlich das Erbpachtrecht, das Büdnerrecht u. das Häuslerrecht Art. 63 EG. z. BGB.) sowie auf die Erbbaurechte an nicht bergrechtl. Mineralien (Art. 68 EG. z. BGB.) entspr. Anwendung.

Auch für die grundstücksgleichen Rechte kraft Landesrechtes (vgl. § 3 A. 13, 14) gilt § 22 Abs. 2. In Preußen ist die Vorschrift durch Art. 28 preuß. AG. z. GBO. auf das Bergwerkseigentum, die unbewegl. Bergwerksanteile (Kuxe älteren Rechtes), die Kohlenabbaugerechtigkeiten u. die sonstigen selbständigen Gerechtigkeiten für entspr. anwendbar erklärt. Das gleiche gilt gem. § 4 des Ges. v. 4. Aug. 1904 (GS. 235) für die Salzabbaugerechtigkeiten u. gem. § 50 Abs. 4 preuß. BergG. für das bergrechtl. Gewinnungsrecht. In Bayern findet nach Art. 18 bayer. AG. z. GBO. § 22 Abs. 2 auf Bergwerke u. unbewegl. Kuxe sowie auf die im Art. 17 Abs. 2 bayer. AG. z. GBO. bezeichneten grundstücksgleichen Rechte, d. s. Fischereiberechtigungen, Realgewerbeberechtigungen sowie Nutzungsrechte, für die nach Landesgesetz die sich auf Grundstücke beziehenden Vorschriften gelten, entspr. Anwendung (vgl. § 3 A. 14).

2. In diesen Fällen genügt zur GBuchberichtigung die Berichtigungsbew. des von ihr 28
Betroffenen, d. h. des buchmäßigen Eigtr., oder der Nachweis der Unrichtigkeit allein nicht, sondern es wird in jedem Falle noch außerdem die **Zustimmung des nicht eingetragenen wahren Eigentümers,** Erbbauberechtigten usw. erfordert. Denn als Eigtr. i. S. des § 22 Abs. 2 ist der wirkliche Eigtr. usw. zu verstehen u. nicht etwa der bloß Buchberechtigte (RG. 73, 156; BayObLG. 7, 46; OLG. 1, 479; 5, 297; 6, 197; Turnau-F. A. II 2; Güthe-Triebel[6] A. 60; Staud.-Kober § 894 A. 12). Zustimmen muß also derjenige, der eingetragen werden soll. Erteilt er die Zustimmung nicht freiwillig, so kann er auf Grund des § 894 BGB. auf Erteilung der Zustimmung verklagt werden. Sollen mehrere als Eigtr. eingetragen werden, sei es zur gesamten Hand oder nach Bruchteilen, so müssen sie alle ihre Zustimmung erklären; beantragt z. B. ein Miterbe die Umschreibung des Eigentums an einem Nachlaßgrundstück auf die Erben, so ist die Zustimmung sämtlicher Miterben erforderlich (BayObLG. 10, 355; 11, 103; KGJ. 25, 112; RJA. 10, 69); dies gilt auch dann, wenn ein als Alleineigtr. eingetragener Miterbe dazu verurteilt ist, der Berichtigung des GBuchs durch Eintr. aller Miterben in Erbengemeinschaft zuzustimmen (KG. in DNotV. 1931, 238). Das Erfordernis der Zustimmung gilt auch für die an die Stelle eines schon eingetragenen Erben tretenden Erbeserben u. Erbanteilserwerber; soweit sie aber bereits als Miteigtr. eingetragen sind, ist ihre Zustimmung entbehrlich, da nur eine Erweiterung ihrer Anteilsrechte eintritt (KG. in JR. 1926 Nr. 60)[1]). Sämtliche Miteigtr. müssen auch zustimmen, wenn die bisher nicht eingetragene Bruchteilsberechtigung nachträglich eingetragen werden soll; Auflassung ist hiebei nicht erforderlich (BayObLG. 10, 355; OLG. 6, 114). Die Zustimmung ist auch erforderlich, wenn ein bisheriger Bruchteilseigentümer (zusammen mit anderen) als Gesamthandseigentümer eingetragen werden soll; ebenso umgekehrt, wenn sich Gesamthandseigentum in Bruchteilseigentum verwandelt hat. Da nur die Zustimmung des nicht eingetragenen Eigtr. erforderlich ist, so bedarf es, wenn sich herausstellt, daß ein als Alleineigtr. Eingetragener nur Miteigtr. ist, zur Berichtigung des GBuchs durch Eintr. des Miteigentumsverhältnisses seiner Zustimmung nicht (BayObLG. 9, 328). § 22 Abs. 2 ist auch bei der Eigentumsumschreibung auf Gr. Umwandlung einer Kapitalgesellschaft oder des Übergangs des Vermögens einer Kapitalgesellschaft auf den alleinigen Gesellschafter nach dem Ges. v. 5. Juli 1934 (RGBl. I 569) anzuwenden (Recke in JW. 1936, 1273; Saage in DJ. 1937, 1699; bestr.; vgl. auch § 20 A. 13).

Über die Zustimmung bei Eintr. von Ehegatten als Miteigtr. kraft allgem. Gütergem. s. § 33 A. 32; über die Zustimmung bei Testamentsvollstreckung s. die Anm. zu § 35.

§ 22 Abs. 2 ist auch im Berichtigungszwangsverfahren nach § 82 zu beachten (vgl. Saage in DJ. 1935, 1331 u. in JW. 1935, 2773, 3207).

3. a) Die Zustimmung braucht nicht ausdrücklich erklärt zu werden. Die Auslegungs- 29
vorschrift des § 133 BGB. gilt auch für sie. So wurde in einem Falle, in dem der Mann auf Gr. § 1438 BGB. die Eintr. der Frau als Miteigentümerin beantragte u. beide Ehegatten auf Benachrichtigung verzichteten, die Zustimmung der Frau für genügend ausgedrückt erachtet (BayObLG. 7, 46; s. jedoch § 33 A. 32). Es genügt jede Willenskundgebung, die das Einverständnis mit der Eintr. unzweifelhaft erkennen läßt, so daß die Zustimmung auch stillschweigend erteilt werden kann; das gleiche gilt für die Bevollmächtigung hiezu (BayObLG. 8, 556; 14, 423; 20, 386; RJA. 13, 163). So liegt, wenn der wahre im GBuch noch nicht eingetragene Eigtr. das Grundstück verkauft hat u. den Vollzug dieses Kaufvertrags für sich be-

[1]) Wer den Erbanteil eines Miterben gepfändet hat u. zwecks Eintr. der Pfändung als Verfügungsbeschränkung (vgl. unten A. 45) die Berichtigung des GBuchs durch Eintr. der Erben beantragt, muß die Zustimmung sämtlicher Miterben, auch die seines Schuldners, beibringen (RJA. 10, 69), nötigenfalls durch Klage gem. § 895 BGB. Durch Vorgehen nach § 14 kann nur die Zustimmung des Schuldners, nicht auch die der übrigen Miterben ersetzt werden (s. § 14 A. 16). Vgl. auch Bürger in JW. 1935, 593 u. Rasch a. a. O. 1136.

antragt, in diesem Antrag die stillschweigende Zustimmung zu allen gbuchmäßigen Schritten, die der Vollzug des Kaufvertrags erfordert (BayObLG. 20, 386). Die Zustimmung muß weiter in jedem Verhalten des wahren Eigtr. erblickt werden, das erkennen läßt, daß er selbst die GBuchberichtigung anstrebt (BayObLG. 30, 63).

30 **b)** Die Zustimmung bedarf der in § 29 Abs. 1 Satz 1 vorgeschriebenen **Form** (BayObLG. 13, 151; OLG. 8, 21). Es genügt, wenn der wahre Eigtr. den EintrAntrag in dieser Form stellt (§ 30; BayObLG. 13, 151; Güthe-Triebel[6] A. 60). Die Wahrung der Form der Auflassung ist nicht erforderlich (OLG. 3, 33); doch wird natürlich die Zustimmung durch die Auflassung vollgültig ersetzt (s. § 20 A. 33).

31 **4.** Die Vorschrift des § 22 Abs. 2 ist lediglich eine **Ordnungsvorschrift.** Die Berichtigungseintr. ist daher auch dann gültig, wenn die Zustimmung in nicht gehöriger Form erklärt ist oder gänzlich fehlt.

32 **5. Ausnahmen** von der Regel des Abs. 2 bestehen:

α) im Falle des § 14 GBO. Vorausgesetzt wird hier, daß gegen den nicht eingetragenen Eigtr. ein vollstreckb. Titel vorliegt, daß auf Gr. dieses Titels eine Eintr. in das GBuch verlangt werden kann u. daß die Zulässigkeit dieser Eintr. von der vorgängigen Berichtigung des GBuchs abhängt (BayObLG. in BayNotZ. 1906, 154; vgl. die Anm. zu § 14).

β) im Falle des § 130 ZVG. Die Eintr. des Erstehers im Zwangsversteigerungsverfahren erfolgt auf Gr. des Ersuchens des Vollstreckungsgerichts; die Zustimmung des Erstehers ist nicht erforderlich (s. die Anm. zu § 38).

γ) im Falle der Zwangsenteignung, da die Zustimmung schon im Antrag auf Zwangsenteignung enthalten ist (BayObLG. 8, 552; vgl. § 20 A. 19 ff.), ferner aus dem nämlichen Grunde bei dem kraft Gesetzes eintretenden Eigentumsübergang nach dem bayer. ÖdlandG. (vgl. § 20 A. 29). Auch im Falle des Art. 183 Abs. 2 bayer. BergG. (s. § 20 A. 30) wird die Zustimmung des neuen Eigtr. durch den rechtskr. Beschluß der Bergbehörde ersetzt. Schließlich ist die Zustimmung auch entbehrlich beim Eigentumswechsel im Umlegungsverfahren u. im Verfahren zur Erschließung von Baugelände (s. § 20 A. 18, 28), da in diesen Fällen nur rechtlich ein Neuerwerb von Grundeigentum, tatsächlich aber bloß ein Grundstücksaustausch oder eine Grenzänderung vorliegt; solche Fälle umfaßt aber § 22 Abs. 2, wie sich aus seinem Zweck (s. o. A. 26) ergibt, nicht.

δ) im Falle der Berichtigung des GBuchs nach § 1 der 2. DurchfVO. z. Entschädigungsges. (Ges. ü. d. Gewährung von Entschädigungen bei der Einziehung oder dem Übergang von Vermögen) v. 18. März 1938, RGBl. I 42 (§ 1 Abs. 3 a. a. O.).

F. Die Grundbuchberichtigung.

33 **1. a)** Die GBuchberichtigung erfolgt auf **Antrag.** Der Antrag ist an eine Form nicht gebunden. Das gleiche gilt für die Vollmacht zur Antragstellung (RJA. 6, 239). Nur wenn der Antrag des nicht eingetragenen Eigtr. oder Erbbauberechtigten auf Eintr. seines Rechts zugleich dessen Zustimmung nach Abs. 2 enthält, bedarf er der Form des § 29 (§ 30; s. o. A. 30). Der Antrag kann auch auf nur teilweise Berichtigung gerichtet sein; so ist zulässig die Berichtigung bez. einzelner Parzellen, wenn die Auflassung eines Grundstücks nichtig ist (RG. 78, 374). Eine Berichtigung von Amts wegen ist nur zulässig in den Fällen der §§ 9 Abs. 2, 51, 52, 53 Abs. 1 Satz 2 u. in den oben A. 2 bis 4 bezeichneten Fällen (vgl. RG. 88, 91; BayObLG. 12, 605). Hat der GBuchbeamte Anhaltspunkte, daß das GBuch unrichtig ist, so soll er die Beteiligten zur Stellung der Berichtigungsanträge, soweit solche erforderlich sind, veranlassen. Soweit das GBuch hinsichtlich der Eintr. des Eigtr. oder Erbbauberechtigten infolge eines Rechtsübergangs außerhalb des GBuchs unrichtig geworden ist, gibt § 82 die Möglichkeit, den EintrAntrag zu erzwingen.

b) Nach § 74 Abs. 2 bayer. NachlO. v. 20. März 1903 (JMBl. 111) soll das Nachlaßgericht, wenn es bei der Ermittelung des Erben davon Kenntnis erhält, daß zum Nachlaß eine Hyp. gehört, die auf den Erben übergegangen ist, darauf hinwirken, daß die Hyp. auf den Erben umgeschrieben wird; da der Antrag auf Umschreibung formfrei ist, so kann er auch zu Protokoll des NachlaßG. erklärt werden (Haberstumpf-Barthelmeß-Schäler S. 153 A. 2a). Den Antrag auf Löschung eines Rechts kann das NachlaßG. dann entgegennehmen, wenn das Recht auf Lebenszeit des Berechtigten beschränkt ist u. zu seiner Löschung gem. § 23 der Nachweis des Todes des Berechtigten genügt, nicht aber, wenn die Löschungsbew. der Erben erforderlich ist (Haberstumpf-Barthelmeß-Schäler a. a. O.). Ebenso hat nach § 65 NachlO. das NachlaßG., wenn ein Grundstück zum Nachlaß gehört, auf die Berichtigung des GBuchs hinzuwirken; zur Beurkundung der nach § 22 Abs. 2 GBO. erforderlichen Zustimmungserklärung des Eigtr. sind die Nachlaßgerichte als solche nicht zuständig; doch ist deren Beurkundung durch den Nachlaßrichter nicht unwirksam, wenn das GBuch bei demselben Amtsgericht geführt wird, das als NachlaßG. zuständig ist (Näheres hierüber s. § 29 A. 64). Über den vom NachlaßG. beurkundeten Antrag s. ferner § 70 NachlO., §§ 525, 528 bayer. DA. Ist die Vermittlung der Auseinandersetzung der Erbschaft einem Notar übertragen, so obliegt ihm die Herbeiführung der GBuchberichtigung (§ 67 NachlO.). Ein Zwang auf die Erben kann jedoch nur insoweit ausgeübt werden, als die Umschreibung eines Nachlaßgrundstücks (oder Erbbaurechts), also die Berichtigung einer Eigentümereintr. in Frage kommt; hier greift § 82 GBO. Platz. Im übr. aber ist es dem Ermessen der Erben überlassen, ob u. wann sie die Berichtigung des GBuchs herbeiführen wollen (§§ 63 Abs. 2, 67 Abs. 2, 68 Abs. 2 NachlO.). 34

c) **Antragsberechtigt** ist nicht nur derjenige, dessen Recht nicht oder nicht richtig eingetragen ist (KGJ. 52, 162), sondern auch derjenige, der zu Unrecht eingetragen ist, also der von der Berichtigung Betroffene, ferner die nach § 14 Berechtigten (a. M. Henle-Schmitt A. 1), also auch der Pfandgläubiger, sofern er die Verfügungsbeschränkung in gbuchmäßiger Form nachweist, was durch Vorlage des Pfändungsbeschlusses geschehen kann (RJA. 6, 235, 239). Kein Antragsrecht steht demjenigen zu, der schuldrechtlich zur Herbeiführung einer Eintr. verpflichtet ist (KGJ. 52, 163). 35

2. Erfolgt die Berichtigung durch Löschung einer Hypothek, Grund- oder Rentenschuld, so ist auch die **Zustimmung** des Eigtr. nach § 27 Abs. 1 notwendig. Dagegen ist die Zustimmung des HypGl. nach § 27 Abs. 2 nur erforderlich, wenn die das GBuch berichtigende Löschung eines Pfandrechts oder Nießbrauchs an einer Hyp. usw. auf Gr. einer Berichtigungsbewilligung, nicht aber, wenn sie auf Gr. des Unrichtigkeitsnachweises erfolgt (§ 27 Abs. 2 Satz 2). Eine (sonst nach materiellem Recht erforderliche) Zustimmung Dritter ist bei nachgewiesener Unrichtigkeit insoweit entbehrlich, als das Recht des Dritten schon in dem Zeitpunkt bestand, in dem der die Unrichtigkeit verursachende Rechtsakt sich vollzog; die Zustimmung derjenigen Personen, die erst später einen auf das von der Berichtigung betroffene Recht sich beziehenden Rechtserwerb gemacht haben, ist dagegen auch hier erforderlich (OLG. 18, 208; Güthe-Triebel[6] A. 53). Erfolgt die Berichtigung des GBuchs auf Gr. einer Berichtigungsbewilligung, so ist die Zustimmung aller mitbetroffenen dritten Personen nach allgem. Regel erforderlich. 36

Auch die §§ 39, 40 gelten im Falle der Berichtigung; der von ihr Betroffene muß also regelmäßig eingetragen sein, auch wenn die Unrichtigkeit nachgewiesen ist (Güthe-Triebel[6] A. 57). Schließlich gelten die Vorschriften über Vorlegung des Hypothekenbriefs usw. (§§ 41 bis 43) auch für die GBuchberichtigung (JFG. 2, 382).

3. Der **Vollzug der Berichtigung im GBuch** erfolgt in der Form einer neuen Eintragung. Auch offensichtl. Schreibfehler, Rechenfehler u. sonstige Unrichtigkeiten dürfen nach Unterzeichnung der Eintr. nur durch einen besonderen Vermerk berichtigt werden (s. § 53 A. 5). Ist ein Recht zu Unrecht gelöscht worden u. soll nun im Wege der Berichtigung wieder eingetragen werden, so ist nicht etwa der Löschungsvermerk zu löschen, sondern das Recht ist unter einer eigenen Nummer unter Beachtung aller an eine Neueintr. zu stellenden Anforderungen wieder einzutragen; eine Bezugnahme auf die gelöschte Eintr. ist nicht statthaft. Erfolgt 37

sie trotzdem, so macht sie die Eintr. aber nicht unwirksam (Strecker in LZ. 1930, 1159; **a. M.** Gutachten des KG. v. 13. Juli 1929, JW. 3346). Wegen der Wiedereintr. gelöschter aufgewerteter Rechte s. § 28 GBVerG. v. 18. Juli 1930 (RGBl. I 305) sowie Vorbem. 177 vor § 13. Beim Vorhandensein von Zwischenrechten bedarf es auch eines Rangvermerks. Das zu Unrecht gelöschte Recht behält grundsätzlich seinen alten Rang; doch kann ein in der Zwischenzeit gutgläubig erworbenes Recht den Vorrang erworben haben. Sind solche Rechte vorhanden, so kann die Wiedereintr. mit dem alten Rang nur erfolgen, wenn die Inhaber der Zwischenrechte diese bewilligen oder wenn gem. § 22 nachgewiesen wird, daß ihnen der öffentl. Glaube des GBuchs nicht zur Seite steht. Liegen diese Voraussetzungen nur bez. einzelner Zwischenrechte vor, so ist anzugeben, welchen von ihnen das wieder eingetragene Recht vorgeht u. welchen es nachsteht (Strecker a. a. O.; Güthe-Triebel[6] A. 53).

Über die Berichtigung des GBuchs durch Eintr. eines neuen Eigtr. s. § 3 A. 141ff., über GBuchberichtigung bei Entstehung einer EigtrGrundschuld kraft Gesetzes § 3 A. 182; über Berichtigung der Bezeichnung des Berechtigten s. § 3 A. 152, über Berichtigung von Versehen bei der Eintr. § 3 A. 133, über Ergänzung unvollständiger Eintragungen § 53 A. 4ff.

G. Die Abtretung, Pfändung und Verpfändung des Berichtigungsanspruchs.

38 Der Anspruch auf Berichtigung des GBuchs (§ 894 BGB.) kann (nicht selbständig, sondern nur zusammen mit dem zugrunde liegenden dingl. Recht) abgetreten werden, jedoch nur in der Weise, daß der Zessionar ermächtigt wird, den dem wahren Berechtigten zustehenden Berichtigungsanspruch im eigenen Interesse, aber nur im Namen des Zedenten geltend zu machen, so daß der Zessionar z. B. nicht seine eigene Eintragung, sondern nur die des Zedenten verlangen kann (RG. 59, 289; 78, 87; 91, 365; 112, 260; JFG. 5, 317; Staud.-Kober § 894 A. 29; Güthe-Triebel[6] § 14 A. 29; bestr.; vgl. auch Wieacker in DJZ. 1936, 989). Zulässig ist weiter mit der gleichen Einschränkung die Verpfändung des Berichtigungsanspruchs u. die Pfändung u. Überweisung des Anspruchs zur Einziehung (§§ 828ff. ZPO.), nicht aber an Zahlungs Statt (§ 835 Abs. 2 ZPO.; RG. 60, 264; 94, 10; OLG. 14, 185; RGRK. § 894 A. 2; Staud.-Kober § 894 A. 31; Planck § 894 A. III 3; Güthe-Triebel[6] § 14 A. 29; bestr.). Besonderes gilt für die Abtretung usw. des auf Eintragung eines neuen Eigentümers gerichteten Berichtigungsanspruchs; s. hierüber § 20 A. 34.

Die Abtretung (ebenso die Verpfändung u. Pfändung) verschafft dem Zessionar nur die Ausübung des Berichtigungsanspruchs; sie ist daher **nicht eintragungsfähig** (OLG. 31, 138; RGRK. § 894 A. 2; Güthe-Triebel[6] § 14 A. 29); doch kann der Zessionar einen Widerspruch (§ 899 BGB.) zugunsten des Zedenten eintragen lassen (OLG. 18, 198; Staud.-Kober a. a. O.; Predari S. 87).

Mit der Übertragung des dingl. Rechts, auf das sich der Berichtigungsanspruch bezieht, geht dieser von selbst auf den Erwerber des Rechts über.

H. Verletzung des § 22.

39 Die beiden Absätze des § 22 enthalten nur Ordnungsvorschriften (Güthe-Triebel[6] A. 2). Ihre Nichtbeachtung als solche beeinflußt daher die Wirksamkeit der Berichtigungseintragung nicht; es kommt stets nur auf die materielle Rechtslage an. War nach dieser das GBuch unrichtig u. stimmt es nach der Berichtigung mit der materiellen Rechtslage wieder überein, so ist es ohne Bedeutung, wenn die Unrichtigkeit dem GBA. nicht oder nicht genügend oder nicht formgerecht nachgewiesen worden ist. Steht umgekehrt das GBuch mit der materiellen Rechtslage in Einklang, so wird das GBuch durch eine Eintr., die „berichtigen" will, unrichtig, auch wenn die angebl. Unrichtigkeit formell einwandfrei (z. B. durch eine gefälschte, aber äußerlich formgültige Urkunde oder durch einen irrtümlich mit unrichtigem Inhalt ausgestellten Erbschein) nachgewiesen worden ist.

Wegen des Abs. 2 insbes. s. auch oben A. 31.

J. Gebühren und Urkundensteuer.

I. Kosten. 40

a) Besondere Vorschriften über die kostenrechtl. Behandlung von Eintr., die nur der Berichtigung des GBuchs dienen, bestehen nicht. Die Gebühren richten sich wie bei den übrigen, also den rechtsändernden Eintr., nach §§ 54ff. KostenO. In Frage kommen insbes. die §§ 54, 55 bei Berichtigung der Eigentumseintr. (Näheres s. u. A. 41), § 58 (Veränderungen von Rechten; hierunter fallen insbes. auch die Eintr., die den gesetzl. Übergang eines Rechtes, die Entstehung einer EigtrGrundschuld kraft Gesetzes usw. im GBuch verlautbaren), § 59 (Eintr. von Verfügungungsbeschränkungen), § 60 (Eintr. von Vormerkungen u. Widersprüchen), § 62 (Löschungen), § 61 (sonstige Eintr.); letzterer Vorschrift unterliegen z. B. Vermerke, die eine Berichtigung des Namens, Standes, Wohnortes oder Sitzes des eingetragenen Berechtigten zum Gegenstand haben, ferner Klarstellungsvermerke (vgl. Vorbem. 57 vor § 13), der Vermerk über die Auflösung einer Handelsgesellschaft usw.

§ 56 KostenO. findet Anwendung, wenn ein zu Unrecht gelöschtes Recht im Wege der Berichtigung wieder eingetragen wird. Auch für die Eintr. der Zusatzhyp. nach § 9 der ZinserleichterungsVO. v. 27. Sept. 1932 (RGBl. I 480) ist die Gebühr des § 56 KostenO. u. nicht die Veränderungsgebühr des § 58 a. a. O. zu berechnen (JFG. Erg. 14, 69). Daß die Eintr. in der Veränderungsspalte erfolgt (s. § 3 A. 126), ist belanglos (KG. in HRR. 1938 Nr. 170).

Gebührenfrei sind Eintr. u. Löschungen, die vorgenommen werden, um die Übereinstimmung zwischen dem GBuch u. dem amtl. Grundstücksverzeichnis i. S. des § 2 Abs. 2 zu erhalten (§ 63 Abs. 1 Ziff. 3 KostenO.).

b) Für die Eintr. eines neuen Eigentümers oder Erbbauberechtigten im Wege der GBuchberichtigung gelten die §§ 54, 55 KostenO. Denn § 54 macht keinen Unterschied, ob die Eintr. erst den Rechtserwerb begründet oder nur einen außerhalb des GBuchs eingetretenen Rechtserwerb berichtigend klarstellt (JFG. Erg. 17, 91, 93; Korintenberg-Wenz KostenO. § 54 A. 1; Jonas-Melsheimer-H.-St. § 54 A. II 1b, bb). Vgl. die Ausführungen § 20 A. 88, 89. Voraussetzung ist, daß ein neuer Eigtr. eingetragen wird; betrifft die Eintr. nur die Richtigstellung der Bezeichnung des alten Eigtr. (z. B. eine Namens- oder Firmenänderung), so greift § 61 KostenO. Platz (vgl. JFG. Erg. 15, 20; 17, 87). Nicht um einen Fall letzterer Art, sondern um eine unter § 54 a. a. O. fallende Eintr. handelt es sich bei der Umschreibung des Grundbesitzes u. der sonstigen Rechte einer Kapitalgesellschaft, die auf Gr. des Umwandlungsgesetzes v. 5. Juli 1934 (RGBl. I 569; vgl. § 20 A. 13) in eine Personalgesellschaft umgewandelt oder deren Vermögen auf den Hauptgesellschafter übertragen wurde (JFG. Erg. 17, 91, 92, 94). 41

Der Geschäftswert für die Eintr. des Erstehers als Eigtr. ist entspr. den Vorschriften über den Kauf zu bestimmen. Die Gebühr errechnet sich also aus dem Meistgebot zuzüglich des Wertes bestehenbleibender Rechte; diese sind mit dem Nennwert einzusetzen, auch wenn sie dem Ersteher als Gl. zustehen. Ist der so errechnete Wert geringer als der Einheitswert, so ist letzterer maßgebend (JFG. Erg. 16, 53).

II. Urkundensteuer. 42

Die Berichtigungsbewilligung ist nicht urkundensteuerpflichtig. Die Vorschriften der §§ 28ff. UrkStG. (vgl. § 19 A. 104ff.) beziehen sich nur auf EintrBew. im eigentl. Sinne, also solche, die eine Rechtsänderung bezwecken.

K. Anhang.

I. Die Eintragung von Verfügungen über einen Erbteil. 43

a) Jeder Miterbe kann über seinen Anteil an dem ungeteilten Nachlaß (Erbanteil) **verfügen,** d. h. ihn mit dingl. Wirkung übertragen oder mit einem Pfandrecht oder einem Nießbrauch belasten (§ 2033 BGB.). Dies ist auch schon vor Anfall der Erbschaft möglich

(GruchotsBeitr. 52, 684), nicht mehr aber nach erfolgter Auseinandersetzung. Auch Verfügungen über einen Bruchteil des Erbanteils sind zulässig (Staud. § 2033 A. 1c). Dagegen kann der Alleinerbe den ganzen Nachlaß oder einen Bruchteil desselben nicht mit dingl. Wirkung veräußern; dies gilt auch, wenn ein Miterbe oder ein Dritter sämtliche Miterbenanteile erworben hat (RG. 88, 118; RJA. 14, 71; Staud. § 2033 A. 1b; RGRK. § 2033 A. 2). Der Erwerber eines einzelnen Anteils kann aber diesen weiter übertragen (OLG. 30, 179). Der Erwerber sämtlicher Anteile kann auf Gr. des Erbscheins u. des Übertragungsvertrags die Berichtigung des GBuchs durch seine Eintr. als alleiniger Berechtigter herbeiführen; Auflassung ist nicht erforderlich (OLG. 8, 104; KGJ. 53, 133; vgl. auch § 20 A. 5).

Die Verfügung bedarf der gerichtl. oder notariellen Beurkundung (§ 2033 Abs. 1 Satz 2 BGB.); dies gilt insbes. auch für die Verpfändung (§ 1274 BGB.; nicht anwendbar ist § 1280 BGB.). Gegenstand der Verfügung ist der ganze Erbanteil, nicht der Anteil an den einzelnen Nachlaßgegenständen; dieser geht infolge der dingl. Wirkung der Übertragung ohne weiteres auf den Erwerber über. Deshalb ist § 1445 BGB. nicht anwendbar (Staud. § 2033 A. 1d)[1]). Dagegen ist die vormundschaftsgerichtl. Gen. erforderlich (§§ 1822 Ziff. 1, 1643, 1686 BGB.).

Die Vollmacht zur Übertragung eines Erbanteils ist — ebenso wie die Auflassungsvollmacht (s. § 20 A. 56 Fußn.) — grundsätzlich formfrei (§ 167 Abs. 2 BGB.), bedarf aber der gerichtl. oder notariellen Beurkundung, wenn durch sie im wesentl. dieselbe Rechtslage geschaffen werden soll wie mit der Anteilsübertragung selbst, insbes. wenn sie unwiderruflich u. der Bevollmächtigte von den Beschränkungen des § 181 BGB. befreit ist (JFG. 15, 205).

Gehört zum Nachlaß ein in einem Wohnsiedlungsgebiet gelegenes Grundstück, so bedarf die Erbanteilsübertragung nicht der Gen. nach § 4 des WohnsiedlG. v. 22. Sept. 1933 (JFG. 13, 71; vgl. § 20 A. 106 ff.). Ebenso ist, wenn landwirtschaftl. Grundstücke zum Nachlaß gehören, eine Genehmigungspflicht nach der Grundstückverkehrsbekanntmachung v. 26. Jan. 1937 (s. § 20 A. 95 ff.) nicht gegeben, es sei denn, daß die Erbanteilsübertragung ein Umgehungsgeschäft darstellt (JFG. 17, 74). Dagegen bedarf die Erbanteilsübertragung, wenn zur Erbschaft ein Grundstück oder ein Grundstücksteil gehört, nach § 2 Abs. 1 Satz 3 der 1. Durchf.-VO. zum Ges. über die Sicherung der Reichsgrenze u. über Vergeltungsmaßnahmen v. 17. Aug. 1937 (RGBl. I 905) in den in § 11 dieser VO. aufgeführten Verwaltungsbezirken der Gen. der Verwaltungsbehörde (vgl. Vorbem. 45 vor § 18 u. § 20 A. 126 ff.).

44 **b)** Der Anteil des Miterben am Nachlaß kann auch **gepfändet** werden (§ 859 Abs. 2 ZPO.), jedoch erst nach Eintritt des Erbfalls u. nicht mehr nach Auseinandersetzung (OLG. 29, 241). Die Pfändung erfolgt gem. § 857 ZPO. nach den Vorschriften über die Pfändung von Geldforderungen (§§ 828 ff. ZPO.), also durch Pfändungsbeschluß des VollstreckungsG. (RG. 86, 295). Als Drittschuldner (§ 829 ZPO., insbes. Abs. 3) gelten die übrigen Miterben (RG. 49, 405; 75, 180; KGJ. 42, 242; vgl. auch RG. 86, 294; OLG. 23, 221, wonach der nach § 2044 BGB. zur Auseinandersetzung berufene Testamentsvollstrecker als Drittschuldner anzusehen ist). Die Zustellung an den Ehemann einer im gesetzl. Güterstand lebenden Miterbin ist nicht erforderlich (RG. 74, 51; **a. M.** Weber in BayZ. 1932, 137; vgl. auch Stein-Jonas § 829 A. III 1). Über die Wirkungen der Pfändung vgl. BayObLG. 25, 444; RGRK. § 2033 A. 3.

45 **c)** Gehört zum Nachlaß ein Grundstück, ein Recht an einem Grundstück oder an einem Grundstücksrecht, so kann die Übertragung u. die Belastung sowie die Pfändung des Erbanteils, letztere als Verfügungsbeschränkung i. S. der §§ 136, 892 Abs. 1 Satz 2 BGB., im GBuch im Wege der Berichtigung **eingetragen** werden (RG. 90, 232; BayObLG. 11, 724; 25, 444; RJA. 6, 235; 10, 69; OLG. 19, 156; JFG. 4, 294; Staud. § 2033 A. 4;

[1]) Gehört zum Nachlaß ein Gesamtgutsanteil, so wird der Erbanteilserwerber auch für den Anteil am Gesamtgut an Stelle des Veräußerers anteilsberechtigt (OLG. 32, 408).

RGRK. § 2033 A. 3; Stein-Jonas § 859 A. III; Güthe-Triebel[6] § 35 A. 19; Predari § 48 A. 2; vgl. auch § 20 A. 5, ferner BayObLG. 3, 604 über die Eintr. unter dem bayer. Hypothekenrecht). Überträgt der Pfändungsgl. seinen Anspruch u. die durch die Eintr. erworbenen Rechte auf einen Dritten, so kann auch diese Übertragung eingetragen werden (Güthe-Triebel a. a. O.). Nicht eintragungsfähig ist die Abtretung des Auseinandersetzungsanspruchs oder des Auseinandersetzungsguthabens, da auf Gr. derselben der Zessionar nicht in die Erbengemeinschaft eintritt, sondern nur ein schuldrechtl. Anspruch geschaffen wird (BayObLG. 30, 129; vgl. auch KG. in JW. 1931, 1371)[1]).

Die Eintr. erfolgt entweder auf Gr. der Berichtigungsbewilligung des Miterben oder auf Gr. des Nachweises der Unrichtigkeit (Vertrag über die Übertragung oder Belastung, Pfändungsbeschluß mit Zustellungsnachweis). Voraussetzung ist jedoch, daß die Miterben als Berechtigte eingetragen sind (§ 39; OLG. 18, 219; RJA. 10, 69; vgl. auch RG. 54, 87). Ist dies nicht der Fall, so kann der Pfändungspfandgl. im Wege des § 14 zwar die Eintr. des Pfandschuldners erreichen (vgl. auch § 792 ZPO.), da aber alle Miterben als Berechtigte nur gleichzeitig eingetragen werden können, muß er noch die Zustimmung (§ 22 Abs. 2) der übrigen Miterben herbeischaffen; sie kann nicht erzwungen werden (vgl. jedoch Bürger in JW. 1935, 593 u. Rasch a. a. O. 1136). Unterliegt der Nachlaßgegenstand der Verwaltung eines Testamentsvollstreckers, so ist dessen Zustimmung zur Eintr. nicht erforderlich (RJA. 10, 69).

d) Ort u. Form der Eintragung. Die Übertragung, Belastung u. Pfändung eines 46
Erbanteils wird in der Veränderungsspalte derjenigen Abteilung eingetragen, in der das von der Verfügung betroffene Recht vermerkt ist; ist dieses das Grundstück oder grundstücksgleiche Recht selbst, so erfolgt die Eintr. in der zweiten Abt. Die Eintr. ist so zu fassen, daß das ganze Grundstück oder Recht von ihr betroffen wird, z. B. in der dritten Abt.: „Nr. 3. — 5000 RM. — Der Erbteil des Karl Bauer ist auf den Kaufmann Franz Gerber in Buchhain übertragen. Eingetragen am 13. März 1938".

e) Über die Wirkungen der Pfändung des Erbanteils als Verfügungsbeschränkung 47
auf den GBuchverkehr s. Vorbem. 68ff., 105 vor § 13.

Ohne Zustimmung desjenigen, dem der Erbanteil verpfändet ist oder der ihn gepfändet hat, kann eine Nachlaßauseinandersetzung oder eine Verfügung über einzelne Nachlaßgegenstände nicht erfolgen; die Zustimmung ist dem GBA. nachzuweisen (RG. 83, 27; Josef in BayNotV. 1929, 373). Die Frage, ob eine solche Verfügung auch eingetragen werden kann, wenn die Zustimmung nicht beigebracht wird, aber die Pfändung (Verpfändung) eingetragen ist, ist bei der Pfändung angesichts ihrer Rechtsnatur als Verfügungsbeschränkung zu bejahen (s. Vorbem. 105 vor § 13; **a. M.** Josef a. a. O.; vgl. auch Waldmann in BayNotV. 1929, 220; Kreutzer a. a. O. 1930, 147); es wird aber auch bez. der Verpfändung das gleiche gelten, da es sich auch um eine relative (wenn auch rechtsgeschäftl. u. daher nur ausnahmsweise eintragungsfähige [s. RG. 90, 232 u. Vorbem. 117ff. vor § 13]) Verfügungsbeschränkung handelt. Ist ein Erbanteil veräußert, so bedarf es zur gemeinschaftl. Verfügung der Miterben über einen Nachlaßgegenstand (§ 2040 BGB.) an Stelle der Mitwirkung des bisherigen Miterben derjenigen des Erbanteilserwerbers (RG. 60, 131; OLG. 4, 189). Die Übertragung eines verpfändeten Erbanteils kann ohne Zustimmung des Pfandgl. eingetragen werden, auch wenn das Pfandrecht selbst im GBuch noch nicht vermerkt ist (KG. in HRR. 1934 Nr. 265). Vgl. auch JFG. 17, 38 über die Voraussetzungen, unter denen der Vermerk über die Pfändung eines Miterbenanteils nach Umschreibung des Eigentums am Nachlaßgrundstück auf Gr. durchgeführter Zwangsversteigerung wegen Gegenstandslosigkeit gem. §§ 84ff. GBO. gelöscht werden kann.

[1]) Der Anspruch auf Berichtigung des GBuchs durch Eintr. der Erbfolge steht bis zur Auseinandersetzung nicht den einzelnen Miterben, sondern der Erbengemeinschaft als solcher zu, kann also nur letzterer gegenüber wirksam gepfändet werden; die Pfändung kann auch nur der Ausübung nach erfolgen; sie kann im GBuch nicht eingetragen werden (KG. in JW. 1931, 1371; s. § 22 A. 38).

48 **f)** Unzulässig ist die Eintr. einer Hyp. (auch Zwangshyp.) usw. an dem Anteil eines Miterben an einem Nachlaßgrundstück vor Auseinandersetzung (RG. 88, 21; BayObLG. 19, 9; KGJ. 25, 119), ebenso die Eintr. einer HypVormerkung (OLG. 10, 82) oder eines Widerspruchs. Unzulässig ist auch die Eintr. der Pfändung des Anteils eines Miterben an einzelnen Nachlaßgegenständen (Grundstück, Hyp. usw.; § 859 Abs. 2 ZPO.; OLG. 7, 354).

49 **II. Die Eintragung der Pfändung sonstiger Anteilsrechte.**

Die Pfändung des Anteils eines Gesellschafters an dem Vermögen einer Gesellschaft nach BGB. (§ 725 BGB.; § 859 Abs. 1 ZPO.) kann bei den zum Gesellschaftsvermögen gehörigen Grundstücken u. Rechten im GBuch (im Wege der Berichtigung) eingetragen werden (KG. in DNotV. 1928, 575; Predari § 48 A. 2; **a. M.** SeuffA. 64, 248). Das gleiche gilt, wenn der Anteil eines Ehegatten (eines Abkömmlings) an dem Gesamtgut einer ehel. oder fortgesetzten Gütergemeinschaft nach deren Beendigung gepfändet ist (§ 860 Abs. 2 ZPO.; so auch Möhl in BayZ. 1931, 374; vgl. RG. in BayZ. 1919, 80). In beiden Fällen besteht aber, wie bei der Erbanteilspfändung (s. o. A. 44), das Pfandrecht an dem Anteil am Gesamtgut u. nicht an dem Anteil an den einzelnen Gegenständen, auch nicht an diesen selbst.

Eine Übertragung oder Verpfändung des Anteils am Gesellschaftsvermögen u. am Gesamtgut der beendeten Gütergemeinschaft ist ausgeschlossen u. daher nicht eintragungsfähig.

§ 23.

(1) Ein Recht, das auf die Lebenszeit des Berechtigten beschränkt ist, darf nach dessen Tode, falls Rückstände von Leistungen nicht ausgeschlossen sind, nur mit Bewilligung des Rechtsnachfolgers gelöscht werden, wenn die Löschung vor dem Ablauf eines Jahres nach dem Tode des Berechtigten erfolgen soll oder wenn der Rechtsnachfolger der Löschung bei dem Grundbuchamte widersprochen hat; der Widerspruch ist von Amts wegen in das Grundbuch einzutragen. Ist der Berechtigte für tot erklärt, so beginnt die einjährige Frist mit dem Erlaß des die Todeserklärung aussprechenden Urteils.

(2) Der im Abs. 1 vorgesehenen Bewilligung des Rechtsnachfolgers bedarf es nicht, wenn im Grundbuch eingetragen ist, daß zur Löschung des Rechtes der Nachweis des Todes des Berechtigten genügen soll.

1 **A. Zweck u. Bedeutung der Vorschrift.**

Ein auf die Lebenszeit des Berechtigten beschränktes Recht erlischt nach dem materiellen Recht mit dem Tode des Berechtigten, ohne daß es einer Aufhebungserklärung oder Löschung bedarf (§§ 163, 158 Abs. 2, 1061, 1090 BGB.). Mit dem Zeitpunkt des Todes oder der Todeserklärung wird also das GBuch unrichtig u. wäre nach der Regel des § 22 zu berichtigen. Die Vorschrift des § 23 dient nun einerseits dem Schutze des Rechtsnachfolgers des Berechtigten, indem sie die Löschung solcher Rechte erschwert (Abs. 1); denn die Rechte des Rechtsnachfolgers würden durch eine vorzeitige, lediglich auf Gr. des Nachweises des Todes (§ 22) erfolgende Löschung gefährdet, da sie durch diese zwar nicht erlöschen würden, aber den Gefahren ausgesetzt wären, die sich für nicht eingetragene Rechte aus dem öffentl. Glauben des GBuchs ergeben. Anderseits schafft die Vorschrift eine Erleichterung der Löschung im Interesse des Eigtr. durch den besonders gearteten Nachweis des Abs. 2. Vgl. auch A. 18.

§ 23 ist bei der Neufassung der GBO. i. J. 1935 — abgesehen von einer geringfügigen Fassungsänderung — unverändert geblieben.

B. Gegenstand der Vorschrift.

a) Es muß sich um Rechte handeln, die **auf die Lebensdauer des Berechtigten beschränkt** sind. In Betracht kommen nur dingliche Rechte, gleichgültig, ob es Rechte an einem Grundstück oder Rechte an einem solchen Rechte sind. Es muß das Recht selbst, nicht nur die Berechtigung eines bestimmten Inhabers auf die Lebenszeit beschränkt sein (Güthe-Triebel[6] A. 3). Es müssen ferner Rückstände von Leistungen möglich sein; daher gehören nicht hieher: das Vorkaufsrecht (§§ 1094, 1098, 514 BGB.), das altrechtl. Wiederkaufsrecht (BayObLG. 23, 67; Güthe-Triebel[6] A. 4), sowie Vormerkungen (Güthe-Triebel[6] A. 5; Henke-Mönch A. 3b; **a. M.** Hesse-Saage-Fischer A. I). Auch der Widerspruch gehört nicht hieher. Unter § 23 fallen deshalb nur: 2

α) die **kraft Gesetzes** unvererblichen Rechte, nämlich: der Nießbrauch (§ 1061 BGB.), auch wenn er zwecks allmählicher Tilgung einer Hyp. bestellt u. bestimmt ist, daß er nach voller Befriedigung des Gl. erlöschen soll (SeuffBl. 72, 746), die beschr. persönliche Dienstbarkeit (§§ 1090 Abs. 2, 1061 BGB.) — bez. des Nießbrauchs u. der beschr. persönl. Dienstbarkeit s. Ausnahmen in § 1 des Ges. ü. d. Veräußerung von Nießbrauchsrechten u. beschr. pers. Dienstbarkeiten v. 13. Dez. 1935 (RGBl. I 1468) — u. das Leibgeding (Altenteil, Auszug), das teils beschr. persönl. Dienstbarkeit, teils subjektiv-persönl. Reallast u. seinem Wesen nach unvererblich ist (vgl. Art. 15 § 2 preuß. AG. z. BGB.; Art. 32, 41 bayer. AG. z. BGB.; Art. 48 bayer. ÜG.).

β) die Rechte, die **durch Rechtsgeschäft** auf die Lebenszeit des Berechtigten beschränkt werden können[1]): die subjektiv-dingl. Reallast (§ 1111 BGB.), sofern die Unvererblichkeit besonders bedungen ist (wegen des Altenteils s. o. *α*), die Hypothek, sofern nicht nur die Forderung erlöschen, also keine EigtrHyp.[2]) entstehen soll (OLG. 15, 391; 29, 399; SeuffBl. 73, 269; Güthe-Triebel[6] A. 5)[3]), die Grundschuld u. die Rentenschuld, ferner das Pfandrecht[4]) an einem Grundstücksrecht.

b) § 23 bezieht sich nicht nur auf den Tod natürlicher Personen, sondern ist auch entspr. anwendbar auf den Fall, daß ein Recht auf die Dauer des Bestehens einer juristischen Person beschränkt ist, sei es kraft Gesetzes oder auf Gr. Rechtsgeschäfts (Güthe-Triebel[6] A. 3). Bei der Verschmelzung (§§ 233ff. AktienG.) gilt hinsichtl. solcher Rechte die aufgenommene Gesellschaft als erloschen (KGJ. 51, 262; vgl. RG. 123, 289); vgl. jedoch bez. des Nießbrauchs u. der beschr. persönl. Dienstbarkeit § 1 Ziff. 1 des Ges. v. 13. Dez. 1935 (RGBl. I 1468). Das gleiche muß für die Einverleibung einer politischen Gemeinde gelten. 3

C. Die Löschung eines auf Lebenszeit befristeten Rechts. 4

§ 23 bezieht sich nur auf die Löschung im Wege der Berichtigung des GBuchs. Für die rechtsändernde Löschung gilt die Regel des § 19. Weiter betrifft § 23 nur die Löschung auf Gr. des Unrichtigkeitsnachweises; für die Löschung auf Gr. einer Berichtigungsbew. gilt allein § 22.

---

[1]) Die rechtsgeschäftl. Beschränkung eines Rechts auf Lebensdauer bedarf zu ihrer Wirksamkeit nicht der Eintr. im GBuch; die Eintr. ist jedoch zulässig u. zum Schutze gegen die Wirkungen des öffentl. Glaubens des GBuchs zweckmäßig (KGJ. 33, 243; Turnau-F. A. II 2; Güthe-Triebel[6] A. 5; Vorbem. 80 vor § 13; vgl. jedoch KGJ. 49, 187).

[2]) Es entsteht aber gem. §§ 1163 Abs. 1 Satz 2, 1177 BGB. eine EigtrGrundschuld (KGJ. 33, 238).

[3]) Doch ist § 23 entsprechend auch auf den Fall anzuwenden, daß nur die Forderung, nicht auch das dingl. Hypothekenrecht, auf die Lebensdauer des Gl. beschränkt ist (OLG. 15, 391; KG. in DNotV. 1931, 119).

[4]) Gleichgültig ist, ob das Pfandrecht auf die Lebensdauer des Pfandgläubigers oder das verpfändete Recht selbst auf Lebenszeit des Pfandschuldners beschränkt ist; letzterenfalls besteht die Möglichkeit, daß dem Pfandschuldner Rückstände zustehen, die vom Pfandrecht ergriffen werden (Güthe-Triebel[6] A. 5, 6).

I. Die **Voraussetzungen** der Löschung im Falle des § 23 sind:

5 **1.** Der **Nachweis des Todes** des Berechtigten durch öffentl. Urkunde (§ 29), nämlich durch eine begl. Abschrift aus dem Sterbebuch des Standesbeamten oder Sterberegister (wenn der Berechtigte vor dem 1. Januar 1876 gestorben ist, aus der Pfarrmatrikel) oder ein Todeserklärungsurteil (§§ 957 Abs. 1, 970 ZPO.). Der Nachweis ist entbehrlich, wenn der Tod wegen der Länge der inzwischen verflossenen Zeit als offenkundig zu betrachten ist (§ 29 Abs. 1 Satz 2; Güthe-Triebel[6] A. 19).

Der Nachweis des Todes genügt in folgenden drei Fällen:

6 *α*) wenn im GBuch eingetragen ist, daß der Nachweis des Todes genügen soll. In diesem Falle ist es gleichgültig, wann der Tod erfolgt ist, ob ein Widerspruch (s. u. A. 13ff.) eingetragen ist u. ob Rückstände möglich sind oder nicht. Die Eintr. des erwähnten Vermerks, der nicht durch Bezugnahme auf die EintrBew. ersetzt werden kann, erfolgt entweder bei Eintr. des Rechtes selbst oder nachträglich (vgl. Meyer in BayNotZ. 1914, 302). Erforderlich ist die Bewilligung des Berechtigten; nicht genügend ist diejenige des Eigtr., auch wenn die Eintr. gleichzeitig mit der Eintr. des Rechts selbst erfolgt (OLG. 29, 399; Güthe-Triebel[6] A. 21; Hesse-Saage-Fischer A. III 2; **a. M.** Predari A. 5). Die Eintr. erfolgt in der gleichen Abteilung des GBuchs, in der das Recht selbst eingetragen ist. Zur Löschung des Vermerks ist, wenn sie nicht gleichzeitig mit der des Rechtes selbst erfolgt, Löschungsbew. des Belasteten, nicht des Berechtigten notwendig (Güthe-Triebel[6] A. 24). Diese Löschung erfolgt in der Veränderungsspalte, wenn der Vermerk in der Hauptspalte (Spalte 3 der zweiten Abt., Spalte 4 der dritten Abt.) eingetragen ist, im übr. aber in der Löschungsspalte (Güthe-Triebel a. a. O.).

7 *β*) wenn Rückstände von Leistungen auf das zu löschende Recht nach dem Inhalt der Eintr. ausgeschlossen sind, wie beim Vorkaufsrecht, bei Wohnrechten, Wegerechten, bei der Widerklage des Bayer. Landrechts, wenn die Frau vor dem Manne stirbt (BayObLG. 11, 271), bei Vormerkungen. Gleichgültig ist hier, wann der Tod erfolgt ist oder ob ein Widerspruch (s. u. A. 13ff.) eingetragen ist.

8 *γ*) wenn die Löschung erst nach Ablauf eines Jahres seit dem Tode des Berechtigten (Sperrjahr) erfolgen soll und der Rechtsnachfolger der Löschung beim GBA. nicht widersprochen hat (s. u. A. 13ff.), selbst wenn Rückstände nicht ausgeschlossen sind. Die Jahresfrist wird nach §§ 187 Abs. 1, 188 BGB. berechnet. Im Falle der Todeserklärung beginnt die Frist nicht mit dem Tag, der im Urteil als Todestag festgestellt ist, sondern mit dem Tag, an dem das Urteil erlassen ist (Abs. 1 Satz 2). Für das Ende der Frist ist nicht der Tag, an dem die Löschung beantragt wird, maßgebend, sondern derjenige, an dem die Löschung erfolgen, also in das GBuch eingetragen werden soll.

9 **2.** Weitere Voraussetzung für die Löschung ist ein **Antrag** (§ 13). In Bayern soll das NachlaßG. darauf hinwirken, daß ein durch den Tod erloschenes Recht im GBuch gelöscht wird (§ 74 Abs. 1 bayer. NachlO.). Der Antrag bedarf in den in A. 6 bis 8 genannten drei Fällen keiner Form (§ 30); auch das NachlaßG. kann ihn daher entgegennehmen.

10 **3.** Soweit nicht der Antrag vom Eigtr. gestellt wird, ist ferner zur Löschung einer Hyp., Grund- oder Rentenschuld nach § 27 Abs. 1 die **Zustimmung** des Eigtr. notwendig (anders nach § 27 Abs. 2; siehe Satz 2 dortselbst). Die Eintr. eines Arrestes hindert die Löschung nicht; es bedarf auch keiner Löschungsbew. des Arrestgläubigers (Turnau-F. A. II 3; vgl. KGJ. 4, 208; 15, 146).

11 **4.** Auch die Notwendigkeit der **Vorlage des Hypothekenbriefs** usw. bei Briefrechten wird durch die Vorschriften des § 23 nicht berührt.

12 **II.** Soll, wenn nach dem Inhalt der Eintr. Rückstände nicht ausgeschlossen sind, die Löschung vor Ablauf des Sperrjahres erfolgen oder hat der Rechtsnachfolger der Löschung widersprochen (s. u. A. 13ff.), so erfordert § 23, wenn nicht der Vermerk nach Abs. 2 einge-

tragen ist, nach der Regel des § 19 die **Löschungsbewilligung** des Rechtsnachfolgers in der Form des § 29. Wegen der Zuständigkeit des NachlaßG. zu ihrer Beurkundung in Bayern s. § 29 A. 64.

D. Der Widerspruch des Rechtsnachfolgers (Erben, Zessionars usw.).

1. a) Er kann solange erklärt werden, als die Löschung des Rechts noch nicht erfolgt ist, also auch nach dem Ablauf des Sperrjahres, selbst dann noch, wenn bereits der Antrag auf Löschung gestellt ist (dieser wäre sodann zurückzuweisen); denn schon die bloße Erklärung des Widerspruchs hindert die Löschung. Unwirksam ist der Widerspruch, wenn der Vermerk nach Abs. 2 eingetragen ist oder Rückstände ausgeschlossen sind. 13

b) Sind mehrere Rechtsnachfolger zusammen berechtigt, so genügt der Widerspruch eines von ihnen (Güthe-Triebel[6] A. 13; Predari A. 7). 14

c) Der Widerspruch ist bei dem Grundbuchamt, nicht vor ihm anzubringen; deshalb genügt die Einreichung beim GBA. Er bedarf der Form des § 29 (Güthe-Triebel[6] A. 15; Hesse-Saage-Fischer A. III 1; **a. M.** Predari A. 7). Das gleiche gilt von der Zurücknahme des Widerspruchs und der Bewilligung der Löschung desselben. 15

Außerdem hat der Widersprechende seine Legitimation als Rechtsnachfolger in gbuchmäßiger Form (§ 29) nachzuweisen (Güthe-Triebel[6] A. 13). Kann er dies nicht, so muß er das Prozeßgericht anrufen u. eine einstw. Verfügung erwirken; deren Eintr. kann vom Prozeßgericht unmittelbar nachgesucht werden (§ 941 ZPO.).

d) Der Widerspruch ist **von Amts wegen einzutragen** (Abs. 1 Satz 1 Halbs. 2); eines Antrags auf Eintr. bedarf es nicht. Daher findet auch § 17 keine Anwendung, wenn der Widerspruch erst nach dem Löschungsantrag beim GBA. eingeht (Güthe-Triebel[6] A. 16; Henke-Mönch A. 5 B b; bestr.). Der Widerspruch ist in derjenigen Abteilung einzutragen, in der das Recht eingetragen ist. Eine Bezugnahme auf die Widerspruchserklärung ist nicht zulässig. Die §§ 12 Abs. 2, 19 GBVerf. sind auf diesen Widerspruch nicht anwendbar; seine formelle Behandlung richtet sich nach §§ 10, 11 GBVerf. (Hesse-Saage-Fischer A. III 1). 16

Die **Löschung des Widerspruchs** erfolgt in der Regel ohne weiteres mit der Löschung des Rechtes selbst, andernfalls ist Löschungsbew. (§§ 19, 29) erforderlich.

2. Der Widerspruch nach § 23 ist kein Widerspruch i. S. des § 899 BGB.; denn dieser hat ein bestehendes, aber aus dem GBuch nicht ersichtliches Recht, also die bereits gegebene Unrichtigkeit des GBuchs zur Voraussetzung u. dient deren Beseitigung. Der Widerspruch nach § 23 jedoch setzt die Richtigkeit des GBuchs voraus u. bezweckt die Aufrechterhaltung des gegebenen, mit der wirkl. Rechtslage in Einklang stehenden gbuchmäßigen Zustands; er soll also die Unrichtigkeit verhindern. Auch mit der Vormerkung hat dieser Widerspruch nichts zu tun; denn er sichert ein dingl. Recht, die Vormerkung dagegen einen persönl. Anspruch. 17

E. Verletzung des § 23. Verhältnis zum materiellen Recht. 18

§ 23 enthält nur eine **Ordnungsvorschrift.** Durch die Löschung wird das materielle Recht nicht berührt. Wenn das dingl. Recht durch den Tod des Berechtigten erlischt, so wird das GBuch unrichtig (s. o. A. 1) u. durch die Löschung lediglich mit der wirkl. Rechtslage wieder in Übereinstimmung gebracht. Wenn Rückstände geschuldet werden, so besteht das dingl. Recht (die Haftung des Grundstücks für die Rückstände) fort u. bleibt auch bestehen, wenn die Löschung des Rechts zu Unrecht erfolgt ist; in diesem Falle kann die Wiedereintragung des Rechts im Wege der GBuchberichtigung (§ 22) verlangt werden. Ein Widerspruch gegen die Löschung von Amts wegen (§ 53 Abs. 1 Satz 1) wäre aber nur einzutragen, wenn nicht nur § 23 verletzt wurde, sondern glaubhaft erscheint, daß das GBuch wirklich unrichtig geworden ist, daß also tatsächlich Rückstände bestehen (Predari A. 8).

Hat der Rechtsnachfolger die Löschung bewilligt, so ist hierin ein Verzicht auf die dingl. Sicherung seiner Rechte zu erblicken; eine Wiedereintragung kann in diesem Falle nicht verlangt werden. Dagegen wird der persönl. Anspruch auf die Rückstände weder durch die Löschung noch durch die Erteilung einer Löschungsbew. berührt; er bleibt vielmehr bestehen, bis er getilgt oder verjährt ist (§§ 901, 902, 197 BGB.; Güthe-Triebel[6] A. 25).

§ 24.

Die Vorschriften des § 23 sind entsprechend anzuwenden, wenn das Recht mit der Erreichung eines bestimmten Lebensalters des Berechtigten oder mit dem Eintritt eines sonstigen bestimmten Zeitpunkts oder Ereignisses erlischt.

1 **Vorbemerkung.** § 24 ist bei der Neufassung der GBO. i. J. 1935 nur in der Fassung geändert worden, sachlich aber unverändert geblieben.

2 1. Der **Zweck** des § 24 ist der gleiche wie der des § 23. Die Vorschrift des § 24 betrifft die **Löschung von Rechten, die erlöschen** mit dem Eintritt

a) eines **bestimmten Lebensalters** des Berechtigten (z. B. der Volljährigkeit),

b) eines **bestimmten Zeitpunktes,** insbes. eines Kalendertags,

c) eines **bestimmten Ereignisses** (z. B. der Verheiratung, Geburt eines Kindes usw.).

Solche zeitliche Beschränkungen (§§ 163, 158 Abs. 2 BGB.) können bei allen Rechten mit Ausnahme des Eigentums, jedoch auch beim Erbbaurecht, vereinbart werden. Die Eintr. der Beschränkung in das GBuch ist zu ihrer Wirksamkeit nicht erforderlich. Vgl. auch Vorbem. 122 vor § 13.

2. **Entsprechende Anwendbarkeit des § 23.**

3 a) Sind **Rückstände** von Leistungen nach dem Inhalt der Eintr. **ausgeschlossen,** so bedarf es zur Löschung des Rechts der Bewilligung des Berechtigten nicht; es genügt hierzu der Nachweis des Lebensalters (durch standesamtl. Geburtsurkunde) usw.; im übr. s. § 23 A. 5ff.

4 b) Sind **Rückstände nicht ausgeschlossen** u. ist der Vermerk nach § 23 Abs. 2 nicht eingetragen, so bedarf es zur Löschung des Rechts der Bewilligung des Berechtigten oder dessen Rechtsnachfolgers, wenn sie vor Ablauf eines Jahres nach Eintritt des Zeitpunktes (Ereignisses) erfolgen soll oder wenn der Berechtigte (allenfalls dessen Rechtsnachfolger) der Löschung beim GBA. widersprochen hat; im übr. s. § 23 A. 5ff., 13ff.

§ 25.

Ist eine Vormerkung oder ein Widerspruch auf Grund einer einstweiligen Verfügung eingetragen, so bedarf es zur Löschung nicht der Bewilligung des Berechtigten, wenn die einstweilige Verfügung durch eine vollstreckbare Entscheidung aufgehoben ist. Diese Vorschrift ist entsprechend anzuwenden, wenn auf Grund eines vorläufig vollstreckbaren Urteils nach den Vorschriften der Zivilprozeßordnung eine Vormerkung oder ein Widerspruch eingetragen ist.

Inhaltsübersicht.

A. Zweck u. Bedeutung der Vorschrift. 1

§ 25, der bei der Neufassung der GBO. i. J. 1935 nur in der Fassung, nicht aber inhaltlich geändert worden ist, regelt einen besonderen Fall der GBuchberichtigung (bestr., vgl. Güthe-Triebel[6] A. 3, Predari A. 1). Ist auf Gr. einer einstw. Verfügung oder eines vorläufig vollstreckb. Urteils eine Vormerkung oder ein Widerspruch eingetragen, so verliert diese Eintr. mit der Beseitigung der einstw. Verfügung oder des Urteils ohne weiteres ihre Berechtigung (Denkschr. 41). Das GBuch wird also insoweit durch die Aufhebung der einstw. Verfügung oder des Urteils unrichtig (RG. 81, 290; KGJ. 43, 207; RGRK. § 886 A. 3). § 25 erleichtert die Beseitigung dieser Unrichtigkeit, indem er die Löschung schon auf Gr. einer vollstreckbaren (statt rechtskräftigen) Aufhebungsentscheidung gestattet. Auch eine förmliche Aufhebung der Eintr. als Vollstreckungsmaßregel (§ 776 ZPO.) ist entbehrlich. § 25 schließt jedoch eine nach den gewöhnl. Vorschriften des § 19 (Löschungsbew. des Berechtigten) oder des § 22 (Unrichtigkeitsnachweis) erfolgende Löschung der Vorm. oder des Widerspr. nicht aus (KGJ. 43, 207).

B. Allgemeines über Vormerkung u. Widerspruch.

I. Die Vormerkung.

1. Rechtsnatur u. Wirkungen.

a) Die Vormerkung (§§ 883 ff. BGB.) dient zum Schutze eines persönl. Anspruchs auf Einräumung, Aufhebung, Inhalts- oder Rangänderung eines Rechts an einem Grundstück oder an einem Grundstücksrecht gegen die Gefahren, die sich für den Anspruch bei gutgläubigem Erwerb durch einen Dritten aus § 892 BGB. ergeben würden (vgl. §§ 883 Abs. 2 Satz 1, 884 BGB.; § 24 KO.). Dem persönl. Anspruch wird eine Sicherung mit dinglicher Wirkung gegen Dritte gewährt; die Vorm. ist „ein besonders geartetes Sicherungsmittel, das dem geschützten Recht in gewissem Umfang dingl. Wirkung verleiht" (RG. 113, 409; 129, 185). Der Anspruch selbst wird dadurch aber nicht verdinglicht (vgl. RG. 65, 261; 81, 289; OLG. 16, 387; 20, 419; 33, 58). Ferner soll die Vorm. den Rang für das vorgemerkte Recht wahren (§ 883 Abs. 3 BGB.). Über ihre Wirkungen im Falle der Zwangsversteigerung s. § 48 ZVG. Eine Vorm. ist trotz § 137 BGB. auch dann zulässig, wenn durch sie eine Wirkung erzielt wird, die einer Verfügungsbeschränkung gleichkommt (KGJ. 40, 123). 2

b) Die Vorm. hat zwar die Unwirksamkeit der nach ihrer Eintr. getroffenen Verfügungen zur Folge, soweit diese den vorgemerkten Anspruch vereiteln oder beeinträchtigen würden (§ 883 Abs. 2 BGB.); diese Wirkung hat aber nur relativen Charakter. Die Vorm. ist daher weder eine Verfügungsbeschränkung noch ein Veräußerungsverbot (RG. 113, 408; RGRK. § 883 A. 11; Planck § 892 A. IIc β; Lang in LZ. 1931, 296 u. a.; bestr.). Deshalb ist durch die Vorm. der Berechtigte in der Verfügung über das Grundstück oder Recht nicht gehindert (z. B. Weiterverkauf oder Belastung eines Grundstücks trotz Auflassungsvormerkung). Der GBuchrichter darf solche der Vorm. widersprechende Verfügungen nicht beanstanden u. muß sie vollziehen; er muß z. B., auch wenn eine Löschungsvorm. (§ 1179 BGB.) eingetragen ist, beim Nachweis der Voraussetzungen der EigtrHyp. den Eigtr. als Gl. eintragen, ferner Verfügungen über die EigtrHyp. (Abtretung, Pfändung, Verpfändung) vollziehen; es ist Sache des Vormerkungsberechtigten, seine Rechte im Prozeßwege geltend zu machen. Durch eine derartige Eintr. entsteht keine GBuchunrichtigkeit. Die Eintr. eines Amtswiderspruchs kommt nicht in Frage (BayObLG. 17, 3; 19, 158; RJA. 8, 154; JFG. 5, 324). Der Vormerkungsberechtigte kann auch nicht die Löschung der vormerkungswidrig eingetragenen Rechte gem. § 22 herbeiführen. Die Vormerkung bewirkt **keine Grundbuchsperre** (RG. 57, 211; BayObLG. 20, 5; 22, 320; RJA. 11, 242; OLG. 14, 120; 41, 31). Eine Ausnahme gilt nur für die Löschung des Rechts, dessen Übertragung, Belastung usw. vorgemerkt ist; sie darf nur mit Zustimmung des Vormerkungsberechtigten erfolgen (RJA. 3

4, 259; JFG. 9, 218; RGRK. § 883 A. 11; Staud.-Kober § 883 A. 45; Güthe-Triebel⁶ A. 20; bestr.).

Die auf Gr. Bewilligung des Berechtigten eingetragene Vorm. ist eine Verfügung über das von ihr betroffene Grundstück oder Recht (RG. 118, 234; JFG. 2, 411; BayObLG. 31, 296; vgl. Staud.-Kober § 883 A. 40; Planck § 883 A. 2, 3). Doch stellt die Vorm. selbst nicht ein (auch nur bedingtes) dingl. Recht am Grundstück dar (RG. 65, 261; 116, 239; 118, 234; 120, 15; 129, 185; KGJ. 51, 251).

2. Gegenstand.

4 a) Vorgemerkt kann nur werden, was endgültig eingetragen werden kann (RG. 55, 273; OLG. 43, 9). Deshalb ist eine Vorm. auf Einräumung, Änderung oder Aufhebung eines persönlichen Rechts (Miete, Pacht usw.) unzulässig. Dagegen kann das Wiederkaufsrecht (§§ 497ff. BGB.) trotz seiner schuldrechtl. Natur (schon vor seiner Ausübung) durch Auflassungsvorm. gesichert werden (RG. 67, 48; 69, 281; 104, 13; 125, 247; BayObLG. 24, 70; 25, 392; RJA. 9, 263; JFG. 3, 317; Planck § 883 A. 1e; RGRK. § 883 A. 10; Staud.-Kober § 883 A. 18), ebenso das schuldrechtl. Vorkaufsrecht (RG. 67, 48; 104, 123; RGRK. a. a. O.; Staud.-Kober a. a. O.), auch wenn der Preis fest bestimmt ist (RG. 72, 392); auch ein Erwerbs- oder Ankaufsrecht ist der Sicherung durch Vormerkung fähig (RG. 154, 359; BayObLG. 31, 121). Die Vorm. zur Sicherung des Wiederkaufsrechtes kann auch zugunsten des jeweiligen Eigtr. eines bestimmten Grundstücks eingetragen werden (RG. 128, 246; s. auch unten Abs. 4), nicht aber zu Lasten des jeweiligen Eigtr. des belasteten Grundstücks (KG. in HRR. 1935 Nr. 788 = JW. 1935, 2155). Nicht vormerkungsfähig ist der Anspruch auf Einräumung, Aufhebung (z. B. für den Fall, daß der durch die Vorm. gesicherte Anspruch sich mit dem Eigentum in einer Person vereinigt) oder Änderung einer Vorm. selbst oder einer Verfügungsbeschränkung (OLG. 6, 123; Güthe-Triebel⁶ A. 10); eine Ausnahme gilt hier jedoch für die Vorm. nach § 18 Abs. 2 (vgl. § 18 A. 50).

Der zu sichernde Anspruch kann auf Rechtsgeschäft (auch Vermächtnis: RG. in WarnRspr. 1914 Nr. 50) oder Gesetz beruhen. Er kann auch bedingt oder zukünftig sein (§ 883 Abs. 1 Satz 2 BGB.)[1][2]. Der Anspruch muß aber bereits entstanden sein; die bloße Möglichkeit seiner Entstehung genügt nicht (KG. in HRR. 1933 Nr. 1849)[3]. Auf Gr. eines wegen Formmangels nichtigen Kaufvertrags kann eine Auflassungsvorm. auch nicht unter dem Gesichtspunkt der Sicherung eines künftigen Anspruchs eingetragen werden (RG. 151, 75). Ebensowenig ist ein nur gedachter, in Wirklichkeit aber nicht bestehender Anspruch vormerkungsfähig (RG. in JW. 1937, 2114 = WarnRspr. 1937, 241). Einen des Schutzes durch eine Vorm. fähigen künftigen Anspruch stellt die aus einem noch nicht angenommenen Kaufangebot sich ergebende Anwartschaft auf Übereignung des Grundstücks dar (RG. in Warn.-Rspr. 1913 Nr. 184 u. in JW. 1936, 647; KGJ. 40, 124; RGRK. § 883 A. 10). Der vorzumerkende Anspruch auf Einräumung eines Grundstücksrechtes muß dieses in eindeutiger eintragungsfähiger Weise bezeichnen (JFG. 15, 251).

Der Anspruch muß sich gegen den Inhaber des betroffenen Rechts, nicht gegen einen Dritten richten (RG. 84, 81; OLG. 31, 332; eine Ausnahme gilt nur für die Löschungsvorm. nach § 1179 BGB.: RG. 72, 277; 84, 81; RGRK. § 883 A. 2). Der Anspruch kann auch auf Einräumung eines Rechtes am Grundstück an einen Dritten (z. B. beim Vertrag zugunsten

[1] Der künftige Anspruch des letztwillig Bedachten kann vor dem Erbfall nicht durch Vorm. gesichert werden (OLG. 8, 106; KGJ. 48, 189; vgl. auch KG. in DNotV. 1931, 240).

[2] Bei der Vorm. zur Sicherung eines künftigen Anspruchs ist die Eintr. einer Änderung der Voraussetzungen für die Entstehung des Anspruchs zulässig, jedoch grundsätzlich nur mit Zustimmung der gleich- u. nachstehenden Berechtigten (KG. in HRR. 1933 Nr. 1849).

[3] Ist eine Vorm. hinfällig, weil ihr der gesicherte Anspruch fehlt, so wird sie nicht dadurch wirksam, daß die Beteiligten, ohne den vorgemerkten Anspruch zur Entstehung zu bringen, sich vergeblicherweise auf den Bestand der Vorm. einigen (RG. in JW. 1937, 2114 = HRR. 1937 Nr. 853 = WarnRspr. 1937, 241).

eines Dritten, § 328 BGB.) gerichtet sein (RG. 66, 127; Staud.-Kober § 883 A. 25; Güthe-Triebel[6] A. 5). Der Anspruch des Dritten u. der Anspruch des Versprechensempfängers können gleichzeitig durch je eine Vorm. gesichert werden (JFG. 9, 207).

Der vorgemerkte Anspruch kann auch dem jeweiligen Inhaber eines anderen Rechts zustehen, insbes. (bei der Auflassungsvorm.)[1]) dem jeweiligen Eigtr. eines anderen Grundstücks (RG. 128, 246; RJA. 9, 265; KG. in DNotV. 1930, 299; 1930, 121; Planck § 883 A. 1 d; **a. M.** BayObLG. 25, 97; RJA. 7, 67; OLG. 40, 35; Staud.-Kober § 883 A. 18; RGRK. § 883 A. 2; Güthe-Triebel[6] Vorbem. 49 vor § 13; § 25 A. 5)[2]); wg. der Löschungsvorm. nach § 1179 BGB. s. u. A. 6. Zulässig ist die Eintr. einer Vorm. auf Eintr. einer beschr. persönl. Dienstbarkeit zugunsten des jeweiligen Inhabers eines unter einer bestimmten Firma betriebenen Geschäftes (KG. in DNotZ. 1937, 330).

Eine Auflassungsvormerkung kann auch noch nach Erklärung der Auflassung eingetragen werden (JFG. 7, 328).

b) Einzelheiten. Vormerkungsfähig ist der Auflassungsanspruch auch im Falle der 5
Konkursanfechtung (§ 37 KO.; ZBlFG. 7, 537; RGRK. § 883 A. 2; Güthe-Triebel[6] A. 6; **a. M.** RG. 56, 145), dagegen nicht im Falle des § 7 AnfechtungsG. (RG. 60, 423; 67, 39; OLG. 5, 422; RGRK. a. a. O.; Güthe-Triebel a. a. O.; Staud.-Kober § 883 A. 27; bestr.). Eine Auflassungsvorm. kann auch auf Gr. eines Kaufvorvertrags eingetragen werden; wg. des Kaufangebots s. o. A. 4. Unzulässig ist Vorm. des Anspruchs auf Übertragung eines Miterbenanteils an einem Grundstück (OLG. 10, 82; Predari § 19 A. 37 m). Vormerkungsfähig ist der Anspruch auf Umwandlung einer Buchhyp. in eine Briefhyp. (Staud.-Kober § 1116 A. 10; Turnau-F. § 1116 A. 2) u. auf Umwandlung einer Höchstbetragshyp. in eine feste Hyp. nach Feststellung der Höhe der Forderung[3]) (OLG. 13, 196; KG. in JW. 1931, 2743; BayNotV. 1929, 311, 398; 1930, 26), der Anspruch auf Verpfändung einer Hyp. (OLG. 26, 197), nicht dagegen der Anspruch auf Bestellung eines Pfandrechts oder eines Nießbrauchs an einer zukünftigen EigtrGrundschuld (KGJ. 45, 267; RGRK. § 883 A. 2; Staud.-Kober § 1179 A. 20, 24). Unzulässig sind auch Vormerkungen auf Übertragung der künftigen EigtrHyp. oder -Grundschuld (RG. 72, 274; 145, 353; BayObLG. 10, 454), auf Rangrücktritt (RG. 84, 78; **a. M.** BayObLG. 14, 320) oder Inhaltsänderung derselben (Recht 1911 Nr. 2896), überhaupt Vormerkungen, die Ansprüche sichern sollen, die sich auf Verfügungen über eine künftige EigtrHyp. oder -Grundschuld beziehen, abgesehen natürlich von dem Fall des § 1179 BGB. Ist aber eine derartige Vorm. ordnungswidrig eingetragen u. war im Zeitpunkt ihrer Eintr. die EigtrGrundschuld schon entstanden u. nur im GBuch noch nicht vermerkt, so wird die Vorm. als wirksam zu erachten sein.

Vormerkungsweise kann ferner nicht gesichert werden die Verpflichtung des Eigtr., eine Hyp., falls sie ihm zufällt, für eine andere Forderung zu bestellen (KGJ. 45, 267; RGRK. a. a. O.). Das Recht, die Abtretung einer Grundschuld zu fordern, sobald Grundschuld u. Eigentum sich in einer Person vereinigt haben, kann jedoch vorgemerkt werden (RG. im Recht 1933, 456). Zulässig ist eine Vorm. zur Sicherung des Anspruchs auf Einräumung der Unterwerfungsklausel (§ 800 ZPO.; OLG. 13, 196), bei einer Höchstbetragshyp. aber nur dann, wenn gleichzeitig der Anspruch auf Umwandlung derselben in eine Hyp. mit bestimmtem Betrag vorgemerkt wird (OLG. 14, 136). Ist der HypBrief vom GBA. dem Eigtr. auszuhändigen, so kann der Anspruch des eingetragenen Gl. darauf, daß ihm der Eigtr. die Hyp. verschaffe, durch Vorm. gesichert werden (OLG. 7, 367).

---

[1]) Eine derartige Auflassungsvorm. geht mit dem Zuschlag des berechtigten Grundstücks kraft Gesetzes auf den Ersteher über (KG. in DNotV. 1931, 121).

[2]) Zur Löschung einer Vorm., die zugunsten des jeweiligen Eigtr. eines Grundstücks eingetragen ist, bedarf es nicht der Zustimmung der an diesem Grundstück dinglich Berechtigten; § 876 Satz 2 BGB. ist nicht anwendbar (JFG. 9, 212).

[3]) Nicht erforderlich ist, daß der Betrag der festen Hyp. schon ziffernmäßig feststeht.

Eine Vorm. auf Einräumung eines bestimmten Ranges kann auch dann eingetragen werden, wenn dieser Rang vorerst noch nicht verwirklicht werden kann (OLG. 26, 183; 42, 273). Zulässig ist eine Vormerkung zur Sicherung des Anspruchs auf Eintr. eines von § 1176 BGB. abweichenden Ranges der EigtrTeilgrundschuld (KGJ. 26, 145). Der Anspruch auf Pfändung auf Gr. eines Pfändungsbeschlusses kann nicht vorgemerkt werden (RG. 56, 9; OLG. 14, 70), ebensowenig der Anspruch auf Eintr. einer Arresthyp. (Güthe-Triebel[6] A. 5), einer Zwangshyp. (RJA. 2, 93) oder einer Sicherungshyp. zugunsten der Staatskasse gem. Art. 123 bayer. AG. z. BGB. (BayObLG. 21, 274). Der Anspruch auf Begründung der Heimstätteneigenschaft kann Gegenstand einer Vorm. sein. Daher kann die Verpflichtung einer Siedlungsgenossenschaft gegenüber einer als Ausgeber von Heimstätten zugelassenen Person, ihren Grundbesitz nach Aufteilung u. Übereignung an ihre Genossen in Heimstätten umzuwandeln, vorgemerkt werden (JFG. 12, 314).

Wegen der Vormerkung nach § 31 Abs. 4 ErbbRVO. (Vorrecht auf Erneuerung des Erbbaurechts) s. § 8 A. 14.

6 c) Die **Löschungsvormerkung nach § 1179 BGB.** kann sowohl bei Bestellung der Hyp. als auch später eingetragen werden. Das Recht, dessen Löschung gesichert werden soll, muß aber bereits eingetragen sein (OLG. 3, 387). Vormerkungsberechtigter kann nicht nur ein gleich- oder nachstehender HypGl., sondern auch jeder Dritte sein (RG. 63, 152; KGJ. 52, 279), auch der Gl. selbst (RG. 52, 5; BayObLG. 3, 329; Staud.-Kober § 1179 A. 4 unter δ). Die Löschungsvorm. kann auch für den jeweiligen Gl. einer (gleich- oder nachstehenden) Hyp. usw. eingetragen werden (RG. 63, 152; RJA. 7, 142; Staud.-Kober § 1179 A. 4 unter ε; RGRK. § 1179 A. 3; Ricks 309; nun auch Güthe-Triebel[6] Vorbem. 49 vor § 13). In diesem Falle geht das Recht aus der Vorm. mit der Abtretung der Hyp. ohne besondere Abtretung auf den neuen HypGl. über (es kann aber anderseits nicht ohne die Hyp. abgetreten werden). Aber auch wenn der Vormerkungsanspruch in sonstiger Weise mit einem bestimmten Recht verknüpft, z. B. die Vorm. für eine Person „als Gl. der Hyp.Nr. ....“ bestellt ist, geht mit der vorbehaltlosen Abtretung der Hyp. der vorgemerkte Anspruch auf den neuen Gl. über (RG. 143, 73; KGJ. 43, 256; RGRK. § 1179 A. 3; Planck § 1179 A. 2e; Güthe-Triebel a. a. O.; Staud.-Kober a. a. O.). Die Abtretung der Rechte aus der Löschungsvorm. ohne gleichzeitige Abtretung der Hyp. ist nur möglich, wenn die Vorm. für den Berechtigten persönlich eingetragen ist (RG. 52, 11; RGRK. § 1179 A. 3).

§ 1179 BGB. setzt voraus, daß der Eigtr. als solcher der sich Verpflichtende ist. Ist die Hyp. bereits auf ihn übergegangen, so kommt er nicht mehr als Eigtr., sondern als Gl. in Betracht. Dann greift nicht § 1179, sondern § 883 BGB. Platz u. es ist § 39 Abs. 1 GBO. zu beachten (vgl. RG. 84, 78; RGRK. § 1179 A. 2; Staud.-Kober § 1179 A. 20). Der durch die Löschungsvorm. gesicherte Anspruch braucht in der EintrBew. regelmäßig nicht besonders bezeichnet zu werden (KG. in JW. 1937, 111).

Über weitere Einzelfragen s. Vorbem. 54 vor § 13.

Die Löschungsvorm. nach § 1179 BGB. steht dem Entstehen der EigtrGrundschuld nicht entgegen; auch die Löschungsvorm. bewirkt keine GBuchsperre (RG. 57, 211; OLG. 26, 166; 39, 258; RJA. 8, 154; JFG. 14, 323; s. auch oben A. 3). Verweigert der Eigtr. die Zustimmung zur Löschung, so bleibt dem Berechtigten nur der Klageweg; doch kann das Prozeßgericht zur Sicherung seiner Rechte eine einstw. Verfügung erlassen, deren Inhalt es nach freiem Ermessen bestimmt (BayObLG. 15, 325). Die Löschungsvorm. wirkt gegenüber dem jeweiligen Eigtr.; es ist also nicht nur derjenige Eigtr. zur Löschung verpflichtet, auf dessen Bewilligung die Vorm. eingetragen wurde, sondern auch jeder seiner Rechtsnachfolger im Eigentum (KGJ. 31, 324; 44, 302; RGRK. § 1179 A. 7; Staud.-Kober § 1179 A. 6; Güthe-Triebel[6] Vorbem. 49 vor § 13; **a. M.** Pitel in ZBlFG. 7, 642; in LZ. 1931, 221). Vgl. auch RG. 125, 133; 127, 282 über die Geltendmachung der Löschungsvorm. im Zwangsversteigerungsverfahren.

Soweit bei einer Hyp. oder Grundschuld, die sich auf Gr. Art. 5 Abs. 3 der 2. DurchfVO. z. Ges. ü. d. Durchführung einer Zinsermäßigung bei Kreditanstalten v. 26. März 1935 (RGBl. I 470) um 1¾% der Verpflichtung erhöht hat, eine Löschungsvorm. eingetragen ist, gilt diese auch für den Betrag, um den die Hyp. oder Grundschuld sich erhöht hat. Die Berichtigung des GBuchs erfolgt gebührenfrei auf formlosen Antrag (5. DurchfVO. v. 13. Sept. 1936, RGBl. I 734).

Über die gebührenrechtl. Behandlung der Löschungsvorm. s. u. A. 47.

II. Der Widerspruch.

1. Rechtsnatur u. Wirkungen. Der Widerspruch (§ 899 BGB.) hat den Zweck, den Berichtigungsanspruch (§ 894 BGB.) gegen Vereitelung oder Beeinträchtigung durch gutgläubigen Erwerb zu schützen (OLG. 44, 56)[1]. Er setzt also ein bestehendes dingl. Recht voraus. Deshalb kann derjenige, der behauptet, zu Unrecht als Eigtr. eingetragen zu sein, nicht die Eintr. eines Widerspr. verlangen (RJA. 14, 200). Anderseits begründet der Widerspr., wenn er gegen eine Löschung gerichtet ist, auch kein dingl. Recht u. seine Eintr. hat nicht zur Folge, daß das Recht selbst als eingetragen gilt, auch nicht hinsichtl. seines Ranges (Güthe-Triebel[6] A. 15, 23). Ebenso bleibt das vom Widerspr. betroffene Recht bestehen. Wie bei der Vorm. tritt eine Sperre des GBuchs nicht ein (Staud.-Kober § 899 A. 18); der Berechtigte kann trotz des Widerspr. über das Recht verfügen. Doch ist auch hier die Löschung des betroffenen Rechts ohne Zustimmung des aus dem Widerspr. Berechtigten unzulässig (s. o. A. 3; vgl. KG. in DNotV. 1928, 577). 7

2. Gegenstand. Ein Widerspr. kann eingetragen werden, wenn ein bestehendes Recht nicht eingetragen ist (also entweder zu Unrecht gelöscht oder außerhalb des GBuchs entstanden ist, z. B. die Sicherungshyp. nach § 1287 BGB. oder § 848 Abs. 2 ZPO.). Das gleiche gilt, wenn eine bestehende Verfügungsbeschränkung (z. B. Nacherbschaft, Konkurs u. a.) nicht eingetragen ist (RGRK. § 894 A. 1d; Güthe-Triebel[6] A. 11) u. wenn eine Vormerkung oder ein Widerspruch zu Unrecht gelöscht wurde (RG. 129, 184; 132, 419 bez. d. Vorm.; Planck § 894 A. 3; Güthe-Triebel a. a. O.; **a. M.** KGJ. 50, 173; RJA. 13, 142; 15, 238; KG. in DNotV. 1931, 297; RGRK. a. a. O.). Weiter ist die Eintr. eines Widerspr. zulässig, wenn ein Recht nicht richtig (vgl. § 22 A. 6) eingetragen oder durch die Eintr. einer nicht bestehenden Belastung (z. B. eines erloschenen Pfandrechts, einer nichtigen Hyp.) beeinträchtigt ist. Die Eintr. eines Widerspr. bei einer Gesamthyp. auf nur einem der mitbelasteten Grundstücke ist nur insoweit zulässig, als er sich gegen die Mithaftung dieses Grundstücks richtet, nicht aber insoweit er das Bestehen des Gläubigerrechts betrifft (JFG. 6, 325). 8

Unzulässig ist die Eintr. eines Widerspr. gegen eine eingetragene Vorm. oder einen eingetragenen Widerspr. (OLG. 2, 243; KGJ. 46, 205; Planck § 899 A. 2; RGRK. § 899 A. 1; Güthe-Triebel[6] A. 13; **a. M.** Staud.-Kober § 899 A. 8 bez. d. Vorm.; vgl. BayObLG. 13, 172), sowie gegen eine eingetragene, aber nicht bestehende Verfügungsbeschränkung, z. B. den Zwangsversteigerungsvermerk (OLG. 34, 299; KG. in DNotV. 1930, 491; Planck § 899 A. 2; Güthe-Triebel[6] A. 13; **a. M.** RGRK. § 899 A. 1; Staud.-Kober § 899 A. 9).

Unzulässig ist der Widerspr. auch dann, wenn infolge einer inzwischen erfolgten Eintr. (z. B. gem. § 892 BGB.) die Unrichtigkeit nicht mehr besteht (RG. 65, 98).

III. 1. Sowohl bei der Vorm. als auch beim Widerspr. ist nicht unbedingt erforderlich, daß sie in der Eintr. als solche bezeichnet werden; eine Verwechslung in der **Bezeichnung** ist unschädlich, wenn sich aus dem Inhalt der Eintr. ergibt, zur Sicherung welcher Art von Rechten sie dienen soll (RG. 55, 340; RJA. 7, 64; JW. 1908, 275). Die falsche Bezeichnung kann von 9

---

[1]) Deshalb ist die Eintr. eines Widerspr. unzulässig, wenn die Unrichtigkeit des GBuchs unschädlich ist, weil gutgläubiger Erwerb nicht in Frage kommt (OLG. 7, 197), ferner dann, wenn die Unrichtigkeit aus dem GBuch ohne weiteres zu erkennen, z. B. wenn Gesamteigentum ohne Angabe des Rechtsverhältnisses eingetragen ist (OLG. 18, 219).

Amts wegen oder auf Antrag berichtigt werden (Güthe-Triebel[6] A. 4; Staud.-Kober § 899 A. 4). Vorm. u. Widerspr. schließen sich grundsätzlich gegenseitig aus; sie können aber nebeneinander eingetragen werden, wenn aus demselben Tatbestand eine dingl. Wirkung u. ein persönl. Anspruch hervorgehen (Güthe-Triebel[6] A. 4). Steht z. B. dem Eigtr. nach § 1169 BGB. eine Einrede zu, mit der er den Verzicht des Gl. auf die Hyp. verlangen kann, so kann sowohl der schuldrechtl. Anspruch auf Aufhebung der Hyp. durch Vorm. als auch die den Anspruch begründende Einrede durch Widerspr. gesichert werden (KGJ. 33, 261; Staud.-Kober § 1169 A. 3). Vgl. auch Roth in DNotV. 1930, 713. Ist in einer einstw. Verfügung irrtümlich die Eintr. einer Vorm. statt eines Widerspr. angeordnet oder umgekehrt, so ist (im Wege der Auslegung) die richtige Bezeichnung in das GBuch einzutragen (KG. in JW. 1937, 2918).

10 2. Vorm. u. Widerspr. nehmen wie das Recht, auf das sie sich beziehen, an dem gbuchmäßigen **Rangverhältnis** teil; insbes. steht auch die Auflassungsvorm. mit den Rechten am Grundstück in einem Rangverhältnis (RG. 55, 270). Deshalb sind Rangänderungen nach §§ 879, 880 BGB. zulässig u. eintragungsfähig (OLG. 3, 231; KGJ. 39, 198; JFG. 1, 422; Staud.-Kober § 880 A. 2; Güthe-Triebel[6] A. 32). Soll eine HypVorm. zurücktreten, so ist die Zustimmung des Grundstückseigtr. nicht notwendig (RJA. 3, 158; JFG. 13, 418; RGRK. § 885 A. 2; **a. M.** Güthe-Triebel A. 32; Predari § 19 A. 37). Zu beachten ist, daß der materielle Rang einer Vorm. auch durch (formlose) Zustimmung des Vormerkungsberechtigten zu einer Verfügung geändert werden kann (RG. 154, 355).

C. Die Eintragung der Vormerkung u. des Widerspruchs.

I. Vorm. u. Widerspr. können eingetragen werden:

11 **a)** auf Gr. einer **Bewilligung** desjenigen, dessen Recht von der Vorm. oder bei Eintr. eines Widerspr. von der Berichtigung des GBuchs betroffen wird (§§ 885 Abs. 1 Satz 1, 899 Abs. 2 Satz 1 BGB.). Die Bew. muß auf Eintr. einer Vorm., nicht des Rechtes selbst lauten, doch schließt häufig die Bew. der endgültigen Eintr. die der Vorm. in sich (Güthe-Triebel[6] A. 16; vgl. Staud.-Kober § 885 A. 3, g; Planck § 885 A. 2b; BayNotZ. 1912, 237). Im übr. gelten für die Bew. die allgem. Grundsätze des § 19. Der Nachweis des Bestehens des zu sichernden Anspruchs kann nicht verlangt werden (RJA. 7, 142). Soll gegen die Eintr. einer nicht bestehenden Hyp. ein Widerspr. eingetragen werden, so ist außer dem Gläubiger auch der Eigtr. Betroffener (JFG. 5, 352). Von der Eintr. der Löschungsvorm. nach § 1179 BGB. wird nur der Eigtr. betroffen (OLG. 8, 145; KGJ. 33, 293).

Die Bew. kann durch rechtskr. Urteil ersetzt werden (§ 894 ZPO.), ferner durch den Nachweis der Unrichtigkeit, wenn eine bereits eingetragene Vorm. (Widerspr.) zu Unrecht gelöscht worden ist (Güthe-Triebel[6] A. 16; bestr.; vgl. § 22 A. 6).

12 **b) von Amts wegen** in den Fällen der §§ 18 Abs. 2, 23, 24, 53, 71 Abs. 2, 76 Abs. 1 GBO.; § 15 Abs. 2 AusfVO. z. GBO.; § 38 Abs. 1 Buchst. b Ziff. 2, Abs. 2 Buchst. b GBVerf. Vgl. auch Vorbem. 205 vor § 13.

Von Amts wegen wird eine Vorm. ferner im Falle des § 31 Abs. 4 Satz 3 ErbbRVO. (Erhaltung des Vorrechts auf Erneuerung des Erbbaurechts) eingetragen; s. hierüber § 8 A. 14.

13 **c)** auf **Ersuchen einer Behörde** (§ 38). Hier kommt z. B. in Betracht das Ersuchen der Verwaltungsbehörde um Eintr. eines Widerspr., wenn auf Gr. eines nach der Grundstückverkehrsbek. v. 26. Jan. 1937 (vgl. § 20 A. 95 ff.) genehmigungspflichtigen, aber nicht genehmigten Rechtsgeschäfts eine Eintr. erfolgt ist (§ 6 Abs. 1 GVerkBek.). Vgl. ferner die § 20 A. 113, 125, 131, sowie Vorbem. 47 b vor § 18 erwähnten Fälle. S. auch die Anm. zu § 38. Wegen des Ersuchens des Gerichts um Eintr. auf Gr. einer einstw. Verfügung (§ 941 ZPO.) s. § 38 A. 14.

d) der Widerspr. auch auf Gr. des **bloßen Antrags** des Eigtr. wegen unterbliebener Darlehenshingabe (§ 1139 BGB.). In sonstigen Fällen ist die Eintr. einer Vorm. oder eines Widerspr. auf Gr. eines einseitigen Antrags des Anspruchsberechtigten auch dann nicht zulässig, wenn der Anspruch unmittelbar auf Gesetz beruht, z. B. im Falle des § 648 BGB. (Staud.-Kober § 885 A. 6; Güthe-Triebel[6] A. 16). Der Antrag auf Eintr. des Widerspr. gem. § 1139 BGB. bedarf der Form des § 29 (s. § 30 A. 4). 14

e) auf Gr. einer **einstweiligen Verfügung** (§§ 885 Abs. 1, 899 Abs. 2 BGB.; §§ 936ff. ZPO.)[1]) oder eines **vorläufig vollstreckbaren Urteils,** durch das der Schuldner zur Abgabe einer Willenserklärung verurteilt ist (§ 895 ZPO). Wird durch einstw. Verfügung zur Sicherung des Anspruchs auf Einräumung einer Hyp. an mehreren Grundstücken die Eintr. einer Vorm. angeordnet, so kann diese auf jedem Grundstück zur Sicherung des einheitl. ungeteilten Anspruchs auf Einräumung einer Gesamthyp. eingetragen werden; § 932 Abs. 2 ZPO. gilt hier nicht (IFG. 5, 328). Lautet das Urteil auf Zahlung einer Geldsumme, so ist keine Vorm., sondern nur nach § 866 ZPO. die Eintr. einer Sicherungshyp. zulässig (RG. 56, 16; OLG. 31, 138; RGRK. § 883 A. 2; Güthe-Triebel[6] A. 5; bestr.). Im übr., insbes. über die erforderl. Nachweise s. § 19 A. 47ff., 65ff. 15

II. Weitere Eintragungsvoraussetzungen.

a) Die Eintr. der Vorm. u. des Widerspr. setzt in den Fällen der A. 11 u. 15 weiter einen (formlosen) **Antrag** des Betroffenen oder Berechtigten (§§ 13 Abs. 2, 30) voraus. 16

b) Ferner ist in allen Fällen Voraussetzung das **Eingetragensein des Betroffenen** als Berechtigten (s. §§ 39, 40, 14 GBO.; §§ 896, 792 ZPO.). Hienach ist z. B. Umschreibung auf die Erben vor Eintr. einer Auflassungsvorm. (OLG. 8, 318; 10, 440), vorherige Eintr. der Gesamtgutseigenschaft (OLG. 11, 283; 41, 30) oder des Anteilsverhältnisses (OLG. 10, 440) notwendig. 17

c) Soweit die **Zustimmung Dritter,** deren Rechte betroffen werden, nach den allgem. Vorschriften erforderlich ist, muß sie (oder ein Ersatz, z. B. Urteil) auch bei der Eintr. der Vorm. (des Widerspr.) beigebracht werden, z. B. die Zustimmung des Eigtr. zur Eintr. einer Vorm. auf Rangänderung einer Hyp. (§ 880 Abs. 2 Satz 2 BGB.; Güthe-Triebel[6] A. 16). Zur Eintr. eines Widerspr. gegen eine nichtige Hyp. oder Grundschuld auf Gr. einer einstw. Verfügung bedarf es gleichfalls der Zustimmung des Eigtr. mit Rücksicht auf dessen etwaiges Gläubigerrecht; die Zustimmung kann dadurch ersetzt werden, daß die einstw. Verfügung sich auch gegen den Eigtr. richtet (IFG. 5, 352; KG. in DNotV. 1931, 293; Güthe-Triebel[6] A. 17). Zur Eintr. einer Vorm. oder eines Widerspr. bei einer Hyp. bedarf es sonst nicht der Zustimmung des Eigtr., zur Eintr. einer Löschungsvorm. nach § 1179 BGB. nicht derjenigen des HypGl. (OLG. 8, 145). Zur Sicherung des Anspruchs des Zedenten auf Rückübertragung einer Hyp. durch Vorm. genügt die Bew. des Zessionars (OLG. 8, 306). 18

d) Wegen der **Vorlage des Briefs** bei Briefrechten s. §§ 41ff., 62, insbes. § 41 Abs. 1 Satz 2 bez. des Widerspruchs. 19

e) Über die Eintr. einer Vorm. oder eines Widerspr. an einem (realen) **Grundstücksteil** s. § 7 A. 6. Es kann insbes. eine Auflassungsvorm. schon vor der katasteramtl. Vermessung des aufzulassenden Trennstücks eingetragen werden. 20

An dem ideellen Bruchteil eines Grundstücks, der nicht in dem Anteil eines Miteigtr. besteht, kann eine Hyp., ein Vorkaufsrecht oder eine Reallast nicht vorgemerkt werden (RIA. 4, 253; Staud.-Kober § 883 A. 7). An dem ganzen Grundstück kann nicht eine Vorm. zur Sicherung des Anspruchs auf Eintr. einer Hyp. an einem Bruchteil des Grundstücks, den der Schuldner erst erwerben soll, eingetragen werden (Planck § 883 A. 1c; § 1114 A. 6; Güthe-Triebel[6] § 7 A. 6; vgl. auch Staud.-Kober § 883 A. 15).

[1]) Die Eintr. einer Vorm. auf Gr. einstw. Verfügung ist während des Konkursverfahrens unzulässig (§ 14 Abs. 2 KO.; vgl. § 221 Abs. 2 KO.).

21 **f)** α) Absolut wirkende Verfügungsbeschränkungen hindern auch die Eintr. einer Vorm. (s. Vorbem. 68 vor § 13). Wg. der relativen Verfügungsbeschränkungen s. Vorbem. 69, 73ff. vor § 13.

β) Zur Eintr. einer Vorm. oder eines Widerspr. an einem zu einem Erbhof gehörigen Grundstück ist die anerbengerichtl. Gen. nicht erforderlich (s. Vorbem. 146, 155 vor § 13).

γ) An einem Grundstück, das in einem Wohnsiedlungsgebiet gelegen ist (vgl. § 20 A. 106ff.), kann eine Auflassungsvorm. ohne Gen. der Verwaltungsbehörde eingetragen werden (JFG. 14, 123). Zu ihrer Eintr. bedarf es ferner nicht der Gen. nach der Grundstückverkehrsbekanntmachung v. 26. Jan. 1937 (s. § 20 A. 95 ff.; RG. 108, 94; RJA. 17, 120) u. der devisenrechtl. Gen. (KG. in JW. 1938, 1037).

22 **III.** Über den **Ort der Eintragung** von Vorm. u. Widerspr. s. § 3 A. 153ff., über **Form u. Inhalt** der Eintr. § 3 A. 155, 156.

Bei der Vorm. kann zur näheren Bezeichnung des zu sichernden Anspruchs, dessen Fehlen in der Eintr. diese inhaltlich unzulässig i. S. des § 53 macht (KGJ. 51, 251), auf die einstw. Verfügung, das Urteil oder die EintrBew. Bezug genommen werden (§ 885 Abs. 2 BGB.; vgl. § 3 A. 159ff.); eine Ausnahme gilt nur für die Löschungsvorm. nach § 1179 BGB.; bei ihr ist die Bezugnahme unzulässig. Beim Widerspr. ist eine Bezugnahme überhaupt ausgeschlossen; vgl. § 3 A. 162 unter b α.

Bei der Eintr. einer Vorm. auf Einräumung einer Hyp., Grund- oder Rentenschuld ist in der Eintr. selbst der Geldbetrag anzugeben. Dagegen kann bez. der Höhe der Zinsen u. Nebenleistungen u. des Schuldgrundes auf die EintrBew. Bezug genommen werden; § 1115 BGB. gilt hier nicht (RGRK. § 885 A. 3; Güthe-Triebel[6] § 49 A. 13; bestr.). Doch empfiehlt sich die Aufnahme auch dieser Bestimmungen in den EintrVermerk (Staud-Kober § 885 A. 10). Wegen der dingl. Unterwerfungsklausel s. § 3 A. 162 unter c α.

D. Die Löschung von Vormerkung u. Widerspruch.

I. Sie kann erfolgen:

23 **1.** auf Gr. der **Löschungsbewilligung** desjenigen, dessen Recht durch die Löschung betroffen wird (§ 19); für sie gelten die allgem. Vorschriften, insbes. die §§ 28, 29. Zur Löschung einer HypVorm. bedarf es nicht der Zustimmung des Eigtr. (s. § 27 A. 3). Erforderlich ist auch die Zustimmung desjenigen, zu dessen Gunsten der durch Vorm. gesicherte Anspruch belastet ist (§ 876 BGB.). Ist eine Vorm. für den jeweiligen Gläubiger einer Hyp. eingetragen, so genügt die Löschungsbew. des gegenwärtigen Gl. (Güthe-Triebel[6] A. 24). Die Löschungsbew. kann durch Urteil (§ 894 ZPO.) ersetzt werden, insbes. im Falle des § 886 BGB.

24 **2.** auf Gr. eines (einseitigen) **Verzichts** des Berechtigten auf die Rechte aus der Vorm. oder dem Widerspr. Auf diese werden die §§ 875, 876 Satz 1 u. 3 BGB. entspr. angewandt (so Güthe-Triebel[6] A. 24; Planck § 883 A. 1b; Güthe in GruchotsBeitr. 57, 62; **a. M.** RGRK. § 875 A. 2; Turnau-F. § 885 A. II 9). Die Vorm. erlischt erst durch die Löschung (Güthe-Triebel a. a. O.; **a. M.** RGRK. a. a. O.). Diese Grundsätze gelten auch für die Vormerkung eines Rechts an einem Grundstücksrecht (Güthe a. a. O.; bestr.). Die Verzichtserklärung bedarf der Form des § 29 u. wird regelmäßig als Löschungsbew. abgegeben werden.

25 **3.** auf Gr. des **Nachweises der Unrichtigkeit** des GBuchs (§ 22; vgl. § 22 A. 6). Diese ist gegeben, wenn Vorm. oder Widerspr. nicht erstanden (z. B. wegen inhaltlicher Unzulässigkeit: RG. 48, 61; 53, 415; 55, 273) oder wieder erloschen ist (z. B. durch Zuschlag, Eintritt des Endtermins usw.), wenn die Vorm. durch Eintr. des gesicherten Rechtes gegenstandslos geworden ist (vgl. unten A. 39, 40), wenn der vorgemerkte Anspruch oder das durch den Widerspr. gesicherte Recht nicht entstanden oder (durch Erfüllung[1]) usw.) wieder erloschen ist (RG. 65, 261;

[1]) Über die Frage, wann Erfüllung eingetreten ist, wenn der vorgemerkte Anspruch auf Übertragung des Eigentums (oder eines Grundstücksrechts) gerichtet ist u. nach der Eintr. der Vorm. dingl.

77, 406; 81, 290; RJA. 13, 140), wenn der Vormerkungsgläubiger im Wege des Aufgebotsverfahrens mit seinem Anspruch ausgeschlossen wird (§ 887 BGB.), ferner, wenn der persönl. Anspruch ohne das Recht aus der Vorm. übertragen wird u. diese dadurch erlischt (s. u. A. 34) u. wenn das durch die Vorm. gesicherte Recht sich mit dem Eigentum in einer Person vereinigt (BayObLG. 13, 175). Vgl. hiezu Güthe in GruchotsBeitr. 57, 7; Güthe-Triebel[6] A. 24 u. Kreß in BayNotZ. 1913, 408 über die Löschung der Vorm. aus § 1179 BGB.

4. gem. § 25 auf Gr. einer **vollstreckbaren Aufhebungsentscheidung,** wenn Vorm. oder 26
Widerspruch auf einer einstw. Verfügung oder einem vorläufig vollstreckb. Urteil beruhen (RG. 81, 288; OLG. 39, 75; s. u. A. 29ff.). Durch § 25 wird jedoch die Löschung einer derart eingetragenen Vorm. (Widerspr.) auf Gr. Löschungsbew., Verzichts oder Unrichtigkeitsnachweises nicht ausgeschlossen (RG. 81, 288; KGJ. 52, 162). Eine Löschung gem. § 25 kann nicht erfolgen, wenn Vorm. oder Widerspr. auf Gr. einer EintrBew., eines Urteils nach § 894 ZPO., auf Ersuchen einer Behörde oder von Amts wegen (s. o. A. 11ff.) eingetragen wurden. Dies gilt auch, wenn, was aus diesem Grunde zulässig ist, bei einer auf Gr. einer einstw. Verfügung oder eines vorl. vollstreckb. Urteils eingetragenen Vorm. (Widerspr.) auf Antrag nachträglich vermerkt worden ist, daß der von der Eintr. Betroffene diese freiwillig bewilligt hat oder zur Bew. rechtskräftig verurteilt worden ist (vgl. Güthe-Triebel[6] A. 39; JFG. 2, 409). Im übr. s. A. 29ff.

5. auf Gr. des **Ersuchens einer Behörde,** z. B. im Falle des § 6 Abs. 2 Grundstück- 27
verkehrsbek. v. 26. Jan. 1937 (RGBl. I 35; s. § 20 A. 105); vgl. ferner die oben A. 13 erwähnten Fälle.

Soweit es nicht im Gesetz ausdrücklich vorgesehen ist, besteht keine Zuständigkeit einer Behörde zu dem Ersuchen um Löschung; insbes. kann das Gericht, das auf Gr. einer einstw. Verfügung um Eintr. einer Vorm. oder eines Widerspr. ersucht hat (§ 941 ZPO.), nicht auch um Löschung dieser Eintragungen ersuchen (Predari A. 6; Turnau-F. A. 2; Güthe-Triebel[6] § 40 A. 6).

6. von Amts wegen im Falle des § 18 Abs. 2, wenn der früher gestellte Antrag zurück- 28
gewiesen wird (OLG. 42, 159), u. im Falle des § 76, wenn die Beschwerde zurückgenommen oder zurückgewiesen worden ist. Im Falle des § 53 dagegen erfolgt die Löschung nur auf Gr. einer Löschungsbew.

II. Die Löschung in den Fällen des § 25. 29

§ 25 ist nur anwendbar auf Vorm. u. Widerspr., die auf einer einstw. Verfügung oder einem vorläufig vollstreckb. Urteil beruhen. Dies muß sich, wenn nicht aus dem EintrVermerk, so doch aus den Grundakten zweifelsfrei ergeben (KGJ. 46, 206).

Die Voraussetzungen der Anwendbarkeit des § 25 sind:

a) daß eine **Entscheidung** vorliegt. Diese kann ein Urteil oder ein Beschluß sein (§§ 922, 924—927, 934, 936, 939, 942 ZPO.). Ein vollstreckb. Vergleich (§ 794 Ziff. 1 ZPO.) genügt nicht; er kann aber die Grundlage der Löschung bilden, wenn er die Löschungsbew. enthält.

b) die **Aufhebung** der einstw. Verfügung oder des vorläufig vollstreckb. Urteils durch diese 30
Entscheidung. Es genügt nicht, wenn nur die Klage wegen des Hauptanspruchs, den die einstw. Verfügung sichert, abgewiesen wird, ebensowenig die Einstellung der Zwangsvollstreckung aus der einstw. Verfügung, wohl aber die Aufhebung der vorl. Vollstreckbarkeit des Urteils u. die Erklärung der Unzulässigkeit der Zwangsvollstreckung (§§ 775 Ziff. 1, 776 ZPO.; Predari A. 7; Güthe-Triebel[6] A. 26, 30). Die Aufhebung einer Entscheidung liegt auch vor, wenn ein Rechtsmittel mit der Maßgabe zurückgewiesen wird, daß an Stelle des durch einstw. Verfügung angeordneten Widerspruchs ein Verfügungsverbot tritt (Krech-Seibert A. 3).

Rechte eingetragen wurden, vgl. RG. 129, 184; KGJ. 50, 173; JW. 1926, 2622; Güthe in Gruchots Beitr. 57, 22: Der Anspruch ist erfüllt, wenn auch die nach Eintr. der Vorm. eingetragenen Rechte beseitigt sind; denn der Anspruch ist nicht auf Auflassung (Übertragung des Rechts) schlechthin, sondern auf Auflassung ohne die nachträglich eingetragenen Rechte gerichtet.

31 c) Diese Entscheidung muß **vollstreckbar** sein, d. h. rechtskräftig oder doch vorläufig vollstreckbar (§ 704 ZPO.). Urteile, durch die eine einstw. Verfügung aufgehoben wird, werden auch ohne Antrag für vorl. vollstreckbar erklärt (§ 708 Ziff. 5 ZPO.); Beschlüsse solchen Inhalts sind gem. § 794 Abs. 1 Ziff. 3 ZPO. ohne weiteres vollstreckbar.

Vorzulegen ist eine Ausfertigung der Aufhebungsentscheidung. Vollstreckungsklausel ist nur im Falle der Rechtsnachfolge notwendig (§§ 325, 727, 730, 750 ZPO.), da sonst zur Aufhebung einer Vollstreckungsmaßregel, als welche die Eintr. von Vorm. u. Widerspruch anzusehen ist (RG. 81, 289), die Vorlegung einer einfachen Ausfertigung der Entscheidung genügt (§§ 775 Ziff. 1, 776, 928, 936 ZPO.). Bei Beschlüssen ist Zustellungsnachweis erforderlich (§§ 937 Abs. 2, 329 Abs. 3 ZPO.; KGJ. 41, 222). Die Entscheidung muß so beschaffen sein, daß aus ihr die Zwangsvollstreckung zulässig ist. Ist deshalb die Vollstreckung von einer Sicherheitsleistung abhängig, so muß diese in gbuchmäßiger Form (§ 29) nachgewiesen werden (Güthe-Triebel[6] A. 28). Auch die §§ 739 bis 749 ZPO. sind zu beachten, insbes. ist die Verurteilung zur Duldung nach § 739 ZPO. erforderlich (OLG. 3, 4).

32 d) Auch bei der nach § 25 erfolgenden Löschung ist ein (formloser) **Antrag** erforderlich (§§ 13, 30). Die Antragsberechtigung bestimmt sich nach § 13 Abs. 1. Antragsberechtigt ist daher nicht nur der von der Löschung Betroffene, sondern auch derjenige, zu dessen Gunsten sie erfolgt. Ein Ersuchen des Prozeßgerichts um Löschung (vgl. § 941 ZPO.) ist nicht statthaft.

Der Betroffene muß eingetragen sein (§ 39; **a. M.** Predari A. 3, 5). Ist das Recht aus der Vorm. (dem Widerspr.) auf einen anderen übergegangen (s. u. A. 35), so ist vorherige Umschreibung auf ihn erforderlich; auch muß die Rechtsnachfolgeklausel beigebracht werden (s. o. A. 32).

33 **III.** Über den **Vollzug der Löschung** s. § 46 mit Anm. sowie § 3 A. 139, 158. Über die Umwandlung der Vorm. u. des Widerspr. in eine endgültige Eintragung s. u. A. 39, 40. In diesem Falle werden die Vorm. u. der Widerspruch nicht gelöscht.

E. Übertragung, Belastung u. Inhaltsänderung von Vormerkung u. Widerspruch.

34 **I. 1. a)** Die Zulässigkeit der **Übertragung der Vormerkung** richtet sich nach derjenigen des durch sie gesicherten Anspruchs (OLG. 42, 274). Wird der Anspruch abgetreten, so geht mit ihm die Vorm. als Nebenrecht ohne weiteres auf den neuen Gläubiger über (RG. 78, 73; 83, 438; OLG. 25, 386; RGRK. § 883 A. 8; Güthe-Triebel[6] A. 33). Auf die Übertragung des vorgemerkten Anspruchs findet § 873 BGB. keine Anwendung; sie kann also formlos erfolgen (RG. in BayZ. 1911, 463). Eine Übertragung der Vorm. ohne den Anspruch ist unzulässig (RGRK. § 883 A. 8). Wird dagegen der Anspruch ohne die Vorm. übertragen, so erlischt diese (RJA. 12, 170; Güthe in GruchotsBeitr. 57, 68). Wegen der Übertragung der Rechte aus der Löschungsvorm. nach § 1179 BGB. s. o. A. 6.

35 **b)** Die gleichen Grundsätze gelten für die **Belastung** (Bestellung eines Nießbrauchs oder eines Pfandrechts) des durch Vorm. gesicherten Anspruchs u. für seine **Pfändung** (vgl. KG. in JW. 1937, 249 = DNotZ. 1937, 329 = HRR. 1937 Nr. 246).

36 **c)** Die Übertragung u. die Belastung der Vorm. können im Wege der GBuchberichtigung eingetragen werden. Die Wirksamkeit hängt aber nicht von der Eintr. ab (RG. 53, 28; 83, 438; OLG. 25, 386; KG. in JW. 1937, 249 = DNotZ. 1937, 329; Güthe-Triebel[6] A. 33; bestr.)[1]). Der Nachweis ist gegenüber dem GBA. durch Vorlage der Abtretungs- oder Be-

[1]) Da der durch Vormerkung gesicherte Anspruch auf Eigentumsübertragung nicht schon durch die bloße Übertragung des Eigentums, sondern erst dann verwirklicht wird, wenn die nach der Auflassungsvorm. eingetragenen dingl. Rechte beseitigt sind (RG. 129, 184), kann, solange diese Rechte nicht gelöscht sind, der Anspruch samt Vormerkung auch noch nach Auflassung u. Eintr. des Vormerkungsberechtigten als Eigtr. übertragen u. die Übertragung eingetragen werden (KG. im Recht 1929 Nr. 2372).

lastungserklärung zu führen. Der Unrichtigkeitsnachweis kann durch die EintrBew. des Berechtigten ersetzt werden. Der Nachweis, daß der durch die Vorm. gesicherte Anspruch besteht, ist nicht erforderlich (KG. a. a. O.). Die Eintr. der Übertragung u. Belastung erfolgt in der gleichen Abteilung des GBuchs, in der die Vorm. (der Widerspr.) eingetragen ist, u. zwar stets in der Veränderungsspalte (Güthe-Triebel[6] A. 33).

2. Auch Zulässigkeit u. Form der **Übertragung u. Belastung des Widerspruchs** richten 37
sich nach den für das durch ihn gesicherte Recht geltenden Vorschriften. Der auf die Eigentumsübertragung bezügliche Widerspr. kann jedoch nicht übertragen werden, auch nicht bei gleichzeitiger Abtretung des Berichtigungsanspruchs (OLG. 31, 138; Staud.-Kober § 899 A. 29; Güthe-Triebel[6] A. 34). Die Übertragung des Berichtigungsanspruchs allein (s. § 22 A. 38) rechtfertigt nicht die Umschreibung des Widerspruchs auf den Zessionar (OLG. 31, 138).

II. Ebenso sind **Änderungen des Inhalts** des durch Vorm. gesicherten Anspruchs (z. B. 38
durch Einschränkung oder Erweiterung desselben hinsichtl. Höhe, Zinsen, Nebenleistungen usw.) im Wege der GBuchberichtigung eintragungsfähig (Güthe-Triebel[6] A. 32)[1]). Das gleiche gilt für **Verfügungsbeschränkungen,** die sich auf Vorm. oder Widerspr. beziehen. Über Rangänderungen vgl. oben A. 10.

F. Die Umschreibung von Vormerkung u. Widerspruch in die endgültige Eintragung.

I. 1. Die endgültige Eintr. des Rechts, zu dessen Sicherung die Vorm. (der Widerspr.) 39
dient (Umschreibung von Vormerkung u. Widerspruch), erfolgt auf Bewilligung der von ihr Betroffenen; hiezu gehört auch derjenige, der ein Pfandrecht an dem vorgemerkten Anspruch hat (Güthe-Triebel[6] A. 35). Die Bewilligung kann durch Urteil nach § 894 ZPO. ersetzt werden; es genügt jedoch nicht ein bloßes Zahlungsurteil, das wegen des vorgemerkten Anspruchs ergangen ist (KGJ. 36, 253; KG. in DNotV. 1931, 123 = JW. 1931, 1202; Güthe-Triebel[6] A. 35; Staud.-Kober § 888 A. 4 unter f). Dies gilt insbes. auch für die Vorm. einer Bauhandwerkerhyp. gem. § 648 BGB. (KG. in DNotV. 1931, 123; Güthe-Triebel[6] S. 1746). Eine im Wege der Umschreibung auf Gr. eines Zahlungsurteils eingetragene Zwangshyp. ist aber nicht inhaltlich unzulässig; sie nimmt jedoch nicht den Rang der Vorm. ein, sondern den zur Zeit ihrer Eintr. nächstoffenen Rang (KG. a. a. O.). War die auf Gr. einer einstw. Verfügung erfolgte Eintr. der Vorm. wegen Nichteinhaltung der Fristen des § 929 Abs. 2, 3 ZPO. nichtig, so kann die Umschreibung in das endgültige Recht selbst dann nicht erfolgen, wenn der gesicherte Anspruch rechtskräftig festgestellt ist (RG. 81, 288). Ist eine Hyp. vorgemerkt, so kann an deren Stelle auch eine Grundschuld eingetragen werden (KG. in HRR. 1935 Nr. 115 = DNotZ. 1935, 321).

Zur endgültigen Eintragung des Eigtr. bedarf es im Falle der Vorm. der Auflassung, im Falle des Widerspr. der Bewilligung des bisherigen Eigtr. u. der Zustimmung des neuen Eigtr. nach § 22 Abs. 2. Zur endgültigen Eintr. eines vorgemerkten Rechts am Grundstück mit dem Range der Vorm. ist die Zustimmung der im Range nachstehenden Berechtigten nicht erforderlich (§ 883 Abs. 3 BGB.; ZBlFG. 13, 772; RGRK. § 888 A. 1; Staud.-Kober § 883 A. 63 unter f; Güthe-Triebel[6] A. 35).

Ist das Recht, das von der Vorm. betroffen wird, nach deren Eintr. auf einen Dritten übergegangen, so ist zur endgültigen Eintr. des vorgemerkten Rechts sowohl die Bewilligung des ursprüngl. Verpflichteten als auch des Erwerbers notwendig (RG. 53, 29; Planck § 888 A. 2; Güthe-Triebel[6] A. 36); das Fehlen der Bewilligung des letzteren macht die Eintr. aber nicht ungültig, da es sich nur um ein formellrechtl. Erfordernis handelt (Güthe-Triebel a. a. O.; Planck

[1]) Wird nicht auch der Anspruch, sondern nur die Vorm. (der Widerspr.) selbst geändert (z. B. bei Verzicht auf den Schutz der Vorm. hinsichtl. eines Teiles seines Gegenstandes), so wird diese Änderung erst mit der Eintr. wirksam (§ 877 BGB.; Staud.-Kober § 883 A. 72; Güthe in Gruchots-Beitr. 57, 36).

a. a. O.; **a. M.** RGRK. § 888 A. 1, 2). Sind nach Eintr. der Vorm. Rechte eingetragen worden, die den vorgemerkten Anspruch beeinträchtigen, z. B. nach Eintr. einer Auflassungsvorm. Hypotheken auf Gr. Bewilligung des Vormerkungsverpflichteten, so ist zur Löschung dieser Rechte die Zustimmung ihrer Inhaber erforderlich (s. § 888 Abs. 1 BGB.); eine Löschung auf Gr. des Unrichtigkeitsnachweises kommt nicht in Betracht, da nur eine relative Unwirksamkeit, nicht aber eine GBuchunrichtigkeit besteht (OLG. 5, 296; JFG. 5, 324; Güthe-Triebel[6] A. 36; Planck § 888 A. 2g; RGRK. § 888 A. 1a; abweichend Güthe in Gruchots Beitr. 57, 72 u. Staud.-Kober § 888 A. 8, nach denen GBuchunrichtigkeit u. auch die Möglichkeit der Ersetzung der Zustimmung des Dritten durch den Unrichtigkeitsnachweis nach § 22 in den Fällen gegeben ist, in denen das endgültige Recht bereits eingetragen ist, z. B. wenn im Falle der Auflassungsvorm. die beeinträchtigende Verfügung in der Begründung eines dingl. Rechts am Grundstück besteht, während in den sonstigen Fällen zwar das GBuch unrichtig, der dingl. Berichtigungsanspruch aber ausgeschlossen sein soll).

Ist der durch Vorm. gesicherte Eigentumsübertragungsanspruch gepfändet, so hat die beim Eigentumsübergang auf den Schuldner (Vormerkungsberechtigten) für den Pfändungspfandgl. gem. § 848 ZPO. entstehende Sicherungshyp. nicht ohne weiteres Rang vor den vormerkungswidrig eingetragenen Rechten; es besteht auch keine GBuchunrichtigkeit (§ 22) hinsichtl. des Ranges u. kein Berichtigungsanspruch (§ 894 BGB.); der Pfändungsgl. hat gegen die Inhaber jener Rechte nur einen Anspruch auf Rangeinräumung (JFG. 8, 318).

Ist das von einem Widerspr. betroffene Recht auf einen Dritten übergegangen, so ist zur endgültigen Eintr. nur die Bewilligung des Erwerbers erforderlich (Staud.-Kober § 899 A. 22; RGRK. § 899 A. 1 Abs. 7; Güthe-Triebel[6] A. 37).

40 2. **Der Vollzug** der endgültigen Eintragung erfolgt nach den allgem. Vorschriften. Über Ort u. Form der Eintr. s. § 3 A. 157. Bei der endgültigen Eintr. einer vorgemerkten Hyp., Grund- oder Rentenschuld ist es nicht zulässig, die Aufnahme der in der Eintr. selbst zu bezeichnenden Angaben (s. § 3 A. 169ff.) in den EintrVermerk durch einen Hinweis auf den Inhalt der Vorm. zu ersetzen. Auch bei der Eintr. des durch den Widerspruch gesicherten Rechtes darf nicht die Eintr. der zur Bezeichnung des Rechts erforderl. Angaben durch einen Hinweis auf den Widerspr. ersetzt werden.

Eine Löschung von Vorm. u. Widerspr. erfolgt im Falle der Umschreibung nicht. Wegen der Rötung der Eintr. s. § 3 A. 157.

41 **II.** Wird nach Eintr. einer Vorm. (eines Widerspr.) auf Gr. einer einstw. Verfügung der Schuldner zu ihrer Bewilligung rechtskräftig verurteilt (§ 894 ZPO.) oder erteilt er freiwillig eine EintrBew., so kann dies im GBuch eingetragen werden; denn ein solcher Vermerk ist für den Gl. von Bedeutung, weil in diesen Fällen die Löschung nicht mehr gem. § 25 erfolgen kann (KGJ. 20, 77; Güthe-Triebel[6] A. 39).

In gleicher Weise kann im GBuch ein Vermerk erfolgen, wenn nach Eintr. einer Vorm. (eines Widerspr.) auf Gr. einer einstw. Verfügung der Betroffene durch vorläufig vollstreckb. Urteil verurteilt wird, die endgültige Eintr. des Rechts zu bewilligen (§ 895 ZPO.; Güthe-Triebel a. a. O.; Predari A. 4).

G. Verletzung des § 25.

42 Wird unter Verletzung des § 25 eine Vorm. oder ein Widerspr. zu Unrecht gelöscht, so verlieren sie dadurch ihre Wirkung nicht[1]). Es besteht dann ein Anspruch auf GBuchberichtigung (s. § 22 A. 6). Die Eintr. eines Widerspr. gegen die Löschung ist zulässig (s. o. A. 8; vgl. auch RGRK. § 886 A. 3). Ein Amtswiderspruch nach § 53 kommt nicht in Frage.

---

[1]) Dies gilt auch für den Fall, daß eine aufgehobene einstw. Verfügung vom Berufungsgericht bestätigt wird (JW. 1926, 847).

H. Kosten und Urkundensteuer.

I. Gebühren.

1. Vormerkung.

a) Für die **Eintragung** einer Vorm. werden an Gebühren erhoben: 43

α) wenn sie den Anspruch auf Einräumung eines Rechtes am Grundstück (Eigentumsübertragung, Bestellung eines dingl. Rechts) sichern soll, die Hälfte der Gebühr, die für die endgültige Eintr. zu erheben sein würde, mindestens jedoch ein Viertel der vollen Gebühr (§ 60 Abs. 1 Satz 1 KostenO.). Hiebei sind alle für die endgültige Eintr. eines Rechtes geltenden Vorschriften der §§ 54 bis 57 KostenO. zu beachten, z. B. bei der Auflassungsvorm. die Gebührenermäßigung des § 54 Abs. 1 u. die Vorschriften des Abs. 4 a. a. O. (Eintr. an mehreren Grundstücken) (s. hierüber § 20 A. 88) oder die Vorschrift des § 57 Abs. 2 über die Eintr. einer Belastung an mehreren Grundstücken usw.;

β) wenn durch die Vorm. der Anspruch auf Eintr. einer Veränderung oder der Aufhebung eines Rechtes am Grundstück gesichert werden soll, die gleiche Gebühr, die für die gesicherte Eintr. selbst zu erheben sein würde (§ 60 Abs. 1 Satz 2 KostenO.); maßgebend sind also die §§ 58, 62 KostenO. Besonderes gilt für die Löschungsvorm. nach § 1179 BGB.; s. hierüber unten A. 47.

Gebührenfrei sind die von Amts wegen erfolgende Eintr. einer Vorm. im Falle des § 18 (§ 63 Abs. 1 Ziff. 2 KostenO.) u. die Eintr. einer Vorm. auf Anordnung des Beschwerdegerichts nach § 76 GBO. (§ 63 Abs. 2 KostenO.).

b) Wird bei einer Vorm. eine **Veränderung** eingetragen, also eine inhaltl. Änderung des gesicherten Anspruchs (es wird z. B. das bisher unverzinsl. vorgemerkte Recht mit Zinsen ausgestattet oder die Vorm. einer Dienstbarkeit erhält einen anderen Inhalt usw.) oder dessen Abtretung, so fällt nicht die Veränderungsgebühr des § 58 KostenO. an, sondern es ist dieselbe Gebühr zu erheben wie für die Eintr. der Vorm. selbst (Jonas-Melsheimer-H.-St. § 60 A. II 3; vgl. auch JFG. Erg. 7, 146); es gilt also das oben A. 43 Gesagte. 44

c) Für die **Löschung** der Vorm. fällt die allgem. Löschungsgebühr des § 62 KostenO. an. Sie beträgt in jedem Falle ein Viertel der vollen Gebühr. 45

Gebührenfrei ist die von Amts wegen erfolgende Löschung der Vorm. in den Fällen des § 18 Abs. 2 Satz 2 u. des § 76 Abs. 2 GBO. (§ 63 Abs. 1 Ziff. 2, Abs. 2 KostenO.).

d) Der **Geschäftswert** der Eintr. der Vorm. ist gleich dem Geschäftswert des gesicherten Rechts. Der Wert einer Auflassungsvorm. entspricht daher dem Wert des Grundstücks. Für die Vorm. auf Eintr. einer Hyp. usw. ist der Gebührenberechnung der Nennbetrag der Hyp. usw. zugrunde zu legen (§ 56 Abs. 4 KostenO.). Der Wert einer Vorm., die den Rückauflassungsanspruch auf Gr. eines Wiederkaufsrechtes sichern soll, entspricht dem Werte des Wiederkaufsrechtes, der seinerseits unter Berücksichtigung des Grundstückswertes, der Höhe des Kaufpreises u. der Dauer des Rechts nach freiem Ermessen festzusetzen ist (JFG. Erg. 14, 49). In der Regel ist der halbe Grundstückswert als Geschäftswert anzunehmen (KG. in DFG. 1938, 81 v. Gr.). 46

2. *α*) Die **Löschungsvormerkung** (§ 1179 BGB.) wird, wenn sie **nachträglich** eingetragen wird, gebührenrechtlich als „Veränderung eines Rechtes" behandelt (§ 58 Abs. 1 Satz 2 KostenO.). Ihre Eintr. erfordert daher die Hälfte der vollen Gebühr (§ 58 Abs. 1 Satz 1 a. a. O.). Gleichgültig ist, ob der HypGl. selbst, ein nachstehender Berechtigter oder sonst ein Dritter Vormerkungsberechtigter ist. Bei der Löschungsvorm. zugunsten eines nach- oder gleichstehenden Gl. ist als verändert nicht dessen Recht, sondern das Recht zu betrachten, auf dessen Löschung der vorgemerkte Anspruch gerichtet ist (§ 58 Abs. 5 KostenO.). Werden mit der Löschungsvorm. noch andere Veränderungen gleichzeitig eingetragen, so ist § 58 Abs. 3 a. a. O. zu beachten. Werden für denselben Gl. bei mehreren vorgehenden Rechten Löschungsvormerkungen eingetragen, so entsteht eine entsprechende Anzahl von Gebühren (KG. 1a Wx 2171/36; 47

vgl. JW. 1937, 1932). Wird bei einer Gesamthypothek eine Löschungsvorm. eingetragen, so entsteht unter den Voraussetzungen des § 58 Abs. 6 u. des § 57 Abs. 2 KostenO. nur eine Gebühr, wenn die Eintr. auf Gr. gleichzeitig gestellten Antrags erfolgt u. das GBuch für die belasteten Grundstücke bei demselben GBA. geführt wird (KG. a. a. O.).

Als Geschäftswert ist, wenn die Löschungsvorm. zugunsten des Gl. eines gleich- oder nachstehenden Rechtes eingetragen wird, der Wert dieses Rechtes, höchstens jedoch der Wert des Rechtes maßgebend, auf dessen Löschung der Anspruch gerichtet ist (§ 21 Abs. 3 KostenO.); dieser letztere Wert ist auch in allen sonstigen Fällen, also wenn der Löschungsanspruch einem Dritten oder dem Gl. des zu löschenden Rechts selbst zusteht, maßgebend. Die Vergünstigung des § 21 Abs. 3 KostenO. (Berechnung des Wertes nach dem geringerwertigen der beiden betroffenen Rechte) darf nur angewandt werden, wenn die Löschungsvorm. erkennbar zur Verstärkung eines bestimmt bezeichneten anderen Rechtes dient; es genügt nicht, daß der Vormerkungsberechtigte gleichzeitig Gl. eines nachrangigen Grundpfandrechtes ist (KG. in HRR. 1938 Nr. 164).

β) Wird die Eintr. der Löschungsvorm. **gleichzeitig** mit dem Antrag auf Eintr. des Rechtes beantragt, dessen Löschung gesichert werden soll, so ist die Eintr. der Vorm. als Nebengeschäft gebührenfrei (§ 56 Abs. 3 Satz 2 KostenO.). Dies gilt sowohl für die Vorm. auf Löschung vorgehender oder gleichstehender Rechte wie auch für eine Vorm., durch die der Anspruch auf Löschung des neu einzutragenden Rechtes selbst zugunsten seines Gl. gesichert wird (Jonas-Melsheimer-H.-St. § 56 A. III Abs. 2). Gleichzeitigkeit des Antrags i. S. der genannten Bestimmung ist auch gegeben, wenn zu verschiedener Zeit gestellte Anträge dem GBA. zur gleichzeitigen Erledigung vorliegen (vgl. KGJ. 30 B 24). Wird der Antrag auf gleichzeitige Eintr. der Löschungsvorm. zurückgenommen oder zurückgewiesen u. nach Eintr. der Hyp. usw. neu gestellt, so ist die Eintr. der Vorm. gebührenpflichtig. Die Gebührenfreiheit besteht aber auch dann, wenn die Anträge gleichzeitig gestellt sind, der Antragsteller aber gebeten hat, zunächst nur die Hyp. einzutragen u. die Eintr. der Löschungsvorm. (bis zur Vorlage der Briefe über die vorgehenden Rechte) zurückzustellen (JFG. Erg. 17, 97).

Wegen der Gebühren für die Beurkundung der Löschungsvorm. vgl. § 38 Abs. 3 Satz 2 KostenO.; JFG. Erg. 17, 17; 17, 24; Ackermann in DNotZ. BayB. 1937, 6.

γ) Wird gleichzeitig mit dem Antrag auf Abtretung einer Hyp. oder Grundschuld die Eintr. der Abtretung der Rechte aus der Löschungsvorm. beantragt, so ist die letztere Eintr. als Nebengeschäft gebührenfrei (KG. in HRR. 1938 Nr. 171). Wird die Löschungsvorm. gleichzeitig mit dem Recht, auf das sie sich bezieht, gelöscht, so entsteht für diese Löschung keine besondere Gebühr, da § 56 Abs. 3 Satz 2 KostenO. gem. § 62 a. a. O. auch im Falle der Löschung anzuwenden ist; vgl. auch KG. in JW. 1936, 681.

48 **3. Widerspruch.**

a) Für die **Eintragung** eines Widerspruchs wird die Hälfte der Gebühr erhoben, die für die GBuchberichtigung zu erheben sein würde, zu deren Sicherung der Widerspruch eingetragen wird, mindestens jedoch ein Viertel der vollen Gebühr (§ 60 Abs. 2 KostenO.). Es kommt mithin darauf an, welche Gebühr die endgültige Eintr. des durch den Widerspr. gesicherten dingl. Rechtes erfordern würde. Für den Widerspr. gegen eine Eigentumseintr. fällt also die Hälfte der Gebühr an, die für die Eintr. des Eigtr. zu zahlen wäre. Hat der Widerspr. die Löschung eines eingetragenen Rechtes zum Ziel, so entsteht die Hälfte der Löschungsgebühr. In allen Fällen beträgt die Gebühr aber mindestens ein Viertel der vollen Gebühr.

Gebührenfrei erfolgt die von Amts wegen vorzunehmende Eintr. eines Widerspr. in den Fällen des § 18 Abs. 2 u. des § 53 Abs. 1 Satz 1 GBO. (§ 63 Abs. 1 Ziff. 2 KostenO.). Gebührenfreiheit besteht auch im Falle des § 76 GBO. (§ 63 Abs. 2 KostenO.).

49 **b)** Für die **Löschung** des Widerspr. fällt die allgem. Löschungsgebühr des § 62 KostenO. an. Sie beträgt in jedem Falle ein Viertel der vollen Gebühr. Die nach §§ 18, 53, 76 GBO.

Kolibri 360 GmbH
Ferdinand-Jühlke-Straße 7
99095 Erfurt, Deutschland
produktsicherheit@kolibri360.de